Lösungen

Universum 9/10

Physik

Baden-Württemberg

Cornelsen

Universum Physik

Band 9/10 Gymnasium Baden-Württemberg, Lösungen

Herausgegeben von:
Dr. Reiner Kienle, Heilbronn; Carl-Julian Pardall, Heidelberg

Autorinnen und Autoren:
Benedict Bogenberger, Karlsruhe; Ruben Brand, Ladenburg; Werner Hasler, Böblingen;
Prof. Dr. Lutz Kasper, Schwäbisch Gmünd; Dr. Reiner Kienle, Heilbronn; Dr. Josef Küblbeck, Stuttgart;
Carl-Julian Pardall, Heidelberg; Prof. Bruno Rager, Esslingen; Stefan Ronellenfitsch, Mannheim;
Dr. Ursula Wienbruch, Rottweil

Mit Beiträgen von: Dr. Hans-Otto Carmesin, Stade

Redaktion: Dr. Wiebke Salzmann

Designberatung: Ellen Meister, Katharina Wolff-Steininger

Layoutkonzept, Umschlaggestaltung: SOFAROBOTNIK GbR, Augsburg & München

Layout und technische Umsetzung: zweiband.media, Berlin

www.cornelsen.de

1. Auflage, 4. Druck 2023

Alle Drucke dieser Auflage sind inhaltlich unverändert
und können im Unterricht nebeneinander verwendet werden.

Druck: H. Heenemann, Berlin

ISBN 978-3-06-012077-2

PEFC
PEFC/04-31-1156

PEFC zertifiziert
Dieses Produkt stammt aus nachhaltig bewirtschafteten Wäldern und kontrollierten Quellen.

www.pefc.de

INHALTSVERZEICHNIS

Wärmelehre

Didaktische Hinweise

Aufbau des Kapitels
Das erste Unterkapitel beginnt mit dem Phänomen der thermischen Ausdehnung. Daran schließt sich die Behandlung der absoluten Temperatur und die Quantifizierung des Begriffs der thermischen Energie an. Im Zentrum des zweiten Unterkapitels steht die thermische Energieübertragung, insbesondere die Strahlung in Bezug auf den Energiehaushalt der Erde und den Treibhauseffekt. Im dritten Unterkapitel wird der propädeutische Begriff der Energieentwertung aus *Universum Physik 7/8* mit den irreversiblen Vorgängen verknüpft. Das wird genutzt, um die Wirkungsweise von thermischen Maschinen und die verschiedenen Möglichkeiten der Energieversorgung besser zu verstehen.

Teilchenmodell
Die Schülerinnen und Schüler kennen das Teilchenmodell (je nach Schulcurriculum) aus der 7./8. Klasse oder dem Chemieunterricht. Zahlreiche damit verbundene Fehlvorstellung beruhen oft auf der mangelnden Unterscheidung zwischen Realität und Modellebene. Die Funktion von Modellen hat daher im Bildungsplan Physik einen höheren Stellenwert, während Chemie eher die Anwendung von Modellen in den Vordergrund stellt. Eine Absprache mit der Chemie ist (wie bei den Atommodellen) hier sinnvoll.

Temperatur und Energie
Thermische Ausdehnung und absolute Temperatur: Die thermische Ausdehnung ist Thema in BNT, nicht aber im Physikunterricht der Klasse 7/8, sodass der Einstieg auch genügend Gelegenheit für eine eventuell nötige Wiederholung gibt. Das Teilchenmodell erklärt die thermische Ausdehnung durch den größeren Abstand, den Teilchen aufgrund ihrer Bewegung haben.
Die absolute Temperatur wird anhand der Proportionalität zwischen Volumen und Temperatur eingeführt. Die lineare Extrapolation der Messwerte ist nicht logisch zwingend und zeigt auch die Grenzen des Teilchenmodells (S. 18), welches andererseits die Existenz eines absoluten Nullpunkts erklärt.

Die spezifische Wärmekapazität: Anhand der spezifischen Wärmekapazität wird die Mathematisierung vorangetrieben: Die Schülerinnen und Schüler lernen, wie man mit mehrfach proportionalen Abhängigkeiten umgeht. Erfahrungsgemäß benötigen sie hierfür Zeit. Es hat sich bewährt, zunächst anhand konkreter Zahlenbeispiele mit Tabellen wie auf S. 27, ▹Tabelle 04 zu arbeiten, bevor man den Umgang mit den Formeln übt. Der Kurbelversuch auf S. 22 zeigt, dass es keinen Einfluss hat, auf welche Weise die Energie zugeführt wird. Er erlaubt eine quantitative Verknüpfung mit der mechanischen Energieübertragung ($\Delta E_{\text{mech}} = F \cdot \Delta s$), ist aber vom Verständnis her anspruchsvoll.

Energie wird übertragen
Thermische Energieübertragung: Konvektion, Wärmeleitung und Wärmestrahlung werden im Kontext der Energieübertragung des menschlichen Körpers eingeführt. Das knüpft an die Vorerfahrungen aus BNT an. Zudem ist empirisch erwiesen, dass sich der Bezug zum eigenen Körper äußerst positiv auf die Schülermotivation auswirkt.
Bei der Wärmeleitung ist zu beachten, dass viele Phänomene (z. B.: Fliesen fühlen sich kälter an als ein Teppich) und Versuche (wie auf S. 34, ▹Bild 02) keine Situationen im Fließgleichgewicht sind, sodass z. B. auch noch Wärmekapazitäten eine Rolle spielen.
Die elektromagnetische Strahlung, die ein Körper aufgrund seiner Temperatur abgibt, nennen wir (entsprechend dem Bildungsplan) Wärmestrahlung. Um die Anschlussfähigkeit sowohl zur Optik (Farben, Band 7/8) als auch zur Radioaktivität (Gammastrahlung) und zur Oberstufe sicherzustellen, ordnen wir sie im bekannten Teil (IR, sichtbar, UV) des Spektrums ein.

Fließgleichgewicht: Systeme stehen im Alltag häufig in einem energetischen Fließgleichgewicht, z. B. der menschliche Körper, elektrische Geräte im Stromkreis oder die Erde als Ganzes. Das Strahlungsgleichgewicht ist nur ein Spezialfall hiervon.

Klima und Treibhauseffekt: Ziel des gesamten Unterkapitels ist (im Sinne der Leitperspektive „Bildung für nachhaltige Entwicklung“) der Erwerb der fachlichen Grundlagen zur Beschreibung des Klimas (insbesondere des Treibhauseffekts), sodass die Schülerinnen und Schüler am gesellschaftlichen Diskurs hierüber sinnvoll teilnehmen können. Hierzu gehört neben dem Wissen über thermische Energieübertragung auch ein Verständnis des Fließgleichgewichts und das Interpretieren von Messwerten und Modellen.
Viele Materialien bieten hier einen weitergehenden Gesprächsanlass als im Text direkt formuliert, z. B. S. 37 B; S. 41, 1; S. 43 A; S. 45, 3 und S. 47.
Das Gesetz von STEFAN und BOLTZMANN erlaubt hier eine Quantifizierung, sodass ein Unterschied zwischen natürlichem und anthropogenem Treibhauseffekt deutlich wird. Eine Entlastung durch Einsatz einer Tabel-

lenkalkulation zur Berechnung der Temperatur auf der Erdoberfläche kann hier sinnvoll sein.

Der Einfluss des Menschen: Als zentrale Größe zur Beschreibung der globalen Erwärmung lernen die Schülerinnen und Schüler den „ocean heat content" (S. 49, ▹Bild 03) kennen. Das komplexe Thema der Klimamodelle und -szenarien wird auf S. 50/51 behandelt. Die Materialien auf S. 52/53 zeigen auf, welche Folgen die globale Erwärmung hat (und haben wird) und wie komplex hier die Zusammenhänge sind.

Energieversorgung

Energie und irreversible Vorgänge: Die Schülerinnen und Schüler wissen, dass Energie nicht verbraucht wird. Sie wissen aber auch, dass die an die Umgebung abgegebene Energie nicht mehr für den ursprünglichen Zweck verwendet werden kann, d. h. die Energie wird entwertet. Die Lernenden erkennen nun, dass die Entwertung mit der irreversiblen Übertragung von Energie zusammenhängt. Wichtige irreversible energetische Vorgänge sind die thermische Energieübertragung sowie die Umwandlung von mechanisch oder elektrisch gespeicherter Energie in thermische Energie. Wenn ein Vorgang irreversibel ist, dann bedeutet dies allerdings nicht, dass es keine Möglichkeit gibt, ihn wieder rückgängig zu machen. Abgelaufene Vorgänge können meistens durch „Eingriffe von außen", also letztlich durch andere irreversible Vorgänge rückgängig gemacht werden. Umgekehrt können irreversible Vorgänge zum Antrieb von Maschinen genutzt werden.

Thermische Maschinen: Das Prinzip thermischer Maschinen ist immer dasselbe: Sie nutzen den irreversiblen Vorgang der thermischen Energieübertragung von einem heißen System zu einem kalten System. Eine mögliche technische Umsetzung lässt sich mit dem Heißluftmotor zeigen. Wichtig dabei ist, dass der Motor mit einer eingeschlossenen Luftmenge arbeitet, die abwechselnd erwärmt und gekühlt wird, wodurch sich die Luft abwechselnd ausdehnt und zusammenzieht und somit ein Schwungrad antreibt. Die Abhängigkeit des Wirkungsgrads von der Temperatur (S. 59) lässt sich qualitativ plausibel machen.

Energieversorgung heute und morgen: Es werden zunächst verschiede Typen von Verbrennungskraftwerken betrachtet, die sich im Wesentlichen durch die verwendeten Turbinen (Gasturbine, Dampfturbine oder Kombination aus beiden) unterscheiden. Schematische Energieflussdiagramme stellen die Vorgänge systematisch ein. Aufgrund des zweistufigen Vorgangs nutzen Gas- und Dampf-Kraftwerke einen viel größeren Temperaturunterschied als reine Gas- bzw. reine Dampfkraftwerke und erreichen daher einen viel größeren Wirkungsgrad. Auf der dritten Seite werden Grundzüge einer nachhaltigen Energieversorgung aufgezeigt. Aus physikalischer Sicht bedeutet dies die Nutzung von natürlicherweise ablaufenden irreversiblen Vorgängen. Exemplarisch wird gezeigt, dass auch Windanlagen nur einen Teil der zugeführten Energie nutzen können.

Methode:

S. 14 fasst Grundlagen des Teilchenmodells zusammen.

S. 51 thematisiert den Umgang mit unsicheren Messwerten und verschiedenen Modellen im Kontext des Klimawandels.

Blickpunkte:

S. 18 zeigt Aspekte der Tieftemperatur auf.

S. 22 stellt den „Versuch von R. MAYER und J. P. JOULE" in seiner historischen Bedeutung dar.

S. 38/39 beschreibt Anwendungen in Technik und Natur mit Bezug auf die thermischen Energieübertragungsarten.

S. 60 erklärt die Vorgänge im Stirlingmotor, zuerst prinzipiell, dann konkret Aufbau und Funktionsweise. Die Bedeutung des Verdrängers als Zwischenspeicher für thermische Energie wird dabei nicht angesprochen.

S. 69 erläutert die Effizienzsteigerung durch Kraft-Wärme-Kopplung und die Umsetzung bei Fernwärme und Blockheizkraftwerken.

S. 70 beschreibt die Möglichkeiten des „Energiesparens" bei Gebäuden.

Vertiefungen:

Wechsel der Aggregatzustände behandelt die alltagsrelevanten Themen Schmelzwärme und Verdampfungswärme. Die Schülerinnen und Schüler erfahren, dass man einem System Energie thermisch zuführen kann, ohne dass sich die Temperatur ändert. Das motiviert die Erweiterung des Begriffs „thermische Energie" zum Fachbegriff „innere Energie".

Entropie – eine neue Größe behandelt ausgehend von irreversiblen Vorgängen die Entropie qualitativ. Das erlaubt einen weiteren Blick auf Themen wie „Leben trotz Entropieerzeugung" oder den Zusammenhang zwischen Entropie und Zeit.

Experimentelle Hinweise

S. 16 f: Durch das pneumatische Auffangen der sich ausdehnenden Luft (S. 16, ▹Bild 02) ist die Messung der Volumenänderung experimentell reproduzierbar und für die Schülerinnen und Schüler leicht fasslich. Ein systematischer Messfehler ergibt sich aus dem Abkühlen der aufgefangenen Luft im Messzylinder. Daher ist eine Messung über einen zu großen Temperaturbereich nur durch eine Korrektur möglich (S. 19, Material B).

S. 20 ff: Der Tauchsieder wird als Blackbox benutzt, d. h. die Leistungsaufnahme wird nicht verifiziert. Experimentell ist es leichter, den Tauchsieder wiederholt eine bestimmte Energieportion aufnehmen zu lassen, indem man ihn jeweils eine definierte Zeitspanne (z. B. 60 s) betreibt. Wenn man kurz wartet und umrührt, bevor man die Temperaturdifferenz bestimmt und erst danach die nächste Energieportion zuführt, erhält man i. d. R. gute Messwerte. Der Versuch eignet sich auch als Praktikumsversuch. (Vorsicht! Thermische Gefährdung!)

S. 25: Beim Fixiersalz lässt sich auch das Erstarren einer unterkühlten Flüssigkeit eindrucksvoll demonstrieren.

S. 32 ff: Als Modelldose haben wir eine hautfarben gestrichene Tomatenmarkdose mit einer 6V/3W-Lampe verwendet. Im Fließgleichgewicht ergibt sich damit eine Temperatur, die im Bereich der Körpertemperatur des Menschen liegt. Bis sich eine neue Gleichgewichtstemperatur einstellt, vergehen einige Minuten, aber die Richtung der Temperaturänderung ist nach wenigen Sekunden zu sehen. Die einfachen Versuche gelingen sicher und sind daher auch als Schülerversuche geeignet.

S. 35: Wärmebildkameras sind inzwischen erschwinglich, z. B. auch als Aufsatzgeräte für Smartphones bzw. Tablets (ca. 500 €). Smartphone-Kameras ohne IR-Filter eignen sich als Nachweisgerät für kurzwellige („nahe") IR-Strahlung. Schwach rot glühende Körper strahlen auf Aufnahmen hell. Einfache IR-Thermometer sind inzwischen für ca. 20 € im Elektronikhandel erhältlich.

S. 40 f: Die Messwerte wurden im Juni 2012 mittags in Heidelberg aufgenommen.

S. 42 f: Normale „Rotlichtlampen" sind als IR-Quellen ungeeignet, da der sichtbare Anteil zu groß ist. „Dunkelstrahler", die ausschließlich IR aussenden, sind geeignet, alternativ Bügeleisen oder Heizplatten. (Vorsicht! Thermische Gefährdung!)

S. 44 f: Die Messung wurde mit der Modelldose (S. 32) durchgeführt. Der erste stammt von einer 6V/3W-Lampe, die anderen von einer 6V/30W-Lampe. (Vorsicht! Thermische Gefährdung!). Wenn man die Rückstrahlung der Umgebung ($\vartheta \approx 20$ °C) berücksichtigt, lässt sich die T^4-Abhängigkeit nachweisen.

S. 52: Der Aufbau aus Material A lässt sich entsprechend umsetzen. Ein mit Frischhaltefolie verschlossenes Plastikrohr genügt hier schon. Falls keine CO_2-Gasflasche vorhanden ist, kann man Wassersprudler-Patronen einsetzen. Die Thermosäule kann durch eine Wärmebildkamera ersetzt werden. Ein IR-Thermometer ist ungeeignet.

S. 56 f: Lehrmittelfirmen bieten Komplettsets ähnlich wie in ▹Bild 02 an. Peltier-Elemente gibt es im Elektronikhandel.

S. 58 ff: Der Stirlingmotor nach Wilke ist besonders geeignet, da er die Abläufe im Wortsinn transparent macht, langsam läuft und quantitative Messungen erlaubt.

Seite 9 (Kannst du es noch?)

1 a) Berechne die Fläche, die man mit 1,0 g des Papiers auslegen könnte.
b) Das Paket ist 38 mm dick. Berechne die Masse des gesamten Pakets.
c) Berechne die Masse einer 1-m³-Lieferung des Papiers.

a) Dem Bild entnimmt man, dass man mit 80 g des Papiers eine Fläche von 1 m² auslegen kann. Mit 1 g des Papiers kann man folglich 1/80 m² oder 125 cm² auslegen.

b) Ein DIN-A4-Blatt hat eine Fläche von 21 cm · 29,7 cm, also 623,7 cm². 500 solcher Blätter sind im Paket enthalten. Das entspricht einer Fläche von
500 · 623,7 cm² = 311 850 cm².
Die Masse des Pakets beträgt somit

$$311\,850\ \text{cm}^2 \cdot \frac{1\ \text{g}}{125\ \text{cm}^2} = 2494{,}8\ \text{g} \approx 2{,}5\ \text{kg}.$$

c) Ein Paket mit 500 Blatt Papier hat eine Höhe von 3,8 cm. Folglich hat ein Paket ein Volumen von 2370 cm³ = $2{,}37 \cdot 10^{-3}$ m³. 422 solcher Pakete haben ein Volumen von 1 m³.
Da ein Paket eine Masse von ca. 2,5 kg hat, hat 1 m³ des Papiers die Masse von 422 · 2,5 kg = 1055 kg.

2 a) Zwei Körper haben das gleiche Volumen. Einer der Körper hat eine fünfmal so große Masse wie der andere. Bestimme das Verhältnis der Dichten beider Körper.
b) Zwei massengleiche Körper haben ein Volumenverhältnis von 1:3. Bestimme das Verhältnis der Dichten der beiden Körper.

a) Körper 1: $\rho_1 = \frac{m_1}{V_1}$, Körper 2: $\rho_2 = \frac{5\,m_1}{V_1}$

$$\frac{\rho_1}{\rho_2} = \frac{m_1 \cdot V_1}{V_1 \cdot 5\,m_1} = \frac{1}{5}.$$

b) Körper 1: $\rho_1 = \frac{m_1}{V_1}$, Körper 2: $\rho_2 = \frac{m_1}{3V_1}$

$$\frac{\rho_1}{\rho_2} = \frac{m_1 \cdot 3\,V_1}{V_1 \cdot m_1} = 3.$$

3 a) Im ▹Bild unten ist der Verlauf der Temperatur an einem April-Tag dargestellt. Lies ab, wann die Temperatur den höchsten und wann sie den niedrigsten Wert erreicht hat.
b) Stelle die Daten in einem Diagramm dar. Vergleiche mit dem ▹Bild unten links. Nenne mögliche Gründe für Unterschiede.

a) Der höchste Wert (≈ 17 °C) wird zwischen 15 Uhr und 16 Uhr erreicht. Der niedrigste Wert (≈ 5 °C) zwischen 5 Uhr und 6 Uhr.

b) Deutlich sichtbar ist der Unterschied bei der Höhe der erreichten Temperaturen im Tagesverlauf. An diesem Tag war sehr wahrscheinlich der Himmel bedeckt.

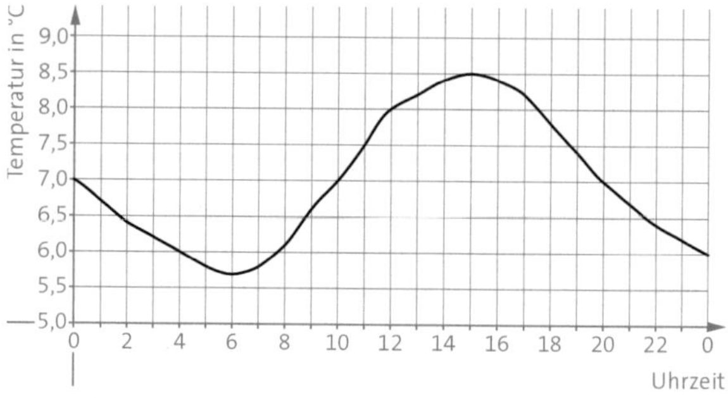

Cornelsen/Atelier tigercolor Tom Menzel, Scharbeutz/Klingenberg

4 Erläutere mithilfe des Teilchenmodells die Unterschiede der Aggregatzustände.

Festkörper: Die Teilchen liegen eng beieinander und haben einen starken Zusammenhalt.
Flüssigkeit: Die Teilchen liegen ebenfalls eng beieinander. Sie sind aber im Unterschied zu Festkörpern gegeneinander verschiebbar.
Gas: Die Teilchen haben einen großen Abstand voneinander ohne jeden Zusammenhalt. Zwischen den Teilchen ist leerer Raum.

5 a) Wenn du einen Luftballon aufpustest, dann verteilt sich die Luft überall im Ballon. Jedes Gas füllt den ihm zur Verfügung stehenden Raum ganz aus. Erkläre mit dem Teilchenmodell.
b) Flüssigkeiten und Festkörper verhalten sich hier anders als Gase: Wenn man Wasser oder Eiswürfel in ein Trinkglas gibt, sieht man dies deutlich. Erkläre mit dem Teilchenmodell.

a) In Gasen gibt es keinen Zusammenhalt zwischen den Teilchen. Sie befinden sich in großem Abstand voneinander und sie bewegen sich ungeordnet hin und her. Deshalb füllen sie schon nach kurzer Zeit den Raum, den man ihnen zur Verfügung stellt, vollständig aus.

b) Wenn man ein Trinkglas zur Hälfte mit Wasser füllt, dann bildet das Wasser zwar immer eine ebene Oberfläche, aber es füllt das Glas nicht vollständig. Wenn man Eiswürfel in ein Trinkglas gibt, dann bildet sich nicht einmal eine ebene Oberfläche. Außerdem entstehen luftgefüllte Zwischenräume zwischen den Eiswürfeln.

6 Erläutere die vier wichtigen Eigenschaften der Energie. Gib jeweils passende Beispiele an.

Energie kann übertragen werden: Zum Beispiel durch Licht von der Sonne zur Erde oder durch elektrischen Strom von der Batterie zum Gerät. Bei der Energieübertragung kann Energie umgewandelt werden.
Energie kann gespeichert werden: Beispiele für Energiespeicher sind Treibstoffe und Lebensmittel.

Energie kann weder verschwinden noch entstehen. Sie bleibt erhalten. Wenn eine Batterie leer ist, dann hat sie die in ihr gespeicherte Energie abgegeben. Die Energie ist aber nicht verschwunden, sondern als thermische Energie an die Umgebung abgegeben worden.
Energie kann entwertet werden: Wenn Energie als thermische Energie an die Umgebung abgegeben worden ist, z. B. durch Reibung, kann sie nicht mehr für den ursprünglichen Zweck eingesetzt werden.

7 Bilde aus den unten genannten Geräten mindestens drei unterschiedliche Energieübertragungsketten. Zeichne jeweils ein Energieflussdiagramm.
Geräte: Motor, Akku, Lampe, Generator, Solarzelle
Generator-Lampe-Solarzelle-Akku

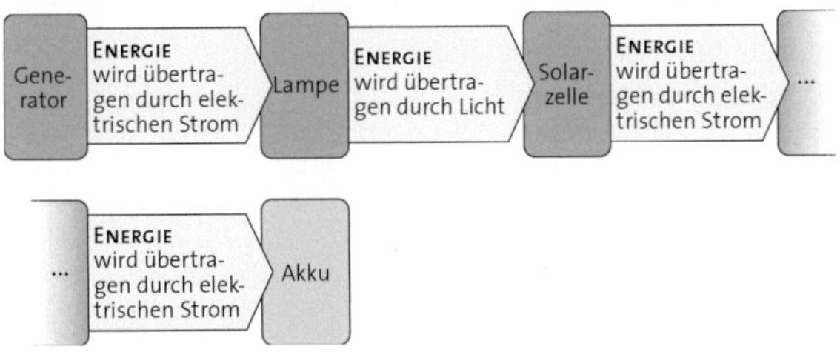

Cornelsen/Atelier tigercolor Tom Menzel, Scharbeutz/Klingenberg

Akku-Lampe-Solarzelle-Motor

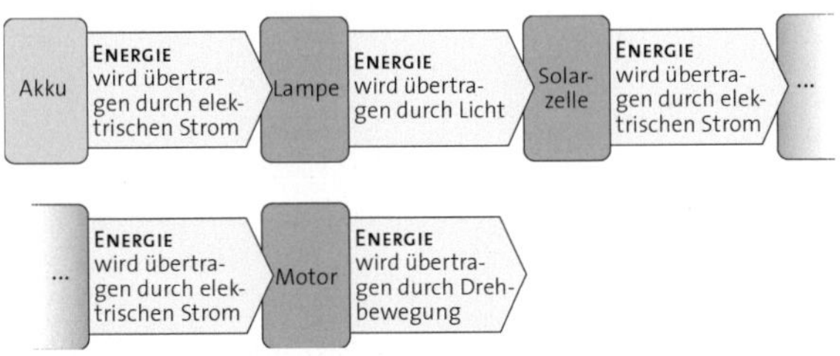

Cornelsen/Atelier tigercolor Tom Menzel, Scharbeutz/Klingenberg

Akku-Motor-Generator-Lampe

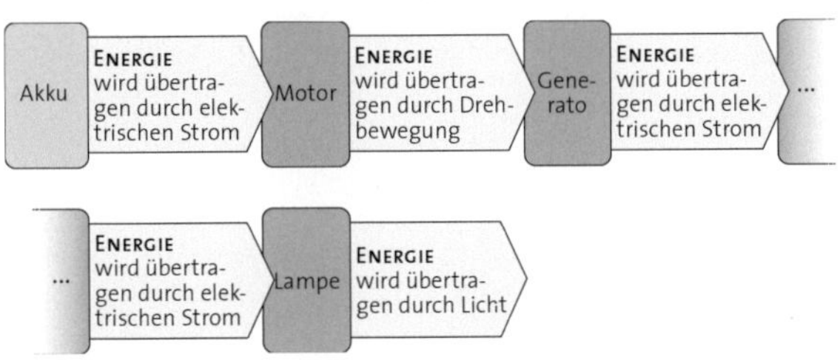

Cornelsen/Atelier tigercolor Tom Menzel, Scharbeutz/Klingenberg

8 a) Erläutere, wie die Temperatur und die thermische Energie eines Körpers zusammenhängen.
b) Thermische Energie ist Bewegungsenergie. Stimmt das?
a) Jeder Körper enthält thermische Energie, und zwar umso mehr, je höher seine Temperatur ist. Die thermische Energie steckt in der ungeordneten Bewegung der Teilchen eines Körpers. Je höher die Temperatur des Körpers ist, umso schneller bewegen sich die Teilchen.
b) Im Teilchenmodell stellen wir uns jeden Körper aus kleinen Teilchen aufgebaut vor. Diese Teilchen bewegen sich. Je höher die Temperatur des Körpers ist, umso schneller bewegen sich die Teilchen. Jedes dieser kleinen Teilchen hat Bewegungsenergie. Die Bewegungsenergie aller Teilchen zusammen ergibt im Teilchenmodell die thermische Energie des Körpers.

9 a) Im Alltag spricht man oft von „Energieerzeugung", „Energieverbrauch" und „Energiesparen". Erkläre, was damit aus physikalischer Sicht gemeint ist.
b) Vergleiche „Wasserverbrauch" und „Energieverbrauch" miteinander. Erläutere, was mit der Aussage „Energie wird entwertet." beschrieben wird.
c) Gib Beispiele für Maßnahmen an, mit denen du zuhause Energie „sparen" kannst.
a) „Energieerzeugung": Energie kann nicht entstehen. Man meint damit die Bereitstellung von Energie, meistens von elektrisch übertragener Energie durch Kraftwerke. Dazu muss dem Kraftwerk Energie zugeführt werden, z. B. durch Wind, Sonnenlicht, fließendes Wasser oder durch Brennstoffe wie Kohle, Erdgas und Erdöl.
„Energieverbrauch": Energie kann nicht verschwinden. Man meint damit, dass Maschinen, Gebäude oder Fahrzeuge die zugeführte Energie letztlich als thermische Energie an die Umgebung abgeben. Die abgegebene Energie kann für den ursprünglichen Zweck nicht wieder eingesetzt werden. Man sagt, sie ist entwertet.
„Energiesparen": Damit meint man, dass man weniger Energie einsetzt und damit letztlich in thermische Energie umwandelt.
b) In beiden Fällen bedeutet „Verbrauch" nicht, dass Wasser oder Energie nach der Nutzung verschwunden ist. Das Wasser ist nach der Nutzung verschmutzt und kann nicht mehr zum Trinken, Kochen usw. genutzt werden. Die Energie liegt nach der Nutzung als thermische Energie der Umgebung vor und kann nicht mehr für den ursprünglichen Zweck, z. B. den Antrieb einer Maschine, verwendet werden.
c) Licht ausschalten, Geräte ausschalten (kein Stand-by-Betrieb), moderne effiziente Geräte nutzen, Geräte nur einschalten, wenn sie wirklich verwendet werden, häufiger zu Fuß gehen, mit dem Fahrrad oder mit öffentlichen Verkehrsmitteln fahren …

10 a) Erläutere den Unterschied zwischen den physikalischen Größen Energie und Leistung.
b) Erläutere den Zusammenhang zwischen Energie, Leistung und Wirkungsgrad an einem Beispiel.
a) Die Leistung ist bei der Energieübertragung wichtig. Sie gibt an, wie viel Energie pro Zeit übertragen wird. Die Leistung P ist der Quotient aus übertragener Energiemenge ΔE und zugehöriger Zeitspanne Δt. Während die

Einheit der Energie 1 J ist, ist die Einheit der Leistung 1 J/s = 1 W.

b) Der Wirkungsgrad kennzeichnet Geräte, die Energie wandeln. Er gibt an, welcher Anteil der zugeführten oder eingesetzten Energie auf die gewünschte Art genutzt wird. Da man bei Geräten häufig die Leistung angibt, gibt der Wirkungsgrad entsprechend das Verhältnis der Nutzleistung zur Eingangsleistung an. Zum Beispiel hat eine Glühlampe einen Wirkungsgrad von 5 %. Das bedeutet, dass sie nur 5 % der zugeführten Energie zur Lichterzeugung nutzt. Bei einer Eingangsleistung von 60 W beträgt die Nutzleistung also 3 W.

11 Der mittlere Energiebedarf eines Erwachsenen beträgt etwa 10 000 kJ pro Tag. Fast die gesamte zugeführte Energie gelangt als thermische Energie in die Umgebung. Der Mensch wirkt also wie eine Heizung. Berechne die Heizleistung des menschlichen Körpers.

Gegeben: mittlerer Energiebedarf pro Tag:

$\Delta E = 10\,000 \text{ kJ} = 10\,000\,000 \text{ J}$;

$\Delta t = 1 \text{ d} = 24 \text{ h} = 24 \cdot 60 \cdot 60 \text{ s} = 86\,400 \text{ s}$

Gesucht: Heizleistung des menschlichen Körpers:

$$P = \frac{\Delta E}{\Delta t} = \frac{10\,000\,000 \text{ J}}{86\,400 \text{ s}} \approx 115 \text{ W}.$$

12 Bei sportlicher Tätigkeit steigt der Energiebedarf des Menschen. Für eine Stunde Radfahren bei 20 km/h benötigt ein Sportler ca. 2 000 kJ. Die Nutzleistung des Sportlers beträgt dabei ca. 130 W. Berechne den Wirkungsgrad beim Radfahren.

Gegeben: Energiebedarf für 1 h Radfahren:

$\Delta E = 2000 \text{ kJ}$; $\Delta t = 1 \text{ h} = 60 \cdot 60 \text{ s} = 3600 \text{ s}$;

Nutzleistung: $P = 130 \text{ W} = 130 \frac{\text{J}}{\text{s}}$.

Gesucht: Wirkungsgrad η.

Der Wirkungsgrad ist der Quotient aus der genutzten Energie und der eingesetzten Energie.

Genutzte Energie:

$$\Delta E = P \cdot \Delta t = 130 \frac{\text{J}}{\text{s}} \cdot 3600 \text{ s} = 468 \text{ kJ}.$$

$$\eta = \frac{468 \text{ kJ}}{2000 \text{ kJ}} = 0{,}234 \text{ oder } \eta \approx 23\ \%.$$

1 Temperatur und Energie

Thermische Ausdehnung

Seite 11

1 In Gebäuden werden oft Stahl und Beton zu „Stahlbeton" kombiniert. Erkläre, warum diese Stoffe gut zusammenpassen.
Die beiden Stoffe haben etwa die gleiche Längenzunahme pro m und K. Bei Temperaturänderungen gibt es also keine mechanischen Spannungen (S. 11, ▹Tabelle 06).

2 Schätze ab, um wie viel sich die Dicke eines Glasfensters im Jahreszyklus verändert.
Eine einfache Scheibe Fensterglas hat eine Dicke von etwa 4 mm. Der Temperaturunterschied von der höchsten zur niedrigsten Temperatur des Jahres beträgt etwa 50 K. Damit beträgt die Dickenschwankung

$$\Delta d = 1{,}0\ \text{mm} \cdot \frac{50\ \text{K}}{100\ \text{K}} \cdot \frac{0{,}004\ \text{m}}{1{,}0\ \text{m}} = 0{,}000\ 002\ \text{m} = 2\ \mu\text{m}.$$

Bei Mehrfachverglasung spielt zusätzlich die Ausdehnung des Fensterrahmens eine Rolle.

Seite 13

1 Verbeulte Tischtennisbälle lassen sich „reparieren", indem sie in heißes Wasser gelegt werden. Erkläre, wie das funktioniert.
In jedem Tischtennisball befindet sich Luft. Durch den Kontakt mit dem heißen Wasser erwärmt sich die Luft, sie dehnt sich aus und drückt die Beulen wieder nach außen.

2 Erkläre, warum es nützlich ist, ein Ei vor dem Kochen anzustechen.
Hühnereier enthalten an ihrem stumpfen Ende eine Luftkammer, die sich nach dem Legen gebildet hat. Sie ist durch das allmähliche Abkühlen des Eis entstanden. Beim Kochen wird die in dieser Kammer enthaltene Luft stark erwärmt und dehnt sich aus. Zwar ist die Kalkschale von Eiern luftdurchlässig, jedoch erfolgt die Ausdehnung der Luft so schnell, dass die Kalkschale beim Kochen häufig platzt. Wenn man das Ei an der richtigen Stelle ansticht, dann kann die Luft entweichen, ohne dass die Schale bricht.

Seite 15 (Material)

Versuche – Ausdehnung von Festkörpern

V1 Modell eines Bimetallstreifens
a) *Schüleraktivität*
b) Der Streifen krümmt sich, die Alufolie liegt am Außenrand der Krümmung.
c) Die Alufolie dehnt sich stärker aus als das Papier, dadurch wird die Krümmung verursacht.

Material A – Ausdehnung einer Eisenkugel

A1 Die Eisenkugel im ▹Bild 03 A passt bei Zimmertemperatur durch die Öffnung. Nach Erhitzen der Kugel passt die Kugel nicht mehr durch die Öffnung (▹Bild 03 C). Erkläre.
Die Kugel dehnt sich durch das Erhitzen aus und passt deshalb nicht mehr durch die Öffnung.

A2 Die Kugel wird auf dem Ring abgelegt. Bereits nach kurzer Zeit passt sie wieder durch die Öffnung, obwohl ihre Temperatur immer noch ziemlich hoch ist.
a) Formuliere eine Hypothese, die diese Beobachtung erklärt.
b) Überlege dir, wie du deine Hypothese im Versuch überprüfen kannst.
c) Erkläre die Beobachtung, indem du den Ring als eine zum Kreis geschlossene Stange betrachtest.
a) Eine mögliche Hypothese wäre: Durch den Kontakt der Kugel mit dem Blech wird das Blech erhitzt. Dadurch wird das Loch größer, sodass die Kugel wieder hindurch passt.
b) Man könnte die Temperatur des Blechs um das Loch messen. Dann könnte man die Kugel und das Blech abkühlen lassen. Wenn man nun nur das Blech erhitzt, sollte die Kugel mit deutlichem „Spiel" durch das Loch passen.
c) Das Blech um das Loch kann man sich aus Ringen aufgebaut denken. Jeden Ring kann man sich als gebogene Stange vorstellen. Beim Erhitzen wird die Stange länger, also wird z. B. auch der Umfang des innersten Rings größer und damit auch sein Durchesser.

Material B – Glas kann zerspringen

B1 Was vermutest du über die Ausdehnung des Glases an Innen- und Außenseite gleich nach dem Eingießen?
Vergleiche mit Bimetallen.
An der Innenseite dehnt sich das Glas aufgrund der starken Temperaturerhöhung deutlich mehr aus als an der Außenseite. Dadurch entstehen mechanische Spannungen im Glas, welche das Glas zum Zerspringen bringen können.
Bei Bimetallen kommt die unterschiedliche Ausdehnung nicht durch unterschiedliche Temperaturdifferenzen zustande, sondern durch die unterschiedlichen Materialien des Bimetalls.

B2 Porzellantassen halten Heißgetränke besser aus. Gib einen Grund dafür an. Nutze die folgende Tabelle.
Bei Porzellantassen ist die Längenänderung pro m und K weniger als halb so groß. Somit sind auch die mechanischen Spannungen kleiner.

Material C – Erwünschte Ausdehnung

C1 Die Fotos zeigen eine Sprinkleranlage, aufgenommen mit einer Hochgeschwindigkeitskamera. Der Löschvorgang wird ausgelöst, wenn die Temperatur der roten Flüssigkeit einen bestimmten Wert überschreitet. Beschreibe Aufbau und Funktionsweise der Sprinkleranlage.
Sprinkleranlagen sind automatische Feuerlöscher, die in vielen öffentlichen Einrichtungen, Veranstaltungsorten oder Lagerräumen eingebaut sind. Sie sind unter den Raumdecken mit den Feuerlöschleitungen verbunden. Kernbauteil der Sprinkleranlage ist ein Glasröhrchen, das mit einer gefärbten Flüssigkeit gefüllt ist. Diese Flüssigkeit kann sich bei Erwärmung stark ausdehnen.
Im unbeschädigten Zustand (Bild A) verschließt das Röhrchen eine Düse der Wasserleitung.
Wenn infolge eines Brandes die Umgebungstemperatur stark zunimmt, dann dehnt sich die Flüssigkeit im Röhrchen so aus, dass es schließlich platzt (Bilder B und C).
Dadurch wird die Löschleitung geöffnet und aus der Düse tritt das Löschwasser aus (Bild D). Ein drehbar gelagertes Plättchen verteilt das austretende Wasser zu einem „Sprühregen" unterhalb der Sprinkleranlage.

Die absolute Temperatur

Seite 17

1 Gib den Siedepunkt des Wassers und die normale Körpertemperatur des Menschen in der Kelvin-Skala an.
Wasser siedet bei 100 °C ≈ 373 K.
Die Körpertemperatur des Menschen beträgt 37 °C ≈ 310 K.

2 Ein halber Liter Luft wird bei 20 °C in einen Kolben eingeschlossen. Das Volumen soll nun auf die Hälfte verringert werden.
Gib die Temperatur in K und in °C an, auf die das Gas abgekühlt werden muss.
Ausgangstemperatur: 20 °C ≈ 293 K.
Damit das Volumen halbiert wird, muss die absolute Temperatur halbiert werden.
Endtemperatur: 146,5 K ≈ −126,5 °C.

Seite 19 (Material)

Versuche – Ballondiät

V1 Der Ballon dehnt sich bei Zimmertemperatur aus.

V2 *Individuelle Lösung*

Material A – Ein Modellexperiment zur thermischen Ausdehnung eines Gases

A1 Beschreibe, wie in dem Modellexperiment verschiedene Temperaturen simuliert werden.
Höhere Temperaturen werden durch ein stärkeres Vibrieren der Platte simuliert, niedrigere Temperaturen durch geringeres Vibrieren.

A2 Erkläre, inwiefern dieses Modellexperiment die Ausdehnung eines Gases bei Temperaturerhöhung beschreibt.
Wenn die Platte stärker vibriert, entspricht das einer höheren Temperatur, s. A1. Dann bewegen sich die Kügelchen schneller und prallen mit größerer Geschwindigkeit auf den beweglichen Deckel. Dieser Deckel wird dann noch ein Stück weiter nach oben gehoben. Nun befinden sich weniger Kügelchen pro Volumen im Gas, es prallen also auch weniger Kügelchen pro Sekunde auf den Deckel. Dies gleicht die größere Geschwindigkeit der Kügelchen gerade aus und der Deckel bleibt in der neuen Stellung.

Material B – Bestimmung des absoluten Nullpunkts

B1 Zeichne das V_{mess}-ϑ-Diagramm. Zeige, dass Johannes auf diese Weise einen viel zu niedrigen Wert für den absoluten Nullpunkt erhält.
Johannes erhält folgendes Diagramm:

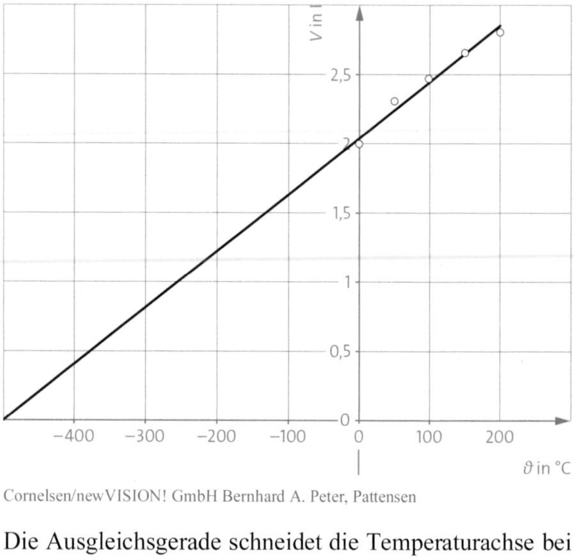

Cornelsen/newVISION! GmbH Bernhard A. Peter, Pattensen

Die Ausgleichsgerade schneidet die Temperaturachse bei einem Wert, der niedriger als −500 °C ist.

B2 Lea hat eine Idee: Der Anteil des Gases, der in den Messzylinder gedrückt wird, kühlt dort relativ schnell ab und hat so nicht mehr die gleiche Temperatur wie das restliche Gas. Sie korrigiert den Fehler rechnerisch und erhält die Werte V_{korr} in der dritten Zeile von ▹Tabelle 05.

a) Zeige, dass Johannes mit den korrigierten Werten einen besseren Wert für den absoluten Nullpunkt erhält.

b) Begründe, warum Leas Volumenwerte größer sind als Johannes' und warum Johannes mit Leas Werten einen besseren Wert für den absoluten Nullpunkt erhält.

a) Mit den korrigierten Werten erhält man folgendes Diagramm:

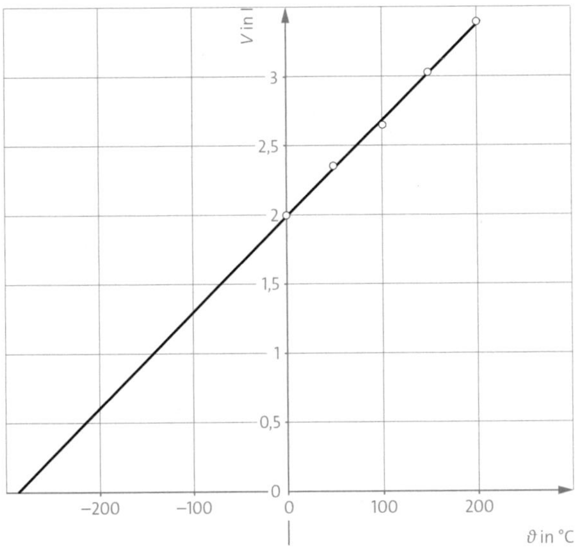

Cornelsen/newVISION! GmbH Bernhard A. Peter, Pattensen

Die sich ergebende Temperatur bei $V = 0$ ℓ beträgt etwa −290 °C.

b) Wenn das Gas im Messzylinder nicht abkühlen würde, dann wäre sein Volumen größer, also sind Leas Volumenwerte größer als die von Johannes. Dieser Effekt wirkt sich umso mehr aus, je größer die Temperaturerhöhung im laufenden Experiment ist. Größere Volumenwerte müssen also stärker nach oben korrigiert werden als kleinere Volumenwerte. Die Kurve wird dadurch steiler und schneidet die Temperaturachse bei einem höheren Wert.

Die spezifische Wärmekapazität

Seite 21

1 In einem Aluminiumtopf mit 0,2 kg Masse befindet sich 1 kg Wasser. Berechne die Energiemenge, die mindestens zugeführt werden muss, um Topf und Wasser von 20 °C auf 100 °C zu erwärmen.

Gegeben: $m_{Alu} = 0{,}2$ kg, $m_{Wasser} = 1$ kg, $\Delta T = 80$ K;
gesucht: ΔE.

$$\Delta E = c_{Alu} \cdot m_{Alu} \cdot \Delta T + c_{Wasser} \cdot m_{Wasser} \cdot \Delta T$$

$$\Delta E = 0{,}9\,\frac{\text{kJ}}{\text{kg·K}} \cdot 0{,}2\text{ kg} \cdot 80\text{ K} + 4{,}2\,\frac{\text{kJ}}{\text{kg·K}} \cdot 1{,}0\text{ kg} \cdot 80\text{ K}$$

$$\Delta E = 14{,}4\text{ kJ} + 336{,}0\text{ kJ} = 350{,}4\text{ kJ}$$

2 100 g Milchschokolade enthalten 2245 kJ Energie. Berechne, wie viel Wasser bzw. Speiseöl (jeweils in kg) man mit dieser Energiemenge um 50 K erwärmen könnte.

Gegeben: $\Delta E = 2245$ kJ, $\Delta T = 50$ K;
gesucht: m_{Wasser} bzw. $m_{Öl}$.

Die Gleichung $\Delta E = c \cdot m \cdot \Delta T$ stellen wir nach m um und rechnen jeweils für Wasser und Speiseöl:

$$m_{Wasser} = \frac{\Delta E}{c_{Wasser} \cdot \Delta T} = \frac{2245\text{ kJ}}{4{,}2\,\frac{\text{kJ}}{\text{kg}\cdot\text{K}} \cdot 50\text{ K}} = 10{,}7\text{ kg}$$

$$m_{Öl} = \frac{\Delta E}{c_{Öl} \cdot \Delta T} = \frac{2245\text{ kJ}}{7\,\frac{\text{kJ}}{\text{kg}\cdot\text{K}} \cdot 50\text{ K}} = 26{,}4\text{ kg}$$

Seite 22 (Blickpunkt)

1 Berechne aus den Angaben von JOULE die spezifische Wärmekapazität von Wasser.

Gegeben: $m_{Wasser} = 0{,}454$ kg,
$m_{Masse} = 781{,}5 \cdot 0{,}454\text{ kg} = 354{,}8$ kg,
$\Delta h = 0{,}305$ m, $\Delta T = {}^5/_9\text{ K} = 0{,}56$ K;
gesucht: c_{Wasser}.

Zunächst wird die durch Absenken der Massestücke zugeführte Energie berechnet:

$$\Delta E = m_{Masse} \cdot g \cdot \Delta h = 354{,}8\text{ kg} \cdot 9{,}8\,\frac{\text{m}}{\text{s}^2} \cdot 0{,}305\text{ m}$$

$$\Delta E = 1060{,}5\text{ J}.$$

Wenn diese Energie vollständig zur Erhöhung der Temperatur des Wassers genutzt wurde, dann ergibt sich aus $\Delta E = c_{Wasser} \cdot m_{Wasser} \cdot \Delta T$ für c_{Wasser}:

$$c_{Wasser} = \frac{\Delta E}{m_{Wasser} \cdot \Delta T} = \frac{1{,}0605\text{ kJ}}{0{,}454\text{ kg} \cdot 0{,}56\text{ K}}$$

$$= 4{,}2\,\frac{\text{kJ}}{\text{kg·K}}.$$

Das stimmt mit dem bekannten Wert überein.

Seite 23 (Material)

Material A – Der Abseilachter

A1 a) Ein Kletterer der Masse 70 kg seilt sich über eine 20 m hohe Felswand ab. Dadurch ändert sich seine Lageenergie $E_{Lage} = m \cdot g \cdot h$. Berechne den Unterschied der Lageenergie.

b) Der Abseilachter hat eine Masse von 90 g und besteht aus Aluminium. Vor dem Abseilen hat der Abseilachter eine Temperatur von 24 °C. Berechne die Temperatur, die der Abseilachter maximal annehmen kann. Nimm dazu an, dass die gesamte Energie aus a) zur Erwärmung des Abseilachters führt.

c) Erläutere, welche Rolle die Abseilgeschwindigkeit bei der Erwärmung des Abseilachters spielt.
d) Die Kletterseile bestehen hauptsächlich aus Kunststoff. Dieser Kunststoff schmilzt bei etwa 200 °C. Im praktischen Einsatz wird der Abseilachter aber nicht so heiß, wie in b) berechnet. Überlege dir mögliche Ursachen dafür.
a) Gegeben: $m = 70$ kg, $h = 20$ m;
gesucht: Änderung der Lageenergie E.

$$E = m \cdot g \cdot h = 70 \text{ kg} \cdot 9{,}8 \frac{\text{m}}{\text{s}^2} \cdot 20 \text{ m} = 13{,}72 \text{ kJ}.$$

b) Masse des Abseilachters $m_{Al} = 0{,}090$ kg, Temperatur vor dem Abseilen $\vartheta_1 = 24$ °C, zugeführte Energie: $\Delta E = 13{,}72$ kg;
gesucht: Temperatur des Abseilachters nach dem Abseilen.
Die Gleichung $\Delta E = c \cdot m \cdot \Delta T$ lösen wir nach ΔT auf:

$$\Delta T = \frac{\Delta E}{c \cdot m} = \frac{13{,}72 \text{ kJ}}{0{,}9 \frac{\text{kJ}}{\text{kg} \cdot \text{K}} \cdot 0{,}090 \text{ kg}} \approx 169 \text{ K}.$$

Die Temperatur des Abseilachters beträgt nach dem Abseilen 193 °C.
c) Da die Gleitreibungskräfte unabhängig von der Geschwindigkeit sind, mit der die Körper aneinander gleiten, spielt die Geschwindigkeit eigentlich keine Rolle. Allerdings wird ja beim Abseilen Energie an die Umgebung abgegeben. Je länger der Vorgang dauert, umso mehr Energie kann währenddessen abgegeben werden.
d) Beim Abseilen wird bereits Energie an die Umgebung abgegeben. Die Energie wird also nicht nur zur Erwärmung des Abseilachters aufgewendet.

Material B – Was ist eine Kalorie?

B1 a) Berechne aus den Angaben im ▹Bild 04 den Umrechnungsfaktor von kcal in kJ.
b) Gib die Energie an, die man benötigt, um 1 g Wasser um 1 K zu erwärmen.
c) In einem alten Physikbuch steht: 1 Kalorie ist die Wärmemenge, die benötigt wird, um 1 g Wasser von 14,5 °C auf 15,5 °C zu erwärmen. Vergleiche diese Aussage mit den Ergebnissen aus a) und b).
a) Den Angaben entnehmen wir:
1714 kJ = 407 kcal bzw. 240 kJ = 57 kcal.
Daraus ergibt sich:
1 kcal = 4,2 kJ bzw. 1 kJ = 0,24 kcal.
b) $\Delta E = 4{,}2 \frac{\text{kJ}}{\text{kg} \cdot \text{K}} \cdot 0{,}001 \text{ kg} \cdot 1 \text{ K} = 4{,}2 \text{ J}.$
c) Aus 1 kcal = 4,2 kJ folgt 1 cal = 4,2 J.
Dies ist genau die Energie, die benötigt wird, um 1 g Wasser um 1 K, also z. B. von 14,5 °C auf 15,5 °C, zu erhöhen. Das ist kein Zufall, denn so hat man die Einheit 1 cal festgelegt.

B2 a) Du hast einen Schokoriegel von 18 g mit dem Energiegehalt von 410 kJ gegessen. Berechne den Höhenunterschied, den du damit in den Bergen erwandern könntest.
b) Max sagt: „Dann brauche ich ja nur drei Riegel, um von Ehrwald (994 m) auf die Zugspitze (2962 m) zu klettern.“ Nimm Stellung.
a) Gegeben: Energiezufuhr $\Delta E = 410$ kJ;
gesucht: Höhenunterschied h.
Wenn man davon ausgeht, dass die gesamte Energie in Lageenergie umgewandelt wird, dann ergibt sich h aus:

$$h = \frac{\Delta E}{m \cdot g}.$$

Eine Masse ist nicht angegeben, wir nehmen an $m = 60$ kg. Daraus folgt:

$$h = \frac{410 \text{ kJ}}{60 \text{ kg} \cdot 9{,}8 \frac{\text{N}}{\text{kg}}} = 697 \text{ m}.$$

b) Mit drei Schokoriegeln käme man auf einen Höhenunterschied von 3 · 697 m = 2091 m, also von Ehrwald auf die Zugspitze. Es ist aber so, dass die im Schokoriegel enthaltene Energie nicht ausschließlich in die Zunahme der Lageenergie umgewandelt wird. Sie wird u. a. für die Aufrechterhaltung der Körperfunktionen benötigt und ein Teil wird thermisch an die Umgebung abgegeben. Max hat also nicht recht.

B3 Um den Energiegehalt von Lebensmitteln zu bestimmen, verbrennt man diese im Labor in einem besonderen, isolierten Gefäß zu Asche. In dem Gefäß befindet sich Wasser, das dabei erwärmt wird. Die Temperaturerhöhung des Wassers wird gemessen. Im Labor wurde auf diese Weise 1,5 g Zucker verbrannt. In dem Gefäß befinden sich 160 g Wasser. Der Temperaturverlauf wurde gemessen und in einem Diagramm dargestellt (▹Bild 05). Berechne den Energiegehalt von 1,5 g Zucker.
Anhand der Temperaturkurve erkennt man, dass die Temperatur des Wassers um ca. 36 K gestiegen ist. Für 160 g Wasser sind hierfür

$$\Delta E = c \cdot m \cdot \Delta T = 4{,}2 \frac{\text{kJ}}{\text{kg} \cdot \text{K}} \cdot 0{,}16 \text{ kg} \cdot 36 \text{ K} = 24{,}2 \text{ kJ}$$

an Energie nötig. Diese Energie stammt aus 1,5 g Zucker. Daraus ergibt sich ein Energiegehalt für Zucker von 16,1 kJ pro Gramm.

Wechsel der Aggregatzustände

Seite 25

1 a) Berechne die Energie, die man benötigt, um 100 g Eis zu schmelzen.
b) Berechne, auf welche Temperatur man 100 g Wasser von 0 °C mit der Energie aus a) erwärmen kann.
a) Laut Merksatz benötigt man 334 kJ Energie, um 1 kg Eis zu schmelzen. Die spezifische Schmelzwärme ist

proportional zur Masse. Also benötigt man für 100 g bzw. 0,1 kg Eis nur ein Zehntel der Energie, also 33,4 kJ.

b) Gegeben: $m = 0{,}1$ kg, $c = c_{\text{Wasser}}$, die Anfangstemperatur $\vartheta_1 = 0$ °C und $\Delta E = 33{,}4$ kJ;

gesucht: ΔT.

$\Delta E = c \cdot m \cdot \Delta T$, also ist ΔT gegeben durch

$$\Delta T = \frac{\Delta E}{m \cdot c} = \frac{33{,}4\ \text{kJ}}{0{,}100\ \text{kg} \cdot 4{,}2\ \frac{\text{kJ}}{\text{kg}\cdot\text{K}}} = 79{,}5\ \text{K}.$$

Man kann das Wasser auf 79,5 °C erwärmen.

Seite 27

1 Berechne, wie viel Wasserdampf (in g) man in eine Tasse mit 150 g Milch von 5 °C einleiten muss, damit man trinkwarme Milch von 40 °C erhält.

Überlege dir zuerst, wie viel Energie man zur Erwärmung der Milch benötigt. Berechne dann, wie viel Wasserdampf dazu kondensieren muss. Verwende für die Wärmekapazität von Milch den Wert für Wasser.

Um 150 g Milch von 5 °C auf 40 °C zu erhitzen, benötigt man die Energie:

$$\Delta E = c \cdot m \cdot \Delta T = 4{,}2\ \frac{\text{kJ}}{\text{kg}\cdot\text{K}} \cdot 0{,}150\ \text{kg} \cdot 35\ \text{K} = 22\ \text{kJ}.$$

Um 1 g Wasser zu verdampfen sind 2,260 kJ Energie nötig. Um 22 kJ zu erhalten, muss die Masse

$$m = \frac{\Delta \text{E}}{\text{r}} = \frac{22\ \text{kJ}}{2{,}260\ \text{kJ}}\ \text{g} = 9{,}7\ \text{g}$$

Wasserdampf kondensieren.

2 Begründe, warum man beim Wasserkochen den Kochtopf mit einem Deckel verschließen sollte.

Ohne Deckel: Das Wasser verdampft und verschwindet aus dem Topf. Mit dem Wasserdampf geht auch Energie aus dem Topf in die Umgebung verloren.

Mit Deckel: Der Wasserdampf bleibt im Topf. Am kühleren Deckel kondensiert der Dampf und gibt innere Energie thermisch an den Deckel ab. Insgesamt bleibt mehr Energie im Topf als ohne Deckel.

3 Zu 300 cm³ Orangensaft von 30 °C gibt man 50 g Eis von 0 °C. Berechne, auf welche Endtemperatur man den Saft im günstigsten Fall abkühlen könnte. Verwende für Orangensaft die Werte von Wasser.

Gegeben: Menge an Orangensaft: $300\ \text{cm}^3 \mathrel{\hat{=}} 0{,}3$ kg, Safttemperatur: 30 °C, $m_{\text{Eis}} = 0{,}050$ kg, Eistemperatur: 0 °C;

gesucht: Endtemperatur des Saftes.

Berechnung der Energie zum Schmelzen:

$$\Delta E = m_{\text{Eis}} \cdot s = 0{,}050\ \text{kg} \cdot \frac{334\ \text{kJ}}{1\ \text{kg}} = 16{,}7\ \text{kJ}.$$

Diese Energie stammt aus dem Orangensaft, dessen Temperatur sich um ΔT verringert:

$$\Delta T = \frac{\Delta \text{E}}{\text{m}\cdot\text{c}} = \frac{16{,}7\ \text{kJ}}{0{,}3\ \text{kg} \cdot 4{,}2\ \frac{\text{kJ}}{\text{kg}\cdot\text{K}}} = 13{,}3\ \text{K}.$$

Nachdem das Eis geschmolzen ist, beträgt die Temperatur des Safts noch etwa 16,7 °C. Der Saft und das 0 °C kalte Wasser vermischen sich ja noch. Das ergibt insgesamt eine Temperatur von:

$$T = \frac{m_1 \cdot T_1 + m_2 \cdot T_2}{m_1 + m_2} = \frac{0{,}3\ \text{kg} \cdot 289{,}7\ \text{K} + 0{,}05\ \text{kg} \cdot 273\ \text{K}}{0{,}35\ \text{kg}} = 287{,}3\ \text{K}.$$

Als Mischungstemperatur ergibt sich demnach 14,3 °C.

Seite 28 (Blickpunkt)

1 Wenn ein leichter Wind geht, dann kühlt der Schweiß noch besser. Gib eine Begründung an.

Direkt über der Hautoberfläche befindet sich warme Luft. Der Wind transportiert die warme Luft fort, sodass die Lufttemperatur über der Haut geringer ist als ohne Wind. Außerdem ist der Wasserdampfdruck in der nun kühleren Luft niedriger, sodass mehr Schweiß verdunsten kann.

2 Wir empfinden es als schwül, wenn viel Wasserdampf in der Luft vorhanden ist, ohne dass er zu Wassertröpfchen kondensiert. Überlege, warum du an solchen schwülen Tagen viel stärker schwitzen musst als an normalen Tagen mit derselben Lufttemperatur.

Wenn bereits viel Wasserdampf in der Luft enthalten ist, dann kann sie weniger Wasserdampf aufnehmen, sodass der Körper zur Temperaturregulierung mehr Schweiß produziert. Schwüle Hitze empfindet man wärmer als trockene Hitze derselben Temperatur.

Seite 29 (Material)

Material A – Energiespeicher Handwärmer

A1 a) Überlege, woher die Energie stammt, die der Handwärmer abgibt.

b) Ähnlich wie beim Aufladen eines Akkus wird dem Handwärmer beim „Aufladen“ Energie zugeführt. Beschreibe, wo die zugeführte Energie geblieben ist.

c) Beschreibe, wie sich der Energieinhalt des Handwärmers nach dem Herausnehmen aus dem Topf ändert.

a) Die Energie ist in der flüssigen Substanz des Handwärmers als innere Energie enthalten. Beim Erstarren wird ein Teil der inneren Energie der Substanz thermisch an die Umgebung abgegeben.

b) Beim „Aufladen“, also beim Schmelzen der festen Substanz im Handwärmer, muss von außen Energie thermisch zugeführt werden. Diese Energie steckt als innere Energie in der flüssigen Substanz.

c) Nach dem Herausnehmen des Handwärmers aus dem Topf kühlt sich der Handwärmer langsam ab, ohne dass die flüssige Substanz erstarrt. Dabei gibt der Handwärmer Energie thermisch an die Umgebung ab.

A2 Erläutere die Gemeinsamkeiten und Unterschiede von Wärmflasche und Handwärmer unter dem Gesichtspunkt der Energie.

Gemeinsamkeiten: Die thermisch zugeführte Energie ist in der Wärmflasche bzw. im Handwärmer enthalten. Wärmflasche und Handwärmer geben die zugeführte Energie über einen längeren Zeitraum hinweg thermisch wieder an die Umgebung ab. Beide sind „wiederaufladbar“.

Unterschiede:

Wärmflasche	Handwärmer
Der Aggregatszustand des Wassers ändert sich nicht.	Der Aggregatzustand der inneren Substanz ändert sich.
Energie ist als thermische Energie gespeichert.	Energie ist als innere Energie gespeichert.
Gibt Energie ohne Zeitverzögerung wieder ab.	Gibt Energie erst nach Knicken des Metallplättchens wieder ab.

Material B – Abhängigkeit des Siedepunkts vom Druck

B1 a) Beschreibe das Diagramm im ▹Bild 05.
b) Erkläre mithilfe dieses Diagramms die niedrigere Siedetemperatur des Wassers auf der Zugspitze.

a) Im Diagramm ist die Siedetemperatur des Wassers über dem Luftdruck aufgetragen. Die Siedetemperatur steigt mit dem Luftdruck an, zunächst sehr stark, dann schwächer.

b) In 3000 m Höhe über dem Meeresspiegel beträgt der Luftdruck nur noch ca. 650 hPa gegenüber dem Normaldruck von ca. 1000 hPa. Bei 650 hPa liegt die Siedetemperatur von Wasser bei 90 °C.

B2 a) Schätze mithilfe des Diagramms im ▹Bild 05 die Siedetemperatur des Wassers im Dampfdruckkochtopf ab.
b) Erkläre die Wirkungsweise eines Dampfdruckkochtopfes.

a) Wenn man die rote Kurve bis 1800 hPa extrapoliert, dann liest man eine Siedetemperatur von ca. 115 °C im Dampfdrucktopf ab.

b) Das Wasser im Dampfdruckkochtopf siedet erst bei einer höheren Temperatur als 100 °C. Dadurch verringert sich die Garzeit des Kochguts.

B3 Eine Spritze wird mit etwas Wasser gefüllt. Dabei wird darauf geachtet, dass sich keine Luft mehr in der Spritze befindet. Anschließend wird die Öffnung dicht verschlossen und die Spritze auseinandergezogen. Dabei beobachtet man die Entstehung von Blasen im Wasser. Erkläre die Beobachtung.

Durch Auseinanderziehen der Spritze vergrößert sich das Volumen. Gleichzeitig sinken der Druck in der Spritze und die Siedetemperatur des Wassers. Das Wasser beginnt also zu sieden, was zur Blasenbildung führt.

B4 In der Tiefsee gibt es in 3000 m Wassertiefe Vulkane, die bis zu 400 °C heißes Wasser ausstoßen. Erkläre, warum das ausgestoßene Wasser trotz der hohen Temperatur von 400 °C flüssig ist.

In 3000 m Wassertiefe herrscht ein enorm hoher Druck von fast 300 bar. Das hat zur Folge, dass Wasser dort erst bei sehr hohen Temperaturen siedet. Bei 400 °C ist es dort noch flüssig.

2 Energie wird übertragen

Thermische Energieübertragung

Seite 33

1 Um die Körpertemperatur konstant zu halten, darf man im Winter wenig Energie an die Umgebung abgeben, im Sommer viel. Nenne hierfür verschiedene Möglichkeiten.

Im Winter geschieht dies vor allem durch passende Kleidung, wie dick gefütterte Jacken, Handschuhe, Schal, Mütze usw. mit Daunen, Wolle oder Fleece, aber auch winddichte Jacken (z. B. Softshell), um die Konvektion zu behindern. Zudem sollte man keine kalten Körper berühren, die leichter thermisch Energie aufnehmen als Luft, wie z. B. Wasser oder Metalle.

Im Sommer trägt man leichte Kleidung, um die Energieabgabe nicht zu hemmen. Wind oder durch Ventilatoren erzeugte Luftströmung transportieren die vom Körper erwärmte Luft ab. Durch Schwitzen, feuchte Tücher, kaltes Wasser o. Ä. kann man zusätzlich Energie abgeben.

Seite 35

1 a) Erkläre, wie eine Rettungsdecke die Energieabgabe verhindert.

b) Wetterstationen messen Temperaturen immer nur im Schatten. Erläutere.

a) Die Rettungsdecke reflektiert die vom Körper ausgesendete Wärmestrahlung, sodass durch diese keine Energie abgegeben werden kann. Zudem verhindert sie die Konvektion.

b) Körper, die nicht im Schatten sind, nehmen durch die Wärmestrahlung von der Sonne zusätzlich Energie auf, sodass sie eine höhere Temperatur haben als ihre Umgebung. Um die Ergebnisse verschiedener Wetterstationen unabhängig vom Wetter vergleichen zu können, misst man daher die Lufttemperatur im Schatten.

2 Wenn man barfuß über Steinfliesen läuft, scheinen diese kälter zu sein als z. B. Teppichboden. Erkläre.

In der Regel ist der Boden kälter als die Fußsohle, d. h. der Fuß gibt Energie thermisch an den Boden ab. Da Stein ein besserer Wärmeleiter ist als Stoff (im Teppich zudem Lufteinschlüsse vorhanden sind), wird diese übertragene Energie von der Trittstelle im Stein besser verteilt, sodass die Trittstelle sich nicht so stark erwärmt wie beim Teppich. Die Steinfliesen fühlen sich daher kälter an.

3 a) Wasser ist ein schlechter Wärmeleiter. Trotzdem friert man in kaltem Wasser sehr schnell. Löse diesen scheinbaren Widerspruch auf.

b) Zur Wärmedämmung werden aufwendige Doppelglasfenster eingesetzt. Wäre es nicht leichter, einfach ein dickeres Fensterglas zu nehmen? Erläutere.

a) Hier spielen zwei Einflüsse eine Rolle:
Zum einen sind die Dichte und die Wärmekapazität von Wasser wesentlich größer als die von Luft. Dadurch kann das gleiche Wasservolumen wesentlich mehr Energie aufnehmen als Luft (etwa 4000-mal so viel!).
Zum anderen kommt es im Wasser zur Konvektion, sodass die Energie schnell wegtransportiert wird.

b) Luft ist als Gas ein sehr schlechter Wärmeleiter, Glas leitet die Energie viel besser. Durch das Einschließen der Luft zwischen den beiden Scheiben verhindert man die Konvektion, die sonst die Wärmedämmung durch Luft zunichte macht.

Seite 37 (Material)

Versuche – Thermische Energieübertragung bei deiner Hand

V1 Kalt oder warm?

a) Wasser und Metall fühlen sich kälter an als Holz und Wolle.

b) Metalle sind bessere Wärmeleiter als die anderen Stoffe. Dadurch wird die übertragene Energie im Metall besser verteilt, sodass sich die angefasste Stelle nicht so stark erwärmt und sich daher kälter anfühlt.

c) Im Wasser kommt es zur Konvektion, sodass die Energie schnell wegtransportiert wird. Zudem ist Wasser eine Flüssigkeit, sodass die Berührfläche größer ist.

V2 Die eingepackte Hand

a) Auf der Innenseite des Gefrierbeutels bilden sich kleine Wassertröpfchen und es wird wärmer.

b) Über die Poren verdunstet auf der Haut Wasserdampf. Im Beutel steigt dadurch die Luftfeuchtigkeit so weit, dass das Wasser auf der Innenseite des Gefrierbeutels kondensiert. Durch das Verdunsten gibt dein Körper Energie ab.

c) „Atmungsaktiv“ ist Kleidungsmaterial, wenn es für Wasserdampf durchlässig ist, sodass das Wasser nicht wie beim Gefrierbeutel auf der Innenseite kondensiert. „Wasserdicht“ ist es, wenn es für flüssiges Wasser (wie Regen) undurchlässig ist.

d) Die spezifische Verdampfungswärme von Wasser beträgt 2260 kJ/kg = 2,26 MJ/kg. Da Wasser eine Dichte von 1,0 g/cm^3 hat, ist 2,26 MJ die Energie, die benötigt wird, um einen Liter Wasser zu verdunsten. Da der Wirkungsgrad beim Schwitzen nicht 1 ist, wird tatsächlich etwas mehr Energie benötigt.

V3 Die silberne Hand

a) In der Folie fühlt es sich wärmer an.

b) Die Aluminiumfolie reflektiert die Wärmestrahlung der Hand, sodass die Energie nicht mehr so leicht an die Umgebung abgegeben werden kann.

c) Der eingewickelte Eiswürfel schmilzt langsamer, da die Strahlung von der Umgebung durch die Aluminiumfolie reflektiert wird, sodass der Eiswürfel nicht so viel Energie von der Umgebung aufnehmen kann.

d) Der in Wolle eingewickelte Eiswürfel schmilzt langsamer, da die Wolle die Energieaufnahme des Eiswürfels aus der Umgebung behindert.

Material A – Die Thermosflasche

A1 In einer Thermosflasche bleiben Tee oder Kaffee stundenlang heiß. Die Flasche ist so aufgebaut, dass Konvektion, Wärmeleitung und Strahlung möglichst effizient verhindert werden. Erläutere anhand von ▹Bild 03, wie dies geschieht.

Strahlung: Die verspiegelte Innenfläche reflektiert die Strahlung des Tees bzw. Kaffees.

Konvektion: Der abgeschlossene Innenraum aus Gefäß und Verschluss verhindert die Konvektion.

Wärmeleitung: Da im Innern des doppelwandigen Gefäßes ein Vakuum ist, kann es dort nicht zur Wärmeleitung kommen. Im Raum zwischen Glasgefäß und Kunststoffhülle ist Luft eingeschlossen, die ein schlechter Wärmeleiter ist. Das gilt auch für Kunststoff und Kork.

Material B – Konvektion weltweit: Der Golfstrom

B1 a) Vergleiche die mittlere Temperatur und die geografische Breite von New York, Berlin und Lissabon. Erkläre die Unterschiede.

b) Im Golfstrom bewegen sich in der Sekunde etwa $1{,}5 \cdot 10^8\ \text{m}^3$ Wasser. Er überträgt dadurch Energie mit einer Leistung von ca. $3 \cdot 10^{15}$ W nach Norden. Berechne, wie stark sich das Wasser im Golfstrom dabei abkühlt.

a) New York: 12,5 °C; 41 °N,
Berlin: 8,9 °C; 53 °N
Lissabon: 17,1 °C; 39 °N

Lissabon ist hat die kleinste Entfernung zum Äquator. Der Sonnenstand ist dort im Jahresmittel am höchsten und dadurch wird durch die elektromagnetische Strahlung am meisten Energie aufgenommen. Die Durchschnittstemperatur ist daher dort am höchsten.

Obwohl New York nicht viel weiter nördlich liegt als Lissabon (220 km), ist die Durchschnittstemperatur dort deutlich geringer (4,6 K). Das liegt daran, dass der Golfstrom Energie von der Ostküste Amerikas nach Westeuropa transportiert, sodass es dort bei gleichem Breitengrad wesentlich wärmer ist.

Berlin liegt 1300 km nördlich von New York, die Durchschnittstemperatur ist aber nur 3,6 K niedriger. Auch hier zeigt sich noch der Einfluss des Golfstroms, obwohl Berlin weit vom Atlantik entfernt ist.

b) $1{,}5 \cdot 10^8\ \text{m}^3$ Wasser haben eine Masse von $1{,}5 \cdot 10^{11}$ kg. Bei einer Leistung von $3 \cdot 10^{15}$ W überträgt der Golfstrom in einer Sekunde $3 \cdot 10^{12}$ kJ. Es gilt:
$\Delta E = c \cdot m \cdot \Delta T$ und nach ΔT aufgelöst:

$$\Delta T = \frac{\Delta E}{c \cdot m} = \frac{3 \cdot 10^{12}\,\text{kJ}}{4{,}2\,\frac{\text{kJ}}{\text{kg}\cdot\text{K}} \cdot 1{,}5 \cdot 10^{11}\,\text{kg}} = 5\ \text{K}.$$

Das Wasser des Golfstroms kühlt sich um 5 K ab.

B2 a) Beschreibe mit ▹Bild 04, was mit dem Wasser des Golfstroms geschieht, nachdem es den Nordatlantik erreicht hat.

b) Das Wasser der Tiefenströmungen hat eine größere Dichte als das in den Strömungen nahe der Wasseroberfläche. Erkläre.

c) Die Dichte von Meerwasser hängt vom Salzgehalt und der Temperatur des Wassers ab. Erläutere.

d) Das Wasser des Golfstroms ist relativ salzhaltig, gelangt aber erst bei Grönland in die Tiefe. Begründe.

a) Im Nordatlantik sinkt das dann kalte Wasser ab und strömt entlang der Küste Amerikas als Tiefenströmung Richtung Antarktis.

b) Wenn das Wasser der Tiefenströmungen eine kleinere Dichte hätte als das darüber liegende Wasser, gäbe es eine Auftriebskraft, die das Wasser der Tiefenströmungen nach oben drücken würde.

c) Durch eine höhere Temperatur kommt es beim Wasser (ab 4 °C) zur thermischen Ausdehnung, sodass die Dichte kleiner ist, wenn das Wasser wärmer ist. Wenn Salz in Wasser gelöst wird, nimmt dadurch das Volumen der Lösung praktisch nicht zu, wohl aber ihre Masse. Daher nimmt die Dichte des Wassers mit seinem Salzgehalt zu.

d) Beim Erwärmen des Wassers nahe des Äquators verdampft ein Teil des Wassers des Golfstroms, sodass es verglichen mit dem Wasser des Nordatlantiks mehr Salz enthält. Da das Wasser des Golfstroms zunächst eine relativ hohe Temperatur hat, hat es eine kleinere Dichte als das Wasser des Nordatlantiks und bleibt daher zunächst an der Oberfläche. Durch die Abkühlung nimmt die Dichte des Wassers des Golfstroms immer mehr zu, bis es aufgrund seines relativ hohen Salzgehalts vor Grönland absinkt.

Seite 38/39 (Blickpunkt)

1 Beschreibe, welche Arten der thermischen Energieübertragung bei der Prozessorkühlung genutzt werden. Erläutere, welche Art der Energieübertragung besonders effektiv ist.

Die Antworten sind im Text zu finden: Zunächst wird die Energie thermisch durch Wärmeleitung über Heatpipes und den Kühlkörper abtransportiert. Über die Aluminium-Lamellen des Kühlkörpers wird die Energie durch

Strahlung an die Umgebung abgegeben. Anschließend wird die abgestrahlte thermische Energie durch den Luftstrom des Lüfters durch Konvektion abtransportiert. Dieser Energietransport ist besonders effektiv, da die Energie schnell abgeführt und an die Umgebung abgegeben werden kann.

2 a) Überlege dir, wie man den Körper eines Verletzten mit der Rettungsdecke vor Überhitzung schützen kann, wenn die Außentemperatur höher ist als die Körpertemperatur. Begründe deine Antwort.
b) Beide Seiten der Rettungsdecke reflektieren Infrarotstrahlung nahezu gleich gut. Überlege, welchen Vorteil es dennoch haben könnte, wenn die gelbe Seite nach außen zeigt.
a) Um den Verletzten vor Überhitzung zu schützen, sollte ein Abtransport der Energie über Strahlung und Konvektion gewährleistet sein. Man sollte den Verletzten also keinesfalls in die Decke einwickeln. Statt dessen kann die Decke über dem Verletzten aufgespannt werden, um ihm Schatten zu spenden und ihn vor der Sonneneinstrahlung zu schützen.
b) Die gelbe Seite ist im Schnee besser zu sehen als die silberne Seite. Deshalb sollte bei einem Unfall im Winter die gelbe Seite nach außen zeigen.

Energie von der Sonne

Seite 41

1 Ein typisches Kohlekraftwerk hat eine Leistung von 875 MW. Wie viele solcher Kraftwerke würden benötigt, um die Leistung von 1,75 · 10^{17} W zu erbringen?
Die Anzahl ergibt sich, wenn man die Gesamtleistung durch die Leistung eines Kraftwerks dividiert:

$$\frac{1{,}75 \cdot 10^{17}\ \text{W}}{875 \cdot 10^{6}\ \text{W}} = 2 \cdot 10^{8}.$$

Man benötigte 200 Millionen Kraftwerke.

2 Berechne aus den Werten in ▹Tabelle 04 jeweils die Zunahme der thermischen Energie des Würfels. Benutze die Tabellen im Anhang und auf Seite 21.
Aus den Tabellen werden benötigt:
Dichte von Aluminium: $\rho = 2{,}70\ \text{g/cm}^3$,
spezifische Wärmekapazität von Aluminium (S. 27):
$c = 0{,}9\ \frac{\text{kJ}}{\text{kg} \cdot \text{K}}$.

Weitere Daten:
Kantenlänge des Aluminiumwürfels: $a = 4{,}0$ cm,
Volumen des Würfels: $V = a^3 = 64\ \text{cm}^3$.

Für die Masse des Aluminiumwürfels ergibt sich:
$m = \rho \cdot V = 2{,}70\ \text{g/cm}^3 \cdot 64\ \text{cm}^3 = 172{,}8$ g

Für die Zunahme der inneren Energie gilt:
$\Delta E = c \cdot m \cdot \Delta T$.

t in s	0	100	200	300	400
ϑ in °C	27,4	28,2	29,3	30,2	31,0
ΔT in K	0	0,8	1,9	2,8	3,6
ΔE in J	0	124	295	435	560

Das entspricht den in Bild 05 eingetragenen Werten.

Seite 42

1 Solarkollektoren sind in der Regel schwarz beschichtet. Erkläre.
Schwarze Oberflächen absorbieren sichtbares Licht und Infrarotstrahlung besser als helle und reflektierende Oberflächen. Dadurch wird mehr Energie von der Sonnenstrahlung aufgenommen.

2 Niklas sagt: „Je länger man die Temperatur beim Alu-Würfel misst, desto besser ist der Wert für die Solarkonstante.“ Äußere dich.
Das ist so nicht richtig: Wenn die Temperatur des Würfels höher ist als die der Umgebung, so gibt der Würfel thermisch Energie ab. Je größer der Temperaturunterschied ist, desto mehr Energie gibt er ab, bis er schließlich im Fließgleichgewicht ist. Der Verlauf über längere Zeit wäre ähnlich wie beim Diagramm S. 42, Bild 03: Nur am Anfang ist der Temperaturunterschied so klein, dass man die Energieabgabe vernachlässigen und man aus dem linearen Anstieg die Leistung und damit die Solarkonstante berechnen kann (siehe S. 41). Danach wird die Temperaturzunahme immer kleiner, sodass es nicht mehr sinnvoll ist, eine Ausgleichsgerade zu zeichnen. Deren Steigung und damit der Wert für die Solarkonstante wären zu klein.

Seite 43 (Material)

Versuche – Infrarotstrahlung und sichtbares Licht – ähnlich oder anders?

V1 Schwarz und weiß
a) Man spürt auch ohne Berührung, dass das schwarze Papier warm geworden ist.
b) Das weiße Papier fühlt sich kaum wärmer an.
c) Das schwarze Papier ist kaum warm geworden.
d) Das schwarze Papier absorbiert das sichtbare Licht und die Infrarotstrahlung von der Lampe sehr gut und nimmt dabei thermisch Energie auf. Da das Papier nun wärmer ist als die Umgebung, gibt es durch Infrarotstrahlung Energie ab. Das spürt man an der Wange.
Das weiße Papier streut das sichtbare Licht und die Infrarotstrahlung fast ganz, sodass es kaum Energie durch die Strahlung aufnimmt. Da seine Temperatur kaum steigt, fühlt es sich nicht so warm an wie das schwarze Papier.

Die Glasplatte ist für sichtbares Licht durchsichtig, absorbiert aber die Infrarotstrahlung. Die Infrarotstrahlung macht den größten Teil der von der Lampe ausgehenden Strahlung aus. Da die Platte mit der Infrarotstrahlung auch die Energie aufnimmt, kommt davon weniger beim schwarzen Papier an. Seine Temperatur nimmt daher kaum zu.

V2 Das Infrarot-Bügeleisen

a) Je nach Fabrikat und Einstellung ca. 10 cm bis 20 cm.

b) Es ist kaum ein Unterschied zwischen schwarzem und weißem Papier zu spüren. Mit der Glasplatte werden die Papiere kaum wärmer.

c) Licht und Infrarotstrahlung können Energie übertragen. Es gibt Oberflächen, die sichtbares Licht und Infrarotstrahlung absorbieren (wie das schwarze Papier), aber auch Oberflächen, die Licht streuen und Infrarotstrahlung zum Teil absorbieren (wie das weiße Papier). Es gibt Körper (wie die Glasplatte), die für sichtbares Licht durchsichtig sind, aber Infrarotstrahlung absorbieren.

Material A – Wolken und Sonne

A1 a) ▹Bild 06 zeigt die Erde vom Weltall aus gesehen. Wolken, Ozeane, Wüsten und Gebiete mit Vegetation sehen verschieden hell aus. Wo wird mehr Energie von der Sonne aufgenommen, wo wird viel Strahlung reflektiert? Erkläre.

b) Man hört häufig: „Die Sonne ist am Äquator stärker als in Deutschland." Was ist damit gemeint?

c) Erkläre: Wenn es nachts bewölkt ist, kühlt es weniger ab, als wenn es klar ist. Erkläre, welche Wirkung Wolken tagsüber haben.

a) Viel Energie wird vor allem von Ozeanen und Gebieten mit dichter Vegetation aufgenommen, da sie relativ dunkel sind. Am besten wird die Strahlung von Wolken und von Eisflächen gestreut, da sie praktisch weiß sind.

b) Die Strahlungsintensität ist am Äquator größer, da die Sonnenstrahlung dort steiler auf die Erdoberfläche trifft.

c) Nachts streuen die Wolken die Infrarotstrahlung von der Erdoberfläche wieder zurück. Ohne Wolken gelangt sie direkt in den Weltraum und damit auch die Energie, sodass es ohne Wolken auf der Erdoberfläche kälter wird.

A2 In einem Experimentierbuch steht: „Wie stark scheint die Sonne? Finde es heraus: Lass die Sonne senkrecht auf eine Wange scheinen (▹Bild 07). Nähere der anderen Wange eine Glühlampe mit bekannter Leistung, bis sich beide Wangen gleich warm anfühlen. Miss den Abstand zwischen Wange und Glühwendel." So kann man tatsächlich die Solarkonstante bestimmen! Erkläre.

Wenn man annimmt, dass die Glühlampe ihre Energie in alle Richtungen gleichermaßen abstrahlt, dann verteilt sich die Energie im Abstand r auf eine Kugeloberfläche mit dem Flächeninhalt $A = 4\,\pi\, r^2$. Bei bekannter Leistung kann man daher die Strahlungsintensität S der Glühlampe auf der Wange berechnen:

$$S = \frac{P}{A} = \frac{P}{4\,\pi\, r^2}.$$

Die Wangen reagieren sehr empfindlich auf Unterschiede der Strahlungsintensität. Wenn die Wangen sich gleich warm anfühlen, dann ist die Strahlungsintensität auf beiden Seiten gleich groß und die eben berechnete Strahlungsintensität entspricht der Solarkonstante.

Der Energiehaushalt der Erde

Seite 45

1 Im Experiment wird nur die aufgenommene Leistung gemessen, aber dann eine Aussage über die abgegebene Leistung gemacht. Erkläre, warum dies möglich ist.

Die Dose befindet sich im Fließgleichgewicht. Daher sind aufgenommene und abgegebene Leistung gleich groß.

2 Berechne die Leistung, die die Erde bei einer Temperatur von 15 °C eigentlich abgeben müsste.

Es gilt:

$$\frac{P}{A} = S = \sigma \cdot T^4.$$

Nach P aufgelöst ergibt:

$$P = A \cdot \sigma \cdot T^4 = 4\,\pi \cdot R_E^{\,2} \cdot \sigma \cdot T^4$$

$$= 4\,\pi \cdot (6{,}37 \cdot 10^6\ \text{m})^2 \cdot 5{,}67 \cdot 10^{-8}\,\frac{\text{W}}{\text{m}^2 \cdot \text{K}^4} \cdot (288\ \text{K})^4$$

$$\approx 200 \cdot 10^{15}\ \text{W}.$$

3 a) Angenommen, der Anteil der reflektierten Strahlung wird kleiner (größer) als er zurzeit ist. Welche Auswirkungen hat dies auf die Temperatur der Erde? Erläutere.

b) Berechne die Temperatur auf der Erde, wenn keine Reflexion vorhanden wäre.

a) Wenn der Anteil der direkt reflektierten Strahlung kleiner ist, dann ist die von der Erde absorbierte Leistung größer. Da sich die Erde im Fließgleichgewicht befindet, ist die abgegebene Leistung auch größer. Daher steigt aufgrund des Gesetzes von STEFAN und BOLTZMANN die Temperatur auf der Erde. Entsprechend nimmt die Temperatur ab, wenn der reflektierte Anteil größer ist.

b) Die gesamte Strahlungsleistung von $175 \cdot 10^{15}$ W muss wieder abgestrahlt werden. Es gilt:

$$S = \frac{P}{A} = \frac{175 \cdot 10^{15}\ \text{W}}{4\pi \cdot (6{,}37 \cdot 10^6\ \text{m})^2} = 343\ \frac{\text{W}}{\text{m}^2}.$$

Damit ergibt sich für die Temperatur:

$$T = \sqrt[4]{\frac{S}{\sigma}} = \sqrt[4]{\frac{343\,\frac{\text{W}}{\text{m}^2}}{5{,}67 \cdot 10^{-8}\,\frac{\text{W}}{\text{m}^2 \cdot \text{K}^4}}} \approx 279\ \text{K} = 6\ °\text{C}.$$

Seite 47 (Material)

Versuche – Ein Modell-Experiment für den Energiehaushalt der Erde

V1 Temperatur und Leistung

a) Je stärker der Wasserhahn aufgedreht wird, desto höher ist der Wasserstand.

b) Die Wasserhöhe entspricht der Temperatur. Das zu- bzw. abfließende Wasser entspricht der aufgenommenen bzw. abgegebenen Leistung.

V2 Gehemmter Abfluss

a) Der Wasserstand steigt. Wenn der Becher nicht überläuft, stellt sich ein neues Fließgleichgewicht ein, d. h. es fließt genauso viel Wasser ab wie zu.

b) Wenn die Energieabgabe gehemmt wird, dann steigt dadurch die Temperatur der Erde.

V3 Treibhauseffekt

a) Der Wasserstand steigt. Wenn der Becher nicht überläuft, stellt sich ein neues Fließgleichgewicht ein, bei gleichem Zulauf allerdings mit höherem Wasserstand als bei V2, da zusätzlich ein Teil des abgeflossenen Wassers wieder in den Becher gekippt wird.

b) Der zweite Becher entspricht der Atmosphäre: Sie nimmt einen Teil der von der Erde abgegebenen Energie auf und gibt ihn teilweise wieder an die Erde zurück. Dadurch steigt die Temperatur auf der Erdoberfläche.

Material A – Temperaturen auf der Sonne und den Planeten

A1 Die Sonne hat einen Radius von 6,96 · 10^8 m und eine Strahlungsleistung von 3,84 · 10^{26} W. Berechne die Temperatur auf der Sonnenoberfläche mit dem Gesetz von STEFAN und BOLTZMANN.

Es gilt:

$$S = \frac{\text{P}}{\text{A}} = \frac{3{,}84 \cdot 10^{26}\ \text{W}}{4\pi \cdot (6{,}96 \cdot 10^{8}\ \text{m})^2} \approx 6{,}31 \cdot 10^7\ \frac{\text{W}}{\text{m}^2}.$$

Damit ergibt sich für die Temperatur:

$$T = \sqrt[4]{\frac{S}{\sigma}} = \sqrt[4]{\frac{6{,}31 \cdot 10^7\,\frac{\text{W}}{\text{m}^2}}{5{,}67 \cdot 10^{-8}\,\frac{\text{W}}{\text{m}^2 \cdot \text{K}^4}}} \approx 5780\ \text{K} = 5507\ °\text{C}.$$

A2 Man kennt inzwischen nicht nur die Planeten der Sonne, sondern auch viele, die um andere Sterne kreisen. Ob sich auf einem Planeten Leben entwickeln kann, hängt unter anderem davon ab, wie groß die Strahlungsleistung ist, die er von dem entsprechenden Stern erhält. Im Sonnensystem weiß man, dass sich daher nur auf Venus, Erde und Mars Leben entwickeln könnte.

a) Venus ist 108 · 10^6 km und Mars 228 · 10^6 km von der Sonne entfernt. Berechne die Solarkonstante für Venus bzw. Mars und damit jeweils die Temperatur auf diesen Planeten.

b) Aus Messungen von Raumsonden weiß man: Die Temperatur auf der Venus beträgt 464 °C und auf dem Mars –55 °C. Vergleiche mit deinen Ergebnissen aus a). Finde mögliche Gründe für die auftretenden Abweichungen.

a) Venus:

$$S_\text{V} = \frac{P}{A} = \frac{3{,}84 \cdot 10^{26}\ \text{W}}{4\pi \cdot (1{,}08 \cdot 10^{11}\ \text{m})^2} \approx 2620\ \frac{\text{W}}{\text{m}^2}.$$

Da die Strahlung über die Querschnittsfläche ($\pi \cdot r^2$) aufgenommen wird, aber über die gesamte Oberfläche ($4\,\pi \cdot r^2$) abgestrahlt wird, beträgt die Strahlungsintensität hierbei nur ein Viertel der Solarkonstante:

$$T_\text{V} = \sqrt[4]{\frac{S_\text{V} \cdot \frac{1}{4}}{\sigma}} = \sqrt[4]{\frac{2620\,\frac{\text{W}}{\text{m}^2} \cdot \frac{1}{4}}{5{,}67 \cdot 10^{-8}\,\frac{\text{W}}{\text{m}^2 \cdot \text{K}^4}}} \approx 329\ \text{K} = 56\ °\text{C}.$$

Mars:

$$S_\text{M} = \frac{P}{A} = \frac{3{,}84 \cdot 10^{26}\ \text{W}}{4\pi \cdot (2{,}28 \cdot 10^{11}\ \text{m})^2} \approx 588\ \frac{\text{W}}{\text{m}^2}.$$

$$T_\text{M} = \sqrt[4]{\frac{S_\text{M} \cdot \frac{1}{4}}{\sigma}} = \sqrt[4]{\frac{588\,\frac{\text{W}}{\text{m}^2} \cdot \frac{1}{4}}{5{,}67 \cdot 10^{-8}\,\frac{\text{W}}{\text{m}^2 \cdot \text{K}^4}}} \approx 226\ \text{K} = -47\ °\text{C}.$$

b) Beide Planten sind am Nachthimmel gut zu sehen, d. h. sie reflektieren einen Teil der Strahlung der Sonne. Da die absorbierte Leistung daher kleiner ist, sollte die gemessene Temperatur kleiner sein als die berechnete. Dies würde die gemessene Temperatur auf dem Mars erklären. Bei der Venus gibt es einen sehr großen Treibhauseffekt, der die Temperatur um über 400 K steigert.

A3 Die Solarkonstante schwankt regelmäßig etwa alle 11 Jahre zwischen 1366 W/m² und 1368 W/m².

a) Schätze durch eine Rechnung ab, wie stark die Temperatur auf der Erde dadurch schwankt.

b) Finde mögliche Gründe für die Schwankung der Solarkonstante. Informiere dich.

a) Wenn man davon ausgeht, dass der absorbierte Anteil weiterhin bei 70 % liegt und die Erde über die ganze Oberfläche abstrahlt, ergibt sich mit S_1 = 1366 W/m²:

$$T_1 = \sqrt[4]{\frac{0{,}7 \cdot S_1 \cdot \frac{1}{4}}{\sigma}} = \sqrt[4]{\frac{956 \frac{\mathrm{W}}{\mathrm{m}^2} \cdot \frac{1}{4}}{5{,}67 \cdot 10^{-8} \frac{\mathrm{W}}{\mathrm{m}^2 \cdot \mathrm{K}^4}}} \approx 254{,}8 \text{ K}.$$

Und mit $S_2 = 1368 \text{ W/m}^2$:

$$T_2 = \sqrt[4]{\frac{0{,}7 \cdot S_2 \cdot \frac{1}{4}}{\sigma}} = \sqrt[4]{\frac{958 \frac{\mathrm{W}}{\mathrm{m}^2} \cdot \frac{1}{4}}{5{,}67 \cdot 10^{-8} \frac{\mathrm{W}}{\mathrm{m}^2 \cdot \mathrm{K}^4}}} \approx 254{,}9 \text{ K}.$$

Der Temperaturunterschied liegt bei etwa 0,1 K.

b) Die von der Sonne abgestrahlte Leistung ist nicht konstant, sondern abhängig von der Sonnenaktivität, die sich mit einer Periodendauer von 11 Jahren ändert. Zudem ändert sich der Abstand der Erde von der Sonne während eines Umlaufs, da sich die Erde nicht auf einer Kreisbahn, sondern einer Ellipse bewegt, aber auch regelmäßig im Laufe von Hunderttausenden von Jahren.

Material B – Treibhauseffekt

B1 a) Im Modell (▹Bild 01) absorbiert die Atmosphäre 20 % der Strahlung von der Sonne, aber 100 % der Strahlung von der Erde. Begründe diese Annahme physikalisch.

b) In Wirklichkeit wird die Strahlung von der Erde nicht vollständig, sondern zu 90 % von der Atmosphäre absorbiert. Erkläre, welche Auswirkung dies auf die Temperatur der Erde hat.

a) Die Erde strahlt praktisch die gesamte Energie durch Infrarotstrahlung ab. Die Atmosphäre wirkt hier ähnlich wie eine Glasplatte und absorbiert die Infrarotstrahlung praktisch komplett. Die von der Sonne kommende Strahlung enthält neben Infrarotstrahlung vor allem sichtbares Licht (siehe S. 46) und andere elektromagnetische Strahlung, für die die Atmosphäre „durchsichtig" ist, sodass sie zur Erdoberfläche gelangt.

b) Da nicht mehr die gesamte Energie von der Atmosphäre absorbiert wird, strahlt sie auch weniger Energie an die Erde zurück, sodass die Temperatur niedriger ist als die auf S. 52 berechnete. Eine weiterführende Rechnung zeigt, dass sich bei einem entsprechend veränderten Modell eine Temperatur von 12 °C ergäbe.

Der Einfluss des Menschen

Seite 49

1 a) Das oberflächennahe Wasser der Ozeane kann wesentlich mehr Energie speichern als die gesamte Atmosphäre und die Oberfläche der Kontinente. Erkläre.

b) Die im ▹Diagramm 03 dargestellte Größe nennt man „ocean heat content". Erkläre diese Bezeichnung.

a) Im Wasser der Ozeane wird die Energie durch Konvektion auf ein wesentlich größeres Volumen verteilt als auf der Oberfläche der Kontinente, auf der die Energie nur durch Wärmeleitung nur wenige Meter tief in den Boden übertragen wird. Konvektion ist zwar auch in der Atmosphäre möglich, allerdings ist die Dichte des Wassers fast 1000-mal größer als die der Luft und die spezifische Wärmekapazität mehr als viermal so groß, sodass im Wasser viel mehr Energie gespeichert werden kann.

b) Der „Ocean heat content" gibt an, wie viel Energie als innere Energie („heat") in den oberen Wasserschichten der Ozeane („ocean") gespeichert („content") ist.

Seite 50

1 Erkläre, wie man mehr oder weniger geeignete Klimamodelle unterscheiden kann.

Man vergleicht das Modell mit der bekannten Klimaentwicklung aus der Vergangenheit: Man speist die Daten von z. B. 1920 in das Modell ein und lässt es die Entwicklung bis z. B. 2000 vorhersagen. Je besser die berechnete Entwicklung mit den tatsächlich gemessenen Daten übereinstimmt, desto eher handelt es sich um ein geeignetes Modell.

Seite 52 (Material)

Versuche – Ein Modellversuch zur Änderung des Meeresspiegels

V1

a) *Schüleraktivität*

b) Bei den Eiswürfeln auf dem Stein steigt der Wasserstand beim Schmelzen etwas. Bei den schwimmenden Eiswürfeln bleibt der Wasserstand gleich.

Material A – Wie stark absorbieren Gase Infrarotstrahlung?

A1 Als Strahlungsquelle verwendet man einen Infrarotstrahler und eine helle Glühlampe. So kann man die von der Sonne kommende Strahlung und die von der Erde abgestrahlte Wärmestrahlung modellieren. Erläutere die Analogie.

Hinweis: Der Versuch kann z. B. mit CO_2 aus einer Sprudel-Kartusche durchgeführt werden. Der Behälter selbst muss IR-durchlässig sein, z. B. PE-Folie oder Haushaltsfolie oder vereinfacht (ohne Temperaturmessung) ein Luftballon. Als Strahlungsquelle eignet sich ein keramischer IR-Dunkelstrahler. Statt mit der Thermosäule kann man die Absorption auch mit einer Wärmebild-Kamera nachweisen.

Die Strahlung der Glühlampe entspricht der Strahlung der Sonne, da beide Wärmestrahlung im sichtbaren Bereich und im IR-Bereich aussenden. Die Strahlung des

Infrarotstrahlers entspricht der Strahlung von der Erde, da beide nur Wärmestrahlung im IR-Bereich aussenden.

A2 a) Als Strahlungsquelle wird eine Infrarotlampe verwendet. Anfangs befindet sich Luft im Rohr. Zum markierten Zeitpunkt wird CO_2 in das Rohr geleitet. Beschreibe, wie sich dadurch die Messwerte (▹Bild 03 A) ändern. Erkläre, wie die Änderungen der beiden Messgrößen zusammenhängen.

b) ▹Bild 03 B zeigt die Messwerte bei einer hellen Glühampe. Beschreibe die Unterschiede zu den Werten bei a). Erkläre.

c) Als Strahlungsquelle benutzt man nun eine rote LED. Welche Messwerte erwartest du? Skizziere ähnlich wie im ▹Bild 03. Begründe.

a) Die Spannung am Sensor nimmt ab, sobald das CO_2 in das Rohr geleitet wird. Gleichzeitig nimmt die Temperatur im Rohr kurzfristig ab, um anschließend auf einen höheren Wert zu steigen.

CO_2 absorbiert die IR-Strahlung besser als Luft. Deswegen kommt weniger Strahlung beim Sensor an, sodass die Strahlungsintensität dort und damit auch die gemessene Spannung abnimmt. Durch die bessere Absorption nimmt das CO_2 mehr Energie auf und dadurch steigt die Temperatur im Rohr. (Die kurzfristige Temperaturabnahme kommt dadurch zustande, dass die Luft im Rohr schon Energie aufgenommen hat, während das frisch zugeleitete CO_2 noch nicht im Strahlungsgleichgewicht ist.)

b) Der prinzipielle Verlauf ähnelt sich, aber die Spannung am Sensor nimmt durch das CO_2 kaum mehr ab und die Temperatur im Rohr steigt nur noch sehr wenig.

CO_2 ist durchsichtig, d. h. es absorbiert den sichtbaren Teil der Strahlung von der Glühlampe nicht. Die Glühlampe sendet aber auch einen Teil der Wärmestrahlung im IR-Bereich aus. Dieser Teil wird vom CO_2 absorbiert, sodass die Temperatur im Rohr etwas steigt und die Strahlungsintensität (und damit die Spannung) beim Sensor etwas sinkt.

c) Durch das Einleiten des CO_2 sinkt die Temperatur (wie sonst auch) nur kurzfristig, steigt dann aber auf denselben Wert wie bei der Luft. Die Spannung am Sensor ändert sich gar nicht.

Die LED sendet nur sichtbares Licht und keine IR-Strahlung aus. Daher wird vom CO_2 nichts absorbiert und es gibt keinen Unterschied zur Luft.

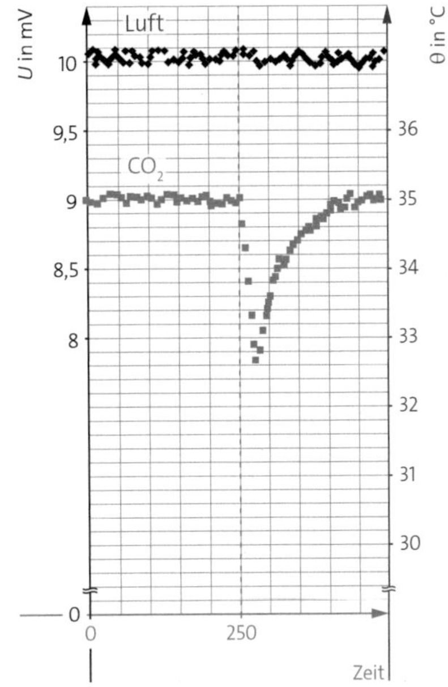

Cornelsen/newVISION! GmbH Bernhard A. Peter, Pattensen

A3 a) Für ▹Bild 03 C verwendet man eine Infrarotlampe als Strahlungsquelle und Atemluft statt CO_2. Atemluft ist die Luft, die man ausatmet. Vergleiche mit ▹Bild 03 A.

b) Atemluft enthält nur etwa 4 % CO_2. Stelle eine begründete Vermutung auf, wie es trotzdem zum Absinken der Spannung kommt.

a) Der prinzipielle Verlauf ähnelt sich, aber die Spannung am Sensor nimmt durch das CO_2 nicht ganz so stark ab und die Temperatur im Rohr steigt weniger.

b) Da der CO_2-Anteil so klein ist, kann er nicht entscheidend sein. Neben dem CO_2 unterscheidet sich die Atemluft von der „normalen" Luft vor allem dadurch, dass sie feuchter ist, d. h. mehr Wasserdampf enthält. Der Wasserdampf könnte die IR-Strahlung absorbieren.

Material B – Die globale Erwärmung und die Weltmeere

B1 a) Die mittlere Temperatur auf dem Land hat im gleichen Zeitraum um etwa 1,2 K zugenommen. Ungenaue Messungen erklären den Unterschied nicht. Lena sagt: „In Physik hieß es, das hat etwas mit der Wärmekapazität und der Konvektion zu tun." Stelle den Zusammenhang her.

b) Überprüfe die Abschätzung durch eine Rechnung.

a) Das oberflächennahe Wasser der Weltmeere kann wesentlich mehr Energie speichern als die Kontinente und die Atmosphäre. Das liegt daran, dass im Wasser die Energie durch Konvektion auf ein sehr großes Volumen verteilt wird und Wasser eine sehr hohe spezifische Wärmekapazität besitzt. Entsprechend dauert es länger, bis ein so großer Energiespeicher seine innere Energie und damit seine Temperatur ändert, während dies auf dem Land schneller geschieht.

b) Es gilt:

$$\Delta E = c \cdot m \cdot \Delta T \text{ bzw. } \Delta T = \frac{\Delta E}{c \cdot m}.$$

Aus dem Diagramm zum „Ocean heat content" kann man ablesen, dass die Energie um etwa

$\Delta E \approx 200 \cdot 10^{21}$ J = 2,0 $\cdot 10^{20}$ kJ

zugenommen hat.

Um die Masse des Wassers zu bestimmen, muss man das Volumen des Wassers abschätzen. Die Erde hat eine Oberfläche von

$A = 4\,\pi \cdot R_E^2 = 4\,\pi \cdot (6370 \text{ km})^2 \approx 5{,}10 \cdot 10^{14} \text{ m}^2$.

Etwa 70 % hiervon sind mit Wasser bedeckt.

Um die Rechnung einfach zu halten, tun wir bei der Berechnung des Volumens so, als handle es sich um ein 700-m-„Wasser-Prisma":

$V = 0{,}7 \cdot A \cdot h = 3{,}6 \cdot 10^{14} \text{ m}^2 \cdot 700 \text{ m} = 2{,}5 \cdot 10^{17} \text{ m}^3$.

Damit ergibt sich für die Masse des Wassers:

$m = \rho \cdot V \approx 1000 \text{ kg/m}^3 \cdot 2{,}5 \cdot 10^{17}$ kg

$= 2{,}5 \cdot 10^{20}$ kg.

Für die Temperaturzunahme erhalten wir schließlich:

$$\Delta T = \frac{\Delta E}{c \cdot m} = \frac{2{,}0 \cdot 10^{20} \text{ kJ}}{4{,}2 \frac{\text{kJ}}{\text{kg} \cdot \text{K}} \cdot 2{,}5 \cdot 10^{20} \text{ kg}} \approx 0{,}2 \text{ K}.$$

Die Rechnung und die Abschätzung stimmen gut überein.

B2 ▹Diagramm 04 zeigt die Änderung des mittleren Meeresspiegels.

a) Beschreibe den Verlauf des Graphen.

b) Gib mögliche Gründe für den Anstieg des Meeresspiegels an.

c) Schätze anhand des Diagramms ab, wie stark der Meeresspiegel bis 2100 ansteigt.

d) Überlege dir, welche Folgen dieser Anstieg für Städte wie Hamburg oder Länder wie die Niederlande hat.

e) Informiere dich, in welchem Bereich die wissenschaftlichen Vorhersagen für den Anstieg des Meeresspiegels liegen.

a) Von 1880 bis etwa 1930 nahm der Meeresspiegel um ca. 4 cm zu. Die Zunahme war dabei relativ unregelmäßig. Seit 1930 steigt der Meeresspiegel stärker an. Von 1930 bis etwa 1980 stieg er um etwa 10 cm. Die Zunahme war dabei näherungsweise linear. Seitdem bis 2010 nahm der Meeresspiegel um etwa 8 cm zu, auch näherungsweise linear.

b) Durch das Abschmelzen von Gletschern, Inlandeis und dem Eis auf der Antarktis und auf Grönland nimmt das Volumen des Meerwassers zu, sodass der Meeresspiegel steigt. Mit zunehmender Temperatur kommt es auch zur thermischen Ausdehnung.

Hinweis: Dieser Effekt ist hier tatsächlich größer als die zuvor genannten, da das Volumen so groß ist!

c) Geht man davon aus, dass der Meeresspiegel mit der gleichen Geschwindigkeit wie seit 1980 weiter ansteigt, sollte er in einem Jahrzehnt um etwa 2,7 cm ansteigen, d. h. um etwa 27 cm in einem Jahrhundert.

d) Auch wenn sich 27 cm zunächst nicht nach viel anhören, müssen alle Küstenregionen ihren Hochwasserschutz entsprechend anpassen. Da ein großer Teil der Niederlande schon jetzt unter Normalnull liegt, kann sich dieser Anstieg verheerend auswirken.

e) Neuere Prognosen gehen von einem Anstieg von ein bis zwei Metern aus, also wesentlich höher als die Extrapolation in d) vorhersagt.

Hinweis: Siehe z. B. European Environment Agency: Climate change, impacts and vulnerability in Europe 2012 – An indicator-based report. S. 107

B3 Der Klimawandel hat auch Folgen für die chemische Zusammensetzung, vor allem den Säuregehalt („acidity") der Meere. Der Text zu ▹Bild 05 stammt aus dem Jahrbuch 2013 des Umweltprogramms der Vereinten Nationen, kurz UNEP.

a) Fasse die im Text genannten Ursachen für die veränderte chemische Zusammensetzung der Meere zusammen. Stelle den Zusammenhang zum „sea butterfly" her.

b) Überlege, welche Folgen das Verschwinden dieser Tierart für andere Tiere und den Menschen hätte.

a) Es werden zwei Ursachen für die veränderte chemische Zusammensetzung genannt:

1. Das Kohlenstoffdioxid aus der Atmosphäre löst sich teilweise im Meerwasser. Dabei entsteht Kohlensäure, die mit Kalziumkarbonat reagiert.
2. Durch die Eisschmelze ändert sich die Zusammensetzung ebenfalls, sodass Kalziumkarbonat nicht mehr so leicht verfügbar ist.

Die Flügelschnecke benötigt Kalziumkarbonat, um ihre Schale aufzubauen.

b) Wenn es keine Flügelschnecken mehr gibt, fehlt vielen Meerestieren vom Krill bis zu Walen eine wesentliche Nahrungsquelle, sodass deren Bestand auch zurückgehen wird. Da z. B. Krill wiederum ein wichtiger Bestandteil der Nahrungskette der Ozeane ist, gerät u. U. deren gesamtes Ökosystem aus dem Gleichgewicht – mit verheerenden Folgen auch für die Menschheit.

Material C – Gletscher und das Eis in der Arktis und der Antarktis

C1 ▹Bild 06 zeigt, dass Gebirgsgletscher genauso abschmelzen wie das Eis der Arktis und Antarktis.

a) Durch das Abschmelzen der Gletscher steigt der Meeresspiegel, durch den Rückgang des arktischen Meereises nicht, obwohl dort viel mehr Eis schmilzt. Erkläre.

b) Vergleiche die Situation mit deinem Ergebnis aus V1.

a) Das arktische Meereis geht nicht unter. Deswegen kann die Gewichtskraft, mit der es nach unten gezogen wird, nicht größer sein als die Gewichtskraft, mit der das vom Eis verdrängte Wasser nach unten gezogen wird. Die Gewichtskraft kann aber auch nicht kleiner sein, weil das Eis sonst noch weiter vom Wasser nach oben gedrückt würde. Ein Eisberg hat also die gleiche Masse wie das verdrängte flüssige Wasser.

Eis hat eine kleinere Dichte und damit ein größeres Volumen als Wasser. Daher ragt ein Teil des Eisberges aus dem Wasser. Wenn der Eisberg schmilzt, nimmt seine Dichte zu und sein Volumen wird genau so groß wie das des verdrängten Wassers, weil er die gleiche Masse hat. Daher ändert sich der Meeresspiegel auf diese Weise nicht.

Da das Gletschereis sich auf den Kontinenten befindet, fließt es von dort ins Meer und trägt daher entsprechend zum Anstieg des Meeresspiegels bei.

b) Die Eiswürfel auf dem Stein entsprechen dem Gletschereis. Der Wasserstand ist beim Schmelzen gestiegen. Die schwimmenden Eiswürfel entsprechen dem Meereis. Der Wasserstand hat sich beim Schmelzen nicht geändert.

C2 a) Um die globale Erwärmung möglichst deutlich aussehen zu lassen, eignet sich die Arktis sehr gut. Informiere dich über die Gründe.
b) Anders als die Eismenge in der Arktis nimmt die Eismenge in der Antarktis zu.
Manche Leute sagen: „Das spricht dafür, dass es keine globale Erwärmung gibt." Informiere dich und nimm Stellung.

a) Die Temperaturzunahme ist im Bereich der Arktis höher als die durchschnittliche globale Erwärmung. Die Folgen sind daher dort besonders deutlich.

b) Die Eismenge der Antarktis nimmt tatsächlich zu. Allerdings ist die Zunahme wesentlich kleiner als die Abnahme der arktischen Eismenge. Die globale Erwärmung lässt sich so nicht wegdiskutieren.

3 Energieversorgung

Energie und irreversible Vorgänge

Seite 55

1 Beschreibe drei Vorgänge aus dem Alltag, bei denen Energie irreversibel übertragen oder umgewandelt wird.

Wenn eine Tasse Tee sich abkühlt, wird Energie irreversibel vom heißen Tee auf die kalte Umgebung übertragen.

Beim Erwärmen von Wasser im Wasserkocher wird elektrische Energie irreversibel in innere Energie des Wassers umgewandelt.

Beim Bohren wird mechanische Energie irreversibel in innere Energie des Bohrers und des Werkstücks umgewandelt.

Beim Verbrennen einer Kerze wird chemische Energie irreversibel in thermische Energie umgewandelt.

Seite 56

1 Kraftwerke nutzen irreversible Vorgänge. Erläutere anhand von drei Beispielen.

Wasser fließt von selbst bergab. Mit diesem irreversiblen Vorgang kann ein Wasserkraftwerk angetrieben werden.

Luft strömt von selbst vom Hochdruckgebiet zum Tiefdruckgebiet. Mit diesem irreversiblen Vorgang kann eine Windkraftanlage angetrieben werden.

Die thermische Energie der Erde strömt von selbst aus dem heißen Erdinnern zur kalten Erdoberfläche. Mit diesem irreversiblen Vorgang kann ein Geothermiekraftwerk angetrieben werden.

Seite 57 (Material)

Versuche – Thermoelement als Generator und als Wärmepumpe

V1 Thermoelement als Generator

a) –

b) Um den Propeller schneller laufen zu lassen, kann man das heiße Wasser noch heißer machen oder das kalte Wasser noch kälter machen.

c) Der irreversible Vorgang des Temperaturausgleichs zwischen dem heißen und dem kalten Wasser treibt das Thermoelement als Generator an.

d) Die Energie wird vom heißen Wasser durch die linke Aluschiene auf das Thermoelement übertragen, das ein Energiewandler ist und daher die Energie direkt weitergibt. Ein Teil der Energie wird über die rechte Aluschiene an das kalte Wasser abgegeben. Den „Rest“ gibt das Thermoelement elektrisch an den Elektromotor weiter.

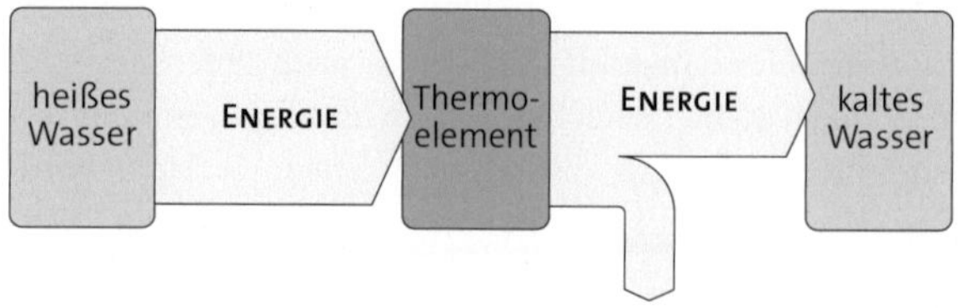

Cornelsen/Atelier tigercolor Tom Menzel, Scharbeutz/Klingenberg

V2 Thermoelement als Wärmepumpe

a) –

b) Ein Tonnenfuß wird wärmer, der andere wird kälter.

c) Der irreversible Vorgang des Potenzialausgleichs zwischen dem Pluspol und dem Minuspol des Akkus treibt das Thermoelement als Generator an.

d) Auf das Thermoelement wird elektrisch Energie übertragen. Diese wird dazu genutzt, um dem kälter werdenden Tonnenfuß thermische Energie zu entziehen und auf den heißer werdenden Tonnenfuß zu übertragen. Auch die elektrisch zugeführte Energie landet dort.

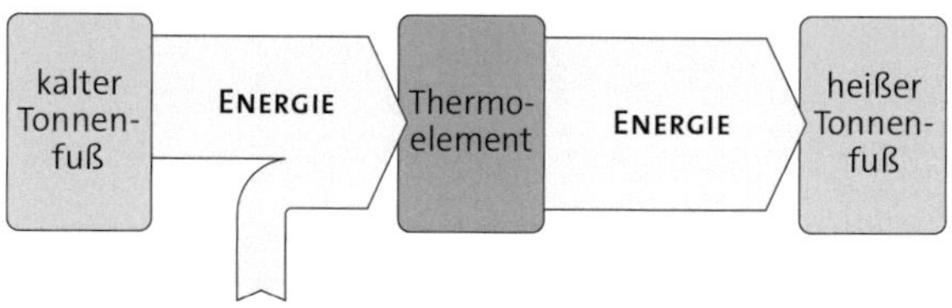

Cornelsen/Atelier tigercolor Tom Menzel, Scharbeutz/Klingenberg

Material A – Irreversibel?

A1 Beschreibe folgende Vorgänge mithilfe der Energie. Begründe, warum die Vorgänge irreversibel sind.
a) Eine Tasse heißen Kaffees kühlt sich ab.
b) Ein Stein fällt auf den Boden.
c) Ein Glas kalte Limonade erwärmt sich.
d) Ein Pendel schwingt hin und her.
e) Ein Radfahrer bremst aus voller Fahrt.
f) Eine Glühlampe wird an einen Akku angeschlossen.
g) Ein Elektromotor wird an einen Akku angeschlossen und hebt eine Last an.

a) Der heiße Kaffee gibt Energie thermisch an die Umgebung ab. Der Vorgang ist irreversibel, da die Energie niemals von selbst von der kalten Umgebung zum heißen Kaffee gelangt.

b) Bewegungsenergie wird in innere Energie von Stein und Boden umgewandelt. Der Vorgang ist irreversibel, da die innere Energie niemals wieder in Bewegungsenergie umgewandelt wird.

c) Die Umgebung gibt Energie thermisch an die kalte Limonade ab. Der Vorgang ist irreversibel, da die Energie niemals von selbst von der kalten Limonade zur wärmeren Umgebung gelangt.

d) Beim Pendel wandeln sich ständig Lage- und Bewegungsenergie ineinander um. Allerdings wird aufgrund von Reibung und Luftwiderstand ständig ein Teil der Bewegungsenergie in innere Energie von Haken, Faden, Luft usw. umgewandelt, sodass das Pendel irgendwann zur Ruhe kommt. Der Vorgang ist irreversibel, da die innere Energie niemals wieder in Bewegungsenergie umgewandelt wird.

e) Beim Bremsen wird die Bewegungsenergie des Radfahrers in innere Energie von Bremsklötzen und Felge umgewandelt. Der Vorgang ist irreversibel, da die innere Energie niemals wieder in Bewegungsenergie umgewandelt wird.

f) In der Glühlampe wird elektrische Energie in innere Energie des Glühdrahts umgewandelt. Der Vorgang ist irreversibel, da die innere Energie niemals wieder in elektrische Energie umgewandelt wird.

g) Im Motor wird elektrische Energie in mechanische Energie umgewandelt. Damit wird eine Last angehoben. Die Energie ist dann zumindest teilweise als Lageenergie gespeichert. Aufgrund von elektrischem Widerstand und mechanischer Reibung wird aber ein Teil der Energie des Akkus in innere Energie umgewandelt. Der Vorgang ist irreversibel, da die innere Energie niemals wieder in elektrische Energie umgewandelt wird.

A2 Einige der Vorgänge aus A1 können näherungsweise als reversibel betrachtet werden. Gib an, welche Vorgänge das sind und unter welchen Annahmen sie reversibel sind.

Die Vorgänge d) (Pendel) und g) (Motor) sind näherungsweise reversibel. d) ist reversibel unter der Annahme, dass Reibung und Luftwiderstand nicht vorhanden sind. g) ist reversibel, wenn man zusätzlich annimmt, dass es keinen elektrischen Widerstand gibt.

Material B – Trinkvogel

B1 a) Bringe in die richtige Reihenfolge: flüssiger Ether steigt im Rohr auf – das Wasser im Stoff um den Kopf verdunstet – der Vogel kippt und taucht seinen Schnabel in das Wasser – im Kopf kondensiert gasförmiger Ether – der Kopf kühlt sich ab – der Druck im Kopf sinkt.

b) Der Trinkvogel scheint sich von selbst ununterbrochen zu bewegen. Tatsächlich aber gibt es einen irreversiblen Vorgang, der den Vogel antreibt. Erkläre.

a) Der Vogel kippt und taucht seinen Schnabel in das Wasser – das Wasser im Stoff um den Kopf verdunstet – der Kopf kühlt sich ab – im Kopf kondensiert gasförmiger Ether – der Druck im Kopf sinkt – flüssiger Ether steigt im Rohr auf – der Vogel kippt …

b) Der Vogel wird durch den irreversiblen Vorgang der Verdunstung von Wasser angetrieben.

Thermische Maschinen

Seite 59

1 Vergleiche den Heißluftmotor mit dem Versuch mit dem Thermoelement als Generator (siehe S. 56, ▹Bild 02). Beschreibe Gemeinsamkeiten und Unterschiede.

Gemeinsamkeiten: Heißluftmotor und Thermoelement benötigen beide ein heißes und ein kaltes System. Beide werden durch den irreversiblen Vorgang des Temperaturausgleichs angetrieben. Dabei wird Energie vom heißen zum kalten System übertragen. Ein Teil der vom heißen System abgegebenen Energie wird „abgezweigt“ und auf mechanische bzw. elektrische Weise abgegeben.

Unterschiede: Die gewünschte Energieabgabe erfolgt beim Heißluftmotor mechanisch durch Drehung einer Achse, beim Thermoelement dagegen elektrisch. Der Heißluftmotor durchläuft mehrere Takte, die sich periodisch wiederholen. Das Thermoelement arbeitet kontinuierlich.

2 Berechne die prinzipielle Grenze des Wirkungsgrads eines Heißluftmotors, der zwischen 900 °C und 30 °C arbeitet.

Gegeben: hohe Temperatur 900 °C, d. h. $T_1 = 1173$ K, niedrige Temperatur 30 °C, d. h. $T_2 = 303$ K;
gesucht: größtmöglicher Wirkungsgrad η_{ideal}.

$$\eta_{\text{ideal}} = 1 - \frac{T_2}{T_1} = 1 - \frac{303\ \text{K}}{1173\ \text{K}} = 0{,}74 = 74\ \%.$$

Seite 61 (Material)

Material A – Thermische Maschinen und Wirkungsgrad

A1 Gib an, welcher von selbst ablaufende irreversible Vorgang zum Antrieb thermischer Maschinen genutzt wird. Begründe, warum eine solche Maschine einen Teil der thermisch zugeführten Energie als „Abwärme“ abgeben muss.

Zum Antrieb einer thermischen Maschine wird der von selbst ablaufende irreversible Vorgang der thermischen Energieübertragung von einem heißen zu einem kalten System genutzt bzw. der Temperaturausgleich zwischen heißem und kaltem System.

Anschauliche Begründung: Bei der thermischen Energieübertragung muss selbstverständlich Energie an das kalte System abgegeben werden, sonst wäre es keine thermische Energieübertragung. Diese Energieabgabe wird als „Abwärme“ bezeichnet.

Begründung mit der Entropie: Wenn die Maschine Energie thermisch aufnehmen, aber niemals thermisch abgeben würde, dann würde die Entropie immer nur zunehmen und die Maschine würde immer heißer werden.

A2 In Kohle- und Kernkraftwerken treibt heißer Dampf die Dampfturbinen an. Vor dem Einlass in die Turbine hat der Dampf eine Temperatur von ca. 550 °C. Nach Verlassen der Turbine kondensiert der Dampf. Die Temperatur des Wassers beträgt ca. 50 °C.
a) Berechne den theoretisch größtmöglichen Wirkungsgrad η_{ideal}.
b) Der tatsächliche Wirkungsgrad einer Dampfturbine beträgt ca. 45 %. Berechne, welcher Bruchteil von η_{ideal} das ist.

a) Für den theoretisch größtmöglichen Wirkungsgrad sind Einlass- und Auslasstemperatur der Dampfturbine entscheidend. Die Einlasstemperatur beträgt 550 °C, d. h. $T_1 = 823$ K, die Auslasstemperatur ist bestenfalls 100 °C, d. h. $T_2 = 373$ K. Also gilt für den theoretisch größtmöglichen Wirkungsgrad:

$$\eta_{ideal} = 1 - \frac{T_2}{T_1} = 1 - \frac{373\text{ K}}{823\text{ K}} = 0{,}55 = 55\ \%.$$

b) Der Bruchteil des tatsächlichen Wirkungsgrads (45 %) vom theoretisch größtmöglichen Wirkungsgrad (55 %) beträgt:
45 % : 55 % = 0,82 = 82 %.
Die Dampfturbine nutzt 82 % des theoretisch nutzbaren Anteils an thermisch zugeführter Energie aus.

Material B – Der Stirlingmotor

B1 Beim Stirlingmotor werden nacheinander die vier Takte Expansion, Abkühlung, Kompression und Erwärmung durchlaufen (**▹Bild 01, linke Seite****).**
a) Gib für jeden Takt an, ob die Luft Energie thermisch aufnimmt oder abgibt und ob sie Energie mechanisch aufnimmt oder abgibt.
b) In einer idealisierten Betrachtung nimmt man an, dass die Expansion und die Kompression bei konstanter Temperatur erfolgen. Erläutere, was daraus für die Energiebilanz der eingeschlossenen Luft bei der Expansion bzw. bei der Kompression folgt.

a) Energie:
1. Takt: Die Luft nimmt von der heißen Platte Energie thermisch auf und gibt Energie mechanisch an das Schwungrad ab.
2. Takt: Die Luft gibt Energie thermisch an den kalten Verdränger ab.
3. Takt: Die Luft nimmt vom Schwungrad Energie mechanisch auf und gibt Energie thermisch an die kalte Platte ab.
4. Takt: Die Luft nimmt Energie thermisch vom heißen Verdränger auf.

b) Wenn die Expansion bzw. Kompression bei konstanter Temperatur erfolgt, dann ändert sich die in der Luft gespeicherte Energie nicht. Das bedeutet, dass bei der Expansion (1. Takt) die thermisch zugeführte Energie in dieser Idealisierung vollständig auf mechanische Weise abgegeben wird. Entsprechend wird bei der Kompression (3. Takt) die mechanisch zugeführte Energie vollständig auf thermische Weise abgegeben.

B2 Typische Merkmale eines technischen Stirlingmotors sind:
- **Es gibt viele Möglichkeiten, die thermische Energie zuzuführen.**
- **Beliebige Brennstoffe sind möglich.**
- **Die Leistung kann nur langsam geändert werden.**
- **Hohes Gewicht.**

a) Der Stirlingmotor ist für Fahrzeuge ungeeignet. Begründe.
b) Erörtere Vor- und Nachteile für den Einsatz auf einem Schiff.
c) Gib weitere Einsatzmöglichkeiten des Stirlingmotors an.

a) In Fahrzeugen muss die Leistung schnell geändert werden können. Außerdem sollte der Motor möglichst leicht sein.
b) *Vorteile:* Der Motor kann mit beliebigen Brennstoffen betrieben werden.
Nachteile: Praktisch keine. Die langsame Leistungsänderung und das hohe Gewicht sind beim Schiff nicht entscheidend.
c) Der Stirlingmotor kann als Mini-Kraftwerk eingesetzt werden, z. B. in Gegenden ohne Stromversorgung. In heißen Ländern kann er mit Sonnenstrahlung betrieben werden, z. B. zum Betrieb von Wasserpumpen.

Material C – Verbrennungsmotoren

C1 Erkläre den prinzipiellen Unterschied zwischen Verbrennungs- und Heißluftmotor. Welche Bauteile sind grundsätzlich gleich? Welche Takte entsprechen sich im Prinzip?
Beim Verbrennungsmotor erfolgt die Verbrennung explosionsartig und im Innern des Zylinders. Dagegen erfolgt beim Heißluftmotor das Erhitzen kontinuierlich und von außen.
Grundsätzlich gleiche Bauteile sind Zylinder und Kolben. Der 3. Takt des Benzinmotos entspricht dem 1. Takt des Heißluftmotors, da in beiden Fällen das Gas im Zylinder expandiert und mechanisch Energie abgibt.

C2 Vergleiche die Merkmale des Verbrennungs- mit denen des Heißluftmotors. Beschreibe die Vor- und Nachteile von Verbrennungsmotoren gegenüber Heißluftmotoren.
Die Leistung des Verbrennungsmotors kann im Gegensatz zum Heißluftmotor schnell geändert werden. Der Verbrennungsmotor ist relativ leicht. Er benötigt spezielle Brennstoffe. Die Abgase enthalten CO_2 und andere schädliche Stoffe.
Vorteile: leicht, schnelle Leistungsanpassung;
Nachteile: spezielle Brennstoffe, Abgase

Entropie – eine neue Größe

Seite 63

1 Ein Stück Würfelzucker löst sich in einer Tasse Tee auf. Erkläre, dass dabei Entropie erzeugt wird.
Das Auflösen von Zucker im Tee ist ein irreversibler Vorgang. Folglich muss dabei Entropie entstehen.

Seite 65 (Material)

Material A – Entropie und Zeit

a) Ordne die Bilder in der richtigen Reihenfolge an. Erkläre, wie sich bei diesem Vorgang die Entropie von Bild zu Bild ändert.
b) Gib an, welcher Teil des Vorgangs annähernd reversibel und welcher Teil irreversibel ist.
c) Beschreibe, wie der annähernd reversible Teil im Prinzip umgekehrt werden könnte.
d) Gib an, bei welchem Teil des Vorgangs besonders viel Entropie erzeugt wird.
a) Die richtige Reihenfolge ist B, A, D, C.
b) Annähernd reversibel (bis auf die Luftreibung) ist der Sprung bis zum Eintauchen, das Eintauchen selbst ist irreversibel.
c) Der Sprung bis zum Eintauchen könnte prinzipiell umgekehrt werden, wenn sie von unten mit der nötigen Geschwindigkeit nach oben gestoßen wird.
d) Besonders viel Entropie wird beim Eintauchen in das Wasser erzeugt. Dabei wandelt sich Bewegungsenergie in thermische Energie um und das Wasser erwärmt sich. Aus der geordneten Bewegung der Springerin wird also ungeordnete Teilchenbewegung.

B1 a) Zum Schmelzen von Eis der Temperatur 0 °C wird eine Energie von 0,33 kJ/g benötigt. Berechne mit obiger Formel, um wie viel die Entropie eines schmelzenden Eiswürfels von 10 g zunimmt.
b) Ein Eiswürfel (10 g, 0 °C) wird zum Kühlen eines Getränks von 200 g verwendet. Berechne die Temperaturabnahme des Getränks (spezifische Wärmekapazität $c = 4{,}2\ \frac{\text{kJ}}{\text{kg} \cdot \text{K}}$).
c) Zeige mit obiger Formel, dass die Entropieabnahme des Getränks kleiner als die Entropiezunahme des schmelzenden Eiswürfels ist. Erkläre, warum dies so sein muss.
d) Überschlage wie viel Wasser von 0 °C man bräuchte, um das Getränk genauso gut zu kühlen, wie mit 10 g Eis von 0 °C.

a) $\Delta S = \frac{3{,}3\ \text{kJ}}{273\ \text{K}} = 12\ \frac{\text{J}}{\text{K}}$

b) Die Energie zum Schmelzen des Eiswürfels ($\Delta E = 3{,}3$ kJ) wird dem Getränk entzogen. Daraus folgt für die Temperaturabnahme des Getränks:

$$\Delta E = c \cdot m \cdot \Delta T \Rightarrow \Delta T = \frac{\Delta E}{c \cdot m} = \frac{3{,}3\ \text{kJ}}{4{,}2\ \frac{\text{kJ} \cdot \text{K}}{\text{kg}} \cdot 0{,}2\ \text{kg}} = 3{,}9\ \text{K}$$

c) In der gegebenen Gleichung für die Entropie steht die Temperatur im Nenner. Die Energie, die das Getränk abgibt, ist genau gleich der Energie, die dem Eis zugeführt wird.
Das Getränk hat eine höhere Temperatur als das Eis. Deshalb ist die Entropieabnahme beim Getränk kleiner also die Entropiezunahme beim Eis. Insgesamt nimmt also die Entropie zu.
d) siehe b): Um den gleichen Kühleffekt zu erreichen, müsste man die 8-fache Menge Wasser zufügen, also ca. 80 g.

B2 a) Wenn man einen Kühlschrank einschaltet, kühlt er sein Inneres ab und heizt die Umgebung mit dem rückseitigen Gitter auf (▹Bild 04). Erkläre, warum dieser Vorgang nicht von selbst ablaufen kann.
b) Mit einem Gefrierschrank sollen pro Stunde 50 Eiswürfel der Masse 10 g erzeugt werden. Berechne die Energie ΔE_1 und die Entropie ΔS_1, die in einer Stunde dem gefrierenden Wasser entnommen werden.
c) Die Energie $\Delta E_2 = \Delta E_1$ wird thermisch an die Umgebung (293 K) abgegeben. Berechne die Entropie ΔS_2, die dabei den Kühlschrank verlässt. Berechne den prozentualen Anteil der Entropie ΔS_2 an der Entropie ΔS_1.
d) Damit sich im Kühlschrank keine Entropie anhäuft, muss auch die restliche Entropie noch abgegeben werden. Die gesamte Entropie, die den Kühlschrank in einer Stunde verlässt, muss mindestens so groß sein wie ΔS_1. Dazu liefert der Kompressor mechanische Energie, die als thermische Energie an dem rückseitigen Gitter an die Umgebung abgegeben werden kann.
Berechne daraus die Energie, die der Kompressor in einer Stunde liefern muss. Berechne die dazu nötige Leistung des Kompressors.
e) Zeichne ein Säulendiagramm für die Entropiebilanz.
a) Erklärung über irreversible Vorgänge: Beim Kühlschrank wird Energie vom kalten Inneren zur warmen Umgebung transportiert. Von selbst wird Energie aber immer nur von einem wärmeren zu einem kälteren System übertragen.
Erklärung über die Entropie: In der Gleichung für die Entropie steht die Temperatur im Nenner. Die Energie, die der Kühlschrank abgibt, nimmt die Umgebung auf. Nun hat aber der Kühlschrank im Inneren eine niedrigere Temperatur als die Umgebung. Deshalb ist die Entropieabnahme des Kühlschranks größer als die Entropiezunahme der Umgebung. Insgesamt würde also die Entropie abnehmen.

b) 500 g Eis sollen pro Stunde bereitet werden. Dazu ist eine Energie von

$\Delta E_1 = 50 \cdot 3{,}3\ \text{kJ} = 165\ \text{kJ}$ erforderlich.

Die nötige Entropie ist

$$\Delta S_1 = \frac{165\ \text{kJ}}{273\ \text{K}} = 0{,}60\ \frac{\text{kJ}}{\text{K}}$$

c) Die von der Umgebung aufgenommene Energie ist $\Delta E_2 = \Delta E_1 = 165\ \text{kJ}$.

Die Entropie erhöht sich dabei in der Umgebung um

$$\Delta S_2 = \frac{165\ \text{kJ}}{293\ \text{K}} = 0{,}56\ \frac{\text{kJ}}{\text{K}}$$

$$\frac{\Delta S_2}{\Delta S_1} = \frac{0{,}56\ \frac{\text{kJ}}{\text{K}}}{0{,}60\ \frac{\text{kJ}}{\text{K}}} = 0{,}93.\ \text{Das sind } 93\ \%.$$

d) Die Entropie, die mindestens noch zusätzlich pro Stunde nach außen abgegeben werden muss ist:

$\Delta S = \Delta S_2 - \Delta S_2$

$= 0{,}60\ \frac{\text{kJ}}{\text{K}} - 0{,}56\ \frac{\text{kJ}}{\text{K}} = 0{,}04\ \frac{\text{kJ}}{\text{K}}.$

Bei einer Umgebungstemperatur von 293 K ist dazu eine Energie von

$\Delta E = \Delta S \cdot T_2 = 0{,}04\ \frac{\text{kJ}}{\text{K}} \cdot 293\ \text{K} = 12\ \text{kJ}$

pro Stunde erforderlich.

Das ist eine durchschnittliche Leistung von

$$P = \frac{12\ \text{kJ}}{3600\ \text{s}} = 3{,}3\ \text{W}.$$

e) Wir zeichnen ein Säulendiagramm für folgenden Vorgang: Eine Energieportion wird aus dem Kühlschrank an die Umgebung abgegeben. Dadurch nimmt die Umgebungsentropie zu und die Kühlschrankentropie ab. Zusätzlich steigt aber auch die Entropie in der Umgebung durch die mechanische Energie des Kompressors, die als thermische Energie an die Umgebung abgegeben wird.

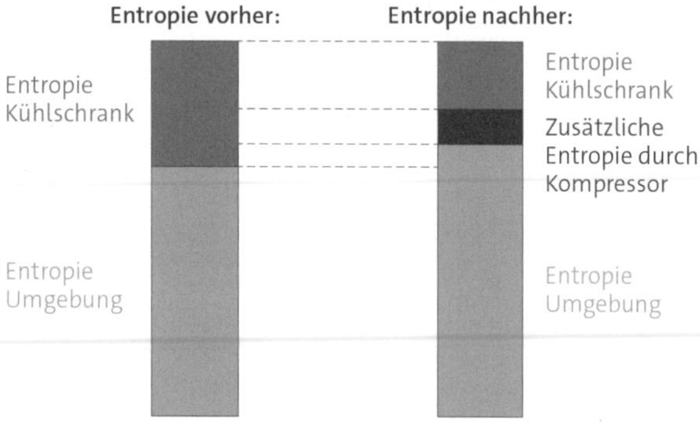

Cornelsen/newVISION! GmbH Bernhard A. Peter, Pattensen

Energieversorgung heute und morgen

Seite 67

1 Verbrennungskraftwerke haben einen relativ geringen Wirkungsgrad. Gib die wichtigsten Gründe an.

Die wichtigsten Gründe für den geringen Wirkungsgrad sind: Erstens muss die Turbine wie jede thermische Maschine Abwärme abgeben. Der Wirkungsgrad der Turbine ist umso größer, je größer der nutzbare Temperaturunterschied ist. Aus technischen Gründen kann der Temperaturunterschied aber nicht beliebig groß sein. Zweitens ist der Wirkungsgrad einer realen thermischen Maschine immer geringer als der theoretisch größtmögliche Wirkungsgrad, weil in der Maschine Entropie erzeugt wird. Drittens benötigt das Kraftwerk selbst Energie zum Betrieb.

Seite 68

1 a) Windkraftanlagen können dem Wind nicht die gesamte Energie entnehmen. Begründe.
b) Gib die wesentlichen Vor- und Nachteile der Nutzung der Windenergie an.

a) Durch den Rotor wird die Luft gebremst. Dadurch weicht ein Teil der heranströmenden Luft dem Rotor aus. Diese Energie kann nicht genutzt werden. Außerdem kann die Energie der wegströmenden Luft nicht genutzt werden.

b) *Vorteile:* Winde stehen dauerhaft zur Verfügung. Windkraftanlagen benötigen zum Betrieb keine Rohstoffe und geben keine schädlichen Abgase ab.

Nachteile: Lärm, Schattenwurf, Schwankungen in der Windgeschwindigkeit.

Seite 71 (Material)

Material A – Kohlekraftwerk

A1 a) Berechne, wie viel Kohle das Kraftwerk pro Stunde benötigt.
b) Eine Tonne Steinkohle enthält ca. 30 GJ (Gigajoule) Energie. Berechne die stündlich zugeführte Energie.
c) Berechne die pro Stunde abgegebene Energie in kWh und in GJ.
d) Berechne aus b) und c) den Wirkungsgrad des Kraftwerks.

a) Pro Stunde benötigte Kohle:
720 000 t : 3000 h = 240 t/h.

b) Pro Stunde zugeführte Energie:
$\Delta E_{zu} = 240\ \text{t} \cdot 30\ \text{GJ/t} = 7200\ \text{GJ}.$

c) Pro Stunde abgegebene Energie:

Aus $P_{ab} = \frac{\Delta E_{ab}}{\Delta t}$ ergibt sich ΔE_{ab} zu

$\Delta E_{ab} = P_{ab} \cdot \Delta t = 750\ \text{MW} \cdot 1\ \text{h} = 750\,000\ \text{kW} \cdot 1\ \text{h}$

$= 750\,000\ \text{kWh} = 2{,}7 \cdot 10^{12}\ \text{J} = 2700\ \text{GJ}$

oder

$\Delta E_{ab} = P_{ab} \cdot \Delta t = 750\ \text{MW} \cdot 1\ \text{h} = 750 \cdot 10^6\ \text{W} \cdot 3600\ \text{s}$

$= 2{,}7 \cdot 10^{12}\ \text{J} = 2700\ \text{GJ}.$

d) Berechnung des Wirkungsgrads:

$$\eta = \frac{\Delta E_{ab}}{\Delta E_{zu}} = \frac{2700\ \text{GJ}}{7200\ \text{GJ}} = 0{,}38 = 38\ \%.$$

Material B – Energieeffizienz durch Blockheizkraftwerke

B1 Ein BHKW benötigt weniger Energie als bei der getrennten Bereitstellung von elektrischer Energie durch ein Kraftwerk und von thermischer Energie durch eine Heizung. Erkläre.

Die Abwärme, die in einem Kraftwerk entsteht, wird in der Regel an die Umgebung abgegeben, z. B. über den Kühlturm. Im BHKW entsteht ebenfalls Abwärme. Diese Abwärme wird aber genutzt, z. B. zum Heizen und zur Warmwasserbereitung. Folglich benötigt man hierfür nicht noch einmal Energie.

B2 Von der eingesetzten Energie gibt das BHKW ca. 32 % als elektrische Energie und ca. 58 % als thermische Energie ab. Der Rest wird an die Umgebung abgegeben.

a) Gib den insgesamt genutzten Anteil der eingesetzten Energie an.

b) Berechne die jährlich eingesetzte Energie in kWh und in MJ.

c) Ein Kubikmeter Erdgas enthält ca. 35 MJ Energie. Berechne die jährlich benötigte Erdgasmenge.

a) Insgesamt genutzter Anteil η:

$\eta_{ges} = 32\ \% + 58\ \% = 90\ \%.$

b) Berechnung der insgesamt abgegebenen Energie:

$\Delta E_{ab} = 310\,000\ \text{kWh} + 560\,000\ \text{kWh} = 870\,000\ \text{kWh}.$

Die insgesamt zugeführte Energie ΔE_{zu} ergibt sich aus:

$\eta = \frac{\Delta E_{ab}}{\Delta E_{zu}}$, also zu

$\Delta E_{zu} = \frac{\Delta E_{ab}}{\eta} = \frac{870\,000\ \text{kWh}}{0{,}90} = 970\,000\ \text{kWh}$

$= 3{,}5 \cdot 10^{12}\ \text{J} = 3\,500\,000\ \text{MJ}.$

c) Berechnung der benötigten Erdgasmenge:

$3\,500\,000\ \text{MJ} : 35\ \text{MJ/m}^3 = 100\,000\ \text{m}^3.$

Es werden jährlich $100\,000\ \text{m}^3$ Erdgas benötigt.

B3 Die Betreiber des BHKW in Reutlingen geben eine jährliche CO_2-Einsparung von 120 t an. Überprüfe diese Angabe durch eine Überschlagsrechnung. *Hinweis:* Bei der Verbrennung von einem Kubikmeter Erdgas entstehen ca. 2 kg CO_2. 2012 wurden deutschlandweit pro kWh elektrischer Energie durchschnittlich ca. 0,6 kg CO_2 an die Atmosphäre abgegeben.

Berechnung des jährlichen CO_2-Ausstoßes des BHKW:

$100\,000\ \text{m}^3 \cdot 2\ \text{kg/m}^3 = 200\,000\ \text{kg} = 200\ \text{t}.$

Vergleichsrechnung für die getrennte Bereitstellung von elektrischer und thermischer Energie:

Jährlicher CO_2-Ausstoß für 310 000 kWh elektrischer Energie im Durchschnitt:

$310\,000\ \text{kWh} \cdot 0{,}6\ \text{kg/kWh} = 186\,000\ \text{kg} = 186\ \text{t}.$

Berechnung des jährlichen Bedarfs an Erdgas für 560 000 kWh thermischer Energie:

$$\frac{560\,000\ \text{kWh}}{35\ \frac{\text{MJ}}{\text{m}^3}} = \frac{2\,020\,000\ \text{MJ}}{35\ \frac{\text{MJ}}{\text{m}^3}} = 58\,000\ \text{m}^3.$$

Berechnung des jährlichen CO_2-Ausstoßes für $58\,000\ \text{m}^3$ Erdgas:

$58\,000\ \text{m}^3 \cdot 2\ \text{kg/m}^3 = 116\,000\ \text{kg} - 116\ \text{t}.$

Der gesamte jährliche CO_2-Ausstoß für die getrennte Bereitstellung von elektrischer und thermischer Energie beträgt demnach:

$186\ \text{t} + 116\ \text{t} = 302\ \text{t}.$

Das entspricht einer Einsparung von 102 t CO_2 durch das BHKW. Die Betreiber haben 120 t Einsparung angegeben.

Bewertung der Abweichung: Die Größenordnung der Einsparung stimmt mit den Angaben überein.

Mögliche Gründe für die Abweichung: Der durchschnittliche CO_2-Ausstoß pro kWh elektrischer Energie nimmt wegen der Zunahme an regenerativen Energien von Jahr zu Jahr ab. Die Betreiber haben möglicherweise mit einem älteren Wert gerechnet. Außerdem haben wir für die Bereitstellung der thermischen Energie mit einem Wirkungsgrad von 100 % gerechnet. Tatsächlich aber entweicht ein Teil der Energie über den Schornstein.

B4 a) Informiere dich über die Art der elektrischen und thermischen Energieversorgung deiner Schule. Erörtere den Einsatz eines BHKW.

b) Recherchiere, wo in deiner Nähe ein BHKW ist. Erstelle eine Übersicht mit den wichtigen Daten.

a) Thermische Energieversorgung: z. B. durch Gasheizung, Ölheizung, Solarthermie, Fernwärme, …

Elektrische Energieversorgung: z. B. durch öffentliches Stromnetz, BHKW, Fotovoltaik, …

Der Einsatz eines BHKW lohnt sich insbesondere, wenn der Bedarf an thermischer Energie groß ist, etwa weil das Gebäude schlecht gedämmt ist und wenn die zu ersetzende Heizung alt und ineffizient ist. Er lohnt sich nicht, wenn das Gebäude sehr gut gedämmt ist oder wenn die Energieversorgung ganz oder zu einem großen Teil auf regenerativen Energien beruht.

b) Wichtige Daten sind: elektrische Leistung, jährliche Abgabe an elektrischer und thermischer Energie, Art des Brennstoffs, Anzahl und Art der zu versorgenden Gebäude …

Material C – Nutzung der Windenergie

C1 a) Berechne die Leistung der Windkraftanlage für eine Windgeschwindigkeit von 6 m/s und von 8 m/s. Erkläre den großen Unterschied.
b) Berechne die Nennwindgeschwindigkeit der Windkraftanlage.

a) Gegeben: Wirkungsgrad $\eta = 0{,}50$, Radius $r = 50$ m, Windgeschwindigkeiten $v_1 = 6$ m/s bzw. $v_2 = 8$ m/s, Dichte der Luft $\rho = 1{,}3$ kg/m³;
gesucht: Leistung P_1 bei v_1, P_2 bei v_2.
Berechnung der Querschnittsfläche A:
$A = \pi \cdot r^2 = \pi \cdot (50\text{ m})^2 = 7850\text{ m}^2$.
Berechnung der Leistung:

$$P_1 = \eta \cdot 0{,}5 \cdot \rho \cdot A \cdot v_1^3$$
$$= 0{,}5 \cdot 0{,}5 \cdot 1{,}3\text{ kg/m}^3 \cdot 7850\text{ m}^2 \cdot (6\text{ m/s})^3$$
$$= 550\,000\text{ W} = 0{,}55\text{ MW}.$$
$$P_2 = \eta \cdot 0{,}5 \cdot \rho \cdot A \cdot v_2^3$$
$$= 0{,}5 \cdot 0{,}5 \cdot 1{,}3\text{ kg/m}^3 \cdot 7850\text{ m}^2 \cdot (8\text{ m/s})^3$$
$$= 1\,300\,000\text{ W} = 1{,}3\text{ MW}.$$

Der große Unterschied erklärt sich dadurch, dass die Geschwindigkeit in der dritten Potenz in die Leistung eingeht. Eine Erhöhung der Geschwindigkeit um den Faktor 8/6 führt zu einer Vergrößerung der Leistung um den Faktor $(8/6)^3 \approx 2{,}4$.

b) Gegeben: Nennleistung $P_{\text{Nenn}} = 3{,}0$ MW, Wirkungsgrad $\eta = 0{,}50$, Dichte der Luft $\rho = 1{,}3$ kg/m³, Querschnittsfläche $A = 7850$ m²;
gesucht: Nennwindgeschwindigkeit v_{Nenn}.

$$P_{\text{Nenn}} = \eta \cdot 0{,}5 \cdot \rho \cdot A \cdot v_{\text{Nenn}}^3$$

Nach v_{Nenn} aufgelöst ergibt sich

$$v_{\text{Nenn}} = \sqrt[3]{\frac{2 \cdot P_{\text{Nenn}}}{\eta \cdot \rho \cdot A}} = \sqrt[3]{\frac{2 \cdot 3\,000\,000\text{ W}}{0{,}5 \cdot 1{,}3\,\frac{\text{kg}}{\text{m}^2} \cdot 7850\text{ m}^2}}$$
$$= 10{,}6\,\frac{\text{m}}{\text{s}}.$$

Die Nennwindgeschwindigkeit beträgt etwa 11 m/s.

C2 Gib mögliche Gründe an, warum die Türme von Windkraftanlagen möglichst hoch sind.

Über dem Boden wird der Wind durch Bäume, Gebäude und Geländeunebenheiten gebremst. Mit zunehmender Höhe lässt dieser Effekt nach. Deswegen nimmt die Windgeschwindigkeit nach oben zu. Außerdem weht der Wind in größerer Höhe gleichmäßiger.

C3 Sammle Vorteile und Nachteile von Off-shore-Anlagen gegenüber Anlagen im Binnenland.

Vorteile: Über dem Meer ist die Windgeschwindigkeit größer als über dem Land, der Wind ist gleichmäßiger und es herrscht seltener Windstille.
Nachteile: Die Arbeiten auf dem Meer sind aufwändig und teuer, die Befestigung im Meeresboden ist schwierig und es müssen Leitungen durch das Meer bis zur Küste gelegt werden.

C4 Gib an, welcher Zusammenhang im ▹Diagramm 04 dargestellt ist. Beschreibe den Verlauf. Erkläre.

Zusammenhang: Das Diagramm zeigt, wie die Leistung einer Windkraftanlage in Prozent ihrer Nennleistung von der Windgeschwindigkeit abhängt.
Beschreibung: Unterhalb einer Windgeschwindigkeit von 5 m/s bringt die Anlage keine Leistung, zwischen 5 m/s und ca. 13 m/s steigt die Leistung steil auf 100 % an und bleibt bis 25 m/s bei 100 %, dann geht die Leistung schlagartig auf null zurück.
Erklärung: Unterhalb von 5 m/s ist die Windgeschwindigkeit zu gering, um die Anlage zu betreiben, d. h. es würde sich nicht lohnen oder der Rotor würde sich erst gar nicht drehen. Zwischen 5 m/s und ca. 13 m/s steigt die Leistung wegen der v^3-Abhängigkeit steil an. Bei der Nennwindstärke von ca. 13 m/s ist die Nennleistung erreicht, die Leistung steigt trotz zunehmender Windgeschwindigkeit nicht weiter an, weil die Anlage nicht mehr Leistung abgeben kann. Ab 25 m/s ist der Wind so stark, dass die Anlage aus Sicherheitsgründen abgeschaltet werden muss.

Struktur der Materie

Didaktische Hinweise

In diesem Kapitel wird der Bogen von der Elektrostatik, über den Atomaufbau und die Kernphysik bis zur Radioaktivität geschlagen. Die Unterkapitel bauen aufeinander auf und sollten daher in dieser Reihenfolge unterrichtet werden.

Elektrische Ladung und Atomaufbau

Die elektrische Ladung: In der Elektrizitätslehre von *Universum Physik Band 7/8* ist lediglich der Fluss der elektrischen Ladung behandelt worden. Das Vorzeichen der Ladungsmenge wurde nicht thematisiert. Die Stromrichtung wurde über die Fließrichtung der als positiv betrachteten Ladung eingeführt (konventionelle Stromrichtung). Nun geht es darum zu zeigen, dass die Ladungsmenge positiv oder negativ sein kann. Der Einstieg erfolgt über alltagsnahe Phänomene wie Abstoßung und Anziehung elektrisch geladener Körper. Die Tatsache, dass sich geladene Körper sowohl abstoßen als auch anziehen können, wird dadurch erklärt, dass es zwei Fälle von „elektrisch geladen" gibt, die nach BENJAMIN FRANKLIN als positiv bzw. negativ geladen bezeichnet werden. Für die Lernenden ist eine korrekte Sprechweise wichtig: Nicht ungleichnamige Ladungen ziehen sich gegenseitig an, sondern ungleichnamig geladene Körper ziehen sich gegenseitig an usw.

An den Polen einer elektrischen Energiequelle kann man Körper positiv oder negativ laden. Da sich die Ladungsmengen von positiv und negativ geladenen Körpern ausgleichen können, ist es naheliegend, der Ladungsmenge ein Vorzeichen zu geben.

Influenz und Polarisation sind wichtige Phänomene. Im Vordergrund steht die Beschreibung und Anwendung der Erscheinungen; die Erklärung erfolgt in Ansätzen. Eine tiefergehende Erklärung insbesondere der Polarisation würde Kenntnisse zum atomaren Aufbau erfodern.

Wichtig ist nun die Verbindung zum elektrischen Stromkreis. In konsequenter Fortsetzung der Elektrizitätslehre von Band 7/8 wird mit positiver Ladung argumentiert: Eine Glimmlampe zeigt an, ob Ladung vom Pluspol zu einer neutralen Konduktorkugel fließt oder ob Ladung von einer neutralen Kugel zum Minuspol fließt. Mit zwei Glimmlampen kann man den Transport von elektrischer Ladung über eine Unterbrechungsstelle im elektrischen Stromkreis zeigen. Die Deutung lautet weiterhin, dass im (äußeren) Stromkreis ständig Ladung vom Pluspol zum Minuspol fließt.

Der Aufbau des Atoms: Es entspricht der Vorgehensweise von *Universum Physik*, Modellvorstellungen nicht einfach nur mitzuteilen, sondern ausgehend von experimentellen Indizien behutsam zu entwickeln. Die historische Entwicklung der Vorstellungen zum Atomaufbau war ein langer Prozess, der in einem Schulbuch nur stark verkürzt dargestellt werden kann. Als erster zentraler Versuch zeigt der glühelektrische Effekt, dass Metalle negativ und positiv geladene Teilchen enthalten, wobei die negativ geladenen Teilchen, die Elektronen, sehr viel leichter abgegeben werden als die positiv geladenen (die Atom-rümpfe). Um diese und weitere Beobachtungen erklären zu können, haben Physiker geschlossen, dass die Atome selbst positiv und negativ geladene Teilchen enthalten.

Der zweite zentrale Versuch ist der im Unterricht leider nur theoretisch zu betrachtende Streuversuch von ERNEST RUTHERFORD. Die experimentellen Beobachtungen zeigten, dass die ursprüngliche Vorstellung von JOSEPH JOHN THOMSON nicht haltbar war. Daher entwickelte RUTHERFORD die im Prinzip noch heute gültige Vorstellung, wonach Atome aus einem kleinen, positiv geladenen Kern und einer negativ geladenen Hülle bestehen.

Ausgehend vom Phänomen des Polarlichts werden die Bewegungen von Elektronen in elektrischen und magnetischen Feldern betrachtet. Die experimentellen Untersuchungen werden an einer BRAUN'schen Röhre durchgeführt. Während die Kraft auf ein Elektron im elektrischen Feld einfach zu beschreiben ist, benötigt man für die Lorentzkraft auf ein Elektron im Magnetfeld die Drei-Finger-Regel der linken Hand.

Kernphysik und Radioaktivität

Der Atomkern hat eine Struktur: Ein überzeugendes Experiment zur Motivation des Aufbaus des Atomkerns gibt es nicht oder ist zumindest in der Schule nicht durchführbar. Als Motivation wird daher die Erkenntnis herangezogen, dass sich Atomkerne unter bestimmten Umständen umwandeln können. Dies ist nur möglich, weil der Atomkern selbst aus noch kleineren Bausteinen zusammengesetzt ist. Die Art der Zusammensetzung wird anschließend mitgeteilt. Isotope verhalten sich in chemischen Reaktionen gleich. Sie sind ein Hinweis auf Kerne gleicher Kernladungszahl, aber unterschiedlicher Massenzahl.

Ionisierende Strahlung: Die mögliche Gefährdung durch Radioaktivität stellt einen motivierenden Einstieg in das Thema dar. Zuerst wird geklärt, was Ionisation überhaupt bedeutet. Dann wird gezeigt, dass die Strahlung radioaktiver Stoffe Moleküle ionisieren kann. Darauf beruht auch die gesundheitsschädliche Wirkung die-

ser Strahlung, die hier nur angeschnitten und später vertieft betrachtet wird.
Die ionisierende Wirkung wird auch genutzt, um diese Art der Strahlung nachzuweisen, z. B. in einem Zählrohr. Experimente zur Reichweite und zur Abschirmung von Strahlung zeigen, dass es unterschiedliche Arten von ionisierender Strahlung gibt, insbesondere α-, β- und γ-Strahlung. Diese Strahlungsarten werden anschließend mit den entsprechenden Zerfallsarten erklärt. Mit der Methode „Arbeiten mit der Nuklidkarte" können Schülerinnen und Schüler selbstständig Zerfälle vorhersagen.

Radioaktiver Zerfall: Von der C-14-Methode zur Altersbestimmung dürften etliche Schülerinnen und Schülern schon einmal gehört haben. Ein auch in der Schule gut durchführbarer Versuch zum radioaktiven Zerfall und zur Einführung der Halbwertszeit ist der Zerfall von Protactinium. Über die Aktivität wird der Bogen zur Bestimmung der Menge des betrachteten radioaktiven Stoffs, wie z. B. Protactinium oder C-14, hergestellt. In einem Modellversuch mit Reißnägeln können Schülerinnen und Schüler die Gesetzmäßigkeiten des exponentiellen Zerfalls selbstständig erkunden.

Strahlenschäden und Strahlenschutz: Dieser Abschnitt soll die Lernenden zu einer fachkundigen Mitsprache über die Gefährdung durch und den Schutz vor ionisierender Strahlung befähigen. Wichtig ist die Unterscheidung in somatische Früh-, somatische Spät- und genetische Schäden sowie eine anschauliche Erklärung der effektiven Äquivalentdosis.

Kernenergie: Anhand konkreter Beispiele wird der Massendefekt als Grund für die Energiefreisetzung bei Kernumwandlungen herausgearbeitet. Energie kann sowohl bei Kernfusion als auch bei Kernspaltung freigesetzt werden. Dies scheint sich auf den ersten Blick zu widersprechen. Die Erklärung erfolgt über die mittlere Energie und damit auch mittlere Masse pro Nukleon im Atomkern.
Aufgrund politischer Entscheidungen steht die technische Nutzung der Kernenergie in Deutschland nicht mehr im Vordergrund. Dennoch ist es wichtig, dass die Schülerinnen und Schüler sich mit Chancen und Risiken der Kernenergie auseinandersetzen. Entsprechende Blickpunkte und Materialien eignen sich zur selbstständigen Erarbeitung dieser Aspekte.

Seite 77 (Kannst du es noch?)

1 Ein stabförmiger Magnet wird einem Eisenstab genähert. Übertrage die Skizze in dein Heft und trage ein, wie sich die Elementarmagnete im Eisenstab ausrichten. Erkläre die Anziehung zwischen Magnet und Eisenstab.

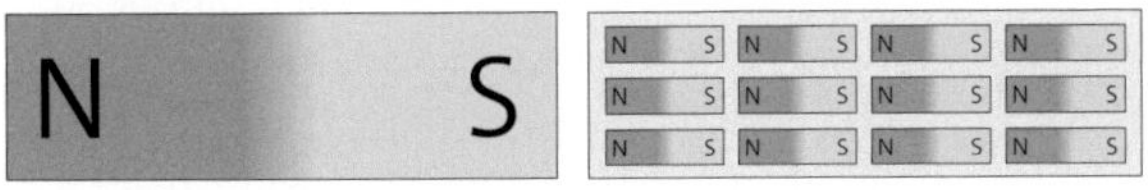

Cornelsen/newVISION! GmbH Bernhard A. Peter, Pattensen

Die Elementarmagnete des Eisenstabs richten sich nach dem Magnetfeld des Dauermagneten aus. Dadurch wird der Eisenstab selbst magnetisch, mit einem Nordpol links und einem Südpol rechts. Die gegenüberliegenden ungleichnamigen Pole des Magneten und des Eisenstabs ziehen sich gegenseitig an.

2 Erkläre, warum die Eisennägel nicht nur am Magneten, sondern auch aneinander hängen.
Die Elementarmagnete der Nägel richten sich nach dem Magnetfeld des Magneten aus. Dadurch werden sie selbst zu kleinen schwachen Magneten und ziehen sich gegenseitig an.

3 Eine Magnetisierung ohne Berührung bezeichnet man als magnetische Influenz. Nur solange sich der Magnet in der Nähe der Eisennägel befindet, richten sich die Elementarmagnete in den Nägeln aus. Erkläre die Abstoßung der Nägel.
Unabhängig vom Pol des Magneten entfernen sich die frei aufgehängten Nägel voneinander. Durch Influenz werden die beiden Nägel in gleicher Weise magnetisiert. Dadurch liegen gleichnamige Pole nebeneinander, die sich abstoßen.

4 Welche Vorteile hat ein Elektromagnet gegenüber einem Dauermagneten? Nenne einige Einsatzmöglichkeiten von Elektromagneten.
Einen Elektromagneten kann man nach Bedarf ein- und ausschalten, indem man den Strom durch die Drahtwicklungen ein- und ausschaltet.
Einsatzmöglichkeiten: Schwere Lasten anheben und wieder loslassen, Elektrische Klingel, Sicherungsautomat, Türöffner oder -schließer.

5 Das Bild zeigt einen einfachen Elektromagneten. Dazu wurde isolierter Draht um eine Schraube aus Eisen gewickelt.
a) Erkläre, warum der Draht isoliert sein muss.
b) Mit einer Schraube aus Aluminium funktioniert der Elektromagnet nur schlecht. Erkläre.

a) Der Draht muss isoliert sein, damit der Strom durch alle Windungen fließt und nicht parallel zur Schraube von Windung zu Windung „springt“.
b) Aluminium enthält keine Elementarmagnete und lässt sich dadurch nicht magnetisieren. Das nur durch den Strom erzeugte Magnetfeld ist für einen Elektromagneten viel zu schwach.

6 Wie muss man die Drahtenden 1 und 2 an Plus- und Minuspol jeweils anschließen, damit die magnetischen Feldlinien so verlaufen wie im Bild unten dargestellt?
a) Gerader Draht: Nach der „Rechte-Hand-Regel“ muss der Strom muss von rechts nach links fließen (Daumen in Stromrichtung, Finger in Magnetfeldrichtung). Das Drahtende 2 muss also an den Pluspol und das Ende 1 an den Minuspol angeschlossen werden.
b) Spule: Der Strom durch die Spule muss vom Anschluss 2 zum Anschluss 1 fließen. Das Spulenende 2 muss also an den Pluspol und das Ende 1 an den Minuspol angeschlossen werden.

7 Erläutere anhand der unten abgebildeten Skizzen die Funktionsweise eines Elektromotors.
Ein Elektromotor besteht im Wesentlichen aus einem feststehenden Dauermagneten und einem drehbar gelagerten mit Draht umwickelten Eisenkern, dem Anker. Der Strom wird über zwei metallische Halbringe und zwei darauf schleifenden Kontakten zugeführt. Die beiden Halbringe sind durch einen Isolator voneinander getrennt. Diese Anordnung heißt Kommutator.
Der Anker wirkt wie ein Elektromagnet. Zwischen den Polen des Elektromagneten und des Dauermagneten gibt es anziehende und abstoßende Kräfte.
Im oberen Bild bewirkt die Anziehung zwischen den ungleichnamigen Magnetpolen eine Drehung nach des Ankers nach rechts.
Kurze Zeit später hat der Anker eine Position wie im mittleren Bild gezeigt erreicht. Damit der Anker sich weiter nach rechts drehen kann, muss aus der Anziehung eine Abstoßung werden. Die Pole des Elektromagneten müssen vertauscht werden. Dazu muss die Stromrichtung durch den Draht umgekehrt werden. Im mittleren Bild unterbricht der Kommutator gerade den Stromkreis.
Durch seinen Schwung dreht sich der Anker trotzdem weiter und mit ihm der Kommutator, sodass die beiden Kontakte wieder auf die metallischen Halbringe treffen (▹Bild unten). Der Stromkreis ist wieder geschlossen, aber mit umgekehrter Stromrichtung, wie gewünscht. Die Pole des Elektromagneten sind vertauscht. Der Anker kann sich nun eine halbe Umdrehung weiter nach rechts drehen. Anschließend wird die Stromrichtung erneut umgekehrt usw.

1 Elektrische Ladung und Atombau

Die elektrische Ladung

Seite 80

1 Gelingt der Versuch nach ▹Bild 03 auch, wenn der Luftballon durch Reiben an einer Folie positiv geladen wird? Begründe durch eine Zeichnung entsprechend ▹Bild 03.

Der Versuch gelingt auch dann, wenn der Ballon positiv geladen ist. Die positive Ladung auf dem Ballon sorgt dafür, dass die positive Ladung der Wand ein wenig von der Wandoberfläche weg verschoben wird. Daher ist die Wandoberfläche am Ballon negativ geladen. Der positiv geladene Ballon und die negativ geladene Wandoberfläche üben gegenseitig Anziehungskräfte aufeinander aus – der Ballon „klebt" an der Wand.

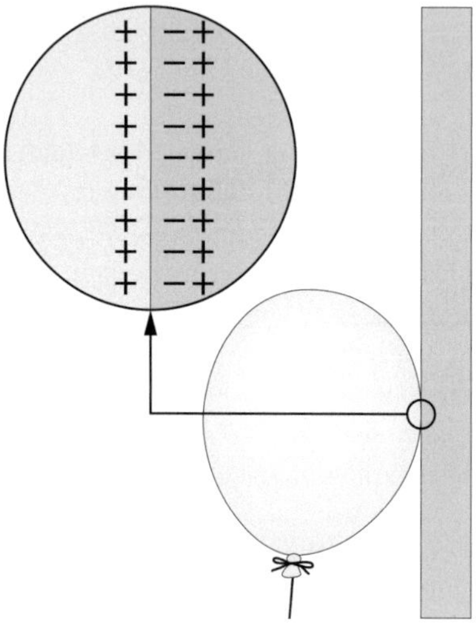

Cornelsen/newVISION! GmbH Bernhard A. Peter, Pattensen

2 Nach einiger Zeit hält der Luftballon aus ▹Bild 03 nicht mehr an der Wand. Erkläre.

Die positiven Ladungen auf dem Ballon wurden durch negative Ladungen aus der Umgebung neutralisiert. Es wirken keine elektrischen Kräfte mehr und der Ballon fällt auf den Boden.

Seite 81

3 Eine Folie wurde durch das Reiben mit einem Wolltuch elektrisch negativ geladen. Beschreibe, wie du damit feststellen kannst, ob ein Luftballon positiv oder negativ geladen ist.

Wird der Luftballon von der Folie angezogen, so ist er positiv geladen, wird er von der Folie abgestoßen, so ist er negativ geladen.

4 Im Versuch (▹Bild 05) wird zuerst die Glimmlampe bei B am Minuspol berührt. Beschreibe, was man beobachtet.

Berührt die Kugel zuerst die Glimmlampe bei B (Minuspol), dann blitzt die rechte Seite der Glimmlampe kurz auf und zeigt damit, dass Ladung von der Kugel abfließt. Die Kugel wird negativ geladen. Berührt die Kugel danach die Glimmlampe bei A (Pluspol), dann fließt Ladung auf die Kugel, sie wird positiv geladen. Dabei blitzt wieder die rechte Seite der Glimmlampe auf.

5 Einem elektrisch geladenen Elektroskop sieht man nicht an, ob es positiv oder negativ geladen ist. Erkläre.

Auf einem positiv geladenen Elektroskop verteilt sich die positive Ladungsmenge auf alle verbundenen Metallteile. Der drehbare Zeiger wird von der Halterung abgestoßen. Wird das Elektroskop negativ geladen, so verteilt sich die negative Ladungsmenge auch auf allen verbundenen Metallteilen. Der drehbare Zeiger wird wieder von der Halterung abgestoßen, da sich gleichnamig geladene Körper abstoßen.

Seite 82 (Material)

Versuche – Kräfte zwischen geladenen Körpern

V1 Elektroskop

a) Wird die Drahtspitze mit dem geriebenen Lineal berührt, dann bewegen sich die Aluminiumstreifen plötzlich auseinander. Der Draht und die Aluminiumfolie werden durch das Berühren elektrisch geladen. Da beide Hälften des Alustreifens gleichnamig geladen werden, stoßen sich diese voneinander ab, die Streifen bewegen sich auseinander.

b) Durch das Reiben der Wolle mit dem Lineal werden beide unterschiedlich elektrisch geladen. Auch die Wolle ist elektrisch geladen, sodass nach dem Berühren mit der Wolle die beiden Alustreifen wieder gleichnamig geladen werden und sich abstoßen.

Material A – Ladung und elektrischer Strom

A1 Zwischen zwei unterschiedlich geladenen Metallplatten wird eine elektrisch leitende leichte Kugel an einem isolierenden Faden aufgehängt (▹Bild 02 A).

a) Mit der beweglichen Kugel wird kurz eine Platte berührt. Dann wird die Kugel losgelassen. Beschreibe, was anschließend passieren wird. Erkläre.

b) Skizziere die Anordnung kurz bevor und kurz nachdem die Kugel die rechte Platte berührt. Beschrifte, wie Kugel und Platte jeweils geladen sind.

c) Begründe, warum die Bewegung nach einiger Zeit aufhört.

d) Vermute, was geschehen würde, wenn beide Platten gleich geladen wären? Begründe.

a) Die Kugel pendelt zwischen den Platten hin- und her. Bei der Berührung mit der elektrisch positiv geladenen Platte fließt Ladung auf die Kugel. Die dadurch positiv geladene Kugel wird von der anderen, negativ geladenen Platte angezogen. Bei Berührung mit dieser fließt Ladung von der Kugel auf die Platte. Nun ist die Kugel negativ geladen und wird wieder von der ersten, positiv geladenen Platte angezogen usw. (Erfolgt die erste Berührung mit der negativ geladenen Platte, lautet die Erklärung analog.)

b)

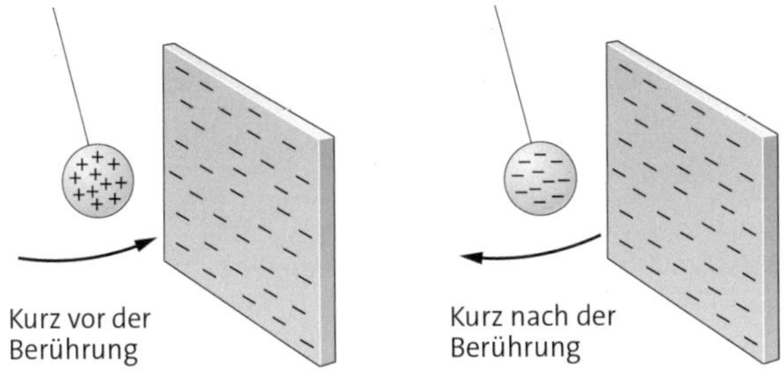

Cornelsen/Atelier tigercolor Tom Menzel, Scharbeutz/Klingenberg

c) Bei jeder Pendelbewegung wird eine positive Ladungsmenge auf die negativ geladene Platte transportiert und umgekehrt. Die beiden geladenen Platten werden elektrisch neutral. Es wirken keine Kräfte mehr. Die Pendelbewegung hört auf.

d) Wenn beide Platten gleich geladen sind, gibt es keine Pendelbewegung. In diesem Fall wird das geladene Pendel von beiden Platten abgestoßen und bleibt daher in der Mitte.

A2 Die linke Platte wird nun an eine Glimmlampe und dann an den Minuspol eines Hochspannungsnetzgerätes angeschlossen, entsprechend die rechte Platte mit einer Glimmlampe an den Pluspol (▹Bild 02B).

a) Wieder wird mit der beweglichen Kugel kurz die linke Platte berührt. Dann wird die Kugel losgelassen. Beschreibe, was passieren wird. Wann und wie leuchten die Glimmlampen auf? Erkläre.

b) Beschreibe, wann die Bewegung aufhört. Begründe.

a) Die Kugel pendelt zwischen den Platten hin- und her. Die Glimmlampen leuchten auf.

Berührt die Kugel die negativ geladene linke Platte, dann fließt Ladung von der Kugel ab, es leuchtet die Seite der Glimmlampe, die von der Kugel weg zeigt (also die linke Seite). Berührt die Kugel die positiv geladene rechte Platte, so fließt Ladung auf die Kugel, es leuchtet die Seite der Glimmlampe, die zur Kugel zeigt (also wieder die linke Seite).

b) Die Bewegung hört dann auf, wenn das Hochspannungsgerät abgeschaltet wird.

Bei jeder Berührung wird nach dem Abschalten ein Teil der Ladungsmenge von einer Seite zur anderen transportiert und die Platten werden neutralisiert. Da das Netzteil abgeschaltet ist, werden die Platten nicht mehr neu geladen.

Seite 83 (Material)

Versuche – Influenz und Polarisation

V2 Elektrizitätsanzeiger

a) Die Aluminiumfolie wird angezogen und dreht sich zum Lineal.

In der Aluminiumfolie (Leiter) werden durch Influenz die Ladungsmengen getrennt. Das Alufolienende, das zum Lineal zeigt, ist anders geladen als das Lineal und wird daher angezogen.

b) Nach der Berührung der Alufolie wird diese abgestoßen und dreht sich vom Lineal weg.

Nach der Berührung der Alufolie mit dem Lineal ist die Folie wie das Lineal elektrisch geladen (beide positiv oder beide negativ). Gleichnamig geladene Körper stoßen sich ab. Die Alufolie dreht sich nun vom Lineal weg.

c) Der Papierstreifen wird vom Lineal angezogen und dreht sich zum Lineal.

Papier ist ein Nichtleiter; wie bei den Grieskörnern werden die Ladungsmengen im Papier unter dem Einfluss des elektrischen Feldes des Lineals leicht gegeneinander verschoben (Polarisation). Das Papier wird vom Lineal angezogen.

Material B – Elektrische Ladungen und elektrische Kräfte

B1 Auf einem elektrisch neutralen Elektroskop ist eine Metallkugel befestigt.

a) Eine zweite positiv geladene Metallkugel wird angenähert. Beschreibe, wie das Elektroskop reagiert. Fertige eine Skizze mit eingezeichneten Ladungsmengen an.

b) Beschreibe, was sich ändert, wenn die zweite Kugel negativ geladen ist. Fertige eine Skizze an.

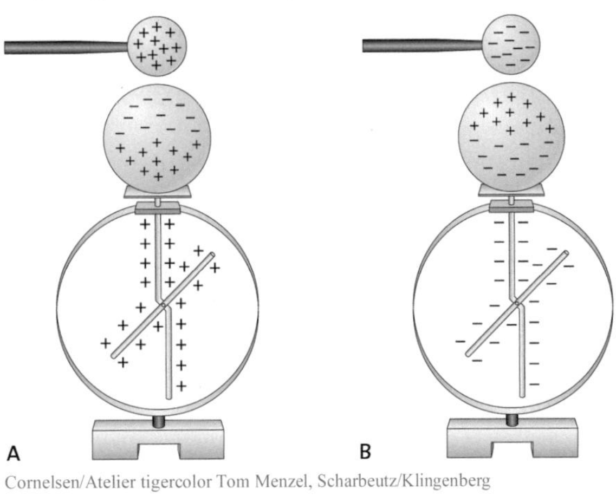

Cornelsen/Atelier tigercolor Tom Menzel, Scharbeutz/Klingenberg

a) Der Zeiger des Elektroskops schlägt bei Annäherung der geladenen Metallkugel aus.
b) Der Zeiger des Elektroskops schlägt bei Annäherung der geladenen Metallkugel wieder aus.

B2 Auf einem kleinen Teller liegen Grießkörner (▹Bild 04). Ein Plastiklineal wird an Wolle gerieben. Hält man das Lineal in die Nähe der Grießkörner, so springen diese auf das Lineal („Staubsauger"). Begründe.
Das Kunststofflineal ist geladen. Im elektrischen Feld werden die Ladungsmengen in den Grieskörnern etwas gegeneinander verschoben (Polarisation). Dadurch erfährt die dem Lineal zugewandte Seite stärkere elektrische Kräfte als die abgewandte Seite, die Grieskörner bewegen sich zum Lineal.

B3 Ein Luftballon wird an den Haaren gerieben. Nähert man ihn einer leeren Alu-Dose, so setzt sich diese in Bewegung (▹Bild 05).
a) Gib an, in welche Richtung sich die Alu-Dose bewegt. Begründe.
b) Erläutere, wie man erreichen kann, dass die Dose in die umgekehrte Richtung rollt.
a) Die Alu-Dose bewegt sich in Richtung des Luftballons. Durch das elektrische Feld des geladenen Luftballons werden die Ladungsmengen in der Alu-Dose getrennt (Influenz). Ungleichnamige Ladungsmengen ziehen sich an. Die Kraft in Richtung des Luftballons ist größer, da die Seite mit den ungleichnamigen Ladungsmengen näher am Luftballon ist, die Dose bewegt sich in Richtung des Luftballons.
b) Damit die Alu-Dose in die umgekehrte Richtung (vom Ballon weg) rollt, muss sie z. B. mit dem geladenen Luftballon geladen werden. Gleichnamige Ladungsmengen stoßen sich ab, die Dose bewegt sich vom Luftballon weg.

B4 a) ▹Bild 06 zeigt zwei Elektroskope mit Metalldosen. Das linke Elektroskop ist geladen. Mit einer Metallkugel wird die Metalldose des geladenen Elektroskops innen berührt, anschließend das ungeladene Elektroskop. Das rechte Elektroskop bleibt ungeladen. Überlege, welche Folgerungen man aus diesem Experiment ziehen kann.
b) Beschreibe, wie man vorgehen muss, damit Ladung vom linken auf das rechte Elektroskop übertragen wird.
a) Da das rechte Elektroskop ungeladen bleibt, wird offensichtlich keine Ladung vom linken zum rechten Elektroskop transportiert. Vermutlich kann aus dem Innern der Metalldose keine Ladung entnommen werden.
b) Wenn man mit der Kugel die Dose außen berührt, dann kann man Ladung entnehmen und auf das rechte Elektroskop übertragen. Dadurch kommt es beim rechten Elektroskop zu einem Zeigerausschlag, während der Ausschlag beim linken Elektroskop zurückgeht.

Der Aufbau des Atoms

Seite 85

1 Im Versuch im ▹Bild 04 wird das Elektroskop negativ geladen. Jemand vermutet, dass die Ladung auf dem Elektroskop beim Glühen der Drahtwendel zunehmen sollte. Dies geschieht jedoch nicht. Erkläre.
Ist das Elektroskop negativ geladen, dann ist auch die Anode negativ geladen. Im elektrischen Feld der Anode erfahren die Elektronen aus dem Glühdraht abstoßende Kräfte, sodass sie nicht auf die Anode gelangen können. Die negative Ladungsmenge auf dem Elektroskop nimmt somit nicht zu.

2 Manchmal ist bei einer „durchgebrannten" Glühlampe ein metallischer dunkler Belag am Glas sichtbar. Erkläre, wie dieser entstanden ist.
Ist bei einer Glühlampe der Glühdraht durchgebrannt, dann ist oft zuvor der Glühdraht zu sehr erhitzt worden (durch eine zu große Stromstärke beim Einschalten). Durch die hohe Temperatur verdampft der Draht, der Metalldampf des Drahtes kondensiert an der kälteren Glasfläche. Es entsteht ein metallischer Belag.

Seite 87

1 a) Gib an, wie man die Polung der Ablenkplatten im ▹Bild 05 wählen muss, damit der Elektronenstrahl nach unten gelenkt wird.
b) Erläutere, wie diese Ablenkung durch einen Magneten erreicht werden kann.
a) Ablenkung nach unten: Die untere Platte muss positiv, die obere negativ geladen sein.
b) Blick von vorne auf den Schirm: Wird der Stabmagnet mit dem Nordpol voran von links auf die BRAUN'sche Röhre zubewegt, so wird der Elektronenstrahl nach unten abgelenkt („Linke-Hand-Regel"). Ebenso kann man einen Stabmagneten mit dem Südpol voran von rechts auf die Röhre zubewegen, um eine Ablenkung nach unten zu erhalten.

Seite 89 (Material)

Material A – Atommodelle

A1 a) Beschreibe, welches Ergebnis man erwarten würde, wenn auf diese Folie positiv geladene α-Teilchen geschossen werden. Übertrage die Skizze in dein Heft und ergänze mögliche Teilchenbahnen. Begründe.
b) RUTHERFORD beobachtete bei seinen Versuchen, dass fast alle α-Teilchen, die auf die Goldfolie ge-

schossen wurden, die Folie durchdrangen. Erkläre diese Beobachtung mithilfe des RUTHERFORD'schen Atommodells. Skizziere dazu den Aufbau der Goldfolie nach dem Kern-Hülle-Modell und zeichne einige Teilchenbahnen ein.

c) Überlege, was mit einem α-Teilchen geschieht, das sich direkt auf den Atomkern zubewegt.
Skizziere eine solche Teilchenbahn. Skizziere auch Bahnen von α-Teilchen, die sich nahe am Kern vorbei bewegen.

d) Auch das RUTHERFORD'sche Atommodell kann nicht alles erklären. Welche Widersprüche kannst du aufzeigen?

a) α-Teilchen sollten von den Atomen reflektiert werden (ähnlich wie ein Ball an einer Wand, Bild links).

b) Um einen kleinen positiven Kern ist viel freier Raum, dadurch können die α-Teilchen ohne Ablenkung gerade durchfliegen (Bild rechts).

c) Bewegt sich ein α-Teilchen (positiv geladen) direkt auf einen positiven Kern zu, so wird es von dem Kern abgestoßen. Wenn sich das α-Teilchen nahe am Kern vorbei bewegt, dann wird es stark abgelenkt (Bild rechts).

d) Da der Atomkern positiv ist und die Elektronen in der Atomhülle negativ sind, müssten diese vom Atomkern angezogen werden und zu einem kleinen neutralen Teilchen werden. Ein Atom könnte also nicht stabil sein. Mehrere Atome würden sich durch die negativ geladene Hülle abstoßen, damit könnte keine feste Materie entstehen.

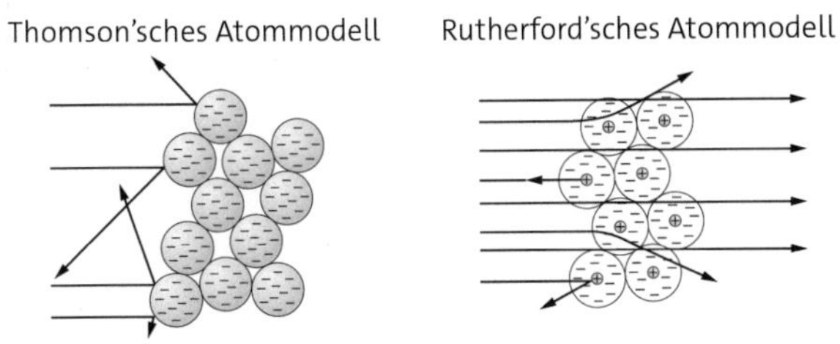

Cornelsen/newVISION! GmbH Bernhard A. Peter, Pattensen

A2 a) Nimm an, das ganze Atom habe die Größe eines Fußballs (Durchmesser 20 cm). Gib an, wie groß der Atomkern dann wäre.

b) Stelle dir vor, man würde den Atomkern auf die Größe eines Tischtennisballs (Durchmesser 2 cm) vergrößern. Gib an, wie groß dann das gesamte Atom wäre.

a) Das ganze Atom hat dann 20 cm im Durchmesser. Der Atomkern ist ca. 10000-mal kleiner, also wäre der Atomkern 20 cm/10000 = 0,002 cm = 0,02 mm groß.

b) Hat der Atomkern 2 cm Durchmesser, wäre das ganze Atom ca. 10000-mal größer, also 2 cm · 10000 = 20000 cm = 200 m groß.

A3 Der Begriff „Teilchen" wird für viele kleine und kleinste Objekte verwendet. Erstelle eine Liste mit möglichen Bedeutungen des Begriffs in der Physik.

Teilchen:
Atome
Moleküle
Kleine Sandkörner
Wasserdampf
Gas
Elektronen
Protonen
Neutronen
Elementarteilchen
Higgs-Teilchen …

Material B – Elektrischer Strom und Elektronen

B1 In einem Stromkreis aus Batterie, Glühlampe und Stromstärkemessgerät zeigt das Messgerät eine Stromstärke von 0,3 A an.

a) Zeichne einen Schaltplan.

b) Berechne, wie viele Elektronen sich je Sekunde durch die Glühlampe bewegen.

c) In einer anderen Schaltung fließen 12,5 Trillionen Elektronen je Sekunde durch das Stromstärkemessgerät. Gib an, welche Stromstärke das Messgerät anzeigt.

a)

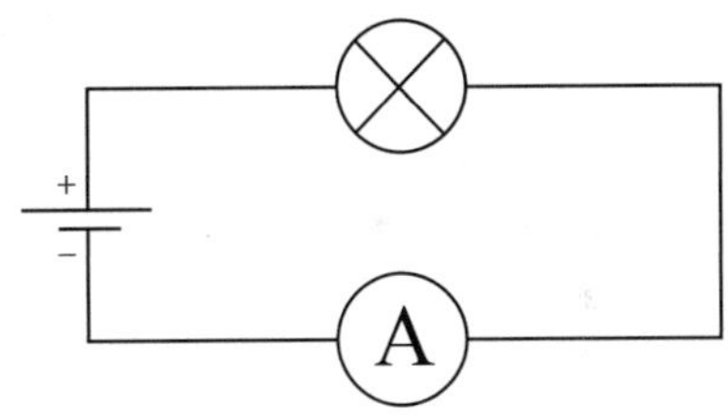

Cornelsen/newVISION! GmbH Bernhard A. Peter, Pattensen

b) $I = \frac{\Delta Q}{\Delta t} = \frac{n \cdot e}{\Delta t} \rightarrow n \cdot e = I \cdot \Delta t \rightarrow$

$n = \frac{I \cdot \Delta t}{e} = \frac{0{,}3\mathrm{A} \cdot 1\mathrm{s}}{1{,}6 \cdot 10^{-19}\mathrm{C}} = 1{,}875 \cdot 10^{18}$

Es fließen pro Sekunde ca. $1{,}9 \cdot 10^{18}$= 1,9 Trillionen Elektronen durch die Glühlampe.

c) 12,5 Trillionen Elektronen pro Sekunde sind $12{,}5 \cdot 10^{18}$ Elektronen pro Sekunde. Somit eine Ladungsmenge von

$Q = n \cdot e = 12{,}5 \cdot 10^{18} \cdot 1{,}602 \cdot 10^{-19}\mathrm{C} = 2{,}00\ \mathrm{C}$

in jeder Sekunde.

Das ergibt eine Stromstärke von $I = \frac{\Delta Q}{\Delta t} = \frac{2{,}00\ \mathrm{C}}{1\mathrm{s}} = 2{,}00\ \mathrm{A}$

B2 a) Ein Körper trägt eine negative Ladung von 0,1 C. Berechne den Elektronenüberschuss des Körpers.

b) Ein Körper trägt eine positive Ladung von 0,5 C. Berechne den Elektronenmangel.

a) Elektronenüberschuss:

$$Q = n \cdot e \rightarrow n = \frac{Q}{e} = 6{,}2 \cdot 10^{17}.$$

Der Elektronenüberschuss beträgt $6{,}2 \cdot 10^{17}$ = 620 Billiarden.

b) Es muss eine negative Ladungsmenge von 0,5 C übergehen, dies sind ca.

$$n = \frac{Q}{e} = \frac{0{,}5\ \text{C}}{1{,}602 \cdot 10^{-19}\text{C}} = 3{,}12 \cdot 10^{18} =$$

3120 Billiarden Elektronen.

B3 a) Berechne, wie viele Elektronen der Akku durch die Kamera treiben kann.

b) Begründe, warum der „leere" Akku immer noch gleich viele Elektronen wie zu Beginn enthält.

a) Elektronenanzahl:

$$n = \frac{\Delta Q}{e} = \frac{3960\ \text{C}}{1{,}602 \cdot 10^{-19}\ \text{C}} = 2{,}47 \cdot 10^{22} =$$

24 700 Trillionen

b) Alle Elektronen gehen durch das Gerät (Kamera) wieder zurück in den Akku (geschlossener Stromkreis). Es werden keine Elektronen „verbraucht". Die Elektronen übertragen die Energie vom Akku in die Kamera.

B4 Ein elektrischer Strom durch einen Draht kann durch die Bewegung von Elektronen beschrieben werden. In 1 g Kupfer befinden sich ca. 9,4 · 10^{21} bewegliche Elektronen, die zum elektrischen Strom beitragen können.

a) Berechne die Zahl der beweglichen Elektronen in einem Kupferdraht mit der Querschnittsfläche 1,0 mm^2 und der Länge 1,0 m.

b) Die Stromstärke durch den Kupferdraht beträgt 1 A. Berechne die Durchschnittsgeschwindigkeit der Elektronen im Kupferdraht.

a) Volumen eines Drahtes (Zylinder):

$V = A \cdot h$. Mit der Länge des Drahtes l = 1,0 m = 1000 mm und der Querschnittsfläche A = 1,0 mm^2 erhält man:

$$\boldsymbol{V = 1{,}0\ \text{mm}^2 \cdot 1000\ \text{mm} = 1000\ \text{mm}^3 = 1{,}0\ \text{cm}^3}.$$

Die Dichte von Kupfer (siehe S. 288) ist $\rho_{\text{Cu}} = 8{,}93\ \frac{\text{g}}{\text{cm}^3}$.

Damit ist $m_{Draht} = \rho_{\text{Cu}} \cdot V = 8{,}93$ g.

Damit sind im Draht ca. $8{,}93 \cdot 9{,}4 \cdot 10^{21} = 83{,}9 \cdot 10^{21} = 8{,}39 \cdot 10^{22}$ bewegliche Elektronen.

b) Es fließt ein Strom der Stärke 1,0 A. Dieser Strom stammt von n Elektronen, die alle die Elementarladung e tragen.

$I = \frac{\Delta Q}{\Delta t} = \frac{n \cdot e}{\Delta t}$ (1)

Mit $v = \frac{\Delta s}{\Delta t}$ folgt $\Delta t = \frac{\Delta s}{v}$: (2) eingesetzt in (1) erhält man $I = \frac{n \cdot e \cdot v}{\Delta s}$ und damit $v = \frac{I \cdot \Delta s}{n \cdot e}$.

Im Kupfer sind $n = 8{,}39 \cdot 10^{22}$ bewegliche Elektronen.

Somit erhält man:

$$v = \frac{1{,}0\ \text{A} \cdot 1{,}0\ \text{m}}{8{,}39 \cdot 10^{22} \cdot 1{,}602 \cdot 10^{-19}\ \text{C}} = 7{,}4363 \cdot 10^{-5}\ \frac{\text{m}}{\text{s}} = 0{,}074\ \frac{\text{mm}}{\text{s}}.$$

Die Elektronen bewegen sich mit einer Geschwindigkeit von ca. $0{,}074\ \frac{\text{mm}}{\text{s}}$.

2 Kernphysik und Radioaktivität

Der Atomkern hat eine Struktur

Seite 91

1 a) Gib für die folgenden Atomkerne jeweils an, wie viele Protonen und Neutronen sie enthalten: $^{1}_{1}X$, $^{60}_{27}X$, $^{137}_{55}X$, $^{238}_{92}X$.
b) Gib an, um welche Elemente es sich handelt und ergänze die Symbole.

a, b) $^{1}_{1}X$: 1 p; 0 n → H (Wasserstoff)
$^{60}_{27}X$: 27 p; 33 n → Co (Cobalt)
$^{137}_{55}X$: 55 p; 82 n → Cs (Cäsium)
$^{238}_{92}X$: 92 p; 146 n → U (Uran)

Seite 92

1 a) Entnimm dem Ausschnitt der Nuklidkarte im ▹Bild 02 die Beispiele O-16, O-18, N-15 und B-11. Notiere, um welche Elemente es sich jeweils handelt.
b) Gib für die in a) genannten Nuklide die Symbolschreibweise an.

a) O-16 → Sauerstoff→ $^{18}_{8}O$
N-15 → Stickstoff → $^{15}_{7}N$
B-11 → Bor → $^{11}_{5}B$

2 Gib an, welche der folgenden Nuklide
a) die gleiche Ordnungszahl,
b) die gleiche Nukleonenzahl,
c) die gleiche Anzahl an Neutronen haben.

a) Je gleiche Ordnungszahl:
$^{12}_{6}C$, $^{13}_{6}C$ und $^{14}_{6}C$
$^{14}_{7}N$ und $^{15}_{7}N$
$^{16}_{8}O$ und $^{18}_{8}O$

b) Gleiche Nukleonenzahl: $^{14}_{7}N$ und $^{14}_{6}C$

c) Je gleiche Neutronenzahl: $^{14}_{7}N$ und $^{13}_{6}C$

Seite 93 (Material)

Versuche – Modellversuch zum Aufbau eines Atomkerns

V1

a) Die Magnete lassen sich nicht nahe zueinanderbringen.

b) Stahlmuttern und Magnete ziehen sich an. Dadurch gelingt es, dass alle „Teilchen" ein zusammenhängendes Ganzes bilden.

c) Protonen → Magnete (gleichnamige Pole): In beiden Fällen werden abstoßende Kräfte aufeinander ausgeübt. Neutronen → Stahlmuttern: In beiden Fällen werden keine Kräfte aufeinander ausgeübt.
Hinweis: Von der Gravitationskraft wird abgesehen.

d) Mithilfe des Modells kann man gut erklären:
- Zusammenhalt des Atomkerns,
- Rolle der Neutronen.

Nicht erklärt werden kann z. B.:
- chemische Eigenschaften des Atoms (weil die Atomhülle fehlt).

Material A – Systematische Darstellung zum Aufbau der Atome

A1 a) Übertrage und ergänze die Tabelle (keine Ionen). Nutze das Periodensystem der Elemente (PSE).
b) Notiere, welche Informationen über den Aufbau von Atomkernen das PSE nicht gibt.

a)

Name der Atomsorte	Symbol des Nuklids	Anzahl der Nukleonen	Anzahl der Protonen	Anzahl der Neutronen	Anzahl der Elektronen
Sauerstoff	**$^{16}_{8}O$**	16	8	8	8
Natrium	$^{23}_{11}Na$	23	11	**12**	11
Aluminium	$^{27}_{13}Al$	27	13	**14**	**13**
Silicium	$^{30}_{14}Si$	**30**	14	16	**14**
Quecksilber	$^{200}_{80}Hg$	**200**	80	120	80
Quecksilber	$^{204}_{80}Hg$	204	**80**	**124**	80
Uran	**$^{238}_{92}U$**	238	92	146	92
Plutonium	$^{241}_{94}Pu$	**241**	**94**	147	94

b) Das PSE enthält keine Informationen über die Anzahl der Neutronen eines Nuklids.

Material B – Wasserstoff ist nicht gleich Wasserstoff

B1 Wasserstoff kommt in drei Nukliden vor (▹Bild 04):
a) normaler Wasserstoff,
b) schwerer Wasserstoff (Deuterium),
c) überschwerer Wasserstoff (Tritium).
Gib jeweils die Symbolschreibweise an. Zeichne den Ausschnitt der Nuklidkarte, der die drei Wasserstoffsorten enthält.

a) $^{1}_{1}H$
b) $^{2}_{1}H$

c) $^{3}_{1}$ H

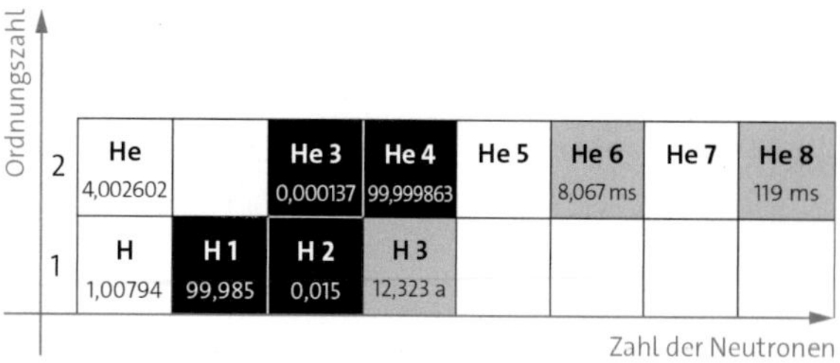

Ionisierende Strahlung

Seite 95

1 Fertige eine beschriftete Skizze des Versuchs von ▹Bild 03 an. Nimm an, dass der Draht am Pluspol des Netzgeräts angeschlossen ist. Erkläre, was nach der Ionisation der Moleküle in der Luft geschieht.

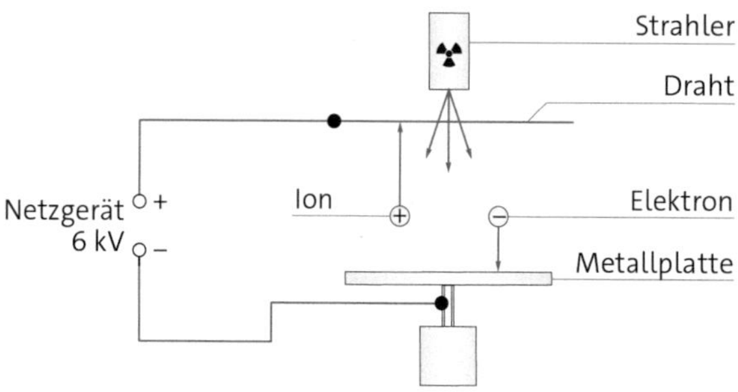

Nach der Ionisation von Stickstoffmolekülen sind positiv geladene Stickstoffionen und abgetrennte Elektronen vorhanden. Befinden sich Ionen und Elektronen in einem elektrischen Feld, werden auf die elektrischen Ladungen Kräfte ausgeübt. Die Ionen und Elektronen werden beschleunigt. Sind ausreichend Ionen und Elektronen vorhanden, so wird das Gas elektrisch leitfähig.

Seite 97

1 Die Messung eines Strahlers mit dem Zählrohr ergibt 120 in 30 s. Die Nullrate beträgt 200 in 10 min. Gib die von dem Strahler erzeugte Zählrate an.
Von der gemessenen Zählrate muss man die Nullrate abziehen. Die Nullrate beträgt 200 in 10 min. bzw. 10 in 30 s. Die Zählrate beträgt also 110.

2 In welche Richtung müsste das Zählrohr aus ▹Bild 04 verschoben werden bei Strahlung, die elektrisch positiv bzw. negativ geladen ist? Skizziere.
Bei elektrisch positiv geladener Strahlung: Verschiebung des Zählrohres nach links; bei elektrisch negativ geladener Strahlung: Verschiebung des Zählrohres nach rechts (jeweils vom Strahler aus gesehen).

Seite 98

1 Erläutere Unterschiede und Gemeinsamkeiten der drei Strahlungsarten.
Unterschiede:
Alpha- und Betastrahlung sind Teilchenstrahlung, Gammastrahlung ist eine elektromagnetische Strahlung.
Alpha- und Betastrahlung tragen elektrische Ladung, Gammastrahlung nicht.
Alpha- und Betastrahlung werden aufgrund ihrer Ladung in magnetischen und elektrischen Feldern unterschiedlich abgelenkt. Gammastrahlung wird nicht abgelenkt.
Die Reichweiten in Luft und in Materie der drei Strahlungsarten unterscheiden sich deutlich.
Gemeinsamkeiten:
Alle drei Strahlungsarten ionisieren Materie.
Ursprung aller drei Strahlungsarten können Kernumwandlungen sein.

Seite 99 (Material)

Versuche – Natürliche Radioaktivität in Gebäuden

V1 Messung der Radioaktivität
a)–f) *Individuelle Lösung*
g) Auch nach Abzug der Nullrate lassen sich radioaktive Stoffe nachweisen. Da sich die Strahlung durch ein Blatt Papier abschwächen lässt, muss es sich überwiegend um Alphastrahlung handeln.

Material A – Radioaktivität und Medizin

A1 a) Gib eine Vermutung an, welche Strahlenart für eine Szintigrafie in Frage kommt. Begründe deine Vermutung.
b) Bewerte die Nachteile solcher Untersuchungen.
a) Für die Szintigrafie muss eine Strahlungsart in Frage kommen, die ein ausreichendes Durchdringungsvermögen hat. Alphastrahlung wird bereits von der menschlichen Haut aufgehalten. Betastrahlung durchdringt den menschlichen Körper auch nicht vollständig. Vermutung: Es wird Gammastrahlung eingesetzt.
b) Der Hauptnachteil dieser Untersuchung besteht darin, dass der Körper für eine kurze Zeitspanne einer ionisierenden Strahlung ausgesetzt werden muss.

Material B – Ablenkung von Strahlung durch elektrische Kräfte

B1 Mischstrahler senden gleichzeitig Alpha-, Beta- und Gammastrahlung aus. ▹Bild 06 zeigt die Wege der Strahlung eines Mischstrahlers, die sich zwischen zwei elektrisch geladenen Platten hindurch bewegt. Ordne den Strahlungsarten den zugehörigen Weg zu. Begründe deine Entscheidung.

Alphastrahlung: Weg 3; Alphastrahlung trägt positive elektrische Ladung. Deshalb wird sie zur negativ geladenen Platte hin abgelenkt.
Betastrahlung: Weg 1; Betastrahlung trägt negative elektrische Ladung. Deshalb wird sie zur positiv geladenen Platte hin abgelenkt.
Gammastrahlung: Weg 2; Gammastrahlung trägt keine elektrische Ladung. Deshalb wird sie im elektrischen Feld nicht abgelenkt.

Seite 100 (Blickpunkt)

1 Entscheide und begründe: Handelt es sich bei der Kernumwandlung um einen Beta-Plus- oder Beta-Minus-Zerfall: $^{101}_{42}Mo \rightarrow {}^{101}_{43}Tc$. Gib auch an, welche Neutrinosorte dabei entsteht.
Es handelt sich um einen Beta-Minus-Zerfall.
Begründung: Bei der Kernumwandlung hat die Anzahl der Protonen um 1 zugenommen. Damit hat sich also ein Neutron umgewandelt in ein Proton, ein Elektron und ein Antineutrino.

Seite 101

2 ▹Bild 07 zeigt die Entstehung des radioaktiven Nuklids Rn-222. Radon trägt wesentlich zur natürlichen Radioaktivität auf der Erde bei. Übertrage die Zerfallsreihe und vervollständige sie mithilfe der Nuklidkarte. Gib jeweils die Zerfallsart (α- bzw. β-Strahlung) an.
Siehe ▹Bild unten.

Radioaktiver Zerfall

Seite 103

1 a) Bestimme, nach wie viel Halbwertszeiten über 99 % eines radioaktiven Stoffes zerfallen sind.
b) Bestimme, wann dieser Zeitpunkt bei C-14 erreicht ist.

a) Nach der 1. HWZ: 1/2,
nach der 2. HWZ: $1/2^2 = 1/4$,
nach der 3. HWZ: $1/2^3 = 1/8$,
…,
nach der 7. HWZ: $1/2^7 = 0{,}0078 = 0{,}78$ %.
Nach der 7. HWZ sind über 99 % eines radioaktiven Stoffs zerfallen.
b) Für C-14 ist dieser Zeitpunkt erreicht nach $7 \cdot 5730\ \text{a} = 40\,110\ \text{a}$.
Hinweis: Eine genaue Berechnung des Zeitpunkts, zu dem 99 % zerfallen sind, ergibt 6,64 HWZ.

Seite 104

1 $^{238}_{92}U$ ist ein Alphastrahler. Welches Nuklid folgt damit in der Uran-Actinium-Reihe? Gib die Umwandlungsgleichung an.
Es folgt das Nuklid Th-234.
Umwandlungsgleichung: $^{238}_{92}U \rightarrow {}^{234}_{90}Th + {}^{4}_{2}He$.

2 Die Uran-Radium-Reihe endet bei dem stabilen Nuklid $^{206}_{82}Pb$, das gleich zwei Vorgängernuklide hat – einen Alphastrahler und einen Betastrahler. Gib die beiden Vorgängernuklide in der Zerfallsreihe an.
Das Vorgängernuklid mit Alphazerfall ist $^{210}_{84}Po$.
Das Vorgängernuklid mit Betazerfall ist $^{206}_{81}Tl$.

3 Gib eine Vermutung über die Halbwertszeiten der Ausgangsnuklide der Zerfallsreihen an. Begründe deine Vermutung.
Vermutung: Die Halbwertszeiten der Ausgangsnuklide der natürlichen Zerfallsreihen sind größer als das Alter der Erde.
Begründung: Diese Ausgangsnuklide der Zerfallsreihen existieren noch. Wären die Halbwertszeiten kleiner als das Erdalter, müssten diese Zerfallsreihen heute „ausgestorben“ sein.

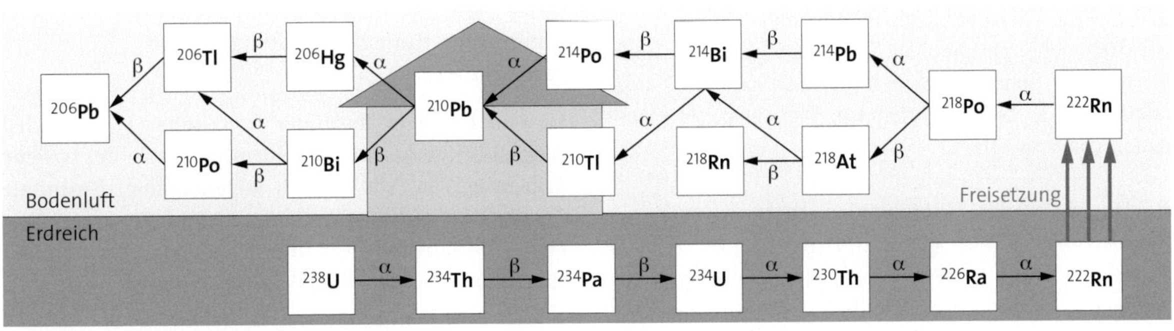

Cornelsen/Atelier tigercolor Tom Menzel, Scharbeutz/Klingenberg

Seite 105 (Material)

Versuch – Modellversuch „Reißnagelzerfall"

a) –
b) Das Säulendiagramm entspricht grob der Zerfallskurve auf S. 102 im Schülerbuch.
c) Im Experiment gilt:
– Aktivität: gekippt zur Ruhe kommende Reißzwecken
– Zeiteinheit: ein Wurf
– Halbwertszeit: Anzahl Würfe, nach der die Hälfte der Reißzwecken „zerfallen" ist.
d) *Individuelle Lösung*
e) Die Halbwertszeit ist (bei den meisten Reißzwecken-Sorten) höher, wenn die Landung auf dem Rücken als Zerfall interpretiert wird.

Material A – Np-237-Reihe

A1 a) Gib mithilfe der Nuklidkarte die vollständige Zerfallsreihe ausgehend von Np-237 an.
***Hinweis:* Das letzte Nuklid dieser Reihe ist das stabile Bi-209.**
b) Begründe, dass die Np-237-Zerfallsreihe in der Natur nicht existiert. *Hinweis:* Beachte die Halbwertszeiten der Zerfallsprodukte.
a) Die Zerfallsreihe lautet:
Np-237 → Pa-233 → U-233 → Th-229 → Ra-225 → Ac-225 → Fr-221 → At-217 → Bi-213 → Po-213 → Pb-209 → Bi-209 (stabil).
b) Die Halbwertszeit von Np-237 beträgt 2,144 Mio. Jahre. Die Erde ist bereits vor ca. 4,6 Mrd. Jahren entstanden. Das bedeutet, dass die Np-237-Reihe als natürliche Zerfallsreihe schon lange nicht mehr existieren kann.

Material B – Eine Gleichung für den Zerfall

B1 Ra-226 zerfällt mit einer Halbwertszeit von 1600 Jahren.
a) Bestimme, nach wie vielen Jahren noch ein Achtel der ursprünglichen Menge Ra-226 vorhanden ist.
b) Berechne, welcher Anteil nach 80 000 Jahren noch vorhanden ist.
a) Ein Achtel der ursprünglichen Menge eines radioaktiven Stoffes ist nach drei Halbwertszeiten noch vorhanden. Bei Ra-226 ist das nach 4800 Jahren.
b) 80 000 Jahre entsprechen für Ra-226 genau 50 Halbwertszeiten. Somit ist nach dieser Zeit noch $1/2^{50}$ der ursprünglichen Menge vorhanden. Das entspricht einem Anteil von $8{,}88 \cdot 10^{-16}$.

B2 Das Alter der Höhlenmalereien in Altamira in Spanien wurde mit der C-14-Methode auf 10 000 Jahre bestimmt. Berechne mit dem Zerfallsgesetz, welcher Anteil des ursprünglich vorhandenen C-14 nach 10 000 Jahren noch vorhanden ist.

Gegeben: Zeit $t = 10\,000$ a, $T_{1/2} = 5730$ a;
gesucht: $N(10\,000\text{ a})/N_0$.
Das Zerfallsgesetz lautet:

$$N(t) = N_0 \cdot \left(\frac{1}{2}\right)^{\frac{t}{T_{1/2}}}, \text{ also}$$

$$\frac{N(10\,000\text{ a})}{N_0} = \left(\frac{1}{2}\right)^{\frac{10\,000\text{ a}}{5730\text{ a}}} = 0{,}30$$

Nach 10 000 Jahren sind noch ungefähr 30 % der ursprünglichen Menge an C-14 vorhanden.

Strahlenschäden und Strahlenschutz

Seite 108

1 An der Halbwertszeit eines Präparats lässt sich nichts ändern. Beschreibe, wie sich dennoch die Aktivität des Präparats verringern lässt.
Die Aktivität eines radioaktiven Stoffes hängt außer von der Halbwertszeit auch von der Menge des vorhandenen Stoffes ab. Je größer die Ausgangsmenge, desto größer ist die Aktivität.
Deshalb kann die Aktivität verringert werden, indem die Menge des Stoffes verringert wird.

2 Begründe geometrisch die Aussage: Bei zweifacher Entfernung beträgt die Strahlungsstärke 1/4 ihres ursprünglichen Werts.
Annahmen:
1. Der Strahler strahlt in alle Richtungen gleichmäßig. Dann entsprechen alle Orte mit gleichem Abstand r zur Quelle einer Kugeloberfläche mit dem Inhalt $4\,\pi \cdot r^2$.
2. Die „Strahlungsstärke" entspricht der Menge der Strahlung, die auf eine bestimmte Fläche trifft.

Für die doppelte Entfernung $2\,r$ zur Quelle ergibt sich eine bestrahlte Fläche von $4\,\pi \cdot (2\,r)^2 = 4 \cdot (4\,\pi \cdot r^2)$. Das heißt: Bei doppelter Entfernung „verdünnt" sich die Strahlung auf 1/4 der Stärke.

Seite 109 (Material)

Material A – Künstliche und natürliche Radioaktivität

A1 Für Flüge in normaler Reisehöhe (12 km) wird aufgrund der kosmischen Strahlung eine zusätzliche Belastung von 0,005 mSv/h angenommen. Bestimme daraus für einen Flug von Frankfurt nach New York – Flugdauer ca. 8 Stunden – den Anteil an der durchschnittlichen jährlichen Gesamtstrahlung.
Für den Flug in eine Richtung gilt:
0,005 mSv/h · 8 h = 0,04 mSv.

Das entspricht 0,9 % der jährlichen Gesamtstrahlung von 4,4 mSv (natürliche und zivilisatorische).

A2 Berechne, nach wie vielen Flugstunden das Bordpersonal die durchschnittliche berufsbedingte Strahlenbelastung erreicht hat.

Die durchschnittliche berufsbedingte Strahlenbelastung beträgt 0,03 mSv/a. Die Belastung im Flugzeug beträgt 0,005 mSv/h:

$$\frac{0{,}03\ \text{mSv}}{0{,}005\ \frac{\text{mSv}}{\text{h}}} = 6\ \text{h}.$$

Das Bordpersonal hat nach 6 Flugstunden die durchschnittliche jährliche berufsbedingte Strahlenbelastung erreicht.

Material B – Auch der Stoffwechsel spielt eine Rolle – Die biologische Halbwertszeit

B1 Übertrage die Tabelle und berechne die fehlenden Werte der effektiven Halbwertszeit.

Nuklid	T_{eff}
Tritium	12 d
Phosphor 32	14 d
Kalium-40	58 d
Strontium-89	50 d
Technetium-99m	3 h–5 h
Iod-131	7 d
Caesium-137	109 d
Radium-226	44 a

B2 Für die radiologische Untersuchung der Schilddrüse wurde den Patienten früher Iod-131 verabreicht. Heute wird dafür das Nuklid Technetium-99m verwendet. Gib einen Vorteil der Verwendung von Tc-99m an.

Vergleicht man die effektiven Halbwertszeiten, dann wird der Vorteil von Tc-99m deutlich. Während Tc-99m mit einer effektiven Halbwertszeit von 3 bis 5 Stunden im Körper abklingt, ist es beim Iod ca. eine Woche.

Kernenergie

Seite 112

1 a) Berechne jeweils den gesamten Massendefekt sowie den Massendefekt pro Nukleon für folgende Kerne:

$^{2}_{1}H$ (m = 3,3436 · 10^{-27} kg);

$^{12}_{6}C$ (m = 19,9210 · 10^{-27} kg);

$^{56}_{26}Fe$ (m = 9,2859 · 10^{-26} kg).

b) Vergleiche mit ▹Bild 03. Erkläre.

a) $^{2}_{1}H$: 1 p, 1 n

Summe der Einzelmassen:	3,348 · 10^{-27} kg
Massendefekt: (3,3475 – 3,3436):	3,900 · 10^{-30} kg
Massendefekt pro Nukleon:	1,950 · 10^{-30} kg

$^{12}_{6}C$: 6 p, 6 n

Summe der Einzelmassen:	2,009 · 10^{-26} kg
Massendefekt (20,085 – 19,9210):	1,640 · 10^{-28} kg
Massendefekt pro Nukleon:	13,67 · 10^{-30} kg

$^{56}_{26}Fe$: 26 p, 30 n

Summe der Einzelmassen:	9,373 · 10^{-26} kg
Massendefekt: (9,3735 – 9,2859)	8,756 · 10^{-28} kg
Massendefekt pro Nukleon:	15,64 · 10^{-30} kg

b) Der Massendefekt pro Nukleon nimmt vom Wasserstoff zum Eisen hin zu. Das deckt sich damit, dass für Fe-56 die mittlere Energie pro Nukleon ein Minimum hat.

2 Gib die Kernspaltung von U-235 in Symbolschreibweise an.

$$^{235}_{92}U \rightarrow {}^{144}_{56}Ba + {}^{89}_{36}Kr + 2\,{}^{1}_{0}n\,.$$

Seite 113

3 a) Nimm an, bei einer Kernspaltung entstehen drei Neutronen, die wieder je drei Kerne spalten. Bestimme, wie viele Kernspaltungen dann nach der 5. (10., 20.) „Generation" stattgefunden haben.

b) Schätze die dabei frei werdende Energie ab.

a) 5. Generation:

$3^0 + 3^1 + \ldots + 3^5 = 364$

364 Kernspaltungen haben stattgefunden.

10. Generation:

$364 + 3^6 + \ldots + 3^{10} = 88\,573$

Über 88 000 Kernspaltungen haben stattgefunden.

20. Generation:

$88\,573 + 3^{11} + \ldots + 3^{20} = 5\,230\,176\,601$

Über 5 Mrd. Kernspaltungen haben stattgefunden.

b) Bei U-235 werden pro Kernspaltung etwa 29 · 10^{-12} J Energie frei. Entsprechend wurde an Energie freigesetzt nach der

5. Generation:	1,06 · 10^{-8} J,
10. Generation:	2,60 · 10^{-6} J,
20. Generation:	0,15 J.

Seite 114

1 Weitere Kernfusions-Reaktionen sind:

$^{2}_{1}H + {}^{3}_{2}He \rightarrow {}^{4}_{2}He + X$;

$^{2}_{1}H + {}^{2}_{1}H \rightarrow {}^{3}_{1}H + X$;

$^{2}_{1}H + {}^{2}_{1}H \rightarrow {}^{3}_{2}He + X$;

Gib jeweils an, für welches Nukleon das X steht.

Erste Gleichung: X steht für ein Proton;

zweite Gleichung: X steht für ein Proton;

dritte Gleichung: X steht für ein Neutron.

Seite 115 (Material)

Material A – Der Brennstoffkreislauf – wirklich ein Kreislauf?

A1 Beschreibe die Grafik zum Brennstoffkreislauf.

Uran wird im Bergwerk gefördert.

Das natürliche Uran wird „angereichert". D. h., der Anteil des Nuklids U-235 wird erhöht.

Das angereicherte Uran wird zu Brennelementen, dem „Brennmaterial" der Kernkraftwerke verarbeitet.

Im Kernkraftwerk läuft die kontrollierte Kernspaltung ab. Dabei wird die frei werdende Energie zum Antrieb von Turbinen und zur Umwandlung in elektrische Energie genutzt.

Die „abgebrannten" Brennelemente lagern anschließend für einige Zeit in den Abklingbecken.

Ein Teil der verbrauchten Brennelemente kommt in Wiederaufbereitungsanlagen und somit wieder in den Kreislauf. Ein anderer Teil muss in Zwischenlager transportiert werden.

Die Suche nach geeigneten Endlagerstätten ist zurzeit noch nicht abgeschlossen.

A2 Erkläre, was beim „Anreichern" von natürlichem Uran geschieht.

Natürliches Uran, wie es im Bergwerk gefördert wird, besteht zu über 99 % aus dem Nuklid U-238. Nur zu 0,7 % sind U-235 und in noch geringerem Anteil U-234 enthalten. Um Uran zur Energieumwandlung im Kraftwerk nutzen zu können, muss der Anteil von U-235 auf 3 % erhöht werden. Man spricht deshalb von Anreicherung. Die technische Umsetzung kann in Gaszentrifugen erfolgen. Dabei wird der kleine Massenunterschied zwischen den Nukliden zur Trennung genutzt.

A3 Beurteile Risiken und Probleme auf dem Weg vom natürlichen Uran bis zum Zwischenlager.

Im sogenannten Brennstoffkreislauf müssen das natürliche und später auch das angereicherte Uran bzw. die Brennstäbe zwischen den Förder- und Fertigungsstätten transportiert werden. Auch die abgebrannten Brennstäbe werden zur Wiederaufbereitungsanlage oder als Atommüll zum Zwischenlager transportiert.

In allen Fällen ist das Transportgut schwach bis stark radioaktiv. Deswegen muss die an die Transportwege grenzende Umgebung geschützt werden. Die Transportbehälter, „Castoren", müssen absolut dicht sein. Außerdem sollen sie gegen Transportunfälle und Brände abgesichert sein.

Auf allen Wegen muss das Transportgut gegen Diebstahl gesichert werden.

Viele Umweltinitiativen und -verbände nutzen regelmäßig die Castortransporte für Protestaktionen. Aus diesem Grund sind Castortransporte mit einem extrem hohen personellen Polizeiaufwand verbunden.

A4 Bestimme die Halbwertszeiten der Anteile im radioaktiven Abfall. Wann sind die langlebigsten Nuklide auf ein Zehntel abgeklungen?

Halbwertszeiten der Abfälle:

Np-237: $T_{1/2} = 2\,144\,000$ Jahre
Pu-238: $T_{1/2} = 87{,}74$ Jahre
Pu-239: $T_{1/2} = 24\,111$ Jahre
Pu-240: $T_{1/2} = 6543$ Jahre
Pu-241: $T_{1/2} = 14{,}35$ Jahre
Pu-242: $T_{1/2} = 375\,000$ Jahre
Am-241: $T_{1/2} = 432{,}2$ Jahre
Am-243: $T_{1/2} = 7370$ Jahre

Die langlebigsten Nuklide sind somit Np-237 und Pu-242.

Nach drei Halbwertszeiten ist die ursprüngliche Menge auf 1/8 abgesunken. Die Zeit zur Abnahme auf ein Zehntel muss also etwas mehr als drei Halbwertszeiten betragen. Die genaue Rechnung ergibt sich aus dem Zerfallsgesetz:

$N(t)/N_0 = 10^{-1}$, also

$$10^{-1} = \left(\frac{1}{2}\right)^{\frac{t}{T_{1/2}}} \quad | \ln$$

$$\ln(10^{-1}) = \ln\left(1^{\frac{t}{T_{1/2}}}\right) - \ln\left(2^{\frac{t}{T_{1/2}}}\right) = -\ln\left(2^{\frac{t}{T_{1/2}}}\right) \quad | e^x$$

$$10^{-1} = e^{-\ln\left(2^{\frac{t}{T_{1/2}}}\right)} = \quad | x^{-1} | \ln$$

$$\ln(10) = \frac{t}{T_{1/2}} \cdot \ln(2)$$

$$t = \frac{\ln(10)}{\ln(2)} \cdot T_{1/2}$$

Np-237: $t_{1/10} = 7\,122\,214$ Jahre
Pu-242: $t_{1/10} = 1\,245\,723$ Jahre.

Material B – Endlagerung radioaktiver Abfälle

B1 Bewerte die Vorschläge zum Thema Endlagerung. Berücksichtige dabei auch die Lösung von Aufgabe A4.

Alle genannten Vorschläge sind sehr problematisch und bergen hohe Risiken für Menschen und Umwelt. Im Einzelnen:

Verbrennen von Atommüll funktioniert nicht, da es sich beim Verbrennen um eine chemische Reaktion handelt. Der Zerfall radioaktiver Stoffe kann aber chemisch nicht beeinflusst werden.

Die Verteilung über große Flächen würde zwar tatsächlich zu einer Verdünnung führen, dennoch sind diese Flächen kontaminiert und würden über Jahrtausende zu einer zusätzlichen Belastung für alles Leben führen.

Der Start von Weltraumtransportern birgt immer das Risiko von Abstürzen. Der zum Teil hochradioaktive

Müll würde in diesem Fall unkontrolliert in die Atmosphäre und schließlich auf die Erde gelangen mit unberechenbaren Folgen. Hinzu kommt, dass solche Raketenstarts äußerst viel Energie erfordern. Der Vorteil der ehemals aus dem Kernbrennstoff gewonnenen Energie wäre damit nicht mehr gegeben.
Entsorgung in der Antarktis oder in Tiefseegräben würde zu einer unkontrollierbaren und unberechenbaren „Zeitbombe" werden.

B2 Erläutere, gegen welche Gefahren eine geeignete Endlagerstätte abgesichert werden muss. Berücksichtige dabei natürliche und zivilisatorische Faktoren.
Eine geeignete Endlagerstätte muss Sicherheit bieten gegen natürliche und zivilisatorische Risiken.
Zu den natürlichen Risiken gehören kurzfristige Ereignisse wie Erdbeben und Vulkanausbrüche. Gerade angesichts der langen Halbwertszeiten müssen vor allem auch langfristige geologische Veränderungen der Erdkruste berücksichtigt werden. Die Gesteins- oder Salzformationen müssen über Millionen Jahre stabil sein gegen Verschiebungen und Grundwassereinbrüche.
Bei den zivilisatorischen Risiken ist zu unterscheiden zwischen unbeabsichtigten Ereignissen, also Unfällen, und beabsichtigten, also kriminellen bzw. terroristischen Handlungen.
Unfälle könnten z. B. technischer Art im Endlager selbst sein oder auch Flugzeugabstürze in unmittelbarer Nähe.
Zu den Risiken krimineller oder terroristisch intendierter Art gehören der mögliche Diebstahl von radioaktivem Material oder Angriffe auf elektronische Sicherheitssysteme. Vollkommen unbeherrschbar bliebe das Risiko im Falle militärischer Auseinandersetzungen in der Nähe des Endlagerstandortes.

Elektrizität

Didaktische Hinweise

Das Kapitel „Elektrizität" besteht aus den drei Unterkapiteln „Elektromagnetismus", „elektrischer Widerstand" sowie „Elektrizitätsleitung und Elektronik".

Elektromagnetismus

Elektromagnetische Induktion: Die Induktion wird über eine Reihe von Phänomenen eingeführt. Als Einstieg bieten sich einfache Versuche an, die auch als Schülerversuche möglich sind. Die Beobachtungen werden anschließend gedeutet. Es zeigt sich, dass eine Spannung nur induziert wird, wenn sich das Magnetfeld in der Spule ändert. Zur Veranschaulichung dient ein einfaches Verfahren, bei dem die Anzahl der gezeichneten magnetischen Feldlinien innerhalb der Spule betrachtet wird. Eine Erklärung der Induktion über die Lorentzkraft ist unseres Erachtens nicht zielführend, da hiermit nur ein Teil der Induktionsphänomene erfasst werden kann. Außerdem haben die Schülerinnen und Schüler mit der Anwendung der Drei-Finger-Regel in komplexeren Situationen, etwa zur Erklärung des Generators, oft Schwierigkeiten.

Elektromotor und Generator: Die Schülerinnen und Schüler kennen Motor und Generator als komplementäre Energiewandler. Daher ist es naheliegend, die beiden Geräte zuerst unter dem energetischen Aspekt zu wiederholen. Die Erklärung des Motors erfolgt anschaulich über die magnetische Stromwirkung. Zur Erklärung des Generators wird das Magnetfeld in der rotierenden Spule betrachtet: Relativ zur Spule ändert sich ständig die Richtung des Magnetfelds. Folglich wird in der rotierenden Spule eine Wechselspannung induziert. Eine Betrachtung zur Leistung beim Elektromotor schließt diesen Abschnitt ab. Dabei wird beobachtet, dass die Eingangsleistung eines Motors von der Belastung abhängt. Dies wird dadurch erklärt, dass im Rotor des Elektromotors eine Spannung induziert wird, die der äußeren Spannung entgegen gerichtet ist. Insgesamt zeigt sich, dass nicht nur die Eingangs- und Nutzleistung, sondern auch der Wirkungsgrad eines Motors von der Belastung abhängen.

Transformator: Der Transformator wird über das sich ändernde Magnetfeld erklärt. Zuerst wird beim unbelasteten Transformator das Verhältnis von Primär- zu Sekundärspannung untersucht. Dann werden beim belasteten Transformator die Stromstärken betrachtet. Exemplarisch wird festgestellt, dass sich die Stromstärken genau umgekehrt verhalten wie die Spannungen. Eine energetische Betrachtung bestätigt diese Beobachtung.

Die Blickpunkte „Elektrischer Strom – Gefahren und Schutzmaßnahmen" sowie „Energieübertragung durch elektrischen Strom" behandeln wichtige Aspekte zur Elektrizität im Alltag und eignen sich gut für eine selbstständige Erarbeitung durch Schülerinnen und Schüler.

Elektrischer Widerstand

Widerstand und Kennlinien: In *Universum Physik Band 7/8* wurde der Widerstand qualitativ eingeführt. Laut Bildungsplan ist eine quantitative Behandlung in Klasse 7/8 nicht verlangt, im Buch aber als Vertiefung enthalten. Während die quantitative Einführung des Widerstands dort anhand von Konstantandrähten erfolgt, werden im vorliegenden Band 9/10 technische Widerstände betrachtet. Anhand von Glühdrähten wird die Frage nach der Abhängigkeit des Widerstands von der Dicke, Länge und des Materials des Drahts aufgeworfen. Die systematische Untersuchung solcher Mehrfachabhängigkeiten ist Thema der entsprechenden Methodenseite. Die laut Bildungsplan verlangte Kompetenz, Kennlinien experimentell aufzuzeichnen, wird in der zweiten Methodenseite vermittelt.

Parallel- und Reihenschaltung: Die Schülerinnen und Schüler wiederholen und erweitern ihre Kenntnisse zu verzweigten und unverzweigten Stromkreisen. Zu den Gesetzmäßigkeiten für die Stromstärke und die Spannung kommen nun noch diejenigen für den Widerstand hinzu. Eine Betrachtung von Potenziometer und Spannungsteilerschaltung als wichtige Anwendung rundet das kleine Unterkapitel zum elektrischen Widerstand ab.

Elektrizitätsleitung und Elektronik

Elektrizitätsleitung: Im Band 7/8 wurde nur der Fluss der elektrischen Ladung behandelt; die Ladungsträger wurden nicht betrachtet. Die Stromrichtung wurde über die Fließrichtung der Ladung eingeführt (konventionelle Stromrichtung). Nun geht es darum, den Ladungsfluss auf der Basis von Ladungsträgern zu verstehen. Dabei wird auf grundlegende Kenntnisse aus dem Kapitel Struktur der Materie und aus der Chemie aufgebaut.
Es empfiehlt sich, streng zwischen der elektrischen Ladung und den Ladungsträgern zu unterscheiden. Die elektrische Ladung fließt weiterhin entsprechend der konventionellen Stromrichtung vom Pluspol zum Minuspol einer elektrischen Quelle. Die Ladungsträger bewegen sich je nach Vorzeichen in die eine oder in die andere Richtung.
Ausgehend von der Beobachtung, dass manche Stoffe den elektrischen Strom leiten und andere nicht, wird festgestellt, dass ein Stoff bewegliche Ladungsträger haben muss, um den elektrischen Strom zu leiten. Am

Beispiel der Kochsalzlösung wird geklärt, dass sich die unterschiedlich geladenen Ionen in entgegengesetzte Richtungen bewegen. Die Schülerinnen und Schüler könnten daraus schließen, dass sich diese beiden Ladungsträgerbewegungen gegenseitig aufheben. Hier hilft die Vorstellung von den Guthabenträgern (Na^+-Ionen) und den Schuldenträgern (Cl^--Ionen) weiter. Dabei gilt, dass ein Schuldenstrom in die eine Richtung gleichbedeutend ist mit einem Guthabenstrom in die entgegengesetzte Richtung. Deswegen tragen beide Ionenarten zu einem Ladungsstrom von der positiven zur negativen Elektrode bei.

Eine konsequente Farbgebung hilft den Schülerinnen und Schülern: Positive Ladungsträger sind generell rot und negative Ladungsträger blau dargestellt. Die Pfeile für die beiden Ladungsträgerbewegungen sind entsprechend rot bzw. blau gezeichnet.

Bei Metallen sind die beweglichen Ladungsträger negativ geladene Elektronen, die sich vom Minuspol zum Pluspol bewegen. Die Elektronen können sich die Schülerinnen und Schüler wieder als Schuldenträger vorstellen. Die elektrische Ladung fließt wie immer vom Pluspol zum Minuspol.

Des Weiteren wird das Konzept von Strom, Antrieb und Widerstand modellhaft erklärt. Die Erklärung folgt im Grunde dem einfachen Modell von PAUL DRUDE. Demnach können sich die Elektronen quasi frei im Metall bewegen. Durch die elektrischen Kräfte werden die Elektronen beschleunigt und durch Stöße mit den Atomen werden sie abgebremst oder aus der ursprünglichen Richtung abgelenkt. Folglich stellt sich eine mittlere Driftgeschwindigkeit ein, abhängig von der anliegenden Spannung und von der Häufigkeit der Stöße. Aus der Festkörperphysik weiß man aber, dass die Elektronen mit Atomen auf den regulären Gitterplätzen nicht stoßen. Der Widerstand ergibt sich demnach durch Stöße mit Störstellen und mit Phononen. Wir stellen dies so dar, dass die Elektronen ständig durch Stöße mit den schwingenden Atomen in ihrer Bewegung gehemmt werden und daher auch ständig angetrieben werden müssen. Die Elektronenbewegung wird umso mehr gehemmt, je heftiger die Atome schwingen. Daher nimmt der Widerstand von Metallen mit steigender Temperatur zu.

Bei einem Festwiderstand ist die Temperaturabhängigkeit unerwünscht. Durch eine Kombination geeigneter Materialien erreicht man, dass der Widerstand über einen weiten Temperaturbereich konstant ist.

Halbleiter: Die Leitfähigkeit von Halbleitern lässt sich auf viele Arten beeinflussen. Zuerst stellt man fest, dass der Widerstand von Halbleitern im Gegensatz zu dem von Metallen mit steigender Temperatur stark abnimmt. Für den qualitativen Versuch auf der S. 154 benötigt man Bruchstücke von Silicium oder Germanium. Wichtig ist die Mitteilung, dass reines Silicium nahe dem absoluten Nullpunkt ein perfekter Isolator ist. Die Elektrizitätsleitung in Halbleitern wird modellhaft erklärt. Dabei wird davon ausgegangen, dass die Elektronen fest gebunden sind. Durch Energiezufuhr (z. B. Erwärmung, Bestrahlung) können einzelne Elektronen aus den Bindungen herausgelöst werden. Jedes herausgelöste Elektron hinterlässt eine Lücke in der Elektronenpaar-Bindung. Halbleiter enthalten folglich zwei Sorten von beweglichen Ladungsträgern: negativ geladene Elektronen und positiv geladene Löcher. Durch Dotieren kann die Leitfähigkeit eingestellt werden. Je nachdem, ob man ein Element aus der fünften oder dritten Hauptgruppe verwendet, erhält man einen n- oder p-Halbleiter. Dabei ist es wichtig, zu betonen, dass der Halbleiter als Ganzes elektrisch neutral ist.

Leuchtdioden und andere Dioden: Wir empfehlen, mit den motivierenden Leuchtdioden einzusteigen. Die Erklärung des p-n-Übergangs erfolgt mit den Eigenschaften der beiden Ladungsträgersorten. Wichtig dabei ist, dass sich die unterschiedlichen Ladungsträger jeweils bis zur Grenzschicht bewegen und dort rekombinieren. Die elektrische Ladung fließt dagegen über die Grenzschicht hinweg.

Die Solarzelle wird in einem Blickpunkt behandelt. Dazu passend wird die Methode der Kennlinien auf elektrische Energiequellen übertragen.

Transistoren steuern Ströme: Dieser interessante Abschnitt ist als Vertiefung vorgesehen. Als Transistoren werden MOSFETs betrachtet. Dieser Transistortyp hat gegenüber dem Typ des bipolaren Transistors (n-p-n oder p-n-p) praktische und didaktische Vorteile: Während beim bipolaren Transistor der Kollektorstrom durch den Basisstrom gesteuert wird, erfolgt die Steuerung beim MOSFET durch die Gatespannung; eine Gatestromstärke gibt es nicht. Daher reicht es, mit dem Potenzial am Gateanschluss zu argumentieren. Alle Schaltungen sind prinzipiell gleich aufgebaut: Sie bestehen aus einer Spannungsteilerschaltung, deren Mittelanschluss mit dem Gate verbunden ist. Je nach Verhältnis der beiden Widerstände liegt die Gatespannung über oder unter der Schwellenspannung von ca. 3 V und der MOSFET leitet oder sperrt.

Das Unterkapitel Elektrizitätsleitung und Elektronik eignet sich besonders für Schülerversuche. Elektronische Schaltungen wirken auf Schülerinnen und Schüler motivierend. Mit Leuchtdioden, Heißleitern, LDRs und MOSFETs lassen sich auf einfache Weise interessante Schaltungen aufbauen. Nebenbei wiederholen und vertiefen die Schülerinnen und Schüler ihr Wissen und Können in wichtigen Bereichen, z. B. im Umgang mit dem elektrischen Potenzial und in der Handhabung von Amperemeter und Voltmeter.

Blickpunktseiten unter anderem zur Datenspeicherung und Datenverarbeitung runden das Thema ab.

Seite 121 (Kannst du es noch?)

1 Beschreibe, was geschieht, wenn in den obigen Schaltungen eine der drei Lampen aus der Fassung geschraubt wird.

In A: Wenn eine der drei Lampen herausgeschraubt wird, dann ist der Stromkreis unterbrochen und alle Lampen erlöschen.

In B: Wenn die einzelne Lampe links herausgedreht wird, dann leuchten die anderen Lampen weiter. Der Stromkreis, in dem diese beiden Lampen sich befinden, ist weiterhin geschlossen. Wenn man eine der beiden Lampen rechts herausdreht, dann erlischt die andere dieser beiden Lampen, da der Stromkreis unterbrochen ist. Die Lampe links befindet sich weiterhin in einem geschlossenen Stromkreis und leuchtet weiter.

2 Die Batterie eines Weckers hat zwei Jahre lang einen Strom von 2,5 mA durch den Stromkreis getrieben. Dann ist die Batterie „leer".

a) Was bedeutet es physikalisch, wenn die Batterie „leer" ist?

b) Berechne die Ladungsmenge, die die Batterie durch den Stromkreis gepumpt hat.

a) Wenn die Batterie „leer" ist, dann hat sie keine Energie mehr, um elektrische Ladung durch einen Stromkreis zu pumpen.

b) Gegeben: I = 2,5 mA = 0,0025 A; Δt = 2 a = 730 d = 17 520 h = 63 072 000 s

$\Delta Q = I \cdot \Delta t$ = 0,0025 A · 63 072 000 s = 160 000 C

3 a) Eine Lampe mit der Aufschrift 6 V/0,1 A wird an einen 6-V-Akku angeschlossen. Wie groß ist die Stromstärke durch die Lampe und wie groß durch den Akku?

b) Beschreibe, was geschieht, wenn man die Lampe mit 3 V bzw. 9 V betreibt.

a) Wenn die Lampe entsprechend ihrer Nennspannung an 6 V angeschlossen wird, dann beträgt die Stromstärke 0,1 A, wie auf der Lampe angegeben. Dabei ist die Stromstärke im ganzen Stromkreis gleich, d. h. sowohl durch die Lampe als auch durch den Akku beträgt sie 0,1 A.

b) Betreibt man die Lampe mit 3 V, dann ist die Stromstärke geringer als die Nennstromstärke von 0,1 A und die Lampe leuchtet schwächer als normal. Wird sie an 9 V angeschlossen, dann leuchtet sie stärker als normal und brennt vielleicht sogar durch.

4 Ordne die folgenden Glühlampen nach der Größe ihres Widerstandes. Beginne mit der Lampe mit dem kleinsten Widerstand.

L 1 (4 V/0,3 A); L 2 (4 V/0,6 A);

L 3 (9 V/0,1 A); L 4 (9 V/0,3 A).

Reihenfolge der Lampen nach aufsteigendem Widerstand:

L3 (9 V / 0,1 A), L4 (9 V / 0,3 A), L1 (4 V / 0,3 A), L2 (4 V / 0,6 A)

5 Zoe und Max experimentieren mit blauen Lampen (6 V/0,15 A) und mit roten Lampen (3 V/0,15 A) und einem 12-V-Akku.

a) Zuerst wollen sie eine Schaltung nur mit roten Lampen aufbauen. Wie viele Lampen benötigen sie mindestens? Wie heißt die zugehörige Schaltung?

b) Nun wollen sie eine Schaltung mit vier blauen Lampen aufbauen. Zeichne einen Schaltplan. Zeichne ein Amperemeter zur Messung der Gesamtstromstärke ein. Was zeigt das Amperemeter an?

c) Zoe hat einen Motor mit der Aufschrift 9 V/0,6 A gefunden. Entwirf eine Schaltung aus Motor und passenden Lampen, sodass alle Geräte entsprechend ihrer Angaben korrekt angeschlossen sind.

a) Sie brauchen mindestens vier rote Lampen, die sie in einer Reihenschaltung anschließen müssen.

b) Schaltplan für vier blaue Lampen:

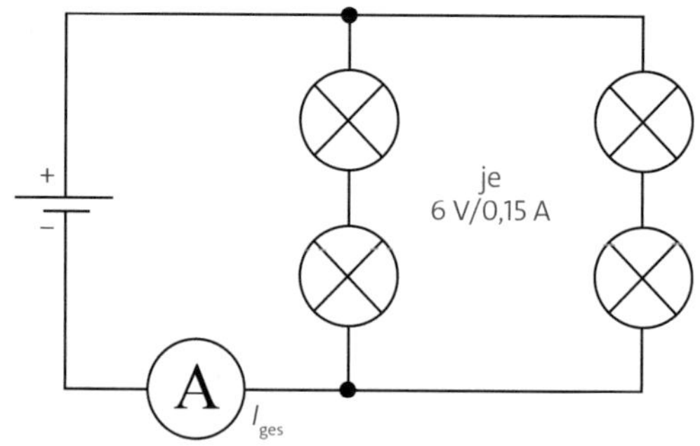

Das Amperemeter für die Gesamtstromstärke Iges zeigt 0,3 A an.

c) Schaltplan zum Betrieb des Motors:

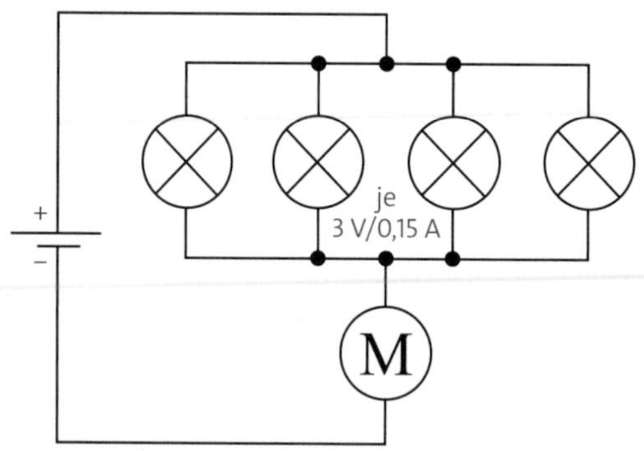

An den vier parallel geschalteten roten Lampen liegt eine Spannung von 3 V an. Da die Spannung des Akkus 12 V beträgt, liegt am Motor damit die korrekte Spannung von 9 V an. Die Stromstärke durch die Parallelschaltung der vier Lampen ist 0,6 A. Damit beträgt auch die Stromstärke durch den Motor wie gefordert 0,6 A.

6 Es ist $I_2 = 0{,}3$ A und $I_5 = 0{,}8$ A. Bestimme I_1, I_3 und I_4.

Gegeben: $I_2 = 0{,}3$ A, $I_5 = 0{,}8$ A

Gesucht: I_1, I_3 und I_4

Es gilt: $I_5 = I_1 = 0{,}8$ A und $I_2 = I_4 = 0{,}3$ A, $I_2 + I_3 = I_5$. Daraus folgt: $I_3 = I_5 - I_2 = 0{,}5$ A.

7 Zeichne den folgenden Schaltplan ab und ersetze die Zahlen in den Kreisen sinnvoll durch das Messgerätezeichen A oder V.

① ersetzen durch Ⓐ

② ersetzen durch Ⓥ

③ ersetzen durch Ⓥ

④ ersetzen durch Ⓐ

⑤ ersetzen durch Ⓥ

8 Die Lampen im folgenden Bild tragen alle die Aufschrift (3 V/0,2 A). Die Spannung der Batterie beträgt 9 V.

a) Gib an, welche Spannung und Stromstärke gemessen werden, wenn der Schalter offen ist.

b) Erkläre, wie sich Spannung und Stromstärke ändern, wenn der Schalter geschlossen wird.

a) Bei offenem Schalter handelt es sich um eine Reihenschaltung aus drei baugleichen Lampen. Da die Stromstärke bei einer Reihenschaltung in allen Lampen gleich ist und da alle Lampen den gleichen Widerstand haben, ist auch die Spannung an jeder Lampe gleich. Die Spannung der Batterie von 9 V teilt sich also auf drei gleiche Spannungen von jeweils 3 V auf. Das Voltmeter zeigt die Spannung an der zweiten Lampe von 3 V an. Da an jeder Lampe die Nennspannung anliegt, ist die Stromstärke gleich der Nennstromstärke, also 0,2 A laut Lampenaufschrift. Das Amperemeter zeigt also 0,2 A an.

b) Wenn der Schalter geschlossen ist, dann ist das Potenzial an den beiden Anschlüssen der zweiten Lampe gleich. Folglich ist der Potenzialunterschied, also die Spannung an der zweiten Lampe, 0 V. Das Voltmeter zeigt also 0 V an. Die Spannung der Batterie teilt sich folglich auf zwei gleiche Spannungen auf. Die Spannungen an der ersten und an der dritten Lampe betragen daher jeweils 4,5 V. Da die Spannung an den Lampen nun größer als die Nennspannung ist, ist auch die Stromstärke größer als 0,2 A. Um den genauen Wert angeben zu können, bräuchte man die Kennlinie der Lampen. Bei einer linearen Kennlinie würde die Stromstärke 0,3 A betragen. Tatsächlich ist sie etwas geringer.

9 Zwei Glühlampen haben die Aufschrift 6 V/5 A bzw. 12 V/35 W. Welche der Lampen hat im Betrieb die größere Leistung, welche die größere Stromstärke?

Lampe 1: $U = 6$ V, $I = 5$ A, $P = U \cdot I = 30$ W

Lampe 2: $U = 12$ V, $P = 35$ W, $I = P/U = 2{,}9$ A

Die Lampe 1 hat im Betrieb die größere Stromstärke, die Lampe 2 hat die größere Leistung.

10 Herr Roths Wasserkocher hat eine Leistung von 2400 W. Um einen Liter kaltes Wasser zum Kochen zu bringen, dauert es 2 min 45 s.

a) Berechne die aufgenommene Energie in J und in kWh.

b) Herr Roth möchte Energie „sparen" und überlegt sich, seinen Kocher durch einen mit einer Leistung von 1800 W zu ersetzen. Nimm Stellung.

a) Gegeben: Leistung: P_{el} = 2200 W = 2200 J/s, Zeitspanne: Δt = 2 min 45 s = 165 s

Gesucht: Energie: ΔE in J und kWh

$\Delta E = P_{el} \cdot \Delta t = 2200$ J/s $\cdot$ 165 s = 363 000 J = 363 kJ.

1 kJ = 1/3600 kWh, also gilt:

ΔE = 363 kJ = 363 $\cdot$ 1/3600 kWh = 0,10 kWh.

b) Die „Sparmaßnahme" wird nichts bringen. Um einen Liter kaltes Wasser zum Kochen zu bringen ist eine bestimmte Energiemenge nötig. Bei geringerer Leistungsaufnahme dauert es entsprechend länger, das Wasser zu erhitzen.

11 Fünf Zink-Kohle-Batterien mit je einer Spannung von 1,5 V sind in Reihe geschaltet. Zwischen welchen Anschlüssen kann man eine Lampe mit der Nennspannung von 4,5 V anschließen?

Eine einzelne Batterie erzeugt die Spannung 1,5 V. Man muss also drei Batterien hintereinander schalten, um die benötigte Spannung von 4,5 V zu erhalten. 4,5 V erhält man zwischen den Anschlüssen:

A und D, B und E sowie C und F.

1 Elektromagnetismus

Die elektromagnetische Induktion

Seite 123

1 Ein Stabmagnet wird durch eine Spule hindurchgeschoben. Beschreibe, wie sich die Anzeige eines angeschlossenen Spannungsmessgeräts ändert.
Während der Magnet in die Spule hineingeschoben wird, gibt es einen Ausschlag des Spannungsmessgeräts. Beim Hinausschieben gibt es ebenso einen Ausschlag, jedoch in die andere Richtung.

Seite 125

1 Zeichne ein Veranschaulichungsbild, bei dem der felddurchsetzte Bereich der Spule zunimmt.

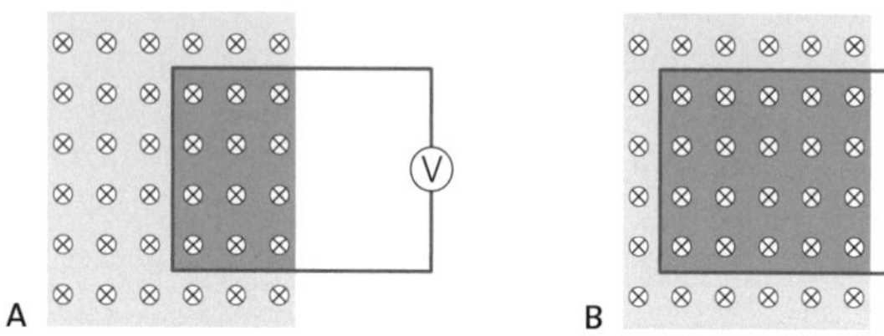

Cornelsen/Atelier tigercolor Tom Menzel, Scharbeutz/Klingenberg

2 Zeichne ein Veranschaulichungsbild für den Fall „Induktion ohne Bewegung“.
Das Magnetfeld wird schwächer:

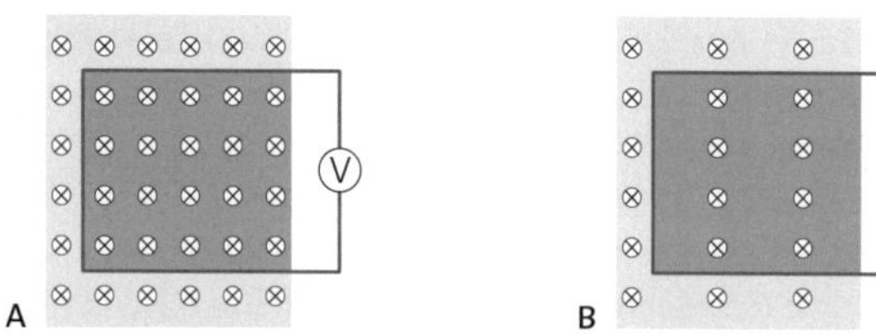

Cornelsen/Atelier tigercolor Tom Menzel, Scharbeutz/Klingenberg

Das Magnetfeld wird stärker:

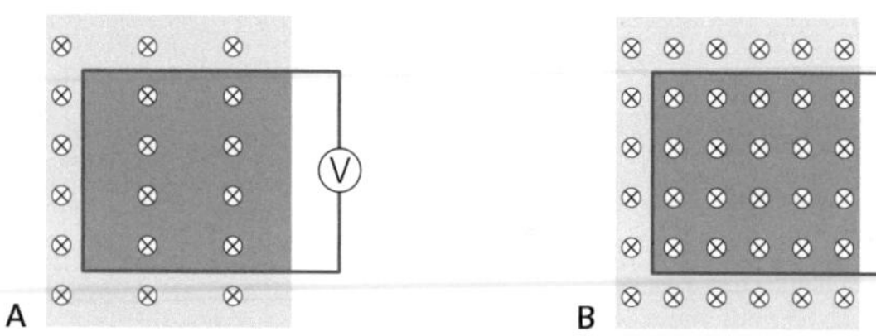

Cornelsen/Atelier tigercolor Tom Menzel, Scharbeutz/Klingenberg

Seite 127 (Material)

Versuche – Erkundung der Induktion

V1 Induktion durch Bewegung
a) Beim Hineinbewegen und beim Herausziehen des Magneten gibt es jeweils einen Ausschlag am Spannungsmessgerät.
b) Das Vorzeichen der Spannung hängt davon ab, ob man den Magneten hinein- oder herausbewegt und ob der Nordpol oder der Südpol zur Spule zeigt. Außerdem hängt es davon ab, welches Spulenende man verwendet. Der Betrag der Spannung hängt davon ab, wie schnell man den Magneten hinein- oder herausbewegt. Außerdem hängt der Spannungsbetrag von der Windungszahl ab.

V2 Induktion durch Drehung
a) Das Spannungsmessgerät schlägt abwechselnd nach rechts und links aus. Die Spannung wechselt also ständig ihr Vorzeichen bzw. ihre Polung. Es handelt sich daher um eine Wechselspannung.
b) Man erzeugt eine große Spannung, indem man eine Spule mit möglichst großer Windungszahl verwendet und indem man den Magneten möglichst schnell rotieren lässt. Allerdings kommt bei zu schneller Rotation die Anzeige des Messgeräts nicht mit. Abhilfe schafft die Einstellung auf Wechselspannung.

Material A – Viele Möglichkeiten zur Induktion

A1 a) Beschreibe fünf Möglichkeiten, wie man mit dem obigen Versuchsaufbau eine Spannung induzieren kann. Erkläre jeweils, warum eine Spannung induziert wird.
b) Die linke Spule wird an eine Wechselspannung angeschlossen. Begründe, warum in der rechten Spule ebenfalls eine Wechselspannung induziert wird.
a) 1. Man bewegt die rechte Spule auf die linke zu oder von ihr weg. Dabei ändert sich in der rechten Spule die Stärke des Magnetfelds und es wird eine Spannung in dieser Spule induziert.
2. Man kann auch die linke Spule bewegen, dabei ändert sich ebenso die Stärke des Magnetfelds in der rechten Spule und es wird eine Spannung induziert.
3. Man kann die rechte oder die linke Spule drehen. In beiden Fällen ändert sich die Richtung des Magnetfelds in der rechten Spule und es wird eine Spannung induziert.
4. Man kann den Eisenkern hinein- oder herausschieben. Dadurch ändert sich die Stärke des Magnetfelds und es kommt zur Spannungsinduktion.
5. Man kann die Stromstärke in der linken Spule ändern, dadurch ändert sich wieder die Stärke des Magnetfelds, wodurch eine Spannung induziert wird.
b) Durch die Wechselspannung ändert sich ständig die Stromrichtung. Dadurch ändert sich auch ständig die Richtung der magnetischen Feldlinien. Deswegen wird in der rechten Spule ständig eine Spannung mit wechselndem Vorzeichen, also eine Wechselspannung, induziert.

A2 Kann man auch ohne Eisenkerne eine Spannung induzieren? Begründe. Warum geht es mit Eisen besser?
Sobald sich das Magnetfeld in einer Spule ändert, wird eine Spannung induziert. Das geht auch ohne Eisenkern. Mit Eisenkern werden die Magnetfeldänderungen verstärkt. Deswegen geht es mit Eisenkern besser.

A3 Eine Spule wird mit einer konstanten Geschwindigkeit von 10 cm/s durch ein Magnetfeld bewegt.
a) Beschreibe, wie sich die Anzeige des Spannungsmessgeräts ändert.
b) Skizziere den zeitlichen Verlauf der Spannung.
c) Wie ändert sich der Verlauf der induzierten Spannung, wenn die Spule mit größerer Geschwindigkeit durch das Magnetfeld bewegt wird?
d) Die Spule ist nun 20 cm und der Bereich des Magnetfeldes 10 cm hoch. Beantworte die Fragen von a).
a) Zuerst zeigt das Spannungsmessgerät keine Spannung an. Während die Spule in das Magnetfeld hineinbewegt wird, wird eine Spannung angezeigt. Wenn die Spule ganz in das Magnetfeld eingetaucht ist, geht die Anzeige des Messgeräts auf null zurück. Während die Spule wieder aus dem Magnetfeld herausbewegt wird, wird wieder eine Spannung angezeigt, aber mit umgekehrtem Vorzeichen im Vergleich zum Hineinbewegen.
b) Nach einer Sekunde hat die Unterkante der Spule das Magnetfeld erreicht. Es dauert eine Sekunde, bis die Spule ganz im Magnetfeld ist. Nach einer weiteren Sekunde hat die Unterkante der Spule den feldfreien Bereich erreicht. Dann dauert es wieder eine Sekunde, bis die Spule das Magnetfeld ganz verlassen hat. Eine Spannung wird also nur zwischen 1,0 s und 2,0 s, sowie zwischen 3,0 s und 4,0 s induziert.

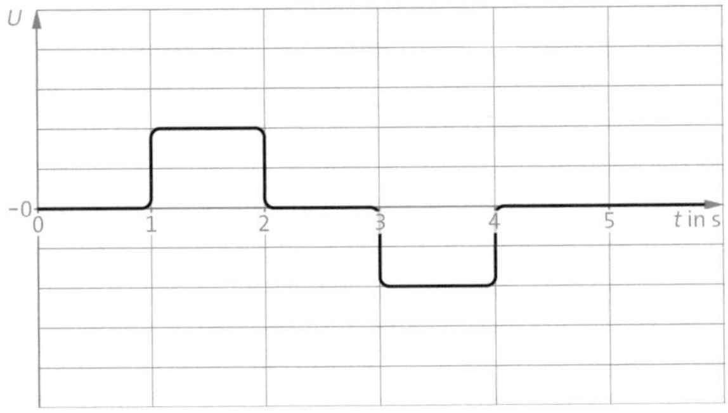

Cornelsen/Atelier tigercolor Tom Menzel, Scharbeutz/Klingenberg

c) Wenn die Geschwindigkeit größer ist, dann ist das Schaubild in Richtung der t-Achse gestaucht, da der Vorgang schneller abläuft. Außerdem ist das Schaubild in Richtung der U-Achse gestreckt, da bei größerer Geschwindigkeit eine größere Spannung induziert wird. Beispielsweise erhält man bei der doppelten Geschwindigkeit folgenden Verlauf:

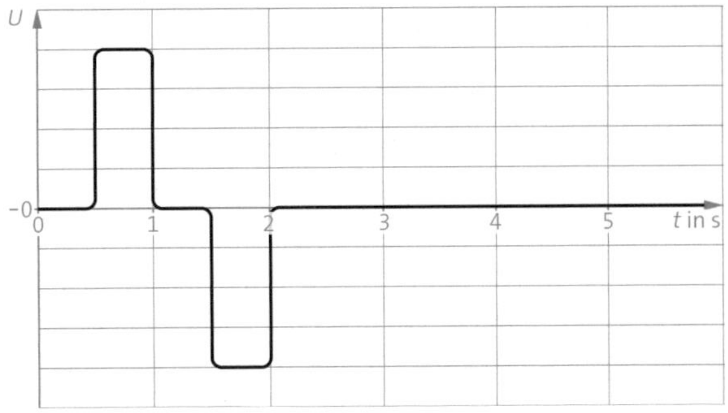

Cornelsen/Atelier tigercolor Tom Menzel, Scharbeutz/Klingenberg

d) Sobald die Unterkante der Spule in das Magnetfeld eintaucht, wird eine Spannung angezeigt, und zwar so lange, bis die Unterkante wieder aus dem Magnetfeld austritt. Es wird nun so lange keine Spannung angezeigt, bis die Oberkante der Spule in das Magnetfeld eintaucht. Nun wird wieder eine Spannung angezeigt, aber mit umgekehrtem Vorzeichen.

Material B – FARADAYs Versuche

B1 MICHAEL FARADAY, der Entdecker der Induktion, hat seine Versuche in Bild und Text genauestens dokumentiert (▹Bild 03). Beschreibe, wie man mit den dargestellten Versuchsaufbauten eine Spannung induzieren kann.
a) Auf einen Holzstab sind zwei Spulen aufgewickelt. Die eine Spule ist über einen Schalter an eine Batterie angeschlossen, die andere Spule an ein Instrument zur Spannungsanzeige (Galvanometer). Durch Schließen und Öffnen des Schalters wird in der zweiten Spule kurzzeitig eine Spannung induziert, da sich das Magnetfeld in ihr ändert.
b) Auf einem Holzzylinder sind wie bei a) zwei Spulen aufgewickelt. Die erste Spule ist über einen Schalter an eine Batterie aus hundert Plattenpaaren angeschlossen. In den Stromkreis der zweiten Spule ist eine Art Elektromagnet aus einer Drahtwicklung mit einer darin liegenden Nadel eingebaut. Wenn man den Schalter schließt oder öffnet, wird wie in a) eine Spannung in der zweiten Spule induziert. Dadurch kommt es in dieser Spule zu einem kurzzeitigen Strom und die Nadel wird in die Drahtwicklung hineingezogen.
c) Auf einen Eisenring sind zwei Spulen aufgewickelt. Wenn man die eine Spule an eine Batterie anschließt, dann wird in der zweiten Spule kurzzeitig eine Spannung induziert. Klemmt man die Batterie wieder ab, so wird wieder kurzzeitig eine Spannung induziert. Die Ursache der Induktion ist die Magnetfeldänderung.
d) Auf einen Eisenstab ist eine Spule gewickelt. Die beiden Enden des Eisenstabs berühren die Pole eines hufeisenförmigen Dauermagneten. Trennt man Eisenstab und Dauermagnet, so ändert sich das Magnetfeld in der Spule und es wird eine Spannung induziert.

Elektromotor und Generator

Seite 129

1 a) Der Motor nach ▹Bild 04 läuft nicht in jeder Stellung an. Erkläre.
b) Der Motor benötigt einen Kommutator. Beim Generator wird mit und ohne Kommutator eine Spannung induziert. Erläutere.

a) In der Stellung nach ▹Bild 04B ist der Stromkreis unterbrochen. Der drehbare Elektromagnet, genannt Rotor, ist ausgeschaltet. Dadurch wirken keine Kräfte auf den Rotor. Man sagt, der Rotor befindet sich im Totpunkt.

b) Beim Elektromotor sorgt der Kommutator dafür, dass die Stromrichtung durch den Rotor immer im passenden Moment umgekehrt wird. Ohne diese Umpolung würde der Rotor stehen bleiben, sobald sich die ungleichnamigen Pole von Rotor und Stator gegenüberstehen. Im Generatorbetrieb ändert sich durch die Drehung des Rotors im Magnetfeld ständig die Richtung des Magnetfelds relativ zur Spule. Deswegen wird ohne Kommutator eine Wechselspannung induziert. Mit Kommutator wird aus dieser Wechselspannung eine Gleichspannung.

Seite 130

1 Bei einem Elektromotor wurden $U = 12$ V, $I = 2{,}5$ A und $P_{nutz} = 18$ W gemessen. Berechne den Wirkungsgrad.

Elektrische Eingangsleistung:
$P_{ein} = U \cdot I = 12\text{ V} \cdot 2{,}5\text{ A} = 30\text{ W}$
Mechanische Nutzleistung:
$P_{nutz} = 18\text{ W}$
Wirkungsgrad:
$$\eta = \frac{P_{nutz}}{P_{ein}} = \frac{18\text{ W}}{30\text{ W}} = 0{,}6 = 60\ \%$$

Seite 131 (Material)

Versuche – Leistung und Wirkungsgrad

V1 Wirkungsgrad eines Motors

Hinweise: Das verwendete Netzgerät muss stark belastbar sein, da ansonsten die Klemmenspannung bei Belastung zu sehr abnimmt. Falls vorhanden, kann man ein stabilisiertes Netzgerät verwenden.

Die folgenden Messwerte beziehen sich auf eine Höhe von 1,5 m.

a) Für $m = 0{,}5$ kg und $h = 1{,}5$ m erhält man z. B.:
$U = 4{,}7$ V, $I = 1{,}05$ A, $\Delta t = 4{,}9$ s.

b) Die Nutzleistung wird aus der mechanisch übertragenen Energie berechnet:
$$P_{nutz} = \frac{\Delta E}{\Delta t} = \frac{m \cdot g \cdot h}{\Delta t} = \frac{0{,}5\text{kg} \cdot 9{,}8\text{N/kg} \cdot 1{,}5\text{m}}{4{,}9\text{s}} = 1{,}5\text{W}$$

Die Eingangsleistung berechnet sich aus Spannung und Stromstärke:
$P_{ein} = U \cdot I = 4{,}7\text{V} \cdot 1{,}05\text{A} = 4{,}9\text{W}$.
Der Wirkungsgrad ist gleich dem Quotienten aus Nutzleistung und Eingangsleistung:
$$\eta = \frac{P_{nutz}}{P_{ein}} = \frac{1{,}5\text{ W}}{4{,}9\text{ W}} = 0{,}31.$$

c) Für verschiedene Massestücke erhält man z. B.:

m in kg	0,25	0,50	1,00	1,50	2,00	2,50
h in m	1,5	1,5	1,5	1,5	1,5	1,5
P_{nutz} in W	0,82	1,5	2,2	2,3	2,0	0,97
U in V	5,1	4,7	4	3,2	2,6	2,0
I in A	0,73	1,05	1,5	2,0	2,6	3,0
P_{ein} in W	3,7	4,9	6,0	6,4	6,8	6,0
η	0,22	0,31	0,37	0,36	0,29	0,16

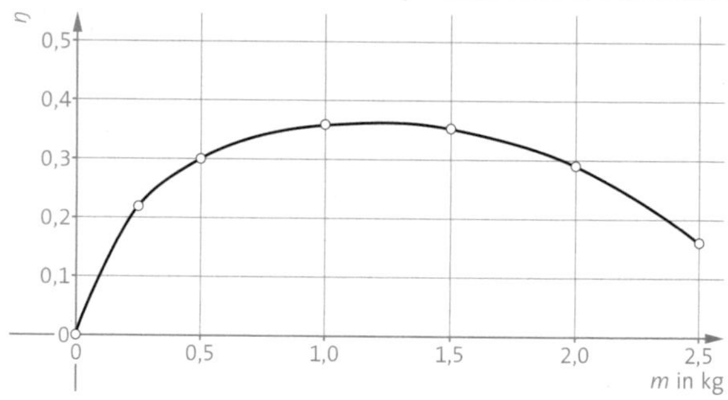

Cornelsen/Atelier tigercolor Tom Menzel, Scharbeutz/Klingenberg

Material A – Ein Elektromotor

A1 a) Bei jeder Stromumschaltung wird ein Elektromagnet umgepolt. Entnimm der Zeichnung, welcher Elektromagnet von A nach B und welcher von B nach C umgepolt wird. Welcher Magnet wird als nächstes umgepolt?
b) Die Magnetpole des Rotors folgen dem sich ändernden Magnetfeld des Stators. In welche Richtung dreht sich der Rotor? Um welchen Winkel dreht er sich jeweils?
c) Skizziere die Pole des Stators und die Position des Rotors für das nach C folgende Momentbild.
d) Der Rotor läuft aus jeder Position an. Begründe.

a) Vom ersten zum zweiten Momentbild (A nach B) wird der Magnet V umgepolt, vom zweiten zum dritten Bild (B nach C) wird der Magnet U umgepolt. Als nächstes wird der Magnet W umgepolt.

b) Der Rotor dreht sich im Uhrzeigersinn. Bei jeder Umpolung dreht er sich um 60°.

c) Momentbild: Gegenüber dem dritten Momentbild (C) ist W umgepolt. Also ist U Südpol, V und W sind Nordpole. Der Rotor hat sich um 60° weitergedreht, d. h. der Nordpol des Rotors steht U gegenüber, der Südpol steht V und W gegenüber.

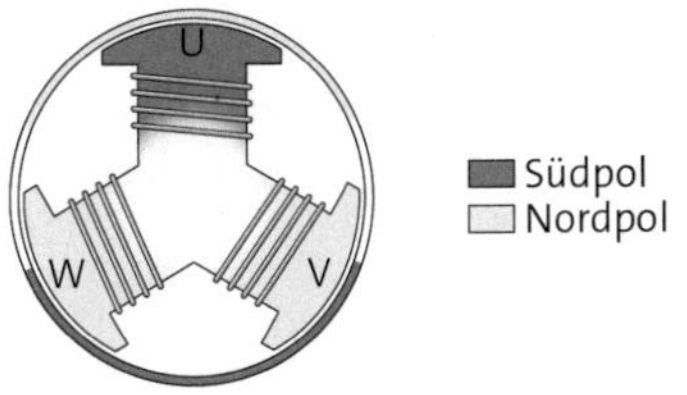

Cornelsen/Atelier tigercolor Tom Menzel, Scharbeutz/Klingenberg

d) Der Rotor besteht aus zwei Dauermagneten, der Stator hat drei umpolbare Elektromagnete. Der eine Dauermagnet steht einem Elektromagneten, der andere Dauermagnet steht zwei Elektromagneten gegenüber, von denen einer umgepolt wird. Wegen dieser asymmetrischen Anordnung läuft der Rotor aus jeder Stellung an.

Material B – Ein Fahrraddynamo

B1 a) Jedes Mal, wenn sich der Magnet um 45° weitergedreht hat, ändert sich die Richtung des magnetischen Feldes durch die Spule. Erkläre.
b) In der Spule wird eine Wechselspannung induziert. Erkläre. Wie oft wechselt die Spannung bei einer kompletten Umdrehung des Magneten das Vorzeichen?
c) Skizziere den zeitlichen Verlauf der Wechselspannung für die Zeitdauer einer Umdrehung.
d) Der Magnet wird schneller gedreht. Erläutere, wie sich die induzierte Spannung ändert.
a) Durch das Magnetfeld des Dauermagneten werden die Blechstreifen magnetisiert. Die magnetisierten Bleche sorgen dafür, dass die Feldlinien von den Nordpolen über die Blechstreifen durch die Spule bis zu den Südpolen verlaufen. In der im Bild gezeigten Stellung verlaufen die Feldlinien daher von rechts nach links durch das Spuleninnere. Wenn sich der Magnet um 45° weitergedreht hat, dann verlaufen die Feldlinien von links nach rechts durch die Spule. Folglich hat sich die Richtung des Magnetfelds im Spuleninneren umgekehrt.
b) Bei jeder Umkehrung der Magnetfeldrichtung wird eine Spannung induziert. Dabei wechselt die Spannung jedes Mal ihr Vorzeichen. Also handelt es sich um eine Wechselspannung. Bei einer kompletten Umdrehung ändert sich die Magnetfeldrichtung achtmal, also wechselt die induzierte Spannung achtmal das Vorzeichen.
c) Wenn die Spannung pro Umdrehung achtmal das Vorzeichen wechselt, dann bedeutet das, dass die Spannung viermal positiv und viermal negativ ist, z. B. wie im folgenden Bild dargestellt.

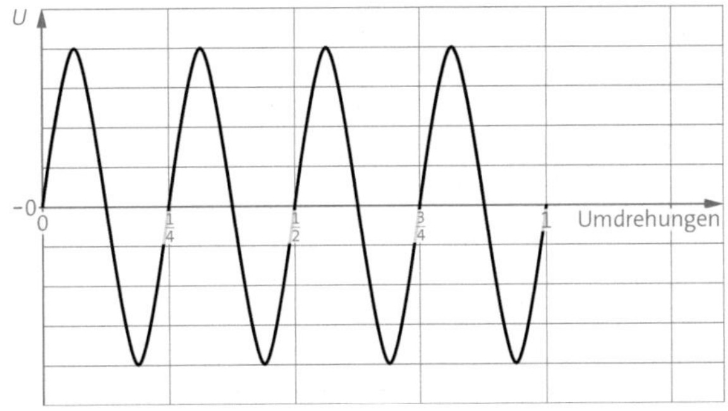

Cornelsen/Atelier tigercolor Tom Menzel, Scharbeutz/Klingenberg

d) Wenn sich der Magnet schneller dreht, wechselt die Spannung schneller das Vorzeichen und der Betrag der Spannung ist größer. Mit anderen Worten, die Frequenz und die Amplitude der Wechselspannung nehmen zu.

Der Transformator

Seite 133

1 Ein Transformator kann nur mit Wechselspannung betrieben werden. Erkläre.
Bei Gleichspannung ändert sich das Magnetfeld nicht. Folglich wird auch keine Spannung induziert.

2 Bei einem Transformator ist U_1 = 36 V, n_1 = 1200 und n_2 = 300. Berechne U_2.

$$\frac{U_1}{U_2} = \frac{n_1}{n_2} \quad | \cdot U_2$$

$$U_1 = U_2 \cdot \frac{n_1}{n_2} \quad | \cdot n_2 \quad | : n_1$$

$$U_1 \cdot \frac{n_2}{n_1} = U_2$$

$$U_2 = 36\ \text{V} \cdot \frac{300}{1200} = 9\ \text{V}$$

Seite 135 (Material)

Material A – Der Transformator

A1 a) Erkläre, warum der Transformator einen geschlossenen Eisenkern hat. Kann man auch ein anderes Material für den Kern verwenden?
b) Primär- und Sekundärspule müssen nicht gegenüberliegen. Erkläre. Gib andere mögliche Anordnungen an.
a) Der geschlossene Eisenkern sorgt dafür, dass fast das gesamte von der Primärspule erzeugte Magnetfeld auch die Sekundärspule durchsetzt. Für den Kern muss ein ferromagnetischer Stoff verwendet werden. Prinzipiell kämen daher auch Nickel und Kobalt in Frage. Diese Stoffe werden aber aus technischen und wirtschaftlichen Gründen nicht verwendet.

b) Wichtig ist, dass die Sekundärspule möglichst vom gesamten von der Primärspule erzeugten Magnetfeld durchsetzt wird. Die spezielle Anordnung ist nicht wichtig. Man kann die beiden Spulen z. B. auch auf einen Schenkel nebeneinander anordnen oder sogar übereinander wickeln.

A2 Ein Netzteil eines Smartphones hat eine Sekundärspannung von 5 V. Berechne das Verhältnis von Primärwindungszahl zu Sekundärwindungszahl.

Gegeben: Primärspannung gleich Netzspannung: $U_1 = 230$ V, Sekundärspannung $U_2 = 5$ V;
gesucht: Verhältnis der Windungszahlen: n_1/n_2.
$n_1/n_2 = U_1/U_2 = 230\text{ V} / 5\text{ V} = 46 : 1$

A3 Die Wechselspannung eines Experimentiernetzgeräts beträgt 24 V. Zum Bau eines Transformators stehen Spulen mit 3600, 12 000 und 36 000 Windungen zur Verfügung. Berechne, welche Spannungen sich damit erreichen lassen.

Gegeben: Primärspannung $U_1 = 24$ V, Windungszahlen: 3600, 12 000, 36 000;
gesucht: mögliche Sekundärspannungen.

$$\frac{U_1}{U_2} = \frac{n_1}{n_2} \quad | \cdot U_2$$

$$U_1 = U_2 \cdot \frac{n_1}{n_2} \quad | \cdot n_2 \quad | : n_1$$

$$U_1 \cdot \frac{n_2}{n_1} = U_2$$

1. Möglichkeit:

$$U_2 = 24\text{ V} \cdot \frac{3600}{12\,000} = 7{,}2\text{ V}$$

2. Möglichkeit:

$$U_2 = 24\text{ V} \cdot \frac{3600}{36\,000} = 2{,}4\text{ V}$$

3. Möglichkeit

$$U_2 = 24\text{ V} \cdot \frac{12\,000}{36\,000} = 8{,}0\text{ V}$$

4. Möglichkeit:

$$U_2 = 24\text{ V} \cdot \frac{12\,000}{3600} = 80\text{ V}$$

5. Möglichkeit:

$$U_2 = 24\text{ V} \cdot \frac{36\,000}{3600} = 240\text{ V}$$

6. Möglichkeit:

$$U_2 = 24\text{ V} \cdot \frac{36\,000}{12\,000} = 72\text{ V}$$

A4 Um einen Nagel zu schmelzen, benötigt man eine große Stromstärke. Beim Transformator nach ▹Bild 03 auf der gegenüberliegenden Seite ist $n_1 = 500$ und $n_2 = 5$. Wird er an die Steckdose angeschlossen, so beträgt die Primärstromstärke ca. 4 A.

a) Berechne Sekundärspannung, Sekundärstromstärke und den Widerstand des Nagels.

b) Der Nagel ist nach 20 s geschmolzen. Berechne, wie viel Energie dafür benötigt wurde.

a) Gegeben: Primärspannung $U_1 = 230$ V, Primärstromstärke $I_1 = 4$ A, Primärwindungszahl $n_1 = 500$, Sekundärwindungszahl $n_2 = 5$;
gesucht: Sekundärspannung U_2, Sekundärstromstärke I_2, Widerstand R des Nagels.
Berechnung der Sekundärspannung:

$$U_2 = U_1 \cdot \frac{n_2}{n_1} = 230\text{ V} \cdot \frac{5}{500} = 2{,}3\text{ V}.$$

Berechnung der Sekundärstromstärke:
Das Verhältnis der Stromstärken ist genau umgekehrt wie das Verhältnis der Spannungen. Also muss die Sekundärstromstärke das 100-Fache der Primärstromstärke betragen:
$I_2 = I_1 \cdot 100 = 4\text{ A} \cdot 100 = 400\text{ A}$.
Berechnung des Widerstands:

$$R = \frac{U_2}{I_2} = \frac{2{,}3\text{ V}}{400\text{ A}} = 0{,}006\ \Omega.$$

b) Gegeben: Sekundärspannung $U_2 = 2{,}3$ V, Sekundärstromstärke $I_2 = 400$ A, Zeitdauer $\Delta t = 20$ s;
gesucht: benötigte Energie ΔE.

$$P = \frac{\Delta E}{\Delta t} \quad | \cdot \Delta t$$

$$\Delta E = P \cdot \Delta t = U_2 \cdot I_2 \cdot \Delta t = 2{,}3\text{ V} \cdot 400\text{ A} \cdot 20\text{ s} = 18\text{ kJ}$$

A5 Eine Lampe (6 V/1 A) soll an eine Wechselspannung von 12 V angeschlossen werden. Max schlägt vor, einen Vorwiderstand zu verwenden, Paul möchte einen Transformator verwenden. Nimm Stellung.

Prinzipiell funktionieren beide Vorschläge. Bei Max Vorschlag wird im Vorwiderstand elektrische Energie in thermische Energie umgewandelt. Das bedeutet, dass Energie unnötig verschwendet wird. Bei Pauls Vorschlag wird die Spannung transformiert. Idealerweise gibt der Transformator die elektrisch zugeführte Energie vollständig wieder als elektrische Energie ab. In der Realität wird auch im Transformator ein kleiner Teil der elektrischen Energie in thermische Energie umgewandelt. Allerdings ist dieser „Verlust" sehr viel geringer als beim Vorwiderstand.

A6 Ein Schweißtransformator transformiert die Spannung der Steckdose auf 23 V. Die Steckdose ist mit 16 A abgesichert. Der Wirkungsgrad des Trafos beträgt 90 %. Kann der Trafo 100 A zum Schweißen liefern?

1. Lösung durch Überlegung:
Die Primärspannung beträgt das Zehnfache der Sekundärspannung. Bei einem Wirkungsgrad von 100 % wäre die Primärstromstärke dann ein Zehntel so groß wie die Sekundärstromstärke, also 10 A. Aufgrund des Verlusts

von 10 % durch den Transformator muss die Primärstromstärke etwa 10 % größer sein, also 11 A.

2. Lösung durch Rechnung:

Gegeben: Primärspannung $U_1 = 230$ V, Sekundärspannung $U_2 = 23$ V, Sekundärstromstärke $I_2 = 100$ A, Wirkungsgrad $\eta = 90\ \% = 0{,}90$;

gesucht: Primärstromstärke I_1.

Berechnung der Sekundärleistung:

$P_2 = U_2 \cdot I_2 = 23 \text{ V} \cdot 100 \text{ A} = 2300 \text{ W}$.

Berechnung der Primärleistung:

$$\eta = \frac{P_2}{P_1} \quad | \cdot P_1$$

$$P_1 \cdot \eta = P_2 \quad | : \eta$$

$$P_1 = \frac{P_2}{\eta} \quad | : P_2$$

$$P_1 = \frac{2300 \text{ W}}{0{,}9} = 2600 \text{ W}.$$

Berechnung der Primärstromstärke:

$$P_1 = U_1 \cdot I_1 \quad | : U_1$$

$$\frac{P_1}{U_1} = I_1$$

$$I_1 = \frac{2600 \text{ W}}{230 \text{ V}} = 11 \text{ A}.$$

A7 Die erste Fernübertragung von elektrischer Energie erfolgte von Lauffen am Neckar nach Frankfurt. Jeder der drei Generatoren des Wasserkraftwerks lieferte eine Spannung von 55 V bei einer Leistung von 44 kW. Die Spannungen wurden im Verhältnis 1:160 hochtransformiert.

a) Berechne Spannung und Stromstärke in der Fernleitung.

b) Berechne die „Verlust"-Leistung in der Fernleitung ($R = 500\ \Omega$). Ohne Transformation wäre die Übertragung unmöglich. Erkläre.

a) Gegeben: Primärspannung $U_1 = 55$ V, Leistung $P = 44\,000$ W, Verhältnis der Windungszahlen $n_1 : n_2 = 1 : 160$;

gesucht: Sekundärspannung U_2, Sekundärstromstärke I_2.

Berechnung der Sekundärspannung:

$$U_2 = U_1 \cdot \frac{n_2}{n_1} = 55 \text{ V} \cdot \frac{160}{1} = 8800 \text{ V}.$$

Berechnung der Primärstromstärke:

$$P_1 = U_1 \cdot I_1 \quad | : U_1$$

$$I_2 = \frac{P_1}{U_1} = \frac{44\,000 \text{ W}}{55 \text{ V}} = 800 \text{ A}.$$

Berechnung der Sekundärstromstärke:

$$I_2 = I_1 \cdot \frac{n_1}{n_2} = 800 \text{ A} \cdot \frac{1}{160} = 5 \text{ A}.$$

b) Gegeben: $R = 500\ \Omega$;

gesucht: Verlustleistung P_L in der Leitung.

$P_L = U_L \cdot I_L$

Der Spannungsabfall U_L in der Leitung beträgt:

$U_L = R \cdot I_L = 500\ \Omega \cdot 5 \text{ A} = 2500 \text{ V}$.

Daraus folgt für die Verlustleistung P_L:

$P_L = U_L \cdot I_L = 2500 \text{ V} \cdot 5 \text{ A} = 12\,500 \text{ W}$.

Das sind etwa 30 % der eingespeisten Leistung!

Ohne Transformation wären die Stromstärke und damit auch die übertragbare Leistung viel zu gering. Bei $R = 500\ \Omega$ und $U = 55$ V wäre $I = R/U = 0{,}11$ A.

Material B – Die elektrische Zahnbürste

B1 a) Beschreibe den Aufbau. Erläutere Gemeinsamkeiten und Unterschiede zum Transformator.

b) Erkläre die Energieübertragung. Begründe, warum die Energieübertragung nicht so gut funktioniert wie beim Transformator.

a) Die Ladestation besteht aus einer Primärspule, die an eine Steckdose mit 230 V Wechselspannung angeschlossen ist. Die Zahnbürste enthält einen Stromkreis aus einer Sekundärspule, einer Diode und einem Akku. An den Akku ist ein zweiter Stromkreis mit einem Schalter, einem Widerstand und einem Motor angeschlossen. Die Anordnung enthält wie ein Transformator eine Primär- und eine Sekundärspule, allerdings fehlt der geschlossene Eisenkern.

b) Die Energie wird von der Primär- auf die Sekundärspule übertragen. Das geschieht durch Induktion: Die Wechselspannung erzeugt in der Primärspule des Ladegeräts ein sich ständig änderndes Magnetfeld. Dieses durchsetzt auch die Primärspule der Zahnbürste, wodurch in ihr eine Wechselspannung induziert wird. Ohne geschlossenen Eisenkern funktioniert die Energieübertragung nicht so gut, weil das Magnetfeld der Primärspule die Sekundärspule nicht komplett durchsetzt.

B2 Erläutere den Zweck der Diode.

Durch die Induktion liefert die Sekundärspule eine Wechselspannung. Zum Laden des Akkus benötigt man aber Gleichspannung bzw. Gleichstrom. Die Diode lässt den Strom nur in eine Richtung durch, macht also aus Wechselstrom Gleichstrom. Dadurch wird der Akku korrekt geladen.

B3 a) Der Schalter S hat drei Stellungen: Aus, Langsamlauf, Schnelllauf. Erläutere.

b) Im geladenen Zustand hat der Akku eine Spannung von 1,2 V. Im Langsamlauf beträgt die Spannung am Motor 1,0 V und die Stromstärke 1,0 A. Bestimme die Leistung des Motors im Langsamlauf.

c) Berechne den Vorwiderstand *R* und den Widerstand des Motors.

d) Berechne Stromstärke und Leistung des Motors im Schnelllauf.

a) In der linken Stellung ist der Stromkreis von Akku und Motor unterbrochen, die Zahnbürste ist ausgeschaltet. In der mittleren Stellung ist der Stromkreis über einen Vorwiderstand geschlossen, die Zahnbürste läuft langsam. Wenn der Schalter in der rechten Stellung ist, dann ist der Stromkreis ohne Vorwiderstand geschlossen, die Zahnbürste läuft schnell.

b) Gegeben: $U_{Motor} = 1{,}0$ V, $I_{Motor} = 1{,}0$ A;
gesucht: Leistung P des Motors im Langsamlauf.
$P = U_{Motor} \cdot I_{Motor} = 1{,}0 \text{ V} \cdot 1{,}0 \text{ A} = 1{,}0 \text{ W}$.

c) Gegeben: $U_{Akku} = 1{,}2$ V, $U_{Motor} = 1{,}0$ V;
gesucht: Vorwiderstand R, Widerstand des Motors R_{Motor}.
Berechnung der Spannung am Vorwiderstand R:
$U_R = U_{Akku} - U_{Motor} = 1{,}2 \text{ V} - 1{,}0 \text{ V} = 0{,}2 \text{ V}$.
Berechnung des Vorwiderstands R:

$$R = \frac{U_R}{I} = \frac{0{,}2 \text{ V}}{1{,}0 \text{ A}} = 0{,}2\ \Omega.$$

Berechnung des Widerstands des Motors R_{Motor}:

$$R_{Motor} = \frac{U_{Motor}}{I} = \frac{1{,}0 \text{ V}}{1{,}0 \text{ A}} = 1{,}0\ \Omega.$$

d) Gegeben: $U_{Motor} = 1{,}2$ V (volle Spannung des Akkus), $R_{Motor} = 1{,}0\ \Omega$;
gesucht: Leistung P des Motors im Schnelllauf, Stromstärke I im Schnelllauf.

$$R_{Motor} = \frac{U_{Motor}}{I} \quad | \cdot I$$

$$R_{Motor} \cdot I = U_{Motor} \quad | : R_{Motor}$$

$$I = \frac{U_{Motor}}{R_{Motor}} = \frac{1{,}2 \text{ V}}{1{,}0\ \Omega} = 1{,}2 \text{ A}.$$

Berechnung der Leistung im Schnelllauf:
$P = U \cdot I = 1{,}2 \text{ V} \cdot 1{,}2 \text{ A} = 1{,}44 \text{ W}$.

B4 Tatsächlich wird die Wechselspannung der Steckdose mit einer Frequenz von 50 Hz zuerst in eine Wechselspannung sehr hoher Frequenz umgewandelt. Vermute, welche Funktion dies hat.
Bei einer höheren Frequenz der Wechselspannung ändert sich das Magnetfeld schneller. Deswegen ist die induzierte Spannung in der Sekundärspule größer. Damit wird die Energieübertragung besser. Tatsächlich kann mit der höheren Frequenz die Energieübertragung auch ohne geschlossenen Eisenkern erfolgen.

Seite 137 (Blickpunkt)

1 Elektrogeräte mit einem Kunststoffgehäuse haben keinen Schutzkontaktstecker. Erkläre.
Das Kunststoffgehäuse wirkt als Isolator. Deswegen kann ein möglicherweise defektes Kabel im Innern des Geräts nicht zu einem Stromschlag führen. Deshalb ist hier ein Schutzleiter unnötig.
Hinweis: Man spricht hier von der Schutzisolierung. Die Schutzisolierung ist eine zusätzliche Isolierung nur zum Schutz gegen Berühren von elektrischen Kabeln etc. Die Schutzisolierung darf an keiner Stelle unterbrochen sein. Schutzisolierte Geräte sind durch ein Symbol mit zwei ineinander liegenden Quadraten gekennzeichnet, welche die doppelte Isolierung andeuten. Solche Geräte benötigen keinen Schutzkontaktstecker.

2 Ohne Berührungsschutz und Fehlerstromschutz können durch defekte Kabel und Geräte usw. leicht Brände entstehen. Erläutere.
Durch defekte Kabel oder Geräte kann ein Strom einen unvorhergesehenen Weg nehmen. Auf diesem Weg können sich Papier, Kunstfasern oder andere leicht entzündliche Stoffe befinden. Ein solcher Strom kann, wie z. B. beim Haartrockner, etwas zum Glühen bringen, ohne dass die Sicherung oder der Sicherungsautomat den Stromkreis unterbrechen. So kann ein Brand entstehen.

Seite 139 (Blickpunkt)

1 Hochspannungskabel können bei 380 kV eine Leistung von 900 MW übertragen und haben dennoch einen Durchmesser von weniger als 50 mm. Erkläre.
Die Stromstärke ist der Quotient aus Leistung und Spannung:

$$I = \frac{900 \text{ MW}}{0{,}38 \text{ MV}} = 2368 \text{ A}.$$

Es erscheint plausibel, dass 2400 A durch ein Kabel mit 50 mm Durchmesser fließen können. Das untermauert ein Vergleich: Ein übliches Gerätekabel hat einen Durchmesser von etwa 2,5 mm und im Haushalt sind Stromstärken bis 16 A abgesichert. Der 20-fache Durchmesser entspricht der 400-fachen Querschnittsfläche. 16 A mal 400 ist 6400 A.

2 Die Nutzung von Wind- und Sonnenenergie erfordert zusätzliche Hochspannungskabel. Erkläre.
Wenn in einer Region einige Stunden ein besonders starker Wind weht, dann wird dort mehr Windenergie gewonnen als benötigt wird. Der Überschuss muss über Kabel in Ballungszentren und andere Regionen übertragen werden. Wenn in einer Region für einige Stunden besonders viel Sonnenstrahlung auftritt, dann muss entsprechend überschüssige Sonnenenergie durch Kabel abtransportiert werden.

3 Ein Gleichstromkabel überträgt bei 800 kV eine Leistung von 5000 MW. Vergleiche mit Aufgabe 1 und erläutere.
Hier beträgt die Stromstärke

$$I = \frac{5000 \text{ MW}}{0{,}8 \text{ MV}} = 6250 \text{ A}.$$

Die Stromstärke ist ungefähr viermal so groß wie bei der Wechselspannungsleitung aus Aufgabe 1. Wegen der hohen Stromstärke ist ein Gleichstromkabel besonders günstig, da Wechselstrom zusätzliche Verluste verursachen würde.

2 Elektrischer Widerstand

Widerstand und Kennlinien

Seite 141

1 Bestimme die Stromstärke der beiden technischen Widerstände aus ▹Bild 05 bei einer Spannung von 2,5 V,
a) mithilfe des Diagramms,
b) rechnerisch.

a) $R_1 =$ 52 Ω: Aus dem Diagramm: $I_1 = 0{,}05\ A$
$R_2 =$ 320 Ω: Aus dem Diagramm: $I_2 = 0{,}01\ A$

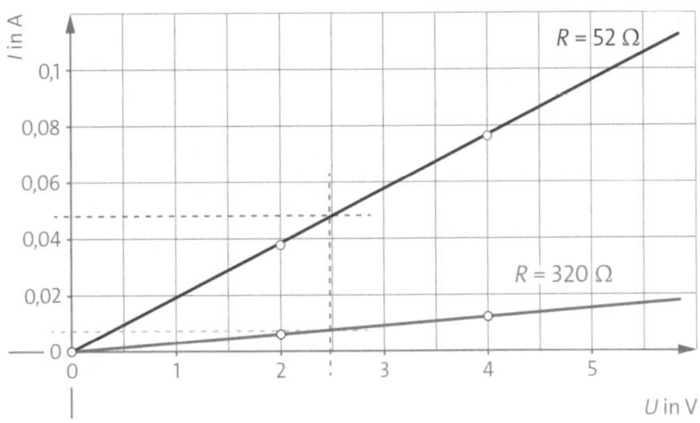

Cornelsen/newVISION! GmbH Bernhard A. Peter, Pattensen

b) $I = \frac{U}{R}$, somit $I_1 = \frac{2{,}5\ \text{V}}{52\ \Omega} = 0{,}048$ A.

$I_2 = \frac{2{,}5\ \text{V}}{320\ \Omega} = 0{,}0078$ A.

2 Ein technischer Widerstand hat die Farbfolge Orange-Grün-Braun-Gold.
a) Bestimme den Wert des Widerstands.
b) Die Stromstärke beträgt 0,065 A. Berechne die Spannung.

a) 350 Ω ± 5 %
b) $U = R \cdot I$, somit $U = 350\ \Omega \cdot 0{,}065\ \text{A} = 22{,}75$ V.

Seite 144/145 (Material)

Versuche – Zum Widerstand

V1 Kennlinie einer Glühlampe
a) + **b)** *Schüleraktivität*; Vergleiche mit S. 143.

V2 Kennlinie eines Eisendrahts
a) Die Stromstärke steigt mit der Spannung an. Die *I-U*-Kennlinie ist nach rechts gekrümmt.

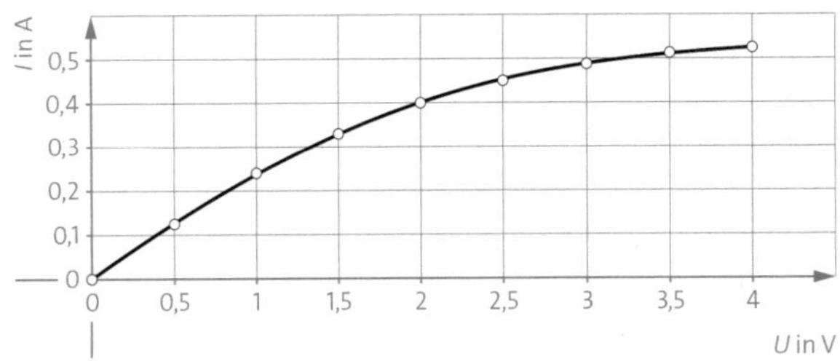

Cornelsen/newVISION! GmbH Bernhard A. Peter, Pattensen

b) Die *R-U*-Kennlinie zeigt, dass der Widerstand mit zunehmender Spannung ansteigt. Mit zunehmender Spannung und Stromstärke steigt aber auch die Temperatur des Drahts (der Draht wird sichtlich heißer). Daraus folgt, dass der Widerstand mit zunehmender Temperatur steigt.

V3 Kennlinie einer LED
a) Typische Werte, oberhalb derer die LED leuchtet:
Rote LED (dunkelgrau): $U = 1{,}5$ V; $I = 0{,}03$ mA.
Grüne LED (hellgrau): $U = 1{,}7$ V; $I = 0{,}06$ A.
Blaue LED (schwarz): $U = 2{,}9$ V; $I = 0{,}05$ A.

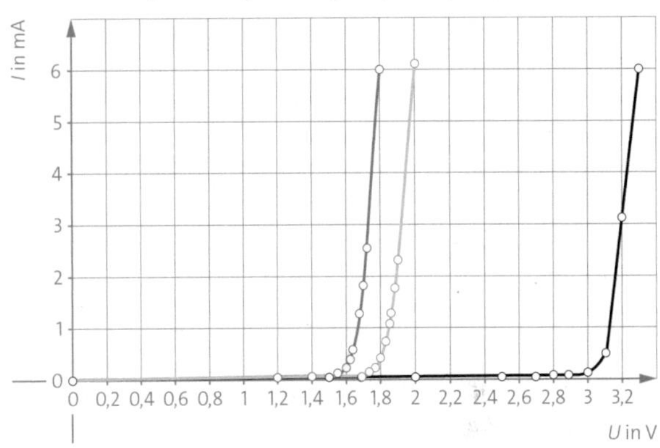

Cornelsen/newVISION! GmbH Bernhard A. Peter, Pattensen

b) Typische Kennlinien:

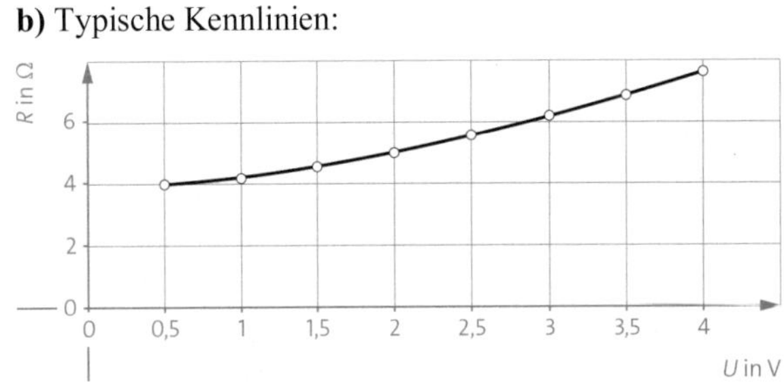

Cornelsen/newVISION! GmbH Bernhard A. Peter, Pattensen

V4 Temperaturmessung
a) Bei einem Heißleiter nimmt der Widerstand mit zunehmender Temperatur ab. Bei abnehmender Temperatur nimmt der Widerstand zu.
b) Für einen NTC mit dem Nennwert 1 kΩ bei der Nenntemperatur von 25 °C erhält man etwa folgendes Diagramm:

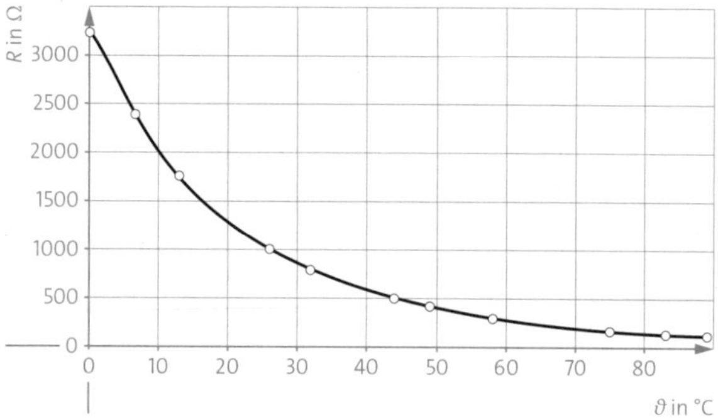

Cornelsen/newVISION! GmbH Bernhard A. Peter, Pattensen

c) Man misst zuerst für bekannte Temperaturen ϑ den Widerstand R des Heißleiters und erstellt daraus eine R-ϑ-Kennlinie wie in b). Anschließend kann man eine unbekannte Temperatur messen. Dazu vergleicht man den gemessenen Widerstand mit der R-ϑ-Kennlinie und liest dort die zugehörige Temperatur ab.

V5 Leitfähigkeit von Wasser

Destilliertes Wasser leitet den elektrischen Strom nicht. Normales Trinkwasser und mit Zucker versetztes Trinkwasser haben eine bessere Leitfähigkeit aufgrund der im Wasser gelösten Mineralien.
Salzwasser leitet den elektrischen Strom am besten.
Schaltplan:

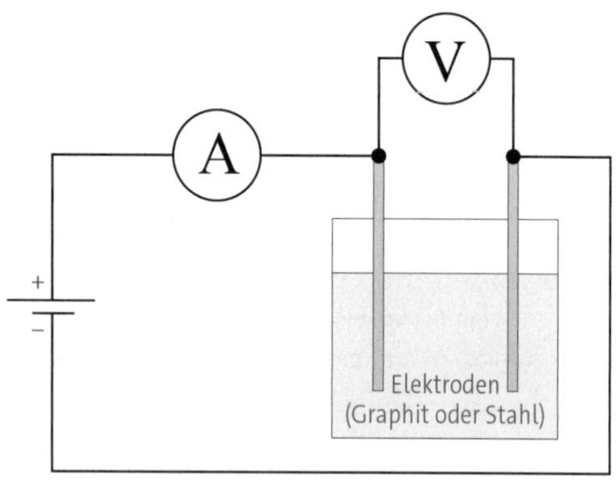

Cornelsen/newVISION! GmbH Bernhard A. Peter, Pattensen

Material A – Widerstand und Kennlinie

A1 a) Bei einem Festwiderstand wurde bei einer Spannung von 4,0 V eine Stromstärke von 1,2 mA gemessen. Berechne den Widerstandswert.
b) Berechne die Spannung, damit die Stromstärke 10 mA beträgt.
c) Berechne die Stromstärke bei einer Spannung von 24 V.

a) Gegeben: $U = 4{,}0$ V, $I = 1{,}2$ mA = 0,0012 A.
Gesucht: Widerstand R.

$$R = \frac{U}{I} = \frac{4{,}0\ \text{V}}{0{,}0012\ \text{A}} \approx 3300\ \Omega$$

b) Gegeben: $I = 10$ mA = 0,010 A, $R = 3300\ \Omega$.
Gesucht: Spannung U.

$U = I \cdot R = 0{,}010\ \text{A} \cdot 3300\ \Omega = 33$ V.

c) Gegeben: $U = 24$ V, $R = 3300\ \Omega$.
Gesucht: Stromstärke I.

$$I = \frac{U}{R} = \frac{24\ \text{V}}{3300\ \Omega} = 0{,}0072\ \text{A} = 7{,}2\ \text{mA}.$$

Alternative Argumentation: Die Spannung bei gleichem Widerstand ist 6-mal so hoch, also ist die Stromstärke auch 6-mal so groß, folglich $I = 7{,}2$ mA.

A2 Bei den obigen Schaltungen aus zwei gleichen Widerständen wird an der markierten Stelle ein weiterer gleicher Widerstand eingesetzt. Erläutere, wie sich jeweils die Gesamtstromstärke und der Gesamtwiderstand ändern.

1) Ein weiterer Widerstand erhöht den Gesamtwiderstand der Reihenschaltung. Die Stromstärker wird daher geringer.
2) Wie 1).
3) Der Widerstand in der Leitung mit R_1 wird größer. Die Stromstärke in diesem Teilstück wird geringer. Dagegen verändert sich der Widerstand in der Leitung mit R_2 nicht. Die Stromstärke in diesem Teilstück ändert sich also nicht (vorausgesetzt, die Spannung der Batterie bleibt gleich). Somit wird die Gesamtstromstärke kleiner und der Gesamtwiderstand wird größer.
4) Durch den Widerstand wird die Gesamtstromstärke kleiner, der Gesamtwiderstand somit größer.

A3 Welche der obigen Schaltungen eignen sich für eine Widerstandsmessung? Begründe.

Schaltung 1) ist falsch, da Spannungsmessgerät und Stromstärkemessgerät vertauscht sind.
Schaltung 2) ist falsch, da das Stromstärkemessgerät falsch eingebaut ist.
Schaltung 3) ist korrekt: Das Stromstärkemessgerät ist in den Stromkreis eingebaut und das Spannungsmessgerät zwischen die Anschlüsse der Lampe. Aus Stromstärke und Spannung kann man den Widerstand berechnen.
Schaltung 4) ist falsch, da das Spannungsmessgerät falsch eingebaut ist.

A4 Eine Glühlampe hat die Aufschrift 4 V/0,2 A. Erkläre, was man damit über den Widerstand der Glühlampe aussagen kann.

Die Aufschrift bedeutet: Wenn man die Glühlampe an eine elektrische Energiequelle mit der Spannung von 4 V anschließt, dann beträgt die elektrische Stromstärke durch die Lampe 0,2 A. Aus diesen beiden Werten lässt sich der Widerstand der Glühlampe bei einer Spannung von 4 V berechnen: $R = U/I = 4\ \text{V}/0{,}2\ \text{A} = 20\ \Omega$.

A5 Viktor hat die Stromstärke einer Glühlampe in Abhängigkeit von der Spannung gemessen.
a) Zeichne die I-U-Kennlinie.

b) Bestimme die Stromstärke bei einer Spannung von 3,0 V.

c) Bei welcher Spannung beträgt die Stromstärke 2,5 A?

d) Berechne für jedes gemessene Wertepaar den Widerstand. Zeichne die *R*-*U*-Kennlinie.

a) *I*-*U*-Kennlinie.

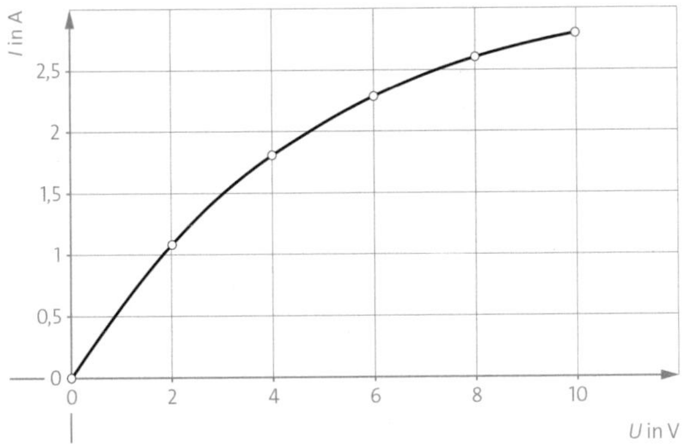

Cornelsen/newVISION! GmbH Bernhard A. Peter, Pattensen

b) Der *I*-*U*-Kennlinie entnimmt man, dass die Stromstärke bei einer Spannung von 3,0 V etwa 1,4 A beträgt.

c) Eine Stromstärke von 2,5 A wird bei einer Spannung von etwa 7,0 V erreicht.

d)

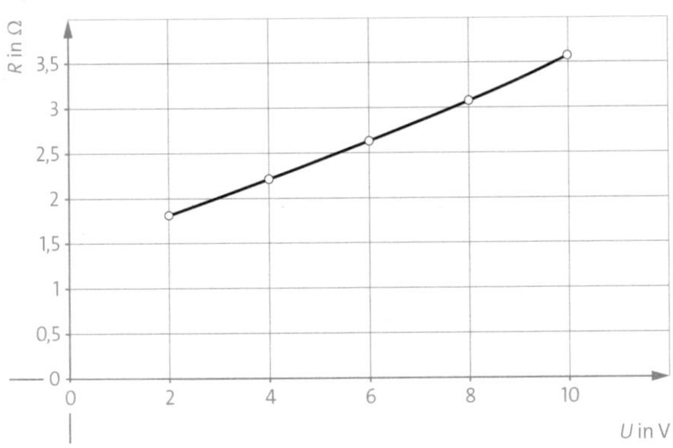

Cornelsen/newVISION! GmbH Bernhard A. Peter, Pattensen

A6 Bei einem Versuch mit verschiedenen Materialien wurden obige *I*-*U*-Kennlinien gemessen. Skizziere die *R*-*U*-Kennlinien. Welche Informationen über den Widerstand kann man diesen Kennlinien entnehmen?

Hellgrau: Der Widerstand steigt mit zunehmender Spannung. Mit der Spannung steigt auch die Stromstärke. Daraus ergibt sich eine zunehmende Erwärmung, die zu einem größeren Widerstand führt.

Schwarz: Der Widerstand ist konstant niedrig, unabhängig von der Spannung und der Stromstärke. Eine Erwärmung ändert den Widerstand nicht.

Mittelgrau: Der Widerstand ist konstant hoch, unabhängig von der Spannung und der Stromstärke. Eine Erwärmung ändert den Widerstand nicht.

Dunkelgrau: Der Widerstand nimmt mit zunehmender Spannung ab. Mit der Spannung steigt die Stromstärke zunächst wenig, dann immer stärker. Die sich daraus ergebende Erwärmung führt bei diesem Material zu einem kleineren Widerstand.

U in *V*	0,00	2,00	4,00	6,00	8,00	10,00
I in *A*	0,00	1,10	1,80	2,30	2,60	2,80
R in *Ω*	–	1,9	2,2	2,6	3,1	3,6

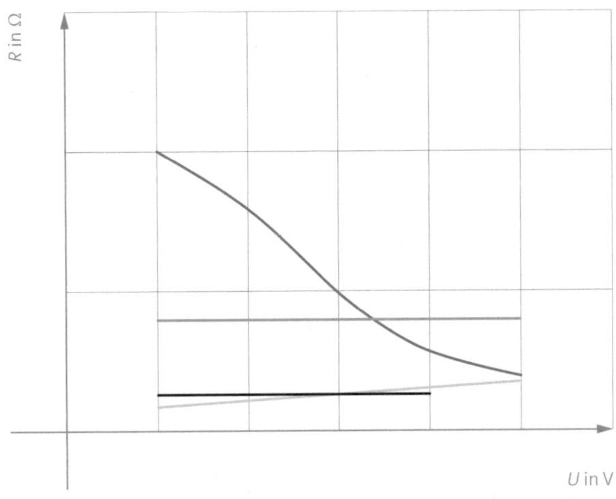

Cornelsen/newVISION! GmbH Bernhard A. Peter, Pattensen

Material B – Widerstand von Drähten

B1 Beschreibe in Worten, wie sich der Widerstand eines Drahts bei Verdopplung (Verdreifachung) der Länge bzw. bei Verdopplung (Verdreifachung) der Querschnittsfläche ändert.

Bei Verdopplung der Drahtlänge wird der Widerstand des Drahts doppelt so groß. Bei Verdreifachung der Drahtlänge wird der Widerstand dreimal so groß.

Bei Verdopplung der Querschnittsfläche wird der Widerstand halbiert. Bei Verdreifachung der Querschnittsfläche ist der Widerstand nur noch ein Drittel des ursprünglichen Werts.

B2 Eine Heckenschere (230 V/1,7 A) ist an ein 50 m-Verlängerungskabel angeschlossen. Berechne den Widerstand des Kabels (Kupfer, Querschnittsfläche $A = 1{,}5\ \text{mm}^2$) und vergleiche mit dem Widerstand der Heckenschere. Erkläre, wie sich der Widerstand des Kabels auf den Betrieb der Heckenschere auswirkt.

Zunächst bestimmt man aus dem Wertepaar (230 V/1,7 A) den Widerstand der Heckenschere:

$R_{\text{Schere}} = U/I = 230\ \text{V}/1{,}7\ \text{A} = 135\ \Omega$.

Aus der Tabelle entnimmt man den Wert des spezifischen Widerstands von Kupfer. Mit diesem und mit Länge und Querschnitt berechnet man den Widerstand des Kabels:

$$\rho_{Cu} = 0{,}017\ \Omega \cdot \frac{mm^2}{m}$$

$$R = 0{,}017\ \Omega \cdot \frac{mm^2}{m} \cdot \frac{50\ m}{1{,}5\ mm^2} = 0{,}57\ \Omega$$

Der Widerstand des Kabels ist vernachlässigbar klein gegenüber dem Widerstand der Heckenschere. Er hat keinen Einfluss auf den Betrieb der Schere.

B3 Eine Glühlampe (6 V/5 A) soll mit dem 50 m-Kabel aus Aufgabe B2 an ein Netzgerät angeschlossen werden. Berechne, welche Spannung man einstellen muss, damit die Lampe normal hell leuchtet.

Der Widerstand der Glühlampe beträgt:

$R = U/I = 6\ V/5\ A = 1{,}2\ \Omega$.

Er ist nur etwa doppelt so groß wie der Widerstand des Kabels (ca. 0,6 Ω). Der Kabelwiderstand darf nicht mehr vernachlässigt werden.

Kabel und Glühlampe haben zusammen einen Widersand von etwa 1,8 Ω. Die Stromstärke soll 5 A betragen. Daraus ergibt sich die notwendige Spannung zu:

$U = R \cdot I = 1{,}8\ \Omega \cdot 5\ A = 9\ V$.

B4 a) Berechne für die in der Tabelle aufgeführten Materialien, wie lang ein Draht mit einer Querschnittsfläche von 2,5 mm² sein muss, damit sein Widerstand exakt 1 Ω beträgt.

b) Stelle die Ergebnisse in einem Säulendiagramm dar.

c) Woran erkennt man an diesem Diagramm die guten und die weniger guten Leiter?

a) Um die notwendige Länge zu ermitteln, muss man die Formel für den Widerstand nach der Länge l auflösen und die entsprechenden Werte einsetzen.

$l = \frac{R \cdot A}{\rho}$ für R wird 1 Ω und für $A = 2{,}5\ mm^2$ eingesetzt.

$$\text{Silber: } l = \frac{1\ \Omega \cdot 2{,}5\ mm^2}{0{,}016\ \Omega \cdot \frac{mm^2}{m}} = \frac{2{,}5}{0{,}016}\ m = 156\ m$$

$$\text{Kupfer: } l = \frac{1\ \Omega \cdot 2{,}5\ mm^2}{0{,}017\ \Omega \cdot \frac{mm^2}{m}} = \frac{2{,}5}{0{,}017}\ m = 147\ m$$

$$\text{Aluminium: } l = \frac{1\ \Omega \cdot 2{,}5\ mm^2}{0{,}028\ \Omega \cdot \frac{mm^2}{m}} = \frac{2{,}5}{0{,}028}\ m = 89\ m$$

$$\text{Eisen, Stahl: } l = \frac{2{,}5}{0{,}1}\ m = 25\ m \text{ bis } l = \frac{2{,}5}{0{,}5}\ m = 5\ m$$

$$\text{Konstantan: } l = \frac{2{,}5}{0{,}5}\ m = 5\ m$$

b)

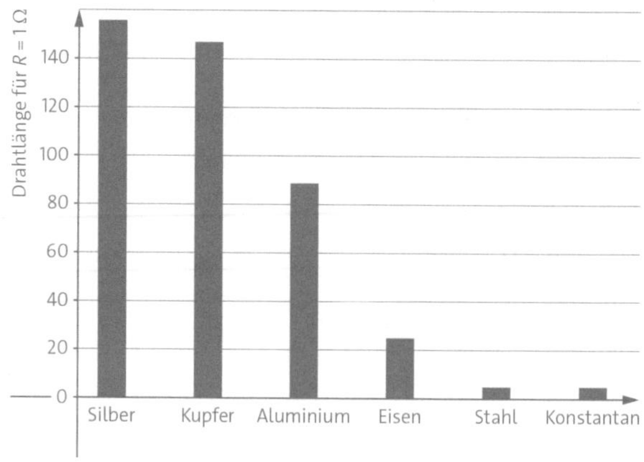

Cornelsen/newVISION! GmbH Bernhard A. Peter, Pattensen

c) Die guten Leiter erkennt man an den hohen Säulen. Eine hohe Säule entspricht einem langen Draht, wobei alle Drähte denselben Widerstand von 1 Ω haben. Das Material eines langen Drahts hat einen geringen spezifischen Widerstand als das Material eines kurzen Drahts mit demselben Widerstand.

B5 Das erste Seekabel von Europa nach Amerika wurde 1866 verlegt. Es war 5100 km lang und bestand im Innern aus einem Kupferleiter mit 22,9 mm² Querschnittsfläche. Berechne die Stromstärke im Kabel, wenn aus Sicherheitsgründen nur eine Spannung von 100 V verwendet werden konnte.

$$R = 0{,}017\ \Omega \cdot \frac{mm^2}{m} \cdot \frac{5\ 100\ 000\ m}{22{,}9\ mm^2} = 3786\ \Omega$$

$$I = \frac{U}{R} = \frac{100\ V}{3786\ \Omega} = 0{,}026\ A = 26\ mA$$

Parallel- und Reihenschaltung

Seite 148

1 Durch Verschieben des Gleitkontakts kann man das Potenzial φ_A am mittleren Anschluss des Potenziometers verändern (▷Bild 02).

a) Formuliere dazu einen Je-desto-Satz.

b) Skizziere in einem Diagramm die Abhängigkeit des Potenzials von der Position des Gleitkontakts.

a) Je näher der Gleitkontakt am Pluspol ist, desto höher ist das Potenzial.

b) Diagramm:

Cornelsen/newVISION! GmbH Bernhard A. Peter, Pattensen

Seite 149 (Material)

Material A – Widerstand bei Reihen- und Parallelschaltung

A1 Die Widerstände R_1 = 1,0 kΩ und R_2 = 333 Ω sind in Reihe an eine Spannung von 12 V angeschlossen.
a) Berechne den Ersatzwiderstand, die Stromstärke und die Teilspannungen an den Widerständen.
b) Drei gleiche Drähte werden in Reihe geschaltet. Begründe mit einer Gleichung, dass sich der Ersatzwiderstand im Vergleich zur Schaltung mit einem Draht verdreifacht.

a) Gegeben: Reihenschaltung aus R_1 = 1000 Ω und R_2 = 333 Ω, Spannung der Quelle U_Q = 12 V;
Gesucht: R_E, I, U_1 und U_2.
Berechnung des Ersatzwiderstands:
$R_E = R_1 + R_2 = 1000\,\Omega + 330\,\Omega = 1333\,\Omega$
Berechnung der Stromstärke:

$$R_E = \frac{U_Q}{I} \quad | \cdot I \;|: R_E$$

$$I = \frac{U_Q}{R_E} = \frac{12\,\text{V}}{1333\,\Omega} = 9{,}0\,\text{mA}$$

Berechnung der Teilspannungen:
$U_1 = R_1 \cdot I = 1000\,\Omega \cdot 0{,}0090\,\text{A} = 9{,}0\,\text{V}$
$U_2 = R_2 \cdot I = 333\,\Omega \cdot 0{,}0090\,\text{A} = 3{,}0\,\text{V}$
Addiert man die beiden Teilspannungen, ergibt sich die Spannung der elektrischen Quelle. Das muss bei einer Reihenschaltung so sein.
b) Drei gleiche in Reihe geschaltete Drähte können durch einen dreimal so langen Draht ersetzt werden. Da der Widerstand eines Drahts proportional zur Drahtlänge ist, verdreifacht sich sein Widerstand. Diese Überlegung stimmt mit der Berechnung des Ersatzwiderstandes mit der Gleichung $R_E = R_1 + R_2 + R_3$ überein.

A2 Die Widerstände R_1 = 1,0 kΩ und R_2 = 333 Ω sind parallel an eine Spannung von 12 V angeschlossen.
a) Berechne den Ersatzwiderstand, die Gesamtstromstärke und die Teilstromstärken durch die beiden Widerstände.
b) Zwei gleiche Drähte werden parallelgeschaltet. Begründe mit einer Gleichung, dass sich der Ersatzwiderstand im Vergleich zur Schaltung mit einem Draht halbiert.

a) Gegeben: Parallelschaltung aus R_1 = 1000 Ω und R_2 = 333 Ω, Spannung der Quelle U_Q = 12 V;
Gesucht: R_E, I_{ges}, I_1 und I_2.
Berechnung des Ersatzwiderstands:

$$\frac{1}{R_E} = \frac{1}{R_1} + \frac{1}{R_2} = \frac{1}{1000\,\Omega} + \frac{1}{333\,\Omega} = 0{,}0040\,\frac{1}{\Omega}.$$

Durch Kehrwertbildung erhält man den Ersatzwiderstand:

$$R_E = \left(0{,}0040\,\frac{1}{\Omega}\right)^{-1} = 250\,\Omega$$

Berechnung der Gesamtstromstärke:

$$I = \frac{U_Q}{R_E} = \frac{12\,\text{V}}{250\,\Omega} = 48\,\text{mA}$$

Berechnung der Teilstromstärken:

$$I_1 = \frac{U_Q}{R_1} = \frac{12\,\text{V}}{1000\,\Omega} = 12\,\text{mA}$$

$$I_2 = \frac{U_Q}{R_2} = \frac{12\,\text{V}}{333\,\Omega} = 36\,\text{mA}.$$

Addiert ergeben die beiden Teilstromstärken die Gesamtstromstärke. Bei einer Parallelschaltung muss das so sein.
b) Zwei gleiche parallel geschaltete Drähte können durch einen Draht mit doppeltem Querschnitt (nicht doppeltem Radius!) ersetzt werden. Da der Widerstand eines Drahts umgekehrt proportional zum Querschnitt ist, halbiert sich der Widerstand. Diese Überlegung stimmt mit der Berechnung des Ersatzwiderstandes mit der Gleichung

$$\frac{1}{R_E} = \frac{1}{R_1} + \frac{1}{R_2} \text{ überein.}$$

A3 Begründe ohne Rechnung, welcher der Widerstandswerte 1 bis 4 der Ersatzwiderstand der unten gezeigten Schaltung ist.
1: 48 Ω, 2: 240 Ω, 3: 620 Ω, 4: 1140 Ω.
Bei einer Parallelschaltung ist der Ersatzwiderstand kleiner als der kleinste Einzelwiderstand, da der kleinste Einzelwiderstand 60 Ω beträgt, muss der Ersatzwiderstand 48 Ω sein.

A4 Eine Lampe ist an einen Akku angeschlossen. Sie leuchtet normal hell.
a) Beschreibe, was sich ändert, wenn eine zweite gleichartige Lampe in Reihe zur bereits vorhandenen Lampe geschaltet wird.
b) Beschreibe, was sich ändert, wenn eine zweite gleichartige Lampe parallel zu der vorhandenen Lampe geschaltet wird.
c) Bei welcher Schaltung ist die Stromstärke größer? Erkläre mit dem Ersatzwiderstand.

a) Durch die Reihenschaltung der zweiten gleichartigen Lampe verdoppelt sich der Gesamtwiderstand, und somit halbiert sich die Stromstärke durch die Lampen. Beide Lampen leuchten nur schwach.

b) Durch die Parallelschaltung der zweiten gleichartigen Lampe ist jede Lampe direkt am Akku angeschlossen. Beide Lampen leuchten normal hell.

c) Bei der Reihenschaltung ist der Ersatzwiderstand doppelt so groß wie von einer Lampe, somit halbiert sich die Stromstärke durch die Lampen. Bei der Parallelschaltung halbiert sich der Ersatzwiderstand, und somit verdoppelt sich die Gesamtstromstärke.

A5 Es ist $R_1 = 100\ k\Omega$, $R_2 = 3{,}3\ k\Omega$ und $R_3 = 100\ \Omega$. Schätze den Wert des Ersatzwiderstands bei Reihenschaltung bzw. bei Parallelschaltung der drei Widerstände. Kontrolliere dann jeweils durch eine Rechnung.

Gegeben: $R_1 = 100\ k\Omega$, $R_2 = 3{,}3\ k\Omega$ und $R_3 = 100\ \Omega$;
Gesucht: R_E bei Reihen- und Parallelschaltung.
Ersatzwiderstand bei Reihenschaltung:
Schätzung: Bei einer Reihenschaltung ist der Ersatzwiderstand größer als der größte Einzelwiderstand. Der größte Einzelwiderstand beträgt $R_1 = 100\ k\Omega$. Da die beiden anderen Einzelwiderstände gegenüber diesem Widerstand sehr klein sind, können sie bei der Summe $R_1 + R_2 + R_3$ vernachlässigt werden. Der Ersatzwiderstand bei Reihenschaltung beträgt also etwa 100 kΩ.
Rechnung:

$$R_E = R_1 + R_2 + R_3 = 100\ k\Omega + 3{,}3\ k\Omega + 0{,}1\ k\Omega$$
$$= 103{,}4\ k\Omega \approx 100\ k\Omega$$

Ersatzwiderstand bei Parallelschaltung:
Schätzung: Bei einer Parallelschaltung ist der Ersatzwiderstand kleiner als der kleinste Einzelwiderstand. Der kleinste Einzelwiderstand beträgt $R_3 = 100\ \Omega$. Da die beiden anderen Widerstände gegenüber diesem Widerstand sehr groß sind, können sie bei der Summe der Kehrwerte $1/R_1 + 1/R_2 + 1/R_3$ vernachlässigt werden. Der Ersatzwiderstand bei Parallelschaltung beträgt als etwa 100 Ω.
Rechnung:

$$\frac{1}{R_E} = \frac{1}{R_1} + \frac{1}{R_2} + \frac{1}{R_3}$$
$$= \frac{1}{100\ k\Omega} + \frac{1}{3{,}3\ k\Omega} + \frac{1}{0{,}1\ k\Omega} = 10{,}3\ \frac{1}{k\Omega}$$
$$\frac{1}{R_E} = \frac{1}{10{,}3\ k\Omega} = 0{,}097\ k\Omega = 97\ \Omega \approx 100\ \Omega$$

A6 In der unten abgebildeten Schaltung ist $R_1 = 38\ \Omega$, $R_2 = 20\ \Omega$, $R_3 = 30\ \Omega$ und $U_0 = 10\ V$.
a) Berechne die Gesamtstromstärke.
b) Bestimme die Spannung an den Widerständen R_1 bis R_3.

a) R_2 und R_3 sind parallel geschaltet
Ersatzwiderstand $R_{2,3}$ von R_2 und R_3:

$$\frac{1}{R_{2,3}} = \frac{1}{R_2} + \frac{1}{R_3} = \frac{1}{20\ \Omega} + \frac{1}{30\ \Omega} \approx 0{,}08330\ \frac{1}{\Omega},$$

somit $R_{2,3} \approx 12\ \Omega$. Der Ersatzwiderstand $R_{2,3}$ ist in Reihe geschaltet mit $R1$. Berechnung Ersatzwiderstand $R_{1,2,3}$:

$$R_{1,2,3} = R_1 + R_{2,3} = 38\ \Omega + 12\ \Omega = 50\ \Omega$$

Damit ergibt sich die Gesamtstromstärke zu:

$$I_{ges} = \frac{U_0}{R_{1,2,3}} = \frac{10\ V}{50\ \Omega} = 0{,}20\ A.$$

b) Spannung an R_1:
$U_1 = R_1 \cdot I_{ges} = 38\ \Omega \cdot 0{,}20\ A = 7{,}6\ V$
Wegen der Parallelschaltung sind die Spannungen an R_2 und R_3 gleich:
$U_2 = U_3 = U_0 - U_1 = 10\ V - 7{,}6\ V = 2{,}4\ V.$

A7 a) Berechne in der Schaltung unten die Stromstärke an der Stelle A.
b) Der 10 Ω Widerstand wird durch einen 100 Ω Widerstand ersetzt. Erkläre, ob die Stromstärke dadurch an der Stelle B kleiner wird, größer wird oder gleich groß bleibt.

a) Durch eine andere Anordnung in der Schaltskizze ist klar, dass sowohl R_1 und R_2 als auch R_3 und R_4 parallelgeschaltet und dann als Reihenschaltung verbunden sind.
Ersatzwiderstand
$R_{1,2}$:

$$\frac{1}{R_{1,2}} = \frac{1}{R_1} + \frac{1}{R_2} = \frac{1}{10\ \Omega} + \frac{1}{40\ \Omega}$$
$$= 0{,}125\ \frac{1}{\Omega} \rightarrow R_{1,2} = 8\ \Omega$$

Ersatzwiderstand $R_{3,4}$:

$$\frac{1}{R_{3,4}} = \frac{1}{R_3} + \frac{1}{R_4} = \frac{1}{20\ \Omega} + \frac{1}{20\ \Omega} = 0{,}10\ \frac{1}{\Omega} \rightarrow R_{3,4} = 10\ \Omega$$

Reihenschaltung $R_{1,2}$ und $R_{3,4}$:
$R_{1,2,3,4} = R_{1,2} + R_{3,4} = 8\ \Omega + 10\ \Omega = 18\ \Omega.$
Stromstärke in A:

$$I_{ges} = \frac{U_0}{R_{1,2,3,4}} = \frac{12\ V}{18\ \Omega} = 0{,}67\ A.$$

Stromstärke in B:
Die Gesamtstromstärke wird aufgeteilt in zwei Teilströme durch R_3 und R_4. Da $R_3 = R_4$ ist, teilt sich die Gesamtstromstärke in zwei gleiche Teilstöme auf.

$$I_B = \frac{I_{ges}}{2} = 0{,}33\ A$$

b) Wird R_1 durch 100 Ω ersetzt, wird der Ersatzwiderstand $R_{1,2}$ größer ($R_{1,2} = 28{,}6\ \Omega$), dadurch wird die Gesamtstromstärke kleiner und da die Stromstärke an der Stelle B die halbe Gesamtstromstärke ist ($I_B = \frac{I_{ges}}{2}$), wird auch die Stromstärke an der Stelle B kleiner.

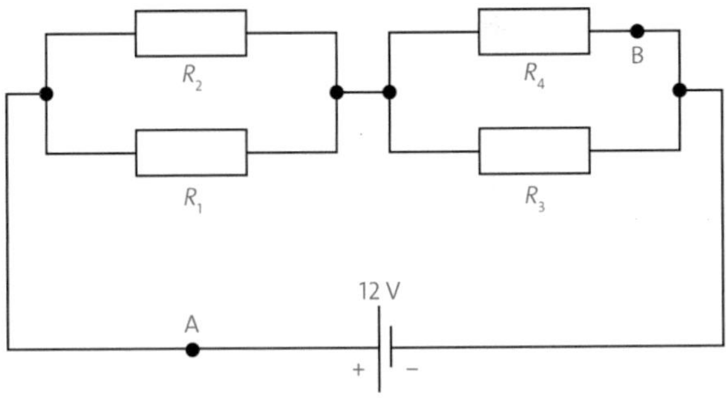

Cornelsen/newVISION! GmbH Bernhard A. Peter, Pattensen

Material B – Schaltungen mit Potenziometer

B1 a) ▹Bild 05 zeigt das Prinzip einer elektrischen Füllstandsanzeige im Auto. Erkläre die Funktionsweise der Anzeige.
b) Wie muss ein Spannungsmessgerät in die Schaltung eingebaut werden, damit die angezeigte Spannung den Füllstand des Tanks anzeigt?
a) Sinkt der Füllstand des Benzintanks ab, so senkt sich auch der Schwimmer auf dem Benzin und damit der Abgriff B am Potenziometer.
b) Das Spannungsmessgerät muss zu den Punkten B und C parallel geschaltet werden. Ist der Schwimmer oben (Tank ist voll), dann ist auch die Spannung U_{BC} maximal. Sinkt der Schwimmer nach unten, so wird die Spannung U_{BC} kleiner.

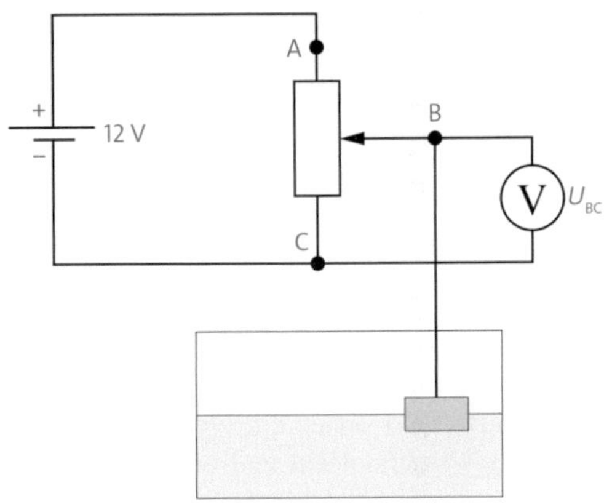

Cornelsen/newVISION! GmbH Bernhard A. Peter, Pattensen

B2 Zwei Leuchtdioden sind mit einem Schutzwiderstand und einem Potenziometer entsprechend ▹Bild 06 geschaltet. Erläutere, wie sich die Stellung des Potenziometers auf die Helligkeit der LEDs auswirkt.
Ist der Mittenanschluss ganz links, so leuchtet die linke LED sehr hell, die rechte LED ist dunkel. Wird der Anschluss nach rechts bewegt, so nimmt die Helligkeit der linken LED ab und die der rechten LED zu. In der Position ganz rechts ist die linke LED dunkel und die rechte LED leuchtet sehr hell.

3 Elektrizitätsleitung und Elektronik

Elektrizitätsleitung

Seite 151

1 Wenn man in einen Stromkreis Drähte aus unterschiedlichen Metallen einbaut, dann vermischen sich die Metalle niemals. Diese Beobachtung bestätigt die Hypothese von den Elektronen als beweglichen Ladungsträgern. Erkläre.
Metalle bestehen aus negativen Elektronen und aus positiven Atomrümpfen, also Atomen, denen ein Elektron fehlt. Wären die Atomrümpfe beweglich, dann müssten sich die Atomrümpfe der unterschiedlichen Metalle mischen, z. B. müssten Kupferatomrümpfe in einen anschließenden Eisendraht eindringen. Dies hat man niemals beobachtet. Folglich }können die Atomrümpfe nicht beweglich sein. Daher bleiben nur die Elektronen als bewegliche Ladungsträger.

Seite 153 (Material)

Material A – Modelle zum elektrischen Strom

A1 Überlege für jedes Modell:
a) Wird der Stromkreis als Ganzes betrachtet?
b) Wird die Elektrizitätsleitung im Detail betrachtet?
c) Lässt es sich zur Reihen- und Parallelschaltung erweitern?
a) Das Wasserstromkreis-, das Fahrradketten- und das Säulenmodell betrachten den Stromkreis als Ganzes. Beim Elektronenmodell liegt der Fokus nicht auf dem Stromkreis als Ganzes. Es kann aber dazu erweitert werden.
b) Die Elektrizitätsleitung im Detail wird nur im Elektronenmodell betrachtet.
c) Das Wasserstromkreis- und das Säulenmodell können leicht zur Reihen- und Parallelschaltung erweitert werden. Mit dem Wasserstromkreismodell können die Gesetzmäßigkeiten für die Stromstärke erklärt werden (bei der Reihenschaltung $I_1 = I_2 = I_3 = \ldots$, bei der Parallelschaltung $I_{ges} = I_1 + I_2 + I_3 + \ldots$). Mit dem Säulenmodell können dagegen die Gesetze für die Spannung erklärt werden (bei der Reihenschaltung $U_Q = U_1 + U_2 + U_3 + \ldots$, bei der Parallelschaltung $U_1 = U_2 = U_3 = \ldots = U_Q$). Das Elektronenmodell kann ebenfalls zu einem Stromkreis mit Reihen- und Parallelschaltung erweitert werden. Allerdings kann man die Gesetzmäßigkeiten für Stromstärke und Spannung nicht so einfach erklären. Das Fahrradkettenmodell kann nicht einfach zu einer Reihen- oder Parallelschaltung erweitert werden.

A2 Welche Modelle eignen sich,
a) um die Energieübertragung im Stromkreis zu beschreiben?
b) um zu erklären, dass eine Änderung an einer Stelle im Stromkreis sich sofort auf den gesamten Stromkreis auswirkt?
c) um zu erklären, dass der Widerstand eines Drahtes von seiner Dicke und Länge abhängt?
d) um zu erklären, dass der Widerstand eines metallischen Drahtes von der Temperatur abhängt?
e) um den glühelektrischen Effekt zu erklären?

a) Um die Energieübertragung zu beschreiben, eignet sich das Fahrradkettenmodell am besten. So wie die Energie im Fahrradkettenmodell vom vorderen auf das hintere Zahnrad übertragen wird, wird die Energie im Stromkreis von der Batterie zur Lampe übertragen.

b) Dafür eignet sich das Wasserstromkreismodell am besten. Wenn der Schlauch an irgendeiner Stelle zusammengedrückt wird, dann in einem Wort die Wasserstromstärke sofort im ganzen Wasserstromkreis. Analog verringert sich die elektrische Stromstärke im elektrischen Stromkreis sofort, wenn man an irgendeiner Stelle den Widerstand erhöht.

c) Die Abhängigkeit des Widerstands von Dicke und Länge des Drahts kann ebenfalls mit dem Wasserstromkreismodell erklärt werden. Der Strömungswiderstand eines Schlauchs ist umso größer, je dünner und länger er ist. Genauso ist es mit dem elektrischen Widerstand eines Drahts, der umso größer ist, je dünner und länger dieser ist.

d) Die Abhängigkeit des Widerstands eines Drahts von der Temperatur kann nur mit dem Elektronenmodell erklärt werden. In diesem Modell wird die Elektronenbewegung umso mehr gehemmt, je heftiger die Atome schwingen.

e) Beim glühelektrischen Effekt treten aus einem glühenden Draht negative Ladungsträger aus. Dies kann nur im Elektronenmodell erklärt werden. Nur in diesem Modell werden überhaupt Ladungsträger betrachtet.

A3 Gib für jedes Modell, wenn sinnvoll, eine Beschreibung der folgenden physikalischen Größen:
a) Stromstärke,
b) Potenzial,
c) Spannung,
d) Widerstand.

	Wasserstromkreismodell	Fahrradkettenmodell	Säulenmodell	Elektronenmodell
a) Stromstärke	Wassermenge, die pro Sekunde durch einen Schlauchquerschnitt fließt	Anzahl der Kettenglieder, die pro Sekunde eine Stelle passieren	nicht einfach möglich	Anzahl der Elektronen, die pro Sekunde durch einen Leiterquerschnitt fließen
b) Potenzial	Wasserdruck	Kettenspannung	Höhe	nicht einfach möglich
c) Spannung (Potenzialunterschied)	Wasserdruckunterschied	Unterschied der Kettenspannung	Höhenunterschied	nicht einfach möglich
d) Widerstand	Strömungswiderstand z. B. einer Engstelle	nicht einfach möglich	nicht einfach möglich	Engstelle für Elektronen im Draht

A4 Erkläre, wenn möglich, die Stromwirkungen mit einem geeigneten Modell. Welche der Wirkungen kann mit keinem dieser Modelle erklärt werden?
a) Wärmewirkung,
b) magnetische Wirkung,
c) chemische Wirkung.

a) Im Elektronenmodell stoßen die Elektronen gegen die schwingenden Atome des Drahts. Dabei übertragen sie Energie auf die Atome. Diese schwingen dadurch heftiger und die Temperatur des Drahts nimmt zu.

b) Die magnetische Wirkung kann mit keinem der Modelle erklärt werden.

c) Es gibt unterschiedliche chemische Wirkungen. Eine davon ist z. B. die Knallgasbildung. Dabei werden Wassermoleküle in Wasserstoff und Sauerstoff zerlegt. Dies kann nur im Elektronenmodell erklärt werden. Dabei nehmen positive H_3O^+-Ionen ein Elektron auf. Dadurch entstehen ein Wassermolekül und ein Wasserstoffatom. Negative OH^--Ionen geben ein Elektron ab. Wenn zwei solcher Moleküle jeweils ein Elektron abgeben, entsteht ein Wassermolekül und ein Sauerstoffatom.

H_3O^+-Ionen → H_3O^+-Ionen
OH^--Ionen → OH^--Ionen

Material B – Kennlinien eines Eisendrahts in Luft und in Wasser

B1 a) Zeichne die beiden *I-U*-Kennlinien für den Eisendraht in Luft und in Wasser in ein Diagramm.
b) Beschreibe die Kennlinien.
c) Erkläre die unterschiedlichen Verläufe.

a)

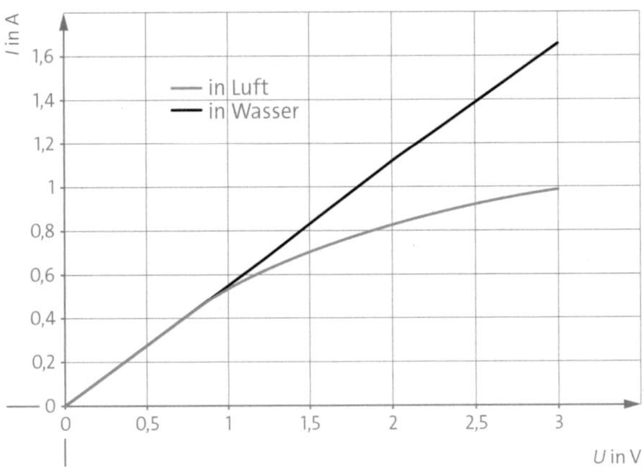

Cornelsen/newVISION! GmbH Bernhard A. Peter, Pattensen

b) Die *I*-*U*-Kennlinie des Drahts in Luft ist eine sich abflachende Kurve. Die Kennlinie in Wasser ist eine Ursprungsgerade. Im Ursprung haben beide Kennlinien dieselbe Steigung.

c) Für den Draht in Luft steigt mit zunehmender Spannung und damit zunehmender Stromstärke die Temperatur des Drahts (Wärmewirkung des Stroms). Damit nimmt auch der Widerstand des Drahts zu. Da der Widerstand immer größer wird, nimmt die Stromstärke mit zunehmender Spannung immer weniger zu. Wenn der Draht in Wasser getaucht wird, ist seine Temperatur annähernd konstant. Damit ist auch der Widerstand konstant. Folglich ist die Stromstärke proportional zur Spannung.

B2 a) Übertrage die Tabellen in dein Heft. Berechne jeweils den Widerstand in Abhängigkeit von der Spannung. Zeichne die beiden *R*-*U*-Kennlinien in ein Diagramm.

b) Beschreibe und erkläre die Kennlinien.

a) Draht in Luft

U in *V*	0	0,5	1,0	1,5	2,0	2,5	3,0
I in *A*	0	0,28	0,54	0,71	0,83	0,93	0,99
R in *Ω*	–	1,79	1,85	2,11	2,41	2,69	3,03

Draht in Wasser

U in *V*	0	0,5	1,0	1,5	2,0	2,5	3,0
I in *A*	0	0,28	0,55	0,83	1,12	1,38	1,65
R in *Ω*	–	1,79	1,82	1,81	1,79	1,81	1,82

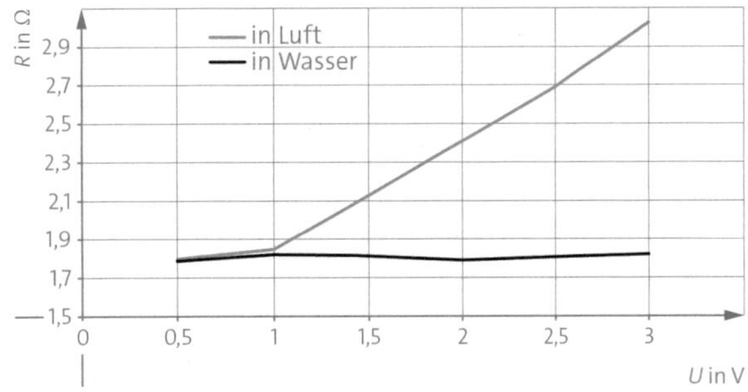

Cornelsen/newVISION! GmbH Bernhard A. Peter, Pattensen

b) Die *R*-*U*-Kennlinien bestätigen die Überlegungen aus Aufgabe B1. Für den Draht in Luft ist die Kennlinie zuerst flach und steigt dann leicht an. Dies kann dadurch erklärt werden, dass der Widerstand des Drahts mit zunehmender Temperatur ebenfalls zunimmt. Für den Draht in Wasser ist die Kennlinie eine waagrechte Gerade. Dies liegt daran, dass die Temperatur des Drahts im Wasser konstant ist.

B3 Der Eisendraht ist 0,50 m lang und 0,20 mm dick. Bestimme den spezifischen Widerstand von Eisen bei 20 °C.

Für den Widerstand eines Drahts gilt $R = \rho \frac{l}{A}$.

Daraus folgt:

$$R = \rho \frac{l}{A} \Leftrightarrow R \cdot A = \rho \cdot l \Leftrightarrow \frac{R \cdot A}{l} = \rho$$

Für den Widerstand bei 20 °C erhält man als Mittelwert aus der Tabelle aus B2 für den Draht in Wasser 1,8 Ω. Der Querschnitt des Drahts ist kreisförmig. Also gilt:

$$A = \pi \cdot r^2 \quad \Rightarrow \quad \rho = \frac{R \cdot A}{\ell} = \frac{R \cdot \pi \cdot r^2}{\ell} = \frac{1{,}8\,\Omega \cdot \pi \cdot (0{,}10\,\text{mm})^2}{0{,}50\,\text{m}} = 0{,}11\,\frac{\Omega \cdot \text{mm}^2}{\text{m}}$$

Halbleiter

Seite 155

1 Auch beim Halbleiter werden die beweglichen Ladungsträger umso mehr gebremst, je heftiger die Atome schwingen. Dennoch nimmt der Widerstand mit zunehmender Temperatur nicht zu, sondern ab. Erkläre.

Mit zunehmender Temperatur nimmt die Zahl der beweglichen Ladungsträger im Halbleiter stark zu. Dieser Effekt ist so ausgeprägt, dass der Widerstand im Halbleiter trotz der ebenfalls zunehmenden Stöße mit den schwingenden Atomen abnimmt.

Seite 156

1 Silicium wird mit Stickstoff, Kohlenstoff oder Aluminium dotiert. Erläutere, wie sich dies auf Art und Anzahl der beweglichen Ladungsträger auswirkt.

Bei der Dotierung mit Stickstoff aus der V. Hauptgruppe des Periodensystems erhält man einen n-Halbleiter mit vielen Elektronen als Ladungsträger.
Die Dotierung mit Kohlenstoff aus der IV. Hauptgruppe ändert die Art und Zahl der Ladungsträger gegenüber reinem Silicium nicht. Man erhält einen Halbleiter mit einer temperaturabhängigen Anzahl von Elektronen und Löchern.
Bei einer Dotierung mit Aluminium aus der III. Hauptgruppe ergibt sich ein p-Halbleiter mit vielen Löchern als Ladungsträger.

Seite 157 (Material)

Versuche – Licht- und temperaturabhängige Widerstände

V1 Lichtabhängige Spannung

Hinweis: Dieser Versuch dient der Vorbereitung von Transistorschaltungen wie der Dämmerungsschaltung (s. S. 169, V2). Der Festwiderstand sollte zwischen dem Dunkelwiderstand und dem Hellwiderstand des LDRs liegen.

a) Beobachtung: Bei stärkerer Beleuchtung nimmt die Spannung am Festwiderstand zu. Verringert man die Beleuchtung z. B. durch Abdunkeln mit der Hand, so nimmt die Spannung ab.
Erklärung: Der LDR R_1 und der Festwiderstand R_2 bilden eine Spannungsteilerschaltung. Die beiden Teilspannungen U_1 am LDR und U_2 am Festwiderstand addieren sich zur Spannung des Akkus.
$U_1 + U_2 = U_{\text{Akku}}$.
Das Verhältnis der Teilspannungen hängt von den Widerständen ab. Es gilt:

$$\frac{U_1}{U_2} = \frac{R_1}{R_2}$$

Bei stärkerer Beleuchtung nimmt der Widerstand R_1 des LDRs ab. Damit nimmt die Spannung U_1 am LDR ab. Da die beiden Teilspannungen addiert die Spannung des Akkus ergeben müssen, nimmt die Spannung U_2 am Festwiderstand zu.

b) Beobachtung: Bei stärker Beleuchtung nimmt die Spannung am LDR ab, bei schwächerer Beleuchtung nimmt sie zu.
Erklärung: Durch die stänkere Beleuchtung nimmt der Widerstand des LDRs ab und damit nimmt wie oben erklärt auch die Spannung am LDR ab. Entsprechendes gilt bei schwächerer Beleuchtung.

V2 Clevere Lichterkette

Hinweis: Das Gelingen dieses beeindruckenden Versuchs hängt entscheidend von der Wahl des Heißleiters ab. Der Widerstand bei Raumtemperatur sollte im Kilo-Ohm-Bereich liegen, z. B. 1,8 kΩ. Die Spannung des Netzgeräts muss genügend groß sein, z. B. 18 V. Dies bedingt wiederum die Wahl der Glühlampen.

a) Beobachtung: Unmittelbar nach Herausdrehen der Lampe geht die Stromstärke auf etwa 10 mA zurück und die Lampen gehen aus. Nach einiger Zeit nimmt die Stromstärke erst langsam, dann immer schneller zu. Die Helligkeit der verbleibenden Lampen nimmt entsprechend zu. Am Ende erreicht die Stromstärke wieder etwa 100 mA wie vor dem Herausdrehen der Lampe. Die beiden anderen Lampen leuchten wieder normal hell.

b) Erklärung: Siehe Aufgabe A3.

Material A – Heißleiter

A1 Ein Heißleiter R_1 und ein Festwiderstand R_2 sind in Reihe geschaltet und an eine Energiequelle mit konstanter Spannung angeschlossen.
a) Zeichne einen Schaltplan.
b) Beschreibe, wie sich die Spannung U_1 am Widerstand R_1 ändert, wenn die Temperatur zu- bzw. abnimmt.
c) Beantworte die Frage für die Spannung U_2 am Widerstand R_2.

a) Schaltplan:

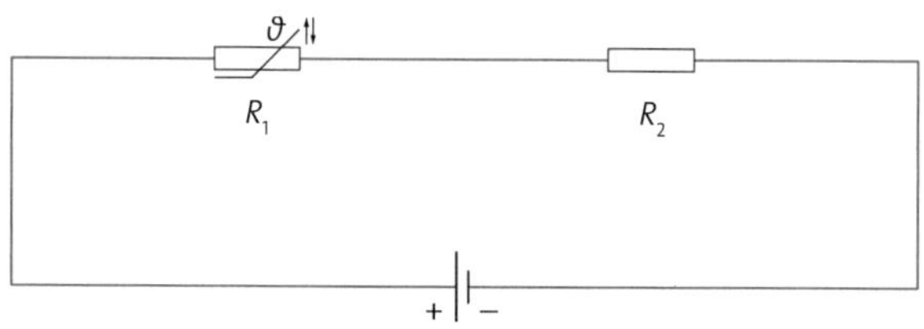

Cornelsen/Atelier tigercolor Tom Menzel, Scharbeutz/Klingenberg

b) Bei zunehmender Temperatur nimmt der Widerstand R_1 des Heißleiters ab, folglich nimmt auch die Teilspannung U_1 ab. Bei abnehmender Temperatur nimmt U_1 zu.

c) Da die Gesamtspannung konstant ist, verhält sich die Teilspannung U_2 umgekehrt wie die Teilspannung U_1: Bei zunehmender Temperatur nimmt U_2 zu, bei abnehmender Temperatur nimmt U_2 ab.

A2 Ein Heißleiter hat bei Raumtemperatur einen Widerstand von 1,8 kΩ. Er wird an eine Energiequelle mit einer Spannung von 6 V angeschlossen.
a) Berechne die Stromstärke unmittelbar nach dem Anschließen.
b) Begründe, dass die Stromstärke mit der Zeit immer mehr zunimmt.
c) Ein Heißleiter darf nicht direkt an eine elektrische Energiequelle angeschlossen werden. Begründe.

a) Gegeben: Widerstand bei Raumtemperatur $R = 1{,}8\ \text{k}\Omega$, Spannung $U = 6$ V;
Gesucht: Stromstärke I beim Anschließen.

$$R = \frac{U}{I} \quad | \cdot I \mid : R$$

$$I = \frac{U}{R} = \frac{6\text{ V}}{1800\,\Omega} = 3{,}3\text{ mA}.$$

b) Durch die Wärmewirkung des elektrischen Stroms erwärmt sich der Heißleiter. Dadurch nimmt der Widerstand des Heißleiters ab und die Stromstärke nimmt zu. Durch die zunehmende Stromstärke erwärmt sich der Heißleiter weiter und der Widerstand nimmt noch mehr ab und die Stromstärke nimmt noch mehr zu. Durch diese sogenannte Rückkopplung steigt die Stromstärke immer weiter an.

c) Wenn ein Heißleiter direkt an eine elektrische Energiequelle angeschlossen wird, dann erwärmt er sich immer weiter, bis er zerstört wird.

A3 Bei Weihnachtslichterketten sind viele Glühlampen in Reihe geschaltet. Wenn eine Lampe durchbrennt, müsste eigentlich die ganze Kette ausgehen. Damit das nicht passiert, baut man zu jeder Lampe einen parallel geschalteten Heißleiter ein. Das Prinzip zeigt ▹Bild 04.

a) Im Normalzustand, also wenn die Lampen alle leuchten, sind die Heißleiter kalt und der Strom geht praktisch nur durch die Lampen. Erkläre.

b) Brennt eine Lampe durch, so ist die Spannung am entsprechenden Heißleiter zuerst sehr groß. Begründe.

c) Die Stromstärke durch den Heißleiter nimmt mit der Zeit immer mehr zu. Begründe. Was folgt daraus für die Lampen? Erkläre.

a) Zu jeder Glühlampe ist ein Heißleiter parallel geschaltet. Bei Raumtemperatur ist der Widerstand eines Heißleiters sehr viel größer als der einer Lampe. Die Teilstromstärke durch den Heißleiter ist damit viel kleiner als die durch die Lampe. Folglich geht der Strom praktisch nur durch die Lampen und die Lampen leuchten alle korrekt.

b) Wenn eine Lampe durchbrennt, dann ist der zugehörige Heißleiter in Reihe zu den anderen Lampen mit jeweiligen Heißleitern geschaltet. In dieser Reihenschaltung ist der Widerstand des Heißleiters sehr viel größer als der Ersatzwiderstand aus einer Lampe mit parallelem Heißleiter. Folglich ist auch die Teilspannung am Heißleiter am größten.

c) Kurz nach dem Durchbrennen einer Lampe ist der zugehörige Heißleiter noch kalt, sein Widerstand ist groß und folglich ist die Stromstärke trotz der großen Teilspannung am Heißleiter noch klein. Durch die Wärmewirkung des Stroms nimmt die Temperatur des Heißleiters zu und damit sein Widerstand ab. Folglich nimmt die Stromstärke mit der Zeit immer mehr zu und gleichzeitig nimmt die Teilspannung am Heißleiter immer mehr ab. Mit zunehmender Stromstärke leuchten die Lampen immer heller. Zuletzt sind die Teilspannungen am Heißleiter und an den Lampen gleich und die Lampen leuchten in ihrer normalen Helligkeit.

Material B – Elektrizitätsleitung

B1 a) Fülle die Tabelle aus.

b) Beschreibe, wie sich positive bzw. negative Ladungsträger im Stromkreis bewegen.

c) Die Richtung des elektrischen Stroms ist immer gleich. Erkläre mit Guthaben- und Schuldenströmen.

a) Tabelle

Material	bewegliche Ladungsträger	sind vorhanden bzw. entstehen durch
Kochsalzlösung	positive und negative Ionen	sind immer vorhanden
Metall	negative Elektronen	sind immer vorhanden
undotierter Halbleiter	negative Elektronen und positive Löcher	entstehen durch Wärme oder Licht
n-dotierter Halbleiter	negative Elektronen	sind immer vorhanden
p-dotierter Halbleiter	positive Löcher	sind immer vorhanden

b) Positive Ladungsträger bewegen sich vom Pluspol der elektrischen Energiequelle durch den äußeren Stromkreis zum Minuspol. Negative Ladungsträger bewegen sich vom Minuspol durch den äußeren Stromkreis zum Pluspol.

c) Die Bewegung der positiven Ladungsträger entspricht einem Guthabenstrom vom Plus- zum Minuspol. Dagegen entspricht die Bewegung der negativen Ladungsträger einem Schuldenstrom vom Minus- zum Pluspol. Ein Schuldenstrom vom Minus- zum Pluspol ist aber gleichbedeutend wie ein Guthabenstrom vom Plus- zum Minuspol. Also ist die Stromrichtung bei beiden Ladungsträgern gleich.

Leuchtdioden und andere Dioden

Seite 160

1 Eine rote, gelbe und grüne LED sollen in Reihe an einer 9-V-Batterie betrieben werden. Berechne den Vorwiderstand.

Zuerst bestimmt man mithilfe der Kennlinien die nötigen Spannungen der LEDs bei der Nennstromstärke von 20 mA. ▹ Bild 02 entnimmt man:

$U_{\text{rot}} = 2{,}0\text{ V}$, $U_{\text{gelb}} = 2{,}08\text{ V}$, $U_{\text{grün}} = 2{,}2\text{ V}$.

In Reihe geschaltet benötigt man für die drei LEDs die Summe der einzelnen Spannungen, also etwa 6,3 V. Da die Spannung der Batterie 9 V beträgt, muss am Vorwiderstand eine Spannung von $U_R = 2{,}7\text{ V}$ anliegen. Damit folgt für den Vorwiderstand:

$$R = \frac{U_R}{I} = \frac{2{,}7\text{ V}}{0{,}020\text{ A}} = 135\,\Omega.$$

Seite 161 (Material)

Versuche – Versuche mit Leuchtdioden

V1 Polungsanzeiger

a) Mögliche sinnvolle Beschriftung:
Grün: A Plus, B Minus,
Rot: A Minus, B Plus.

b) Leuchtet die LED 1, dann ist A der Pluspol und B der Minuspol. Leuchtet die LED 2, so ist es umgekehrt.

c) Bei Wechselspannung leuchten beide LEDs. Wenn man genau hinschaut, dann erkennt man, dass die LEDs flackern. Dies liegt daran, dass bei Wechselspannung die Stromrichtung 100-mal in der Sekunde wechselt. Daher leuchten die grüne und die rote LED abwechselnd auf.

V2 Zwei-Wege-Gleichrichtung

a) –

b) Ist A positiv und B negativ gepolt, so leuchten die LEDs 1 und 4. Die Stromrichtung durch den Widerstand zeigt von C nach D. Folglich ist C positiv und D negativ gepolt.
Überprüfung mit dem Spannungsmessgerät: Schließt man C an die Buchse V und D an die Buchse COM, so erhält man einen Zeigerausschlag nach rechts bzw. einen positiven Wert.

c) Bei Vertauschung der Polung leuchten die LEDs 2 und 3. Die Stromrichtung durch den Widerstand zeigt weiterhin von C nach D. Die Überprüfung bestätigt die Vorhersage.

d) Beobachtung: Bei einer Wechselspannung leuchten alle vier LEDs. Das Spannungsmessgerät zeigt eine Gleichspannung an.
Erklärung: Bei einer Wechselspannung ändert sich ständig die Stromrichtung. Daher leuchten die LEDs 1 und 4 im Wechsel mit den LEDs 2 und 3. Die Stromrichtung durch den Widerstand ist aber immer gleich. Daher bleibt die Polung von C und D ebenfalls gleich. Die Anordnung aus den vier LEDs wirkt als Zwei-Wege-Gleichrichter.

Material A – LEDs und Vorwiderstand

A1 ▸ Bild 07 A und B zeigt zwei Möglichkeiten, um zwei baugleiche LEDs anzuschließen. Die Spannung der Quelle beträgt 6 V. Die LEDs benötigen eine Spannung von 2,2 V und eine Stromstärke von 20 mA.

a) Berechne die Widerstände.

b) Bewerte Vor- und Nachteile der beiden Schaltungen.

a) Gegeben: $U_Q = 6$ V, $U_{LED} = 2{,}2$ V, $I_{LED} = 0{,}020$ A;
gesucht: Vorwiderstände.
Parallelschaltung (▸ Bild 07A):
Berechnung der Spannung am Vorwiderstand:
$U_R = U_Q - U_{LED} = 6\text{ V} - 2{,}2\text{ V} = 3{,}8\text{ V}.$
Berechnung des Vorwiderstands:

$$R = \frac{U_R}{I} = \frac{3{,}8\text{ V}}{0{,}020\text{ A}} = 190\ \Omega.$$

Reihenschaltung (▸ Bild 07B):
Berechnung der Spannung am Vorwiderstand:
$U_R = U_Q - U_{LED} - U_{LED} = 6\text{ V} - 2{,}2\text{ V} - 2{,}2\text{ V} = 1{,}6\text{ V}.$
Berechnung des Vorwiderstands:

$$R = \frac{U_R}{I} = \frac{1{,}6\text{ V}}{0{,}020\text{ A}} = 80\ \Omega.$$

b) Bei der Parallelschaltung kann man die LEDs einzeln ein- und ausschalten, bei der Reihenschaltung geht das nicht.

A2 Drei LEDs (rot, gelb, grün) sollen an einer Spannung von 6 V betrieben werden. Die LEDs sollen sich einzeln ein- und ausschalten lassen. Zeichne einen Schaltplan. Berechne die erforderlichen Vorwiderstände. Verwende dazu die Kennlinien von ▸ Bild 02 auf der linken Seite.

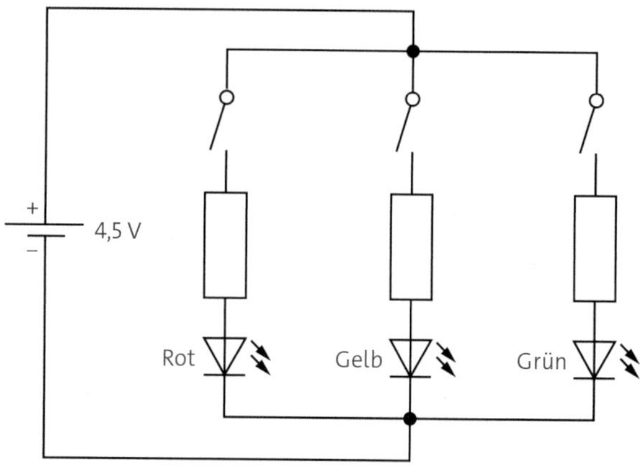

Cornelsen/newVISION! GmbH Bernhard A. Peter, Pattensen

Mithilfe der Kennlinien von ▸ Bild 02 auf S. 160 bestimmt man die nötigen Spannungen der LEDs bei der Nennstromstärke von 20 mA:
$U_{rot} = 2{,}0$ V, $U_{gelb} = 2{,}08$ V, $U_{grün} = 2{,}2$ V.
Für die Vorwiderstände erhält man:
Rote LED:

$$R_{rot} = \frac{U_R}{I} = \frac{U_Q - U_{rot}}{I} = \frac{6{,}0\text{ V} - 2{,}0\text{ V}}{0{,}020\text{ A}} = 200\ \Omega$$

Gelbe LED:

$$R_{gelb} = \frac{U_R}{I} = \frac{U_Q - U_{gelb}}{I} = \frac{6{,}0\text{ V} - 2{,}08\text{ V}}{0{,}020\text{ A}} = 196\ \Omega$$

Grüne LED:

$$R_{grün} = \frac{U_R}{I} = \frac{U_Q - U_{grün}}{I} = \frac{6{,}0\text{ V} - 2{,}2\text{ V}}{0{,}020\text{ A}} = 190\ \Omega$$

Technische Widerstände gibt es nur in gewissen Abstufungen, z. B. 180 Ω, 220 Ω, 270 Ω ... In der Praxis verwendet man den nächstgrößeren Widerstand, hier also jeweils 220 Ω.

Material B – Dioden und Lampen bei Gleich- und Wechselstrom

B1 a) In der Schaltung links wird eine Gleichspannung zwischen die Anschlüsse A und B angelegt. Dabei ist A der Plus- und B der Minuspol. Gib an, welche Lampen leuchten.
b) Zwischen A und B wird eine Wechselspannung angelegt. Gib an, welche Lampen leuchten. Mache eine Aussage über die relative Helligkeit der baugleichen Lampen.
a) Es leuchten die Lampen L_1 und L_2.
b) Bei Wechselspannung leuchten alle Lampen. Dabei leuchtet L_1 heller als L_2 und L_3, da die Dioden vor den Lampen L_2 und L_3 den Strom nur in 50 % der Zeit durchlassen.

Seite 162 (Blickpunkt)

1 60 Solarzellen sind zu einem Strang in Reihe, 40 Stränge sind parallel geschaltet. Berechne Leerlaufspannung, Kurzschlussstromstärke und maximale Leistung.
Leerlaufspannung: Bei der Reihenschaltung der Solarzellen zu einem Strang addieren sich die einzelnen Leerlaufspannungen. Bei der Parallelschaltung der Stränge bleibt die Leerlaufspannung gleich. Also beträgt die Leerlaufspannung des Moduls:
$U_L = 60 \cdot 0{,}5\ V = 30\ V$.
Kurzschlussstromstärke: Bei der Reihenschaltung bleibt die Kurzschlussstromstärke gleich, bei der Parallelschaltung addiert sie sich. Also beträgt die Kurzschlussstromstärke des Moduls:
$I_K = 40 \cdot 2{,}2\ A = 88\ A$.
Maximale Leistung: Die maximale Leistung lässt sich abschätzen als Produkt von Leerlaufspannung und Kurzschlussstromstärke zu:
$P = U_L \cdot I_K = 2{,}6\ kW$.

Seite 163 (Methode)

1 Bestimme die von der Glühlampe im ▸ Bild 04 abgegebene Leistung.
Die Spannung an der Lampe beträgt 3,8 V, die Stromstärke 4,6 A. Damit erhält man für die Leistung:
$P = U \cdot I = 17{,}5\ W$.

2 Wie müsste die *I*-*U*-Kennlinie einer elektrischen Quelle aussehen, damit $P = U_L \cdot I_K$ gilt?
Die *I*-*U*-Kennlinie müsste rechteckförmig sein, d. h. die Stromstärke müsste für $U < U_L$ konstant gleich I_K und bei $U = U_L$ schlagartig null sein.

Transistoren steuern Ströme

Seite 165

1 Erkläre, warum durch das Gate kein Strom fließt.
Zwischen Gate und Substrat liegt eine isolierende Oxidschicht. Daher kann kein Strom durch das Gate weiter zum Substrat fließen.

2 Wenn man die Drain-Source-Spannung umpolt, dann leitet der MOSFET immer. Erkläre anhand ▸ Bild 05 B.
Bei umgekehrter Polung der Drain-Source-Spannung ist der p-n-Übergang zwischen Drain und Substrat in Durchlassrichtung geschaltet. Außerdem sind Substrat und Source leitend miteinander verbunden. Daher spielt es keine Rolle, dass der p-n-Übergang zwischen Substrat und Source in Sperrrichtung geschaltet ist.

Seite 166 (Blickpunkt)

1 Ändere die Schaltung von ▸ Bild 03 zu einer Dämmerungsschaltung ab, die bei Dunkelheit automatisch eine Lampe einschaltet.

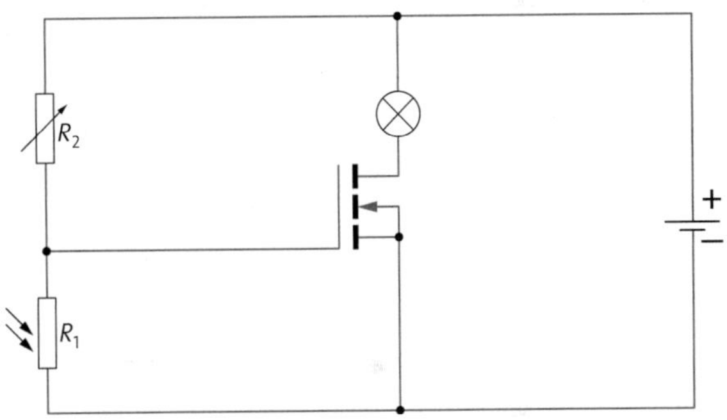

Cornelsen/Atelier tigercolor Tom Menzel, Scharbeutz/Klingenberg

2 Entwirf einen Schaltplan für eine temperaturgesteuerte Heizung, die bei niedriger Temperatur eine Heizspirale einschaltet.

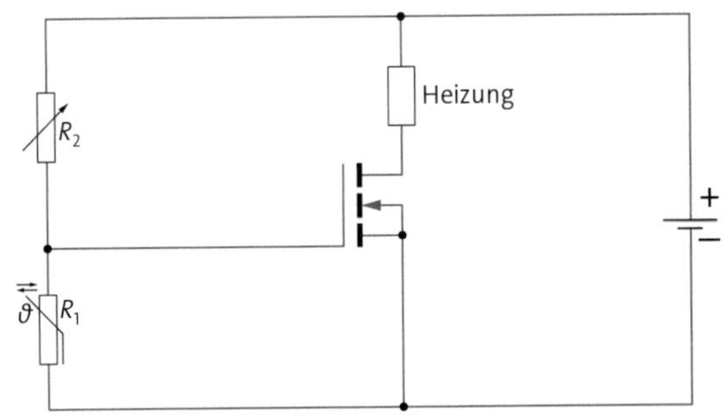

Cornelsen/Atelier tigercolor Tom Menzel, Scharbeutz/Klingenberg

Seite 167 (Material)

Versuche – Versuche mit MOSFETs

V1 Magische Hände

Hinweis: Für diesen Versuch werden zwei baugleiche MOSFETs sowie zwei Glühlampen (z. B. 6 V/0,1 A) benötigt. Falls die MOSFETs intern oder extern mit Schutzdioden und Widerständen gegen elektrostatische Aufladung geschützt sind, bleibt der leitende Zustand ohne Gateanschluss nicht lange bestehen, da die Ladung vom Gate über die Schutzschaltung abfließen kann.

a) Beobachtung: Verbindet man mit den Händen die Punkte B und A miteinander, so beginnt die Lampe zu leuchten. Die Lampe leuchtet auch dann noch, wenn man die Hände wieder entfernt. Erst wenn man B mit C verbindet, dann geht die Lampe wieder aus.

Erklärung: Mit dem Gate kann der MOSFET ein- und ausgeschaltet werden. Ist das Gate positiv geladen, so leitet der MOSFET. Dazu reicht es, wenn eine geringe Ladung über die Hände vom Pluspol zum Gate fließen kann. Die positive Ladung bleibt auf dem Gate gespeichert. Der MOSFET leitet also auch dann noch, wenn man die Hände wieder entfernt. Durch eine Verbindung zum Minuspol kann die positive Ladung wieder abfließen und der MOSFET sperrt.

b) Beobachtung: Es leuchtet immer nur eine der beiden Lampen, entweder L_1 oder L_2. Durch Verbinden des Punktes B mit A geht L_1 an und L_2 aus, durch Verbinden mit C geht L_1 aus und L_2 an.

Erklärung: Der MOSFET T_1 steuert die Lampe L_1, der MOSFET T_2 die Lampe L_2. L_1 und T_1 stellen eine Spannungsteilerschaltung für den Gateanschluss von T_2 dar. Wenn L_1 nicht leuchtet, dann ist die Teilspannung an L_1 gleich null und die Teilspannung an T_1 gleich der Batteriespannung. Damit ist auch die Gatespannung von T_2 groß, T_2 leitet und L_2 leuchtet. Leuchtet L_1, so ist die Teilspannung an L_1 viel größer als die Teilspannung an T_1. Dann ist aber auch die Gatespannung von T_2 klein, T_2 sperrt und L_2 leuchtet nicht.

Zusammengefasst gilt, dass der zweite Transistor immer dann leitet, wenn der erste Transistor sperrt, und dann sperrt, wenn der erste leitet. Andererseits bilden L_2 und T_2 eine Spannungsteilerschaltung für den Gateanschluss von T_1. Daraus folgt, dass auch der Transistor T_1 immer dann leitet oder sperrt, wenn der Transistor T_2 sperrt bzw. leitet.

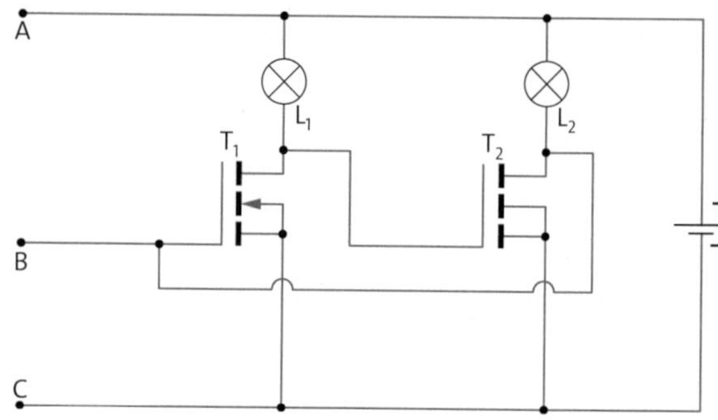

Cornelsen/Atelier tigercolor Tom Menzel, Scharbeutz/Klingenberg

V2 Dämmerungsschaltung

Hinweis: Der Erfolg der Versuche hängt von der richtigen Einstellung des verstellbaren Widerstands ab. Bei a) sollte die Lampe zu Versuchsbeginn gerade nicht leuchten. Bei b) dagegen muss die Lampe zu Versuchsbeginn mit etwa normaler Helligkeit leuchten.

a) Beobachtung: Wenn man den LDR abdunkelt, dann leuchtet die Lampe.

Erklärung: Durch das Abdunkeln nimmt der Widerstand des LDR zu. Dadurch nimmt auch die Gatespannung zu. Der Transistor beginnt zu leiten und die Lampe leuchtet.

b) Beobachtung: Verändert man den Abstand von Lampe und LDR, so verändert sich auch die Helligkeit der Lampe. Für jeden Abstand stellt sich eine bestimmte Helligkeit ein. Wenn die Lampe näher am LDR ist, leuchtet sie schwächer ohne aber jemals ganz auszugehen.

Erklärung: Durch das Beleuchten des LDR nimmt die Gatespannung ab und die Lampe leuchtet schwächer. Dadurch aber nimmt die Gatespannung nicht weiter ab und die Lampe geht nicht aus.

c) Einerseits beeinflusst die Helligkeit der Lampe die Gatespannung. Andererseits wirkt die Gatespannung auf die Helligkeit der Lampe zurück. Dadurch beeinflusst sich die Helligkeit selbst. Die Selbstbeeinflussung wirkt sowohl einem weiteren Anstieg als auch einem weiteren Abfall der Helligkeit entgegen. Deswegen spricht man von der negativen Rückkopplung.

Material A – Transistorschaltungen

A1 a) Bei Zimmerhelligkeit leuchtet die Lampe in der Schaltung ▸ Bild 04 A schwach. Wie ändert sich die Helligkeit der Lampe, wenn der LDR beleuchtet bzw. abgedunkelt wird? Begründe mithilfe der Gate-Source-Spannung.

b) Beantworte die Frage aus a) für die Schaltung ▸ Bild 04 B. Begründe deine Antwort.

c) In der Schaltung ▸ Bild 04 B ist U = 9,0 V und R_1 = 1,0 kΩ. Die Schwellenspannung des MOSFET beträgt 3,0 V. Wie groß muss R_2 mindestens sein, damit die Lampe aus ist?

d) In der Schaltung von ▸ Bild 04 C ist der Schalter zuerst offen. Begründe, dass die Lampe leuchtet. Der Schalter wird nun geschlossen. Erkläre, was mit der Lampe geschieht.

e) Beim Öffnen der Autotür geht die Innenbeleuchtung an. Erkläre, wie man die Schaltung ▸ Bild 04 C dafür verwenden kann. Wie muss man die Schaltung abändern, damit sie auch bei zwei oder mehr Türen funktioniert?

a) Wird der LDR beleuchtet, so nimmt die Gatespannung ab und der MOSFET sperrt. Die Lampe geht also aus. Wenn der LDR abgedunkelt wird, dann nimmt die Gatespannung zu und der MOSFET leitet besser, d. h. die Drainstromstärke nimmt zu. Also leuchtet die Lampe heller.

b) Nun ist es genau umgekehrt: Wird der LDR beleuchtet, so nimmt die Gatespannung zu und die Lampe leuchtet heller. Wird er abgedunkelt, so nimmt die Gatespannung ab und die Lampe geht aus.

c) Damit die Lampe nicht leuchtet, darf die Gatespannung höchstens gleich der Schwellenspannung von 3,0 V sein. Für diesen Grenzfall muss am Widerstand R_1 eine Spannung von U_1 = 3,0 V anliegen und am Widerstand R_2 eine Spannung von U_2 = 6,0 V. Wegen $U_1/U_2 = R_1/R_2$, muss R_2 mindestens doppelt so groß sein wie R_1, also mindestens 2,0 kΩ.

d) Bei offenem Schalter ist der Strom durch den Widerstand gleich null (durch das Gate kann keine Ladung fließen!). Also ist auch die Spannung am Widerstand gleich null. Folglich liegt das Gate auf dem hohen Potenzial des Pluspols, der MOSFET leitet und die Lampe leuchtet. Wenn der Schalter geschlossen ist, dann gibt es einen Strom durch den Widerstand und den geschlossenen Schalter. Die Spannung am Widerstand ist gleich der Batteriespannung. Das Gate liegt also auf dem niedrigem Potenzial des Minuspols, der MOSFET sperrt und die Lampe leichtet nicht.

Alternative Erklärung: Der Schalter und der Widerstand bilden eine Spannungsteilerschaltung. Wenn der Schalter offen ist, dann ist sein Widerstand unendlich groß, d. h. die Teilspannung am offenen Schalter ist gleich der Spannung der Batterie, die Teilspannung am Widerstand gleich null. Folglich leitet der MOSFET und die Lampe leuchtet. Ist der Schalter geschlossen, dann ist sein Widerstand null, d. h. die Teilspannung am geschlossenen Schalter ist gleich null, die Teilspannung am Widerstand ist gleich der Batteriespannung. Folglich sperrt der MOSFET und die Lampe leuchtet nicht.

e) Um die Innenbeleuchtung automatisch zu schalten, muss man den Schalter so in die Tür einbauen, dass er bei geschlossener Tür geschlossen ist und bei offener Tür geöffnet ist. Bei zwei oder mehr Türen muss man zwei oder mehr Schalter in Reihe zwischen Gate und Source einbauen. Jeder dieser Schalter ist mit einer Tür gekoppelt. Sobald eine Tür geöffnet wird, öffnet sich der entsprechende Schalter, das Potenzial am Gate springt von niedrig auf hoch, der MOSFET leitet und die Lampe leuchtet.

A2 Lars vergisst des öfteren, die Topfpflanze zu gießen. Deshalb möchte er eine Schaltung bauen, die bei trockener Erde automatisch eine Warnlampe einschaltet. Seine Schaltung funktioniert aber nicht (▸ Bild 05). Finde die Fehler. Zeichne den korrekten Schaltplan.

Fehler:

- Die Schaltung stellt einen Kurzschluss dar, da Pluspol und Minuspol der Batterie direkt miteinander verbunden sind.
- Es gibt keine Spannungsteilerschaltung zur Steuerung des Transistors.

Korrigierter Schaltplan:

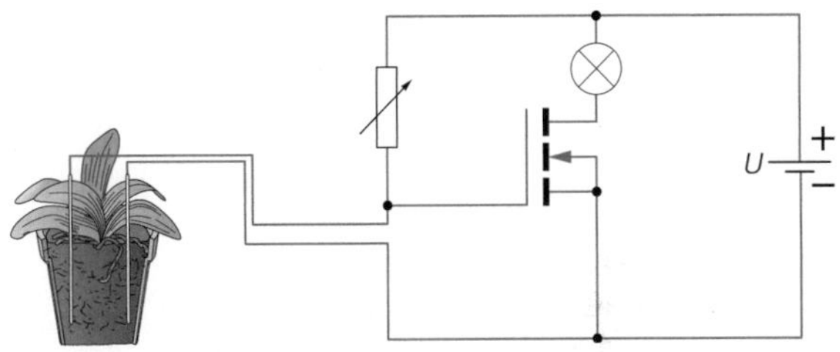

Cornelsen/Atelier tigercolor Tom Menzel, Scharbeutz/Klingenberg

Seite 169 (Blickpunkt)

1 Veranschauliche für die Schaltungen in ▸ Bild 07 für $x_1 = 0, x_2 = 1$ das Potenzial in Farbe.

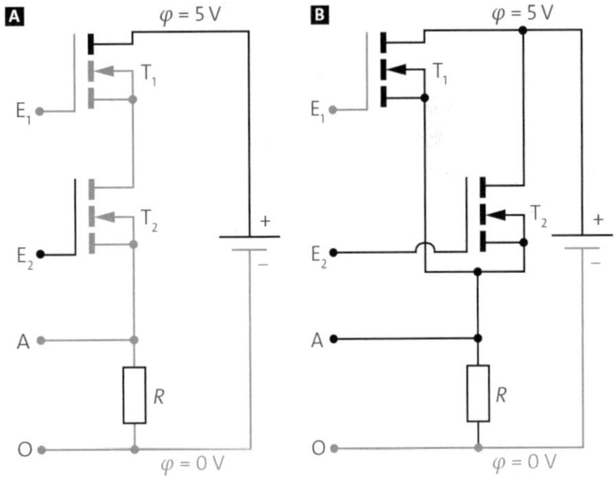

Cornelsen/newVISION! GmbH Bernhard A. Peter, Pattensen

Bewegungen

Didaktische Hinweise

Aufbau des Kapitels
„Beschreiben von Bewegungen“ deckt zum einen die Kinematik der geradlinigen Bewegungen ab, zum anderen die Beschreibung mehrdimensionaler Bewegungen insbesondere durch die Geschwindigkeit als vektorielle Größe (inkl. Vektoraddition). Der Impuls wird dann als Erhaltungsgröße bei Stößen eingeführt und auch vektoriell behandelt.

Fehlvorstellungen in der Kinematik
In der Mechanik haben die Schülerinnen und Schüler die direktesten Anknüpfungspunkte an die eigene Erfahrungswelt, aber auch die resistentesten Fehlvorstellungen. Berücksichtigt der Unterricht diese Schwierigkeiten nicht, bleibt er fast wirkungslos. Das zeigen empirische Studien ausnahmslos immer wieder. In der Bewegungslehre sind folgende Fehlvorstellungen besonders schwerwiegend:

- Geschwindigkeit und Beschleunigung werden nicht als vektorielle Größe begriffen. Das betrifft auch die Interpretation des Vorzeichens bei geradlinigen Bewegungen.
- Die Beschleunigung wird nicht als von der Geschwindigkeit getrennte Größe wahrgenommen.
- Es wird nicht zwischen Zeitpunkt (t) und Zeitdauer (Δt) bzw. Ort (s) und Strecke bzw. Ortsänderung (Δs) unterschieden.
- Die verschiedenen Bewegungsdiagramme werden nicht hinreichend unterschieden oder als Bahnkurven verstanden.

Wir nehmen hierauf Rücksicht durch die Sachstruktur des Unterkapitels „Beschreiben von Bewegungen“ und durch entsprechende Materialien und Aufgaben hierzu.

Diskrete Messwerte, Momentanwerte und kontinuierliche funktionale Zusammenhänge: Unabhängig von der Messtechnik arbeitet man in der Mechanik praktisch immer mit diskreten Messpunkten. Bei Geschwindigkeit und Beschleunigung kann man daher nur mit Differenzenquotienten arbeiten. Für die Momentanwerte bräuchte man eigentlich den Grenzwertbegriff, den die Schülerinnen und Schüler aus der Mathematik i. d. R. noch nicht kennen bzw. hier nicht zielführend anwenden können. Bei der Beschreibung geradliniger Bewegungen mit funktionalen Zusammenhängen und Diagrammen setzt man auch kontinuierliche Werte voraus. Eine Regression oder Interpolation der diskreten Messwerte wäre herfür eigentlich notwendig.

Wir berücksichtigen dies im Lauf des Unterkapitels „Beschreiben von Bewegungen“ folgendermaßen:
„Bahn und Geschwindigkeit“ thematisiert den Zusammenhang zwischen der diskreten Punktspur und der kontinuierlichen Bahnkurve. „Die Geschwindigkeit“ arbeitet zunächst mit abschnittsweise gleichförmigen Bewegungen mit in kurzen Abständen aufgenommenen, relativ genauen Realmesswerten, sodass der Übergang zu kontinuierlichen Ausgleichsgeraden leicht möglich ist. Anschließend gehen wir zur kontinuierlichen Darstellung in Diagrammen über, insbesondere um die Geschwindigkeit als Tangentensteigung plausibel zu machen. Ab hier und bei „Die Beschleunigung“ bleiben wir bei der kontinuierlichen Darstellung, da hier die Diagrammarbeit im Vordergrund steht. Die Methode „Computergestützte Messwerterfassung“ thematisiert u. a. die Schwierigkeiten beim Umgang mit diskreten Messwerten. Mit diesem Vorwissen können die Schülerinnen und Schüler beim „Modellieren von Bewegungen“ begreifen, wie es zu einer kontinuierlichen Darstellung kommt, die zudem eine Beschreibung durch funktionale Zusammenhänge erlaubt.

Vektorielle Größen
Die empirische Forschung hat gezeigt, dass den Lernenden der Schritt von den eindimensionalen Bewegungen zum Vektorkalkül kaum gelingt, während die direkte Einführung von Geschwindigkeit und Impuls als Vektorgrößen zu guten Ergebnissen führt. Die Schülerinnen und Schüler kennen Geschwindigkeits- und Kraftpfeile aus der Klasse 7/8. Das wird bei „Bahn und Geschwindigkeit“ aufgegriffen und der Begriff „Vektor“ eingeführt. „Die Geschwindigkeit“ stellt den Zusammenhang zum Vorzeichen der Geschwindigkeit bei geradlinigen Bewegungen her. „Zusammengesetzte Bewegungen“ nimmt den Faden wieder auf und führt die Vektoraddition bei Geschwindigkeiten ein, die bei „Impulse in mehreren Richtungen“ vertieft wird.

Der Impuls
Es hat sich als sinnvoll erwiesen, den Impuls als eigenständige Größe vor der Kraft einzuführen. Zum einen lassen sich viele Situationen leicht zugänglich allein mit dem Impuls beschreiben und erklären (z. B. Fortbewegungen), zum anderen kann man dann bei der Einführung der Kraft konsequent mit der Impulsänderung argumentieren.
Der Impuls wird induktiv als Erhaltungsgröße bei Stößen eingeführt. Die Schülerinnen und Schüler lernen damit die wichtigste Eigenschaft des Impulses von Anfang an kennen. Es werden inelastische Stöße behandelt, da man hier zwischen Impuls und Bewegungsenergie unterschei-

den kann. Mit halbquantitativen Formulierungen (je-desto) bei der Abhängigkeit von Masse und Geschwindigkeit ist dies nicht möglich. Komplexere Anwendungen der Impulserhaltung werden im Kapitel „Erhaltungsgrößen“ behandelt.

Methoden

S. 178 gibt anknüpfend an Klasse 7/8 einen Überblick über die Möglichkeiten, Bewegungen mit Geschwindigkeitsvektor, Bahnkurve und *s*-*t*-Diagramm zu klassifizieren und zu beschreiben.

S. 188 f erläutert Grundlagen der computergestützten Messwerterfassung und Auswertung, die über das Bedienen spezifischer Software hinausgehen.

S. 202 gibt eine Struktur für das Lösen von Aufgaben mit dem Impulserhaltungssatz.

S. 206 stellt zusammenfassend den Umgang mit vektoriellen Größen dar.

Experimentelle Hinweise

Messwerterfassung mit Sensoren von Smartphones und Tablets: Es gibt inzwischen viele Apps, die Werte der eingebauten Sensoren auslesen und didaktisch sinnvoll aufbereitet ausgeben und darstellen.

Informieren Sie sich *vor* dem Einsatz von Privatgeräten über den Versicherungsschutz!

Videoanalyse: Die Lehrmittelfirmen und andere Anbieter bieten verschiedene Software zur Videoanalyse an.

Auf folgende Punkte sollte man bei der Videoaufnahme bzw. -auswahl achten:

- Die Bewegung sollte in einer Ebene senkrecht zur optischen Achse und nicht zu nah vor der Kamera stattfinden, damit der Maßstab hinreichend konstant bleibt.
- In der Bewegungsebene muss ein Gegenstand mit bekannten Maßen mit aufgenommen werden, um den Maßstab bestimmen zu können.
- Die Belichtungszeit der Einzelbilder ist häufig so lang, dass der Körper „verschmiert“ erscheint. Meist lässt sich die Belichtungszeit nicht direkt einstellen. Allerdings kann man bei vielen Kameras und Smartphones inzwischen Videos mit höherer Frame-Rate aufnehmen, was den gleichen Effekt hat. 120 fps oder 240 fps reichen hier aus.

Für die Schülerinnen und Schüler ist es nicht einfach, eine geeignete Aufnahme zu erstellen. Es kann durchaus sinnvoll sein, ihnen Videos zur Auswertung zur Verfügung zu stellen.

Seite 175 (Kannst du es noch?)

1 Heute ist Lisa um 7.25 Uhr zuhause mit dem Rad losgefahren. Sie brauchte 12 Minuten für die 4 Kilometer zur Schule. Erkläre an diesem Beispiel den Unterschied
a) zwischen t und Δt,
b) zwischen s und Δs.
c) Finde eigene Beispiele, an denen du die beiden Unterschiede erklären kannst.
d) Berechne Lisas Geschwindigkeit in $\frac{m}{s}$.

a) t ist das Größensymbol für einen Zeitpunkt. Lisa fährt zum Zeitpunkt 7.25 Uhr los und kommt zum Zeitpunkt 7.37 Uhr an der Schule an. Mit Δt gibt man eine Zeitspanne an. Lisas Fahrt zur Schule dauert die Zeitspanne 12 Minuten.

b) s ist das Größensymbol für einen Ort. Lisa befindet sich anfangs am Ort „Zuhause" und später am Ort „Schule". Mit Δs gibt man die Strecke zwischen diesen beiden Orten an. Lisas Fahrt zur Schule geht über eine Strecke von 4 Kilometern.

c) Beispiel für den Unterschied zwischen t und Δt:
Zeitpunkt t: Beginn der Physikstunde 10.15 Uhr, Ende der Physikstunde 11.00 Uhr
Zeitspanne Δt: Dauer der Physikstunde 45 min
Beispiel für den Unterschied zwischen s und Δs:
Ort s: Startlinie beim 100-m-Lauf; Ziellinie beim 100-m-Lauf
Strecke Δs: 100 m vom Startlinie zur Ziellinie

d) Gegeben: Strecke $\Delta s = 4$ km, Zeitspanne $\Delta t = 12$ min
Gesucht: Geschwindigkeit v in m/s

$$v = \frac{\Delta s}{\Delta t} = \frac{4\text{ km}}{12\text{ min}} = \frac{4000\text{ m}}{720\text{ s}} \approx 5{,}6\,\frac{\text{m}}{\text{s}}.$$

2 Auf Landstraßen beträgt der Abstand zwischen zwei Leitpfosten 50 m. Wie kannst du damit die Geschwindigkeit eines Autos bestimmen, ohne auf den Tacho zu schauen? Beschreibe dein Vorgehen.

Man muss zusätzlich die Zeitspanne messen, die das Auto von Leitpfosten zu Leitpfosten benötigt. Für größere Genauigkeit kann man auch den zeitlichen Abstand zwischen 3 oder 4 Pfosten messen. Dazu stoppt man die Zeitspanne mit einer Armbanduhr mit Sekundenzeiger oder aber man zählt 21, 22, 23 … Anschließend dividiert man die Strecke durch die Zeitspanne.

Beispiel: Zeit für 4 Leitpfosten: $\Delta t = 3$ s,
Strecke: $\Delta s = 3 \cdot 25$ m = 75 m

$$v = \frac{75\text{ m}}{3\text{ s}} = 25\,\frac{\text{m}}{\text{s}} = 90\,\frac{\text{km}}{\text{h}}.$$

3 Ein Polizist hält eine ältere Dame im Auto an: „Sie sind in der Stadt über 70 Kilometer in der Stunde gefahren!" Da sagt die Dame: „Aber so lange bin ich doch noch gar nich unterwegs!" Überlege dir für den Polizisten eine freundliche und physikalisch korrekte Antwort.

„Ich meine ja nicht, dass Sie eine Stunde lang durch die Stadt gefahren sind. Sie sind aber mit einer Geschwindigkeit gefahren, bei der Sie in einer Stunde eine Strecke von 70 Kilometern zurückgelegt hätten."

4 a) Rechne die Werte in der Tabelle in $\frac{m}{s}$ um und ordne sie.
b) Beschreibe, welchen Vorteil es hat, alle Werte in der gleichen Einheit anzugeben.

a) Licht im

Vakuum:	300 000 km/s = 300 000 000 m/s
Erde um Sonne:	30 km/s = 30 000 m/s
Schall in Luft:	1224 km/h = 1224 · 1/3,6 m/s = 340 m/s
Fußball:	100 km/h = 100 · 1/3,6 m/s = 27,8 m/s
Auto (Stadt):	50 km/h = 13,9 m/s
Mensch (Sprint):	12 m/s
Regentropfen:	9 m/s

b) Wenn man alle Werte in der gleichen Einheit angibt, dann kann man sie gut vergleichen und sieht leichter besonders große Unterschiede.

5 Leon sagt: „Wenn ein Auto in 35 min 105 km weit fährt, dann ist es $\frac{105}{35} = 3\,\frac{m}{s}$ schnell."
a) Korrigiere Leons Lösung.
b) Schreibe eine Erklärung für ihn.

a) $v = \frac{\Delta s}{\Delta t} = \frac{105\text{ km}}{35\text{ min}} = \frac{105000\text{ m}}{2100\text{ s}} = 50\,\frac{\text{m}}{\text{s}}\left(=180\,\frac{\text{km}}{\text{h}}\right)$

b) Wenn du die Geschwindigkeit ausrechnest, darfst du nicht einfach nur die Zahlenwerte für Strecke und Zeitspanne durcheinander teilen. Damit du das richtige Ergebnis erhältst, muss du auf die Einheiten achten: Wenn du die Geschwindigkeit in Meter pro Sekunde haben möchtest, musst du auch die Strecke in Metern und die Zeitspanne in Sekunden angeben. Durch deinen Fehler hast du einen viel zu kleinen Wert für die Geschwindigkeit des Autos angegeben. Es wäre gerade mal so schnell wie ein gemütlicher Radfahrer!

6 In den USA gibt man Geschwindigkeiten in „miles per hour" (mph) an.
a) Berechne, welche Strecke man in 10 s bei 60 mph zurücklegt.
b) Erkläre, warum Aufgabe a) leichter wäre, wenn die Geschwindigkeit in $\frac{m}{s}$ angegeben wird.

a) Gegeben: $v = 60$ mph, $\Delta t = 10$ s
Gesucht: Strecke Δs nach 10 s
60 mph bedeuten: 60 miles per hour = 1 mile per minute = 1 mile per 60 seconds = 1/6 mile per 10 seconds
Nach 10 s hat man eine Strecke von 1/6 Meile zurückgelegt.

b) Wenn man die Geschwindigkeit in m/s kennt, weiß man automatisch, welche Strecke man in einer Sekunde zurücklegt. In 10 s kommt man zehnmal so weit, was eine leichte Rechnung ist.

7 a) Skizziere für folgende Bewegungen jeweils eine Punktspur
– 100-m-Lauf,
– eine Runde im Stadion,
– ein Auto fährt gleichmäßig geradeaus,
– du auf dem Weg von zuhause zur Schule,
– ein Pendel schwingt hin und her.
b) Beschreibe anhand der Punktspuren Gemeinsamkeiten und Unterschiede der Bewegungen aus a). Gehe dabei auf Bewegungsrichtung und Geschwindigkeitsbetrag ein.

a)

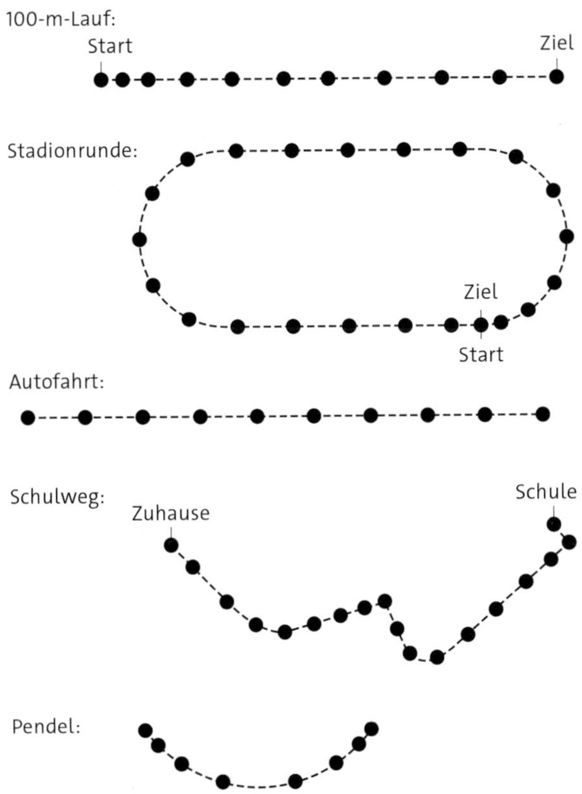

Cornelsen/ww-visuell Werner Wildermuth, Würzburg

b) Der 100-m-Lauf und die Autofahrt sind geradlinige Bewegungen, d. h., die Bewegungsrichtung ändert sich nicht. Teile der Stadionrunde sind geradlinig und (wahrscheinlich) auch Teile des Schulwegs. Das Pendel ändert seine Bewegungsrichtung ständig.
Nur bei der Autofahrt ändert sich der Geschwindigkeitsbetrag gar nicht. Beim 100-m-Lauf und der Stadionrunde ist der Geschwindigkeitsbetrag nach einer Beschleunigung am Anfang näherungsweise konstant. Beim Schulweg gibt es (wahrscheinlich) Abschnitte, in denen sich der Geschwindigkeitsbetrag nicht ändert. Beim Pendel ändert sich der Geschwindigkeitsbetrag ständig.

8 Skizziere jeweils eine Punktspur und ein *s*-*t*-Diagramm für folgende Bewegungen:
a) Eine Lok fährt vorwärts und direkt anschließend schneller zurück zum Start.
b) Die Lok fährt, bleibt stehen und fährt mit doppelter Geschwindigkeit weiter.

a)

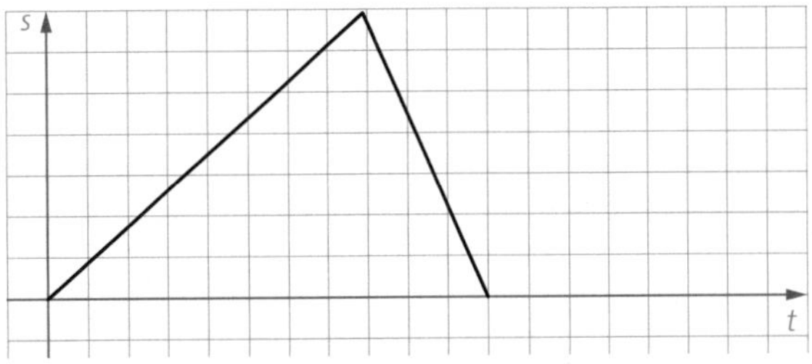

Cornelsen/ww-visuell Werner Wildermuth, Würzburg

b)

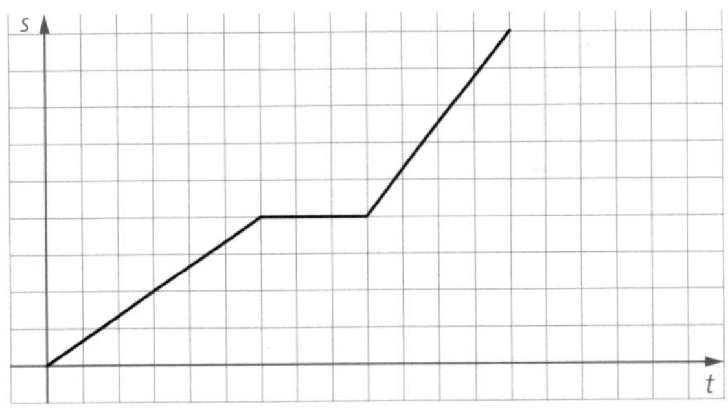

Cornelsen/ww-visuell Werner Wildermuth, Würzburg

9 Du stehst, ohne dich festzuhalten, im Bus.
a) Der Bus beschleunigt,
b) er fährt eine Rechtskurve.
Beschreibe, was mit dir jeweils passiert.

a) Man meint, man würde nach hinten umkippen, von außen betrachtet passiert aber Folgendes: Die Füße werden mit dem Bus nach vorne bewegt, während der übrige Körper zunächst an Ort und Stelle bleibt.

b) Man meint, man würde nach links fallen, von außen betrachtet passiert aber Folgendes: Die Füße bewegen sich mit dem Bus mit, während der übrige Körper weiter geradeaus fährt.

10 Lege eine Kugel in die Mitte eines glatten Tabletts und laufe damit durch deine Wohnung. Die Kugel soll dabei in der Mitte bleiben. Bei manchen Bewegungen ist das schwierig. Beschreibe und erkläre.

Beim Schneller- und Langsamerwerden und bei Richtungswechseln verharrt die Kugel in ihrer ursprünglichen Bewegung und bleibt nicht mehr in der Mitte des Tabletts. Da die Reibung zwischen Kugel und Tablett sehr klein ist, gibt es keine Einwirkung auf die Kugel, die ihre Bewegung ändert.

11 Die Raumsonde Voyager 1 bewegt sich ohne Antrieb mit etwa 17 000 m/s durch das Weltall. Bis zum nächsten Stern Alpha Centauri sind es fünf Lichtjahre. Wann würde Voyager 1 dort ankommen? (1 Lichtjahr = 10^{16} Meter)

Gegeben: $v = 17\,000$ m/s, Strecke: $\Delta s = 5 \cdot 10^{16}$ m

Gesucht: benötigte Zeitspanne: Δt

$$\Delta t = \frac{\Delta s}{v} = \frac{5 \cdot 10^{16}\ \text{m}}{17000\ \frac{\text{m}}{\text{s}}} = 2{,}9 \cdot 10^{12}\,\text{s}.$$

Ein Jahr hat 365 · 24 · 60 · 60 s = 31 536 000 s. Damit beträgt die Zeitspanne $\Delta t \approx 93\,000$ a.

12 Anna, Ben und Cara im ▹Bild 02 überlegen, wie sich die Kugel weiterbewegt, wenn sie die kreisrunde Kugelbahn verlassen hat. Was denkst du? Schreibe zu jeder Aussage einen kurzen Kommentar.

- Anna sagt, die Kugel „will“ von sich aus etwas. Das stimmt nicht, weil kein Gegenstand einen Willen hat. Solange die Kugel durch die Bahn rollt, wird sie von der Außenseite der Bahn um die Kurve gedrückt. Von alleine würde sie geradeaus rollen.
- Ben hat recht. Nachdem die Kugel die Bahn verlassen hat, wirkt praktisch kein Körper mehr auf sie ein – außer dem Boden durch die Reibung.
- Wie Cara es sich vorstellt, müsste die Kugel sich nach dem Verlassen der Bahn daran erinnern, dass sie sich zuvor im Kreis bewegt hat. Die Kugel hat aber kein Gedächtnis.

1 Beschreiben von Bewegungen

Bahn und Geschwindigkeit

Seite 177

1 a) Ein Auto fährt mit 50 km/h geradeaus. Zeichne für die Bewegung eine Punktspur. Berechne dazu für jede Sekunde die Position des Autos. Nimm als Streckenmaßstab 1 cm für 5 m.
b) Zeichne in die Punktspur aus a) einige Geschwindigkeitsvektoren ein. Nimm als Geschwindigkeitsmaßstab 1 cm für 10 m/s.

a) Bei einem Maßstab von 1 cm für 5 m folgt:
5 m → 1 cm
1 m → 0,2 cm
14 m → 2,8 cm

Zeit in s	1	2	3	4	5	6	…
Strecke in m	14	28	42	56	70	84	…
Strecke in Punktspur in cm	2,8	5,6	8,4	11,2	14	16,8	…

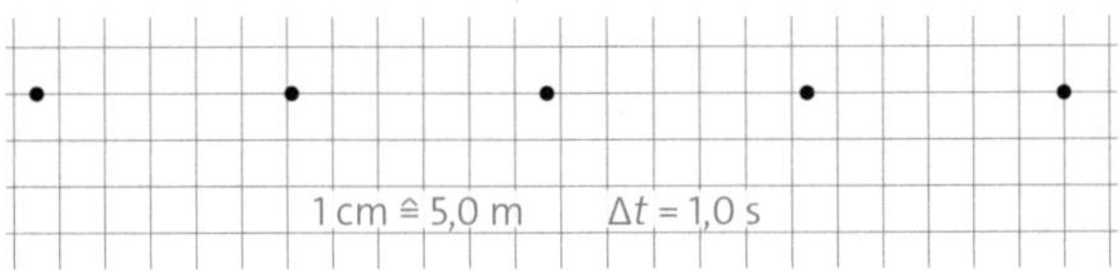

Cornelsen/newVISION! GmbH Bernhard A. Peter, Pattensen

b)

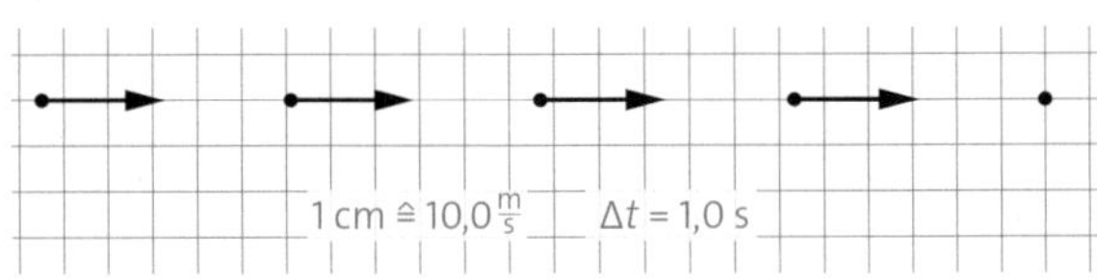

Cornelsen/newVISION! GmbH Bernhard A. Peter, Pattensen

2 Nele sagt: „Wenn ein Auto mit 30 km/h durch einen Kreisverkehr fährt, dann ist die Geschwindigkeit des Autos konstant." Nimm Stellung.

Nele meint den Betrag der Geschwindigkeit. Dieser ist in diesem Beispiel tatsächlich konstant. Die Geschwindigkeit ist aber eine vektorielle Größe mit Betrag und Richtung. Im Gegensatz zum Betrag ändert sich die Richtung hier ständig und zwar so, dass der Geschwindigkeitspfeil immer tangential zur kreisförmigen Bahnkurve liegt.

Seite 179 (Material)

Versuche – Videoanalyse von Bewegungen

Hinweise zu V1 und V2:
Zur Aufnahme benötigt man eine Kamera oder ein Smartphone mit ausreichender Auflösung. Bei der Positionierung der Kamera sollte man darauf achten, dass die Bewegung möglichst unverzerrt aufgezeichnet wird. Die anschließende Videoanalyse erfolgt mit einer geeigneten Software.

V1 Geradlinige Bewegungen
a) + b) *Schüleraktivität*
c) In der Abwärtsbewegung wird das Auto immer schneller, die Bewegung ist beschleunigt.
d) *Individuelle Lösung*

V2 Krummlinige Bewegungen
a) + b) *Schüleraktivität*
c) *Individuelle Lösung*; die Flugbahn des geworfenen Balls beschreibt eine Parabel.

Material A – Hüpfender Flummi

A1 Beschreibe, wie sich Betrag und Richtung der Geschwindigkeit des Flummis im ▹Bild 05 mit der Zeit ändern. Gibt es Stellen, an denen die Geschwindigkeitsrichtung exakt waagerecht bzw. exakt senkrecht ist? Begründe. Bestimme näherungsweise den größten und den kleinsten Geschwindigkeitsbetrag.

Bei der Aufwärtsbewegung des Flummis erkennt man an den abnehmenden Abständen benachbarter Punkte, dass der Betrag der Geschwindigkeit abnimmt. Entsprechend erkennt man, dass der Geschwindigkeitsbetrag bei der Abwärtsbewegung zunimmt. Die Richtung der Geschwindigkeit zeigt zuerst steil nach oben, nähert sich dann immer mehr der Waagerechten an, um dann immer steiler nach unten zu zeigen. In den Hochpunkten der Bahnkurve ist die Geschwindigkeitsrichtung exakt waagrecht, senkrecht ist sie niemals.

Den größten Geschwindigkeitsbetrag erhält man beim ersten Aufprall. Unter Beachtung des Maßstabs entnimmt man der Punktspur $\Delta s = 2{,}2 \cdot 0{,}4\text{ m} = 0{,}88\text{ m}$. Also ist
$v = \frac{\Delta s}{\Delta t} = \frac{0{,}88\text{ m}}{0{,}2\text{ s}} = 4{,}4\ \frac{\text{m}}{\text{s}}$.
Den kleinsten Geschwindigkeitsbetrag erhält man beim Durchgang durch den letzten Hochpunkt. Die Punktspur ergibt $\Delta s = 0{,}8 \cdot 0{,}4\text{ m} = 0{,}36\text{ m}$. Also ist
$v = \frac{\Delta s}{\Delta t} = \frac{0{,}36\text{ m}}{0{,}2\text{ s}} = 1{,}8\ \frac{\text{m}}{\text{s}}$.

Material B – Vollbremsung

B1 a) Zeichne eine Punktspur des Bremsvorgangs.
b) Erstelle das zugehörige *s*-*t*-Diagramm.
a) Punktspur:

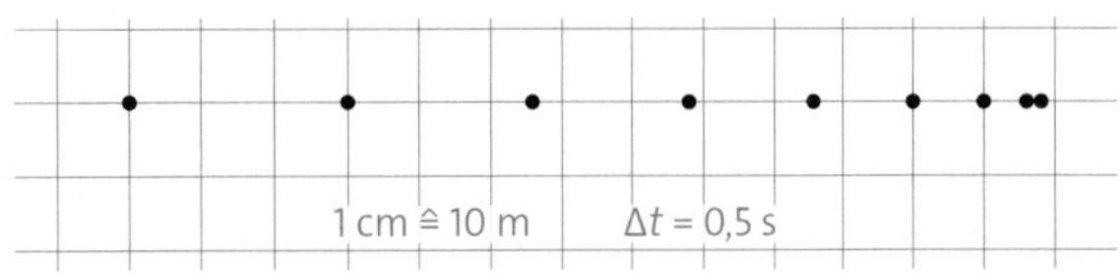

Cornelsen/newVISION! GmbH Bernhard A. Peter, Pattensen

b) s-t-Diagramm:

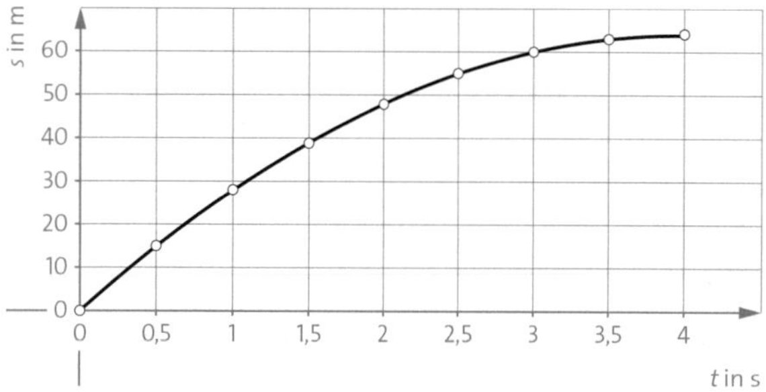

Cornelsen/newVISION! GmbH Bernhard A. Peter, Pattensen

B2 a) In jeder Sekunde ändert sich die Geschwindigkeit des Autos. Man kann aber die durchschnittlichen Geschwindigkeiten berechnen. Berechne die Durchschnittsgeschwindigkeit in der ersten, zweiten, dritten und vierten Sekunde.

b) Stelle die Abhängigkeit der Durchschnittsgeschwindigkeit von der Zeit in einem Diagramm dar.

a) Durchschnittsgeschwindigkeiten

in der 1. Sekunde: $\Delta s = 28\ \text{m} - 0\ \text{m} = 28\ \text{m}$; $\Delta t = 1{,}0\ \text{s}$; $v = 28\ \frac{\text{m}}{\text{s}}$

in der 2. Sekunde: $\Delta s = 48\ \text{m} - 28\ \text{m} = 20\ \text{m}$; $\Delta t = 1{,}0\ \text{s}$; $v = 20\ \frac{\text{m}}{\text{s}}$

in der 3. Sekunde: $\Delta s = 60\ \text{m} - 48\ \text{m} = 12\ \text{m}$; $\Delta t = 1{,}0\ \text{s}$; $v = 12\ \frac{\text{m}}{\text{s}}$

in der 4. Sekunde: $\Delta s = 64\ \text{m} - 60\ \text{m} = 4\ \text{m}$; $\Delta t = 1{,}0\ \text{s}$; $v = 4\ \frac{\text{m}}{\text{s}}$

b) Sinnvollerweise ordnet man die berechneten Geschwindigkeiten den jeweiligen Intervallmitten zu. Man erhält also folgende Wertetabelle und nachfolgendes Diagramm:

t in s	0,5	1,5	2,5	3,5
v in $\frac{\text{m}}{\text{s}}$	28	20	12	4

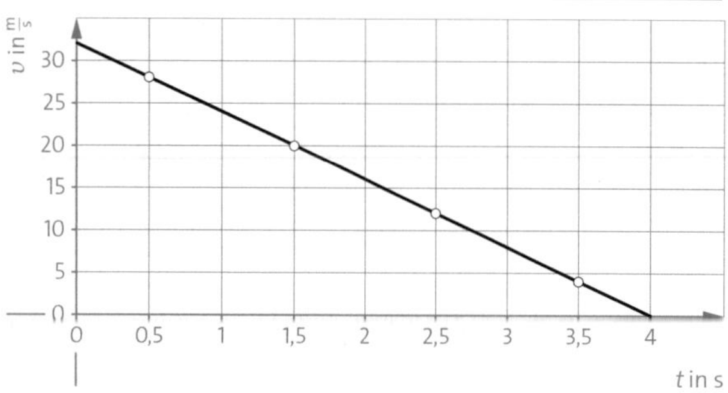

Cornelsen/newVISION! GmbH Bernhard A. Peter, Pattensen

Die Geschwindigkeit

Seite 181

1 Ein Aufzug fährt mit $v = 1{,}2\ \frac{\text{m}}{\text{s}}$ von 12 m Höhe hinunter bis –3 m. Nach 10 s Pause fährt er wieder hoch auf 15 m. Zeichne das s-t- und das v-t-Diagramm.

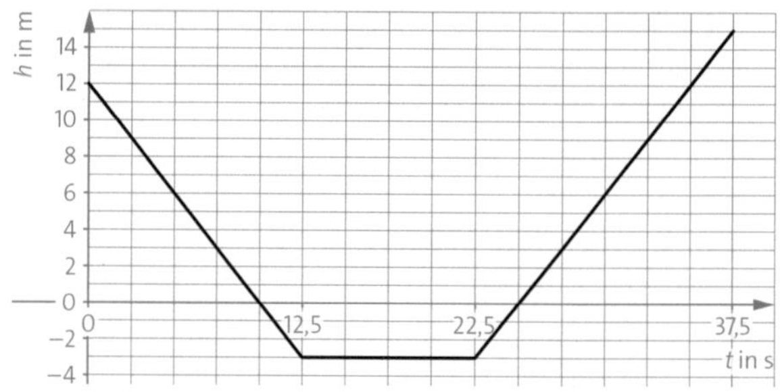

Cornelsen/newVISION! GmbH Bernhard A. Peter, Pattensen

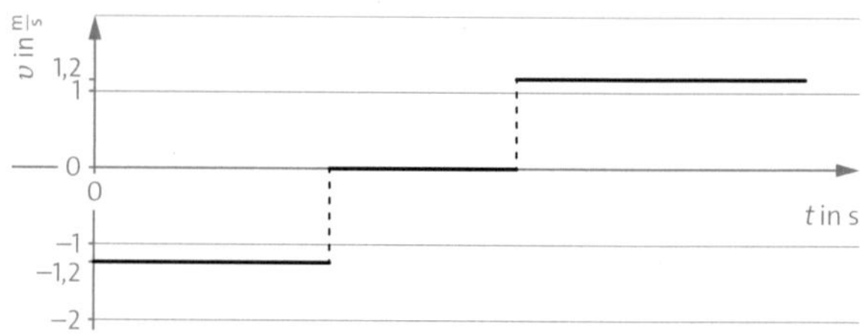

Cornelsen/newVISION! GmbH Bernhard A. Peter, Pattensen

Seite 183 (Material)

Material A – Diagramme zuordnen

A1 a) Ordne den v-t-Diagrammen im ▹Bild 04 die richtigen s-t-Diagramme zu. Begründe deine Wahl.

b) Zeichne für das übrige s-t-Diagramm ein v-t-Diagramm.

a) Diagramm 1 gehört zu Diagramm 6. In den ersten zwei Sekunden beträgt die Geschwindigkeit konstant 1 m/s. Während der nächsten Sekunde beträgt sie konstant 0,5 m/s. Anschließend beträgt sie konstant 0 m/s.

Diagramm 2 gehört zu Diagramm 7. Es ist das einzige, das mit einer negativen Geschwindigkeit beginnt.

Diagramm 4 gehört zu Diagramm 5. Es ist das einzige, bei dem die Geschwindigkeit am Anfang nicht konstant ist.

Zu Diagramm 3 gibt es kein $v(t)$-Diagramm.

b) Diagramm 3 hat folgendes $v(t)$-Diagramm:

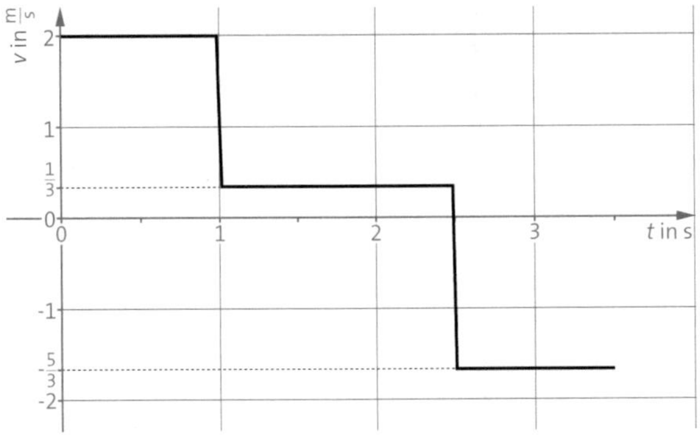

Cornelsen/Atelier tigercolor Tom Menzel, Scharbeutz/Klingenberg

A2 Suche dir einen Partner, mit dem du diese Aufgabe bearbeiten kannst. Wähle ein *s-t*-Diagramm aus ▹Bild 04 aus, ohne dass dein Partner es mitbekommt, und bewege dich entsprechend. Dein Partner soll das richtige *s-t*-Diagramm deiner Bewegung zuordnen.
Individuelle Lösungen.

Material B – *s-t*-Diagramm

B1 Zu einer Bewegung gehört das *s-t*-Diagramm im ▹Bild 05.
a) Berechne die Geschwindigkeiten in den 5 Teilintervallen.
b) Zeichne das zugehörige *v-t*-Diagramm.

a) Intervall 0 h bis 2 h:	$v = 2{,}5$ km/h
Intervall 2 h bis 3 h:	$v = 5$ km/h
Intervall 3 h bis 4,35 h:	$v = 0$ km/h
Intervall 4,35 h bis 5 h:	$v = -7{,}69$ km/h
Intervall 5 h bis 7 h:	$v = -5$ km/h

b)

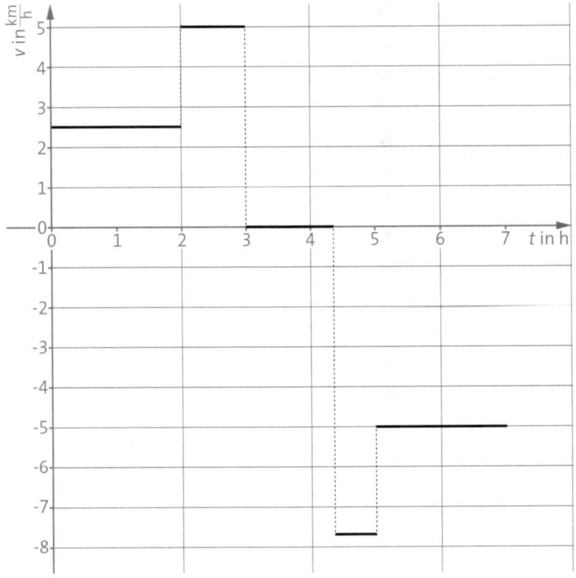

Cornelsen/Atelier tigercolor Tom Menzel, Scharbeutz/Klingenberg

B2 Ein Formel-1-Wagen beschleunigt 5 s lang von 0 km/h auf 200 km/h. In dieser Zeitspanne legt er eine Strecke von 140 m zurück. Danach fährt er mit konstanter Geschwindigkeit weiter.
a) Berechne die Strecke, die der Wagen nach 20 s insgesamt zurückgelegt hat.
b) Berechne die Zeit, nach der der Wagen eine Strecke von insgesamt zwei Kilometern zurückgelegt hat.

a) Gegeben: Zeitspannen $\Delta t_1 = 5$ s, $\Delta t = 20$ s;
Geschwindigkeit $v = 200$ km/h $= 55{,}6$ m/s;
Strecke $\Delta s_1 = 140$ m;
gesucht: Gesamtstrecke Δs nach 20 s.
Nach der Beschleunigung fährt der Wagen noch während $\Delta t_2 = 15$ s mit der Geschwindigkeit $v = 55{,}6$ m/s. Dabei legt er die Strecke Δs_2 zurück:
$\Delta s_2 = v \cdot \Delta t_2 = 55{,}6\ \text{m/s} \cdot 15\ \text{s} = 834\ \text{m}.$
$\Delta s = \Delta s_1 + \Delta s_2 = 140\ \text{m} + 834\ \text{m} = 974\ \text{m}.$
Insgesamt hat der Wagen eine Strecke von 974 m zurückgelegt.

b) Gegeben: $v = 55{,}6$ m/s; $\Delta s = 2$ km $= 2000$ m;
gesucht: Zeit Δt für insgesamt 2000 m.
Nach der Beschleunigungsphase legt der Wagen noch 1860 m mit konstanter Geschwindigkeit zurück. Dafür benötigt er die Zeit Δt_2:

$$\Delta t_2 = \frac{\Delta s}{v} = \frac{1860\ \text{m}}{55\ \frac{\text{m}}{\text{s}}} = 33\ \text{s}.$$

$\Delta s = \Delta t_1 + \Delta t_2 = 5\ \text{s} + 33\ \text{s} = 38\ \text{s}.$
Insgesamt benötigt der Wagen 38 s für die zwei Kilometer.

Material C – *v-t*-Diagramm

C1 Zu einer Bewegung gehört das *v-t*-Diagramm im ▹Bild 06.
a) Berechne die insgesamt zurückgelegte Strecke.
b) Berechne die Entfernung vom Start zum Ziel.
c) Zeichne das zugehörige *s-t*-Diagramm, wenn der Körper für $t = 0$ s bereits am Ort $s = 40$ m ist.

a) Die zurückgelegte Strecke ergibt sich aus dem Inhalt der Fläche zwischen Schaubild und *t*-Achse. Wir teilen das Schaubild in 3 Zeitintervalle: 0 s bis 20 s, 20 s bis 50 s und 50 s bis 70 s. Die zurückgelegte Strecke errechnet sich jeweils aus $\Delta s = v \cdot \Delta t$. Die insgesamt zurückgelegte Strecke ergibt sich aus der Summe der Teilstrecken, die alle positiv gerechnet werden:

$$\Delta s_{\text{gesamt}} = 2{,}5\ \frac{\text{m}}{\text{s}} \cdot 20\ \text{s} + 1\ \frac{\text{m}}{\text{s}} \cdot 30\ \text{s} + 1{,}5\ \frac{\text{m}}{\text{s}} \cdot 20\ \text{s} = 110\ \text{m}.$$

b) Auch hier müssen wir die Summe der Teilstrecken bilden; allerdings muss die letzte Teilstrecke negativ gerechnet werden, da die Bewegung entgegengesetzt gerichtet ist. Die gesuchte Entfernung beträgt:

$$\Delta s_{\text{Entfernung}} = 2{,}5\,\frac{\text{m}}{\text{s}} \cdot 20\text{ s} + 1\,\frac{\text{m}}{\text{s}} \cdot 30\text{ s} - 1{,}5\,\frac{\text{m}}{\text{s}} \cdot 20\text{ s}$$
$$= 50\text{ m.}$$

c)

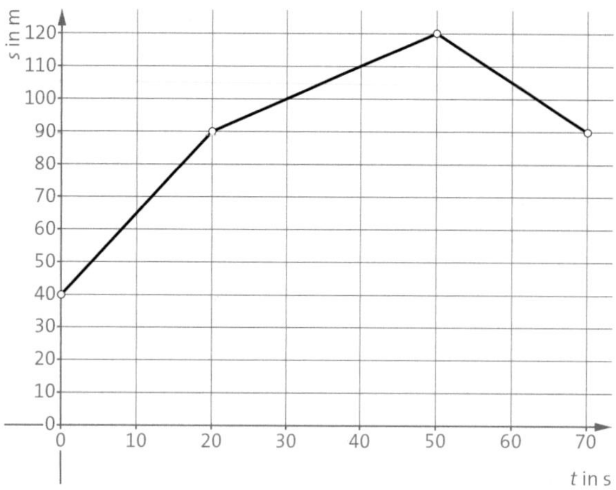

Cornelsen/Atelier tigercolor Tom Menzel, Scharbeutz/Klingenberg

C2 Während ein Krankenwagen mit einem Verletzten, aber ohne Arzt, in Richtung des 30 km entfernten Krankenhauses startet, fährt gleichzeitig vom Krankenhaus ein Notarzt los, dem Krankenwagen entgegen. Dessen mittlere Geschwindigkeit beträgt 60 km/h, die des Notarztes 90 km/h.
Bestimme, wie viele Minuten nach dem Losfahren der Verletzte ärztlich versorgt werden kann. Löse zeichnerisch oder rechnerisch.

Rechnerisch:
Bewegungsgleichung für den Krankenwagen:
$\Delta s_K = 60\text{ km/h} \cdot \Delta t$.
Die Bewegungsgleichung für den Notarzt lautet:
$\Delta s_N = -90\text{ km/h} \cdot \Delta t + 30\text{ km}$.
Beide Gleichungen werden gleichgesetzt und nach Δt aufgelöst:
$60\text{ km/h} \cdot \Delta t = -90\text{ km/h} \cdot \Delta t + 30\text{ km}$
$150\text{ km/h} \cdot \Delta t = 30\text{ km} \mid : 150\text{ km/h}$
$$\boldsymbol{\Delta t = \frac{30\text{ km}}{150\,\frac{\text{km}}{\text{h}}} = 0{,}2\text{ h}}$$
Der Krankenwagen und der Notarzt treffen sich also nach 0,2 h bzw. 12 min.

Zeichnerisch:

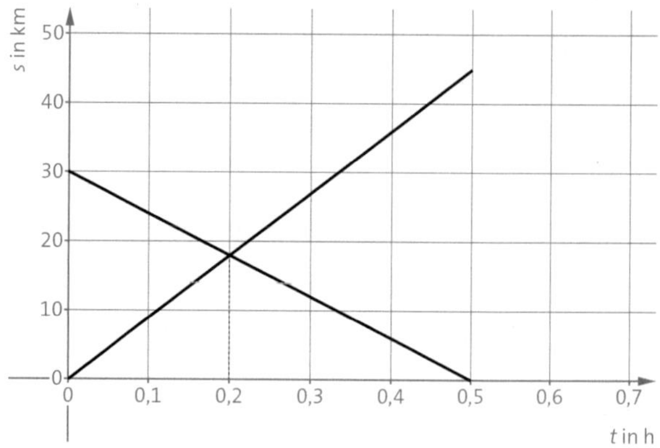

Cornelsen/Atelier tigercolor Tom Menzel, Scharbeutz/Klingenberg

Die Beschleunigung

Seite 185

1 Ein Auto beschleunigt in sieben Sekunden von 30 km/h auf 80 km/h. Berechne die Beschleunigung.
Die Beschleunigung a beträgt:
$$a = \frac{\Delta v}{\Delta t} = \frac{80\,\frac{\text{km}}{\text{h}} - 30\,\frac{\text{km}}{\text{h}}}{7\text{ s}} = \frac{50\,\frac{\text{km}}{\text{h}}}{7\text{ s}} \approx \frac{13{,}9\,\frac{\text{m}}{\text{s}}}{7\text{ s}}$$
$$= 2{,}0$$

2 Bestimme mithilfe des *a-t*-Diagramms die Geschwindigkeitsänderung im Bereich I. Kontrolliere dein Ergebnis anhand des *v-t*-Diagramms.
Der Inhalt der Fläche zwischen Schaubild und t-Achse im a-t-Diagramm ist nicht einfach zu berechnen, da die Fläche krummlinig begrenzt ist. Eine Abschätzung des Flächeninhalts liefert ungefähr
$$\Delta v = a \cdot \Delta t = 2{,}8\,\frac{\text{m}}{\text{s}^2} \cdot 0{,}3\text{ s} = 0{,}84\,\frac{\text{m}}{\text{s}}.$$
Dies stimmt gut mit dem Wert überein, den man aus dem v-t-Diagramm abliest.

3 Im Bereich III von ▹Bild 02 nimmt die Beschleunigung ab. Bedeutet dies, dass das Auto langsamer wird? Erläutere.
Nein. Das v-t-Diagramm zeigt, dass die Geschwindigkeit in diesem Bereich weiter zunimmt, allerdings weniger stark. Die Geschwindigkeits*zunahme* nimmt also ab und nicht die Geschwindigkeit selbst.

Seite 186

1 Ein McLaren-F1-Rennwagen kann in ca. sieben Sekunden von 371 km/h auf 80 km/h abbremsen. Berechne die Beschleunigung.

Die Beschleunigung a beträgt:

$$a = \frac{\Delta v}{\Delta t} = \frac{80\,\frac{\text{km}}{\text{h}} - 371\,\frac{\text{km}}{\text{h}}}{7\,\text{s}} = \frac{-291\,\frac{\text{km}}{\text{h}}}{7\,\text{s}} \approx \frac{-80{,}8\,\frac{\text{m}}{\text{s}}}{7\,\text{s}}$$

$$\approx 11{,}5\,\frac{\text{m}}{\text{s}^2}.$$

2 Man kann im ▹Bild 02 näherungsweise den Zeitpunkt bestimmen, an dem die Geschwindigkeit genauso groß wie zum Zeitpunkt $t = 0$ s ist. Erläutere.
Die vom Schaubild und der t-Achse eingeschlossene Fläche oberhalb der t-Achse muss genauso groß sein wie die Fläche unterhalb der t-Achse. Dann heben sich Geschwindigkeitszunahme und -abnahme insgesamt auf.

Seite 187 (Material)

Material A – Diagramme

A1 ▹Bild 03 zeigt das v-t-Diagramm eines anfahrenden Autos. Beim Schalten wird kurz die Kupplung gedrückt und das Auto rollt ohne Antrieb weiter.
a) Im Diagramm erkennt man fünf Gänge. Begründe.
b) Begründe anhand des Diagramms, dass die Beschleunigung im ersten Gang am größten ist und dann von Gang zu Gang abnimmt.
c) Berechne die mittlere Beschleunigung im ersten, zweiten und dritten Gang.
a) Die Geschwindigkeit bleibt viermal innerhalb einer kurzen Zeitspanne konstant. Zu diesen Zeiten wird nicht beschleunigt. Es wird also viermal geschaltet.
b) Im ersten Gang ist die Steigung im v-t-Diagramm am größten und nimmt dann von Gang zu Gang ab.
c) Beschleunigung im 1. Gang:

$$a = \frac{\Delta v}{\Delta t} = \frac{15\,\frac{\text{m}}{\text{s}} - 0\,\frac{\text{m}}{\text{s}}}{4\,\text{s}} = \frac{15\,\frac{\text{m}}{\text{s}}}{4\,\text{s}} = 3{,}8\,\frac{\text{m}}{\text{s}^2}.$$

Beschleunigung im 2. Gang:

$$a = \frac{\Delta v}{\Delta t} = \frac{25\,\frac{\text{m}}{\text{s}} - 15\,\frac{\text{m}}{\text{s}}}{4\,\text{s}} = \frac{10\,\frac{\text{m}}{\text{s}}}{4\,\text{s}} = 2{,}5\,\frac{\text{m}}{\text{s}^2}.$$

Beschleunigung im 3. Gang:

$$a = \frac{\Delta v}{\Delta t} = \frac{33\,\frac{\text{m}}{\text{s}} - 25\,\frac{\text{m}}{\text{s}}}{6\,\text{s}} = \frac{8\,\frac{\text{m}}{\text{s}}}{6\,\text{s}} = 1{,}3\,\frac{\text{m}}{\text{s}^2}.$$

A2 Zu der Bewegung eines Experimentierwagens gehört das idealisierte a-t-Diagramm im ▹Bild 04.
a) Zeichne jeweils das zugehörige v-t-Diagramm für die Anfangsgeschwindigkeiten ($t = 0$ s): 0 m/s; 2 m/s; –1m/s.
b) Nimm Stellung zu folgenden Aussagen:
1. **Während der zweiten Sekunde nimmt die Geschwindigkeit des Wagens zu.**
2. **Ab dem Zeitpunkt $t = 2$ s fährt der Wagen rückwärts.**
3. **Während der ersten Sekunde bewegt sich der Wagen nicht.**

c) Erläutere, inwiefern das Diagramm idealisiert ist.
a)

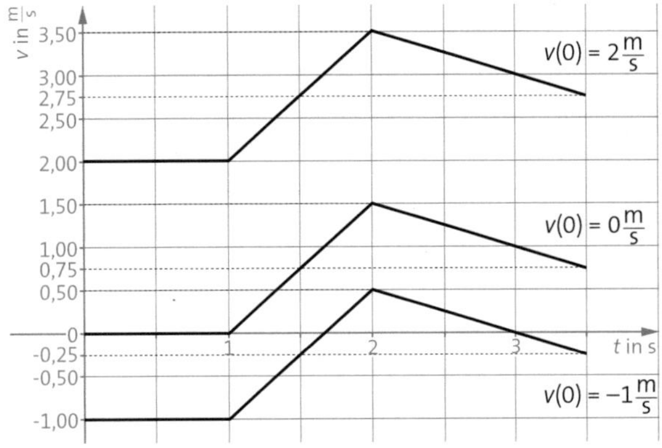

Cornelsen/Atelier tigercolor Tom Menzel, Scharbeutz/Klingenberg

b) 1. Aussage: Richtig, denn in diesem Zeitabschnitt ist die Beschleunigung positiv.
2. Aussage: Falsch (vgl. a)). Eine negative Beschleunigung bedeutet, dass die Geschwindigkeit abnimmt, und nicht, dass die Geschwindigkeit negativ ist.
3. Aussage: Falsch (vgl. a)). Wenn die Beschleunigung null ist, dann bedeutet das, dass die Geschwindigkeit konstant bleibt, und nicht, dass die Geschwindigkeit null ist.
c) Die Beschleunigung kann nicht zu einem Zeitpunkt, z. B. $t = 1$ s bzw. $t = 2$ s, ihren Wert ändern. Dazu ist immer eine gewisse Zeitspanne Δt nötig.

A3 Skizziere jeweils ein v-t-Diagramm mit folgenden Eigenschaften:
a) Die Geschwindigkeit nimmt zu und die Beschleunigung ist konstant.
b) Die Geschwindigkeit nimmt zu und die Beschleunigung nimmt ab.
c) Die Geschwindigkeit nimmt ab und die Beschleunigung ist konstant.

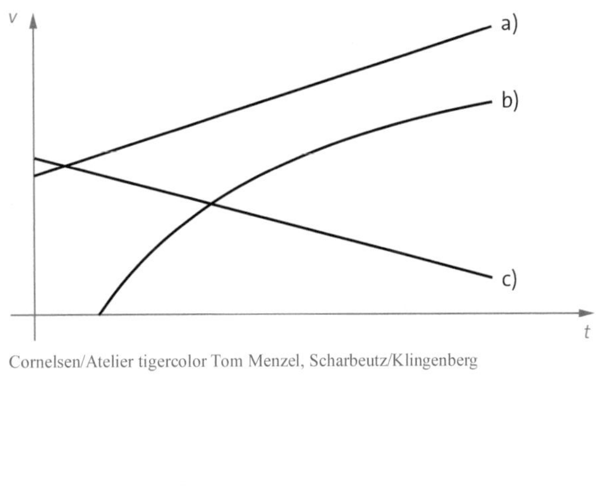

Cornelsen/Atelier tigercolor Tom Menzel, Scharbeutz/Klingenberg

Material B – Geschwindigkeit und Beschleunigung

B1 Die Beschleunigung eines Motorrads beträgt $6\,\frac{\text{m}}{\text{s}^2}$.

a) Es startet aus dem Stand und beschleunigt fünf Sekunden lang. Berechne die Geschwindigkeit in km/h.

b) Das Motorrad beschleunigt von 50 km/h auf 120 km/h. Berechne die dafür benötigte Zeit in Sekunden.

c) Wenn das Motorrad zwei Sekunden lang beschleunigt, dann nimmt die Geschwindigkeit unabhängig von der Anfangsgeschwindigkeit immer um den gleichen Betrag zu. Legt das Motorrad dabei auch immer die gleiche Strecke zurück? Begründe.

a) Gegeben: Beschleunigung a, Zeitspanne Δt;
gesucht: Geschwindigkeitsänderung Δv.

$$\Delta v = a \cdot \Delta t = 6\,\frac{\text{m}}{\text{s}^2} \cdot 5\,\text{s} = 30\,\frac{\text{m}}{\text{s}} \approx 108\,\frac{\text{km}}{\text{h}}.$$

Die Geschwindigkeit des Motorrads beträgt 108 km/h.

b) Gegeben: Geschwindigkeiten v_1, v_2 vor und nach der Beschleunigung;
gesucht: Zeitspanne Δt für die Beschleunigung.

$$\Delta t = \frac{\Delta v}{a} = \frac{70\,\frac{\text{km}}{\text{h}}}{6\,\frac{\text{m}}{\text{s}^2}} \approx \frac{19{,}4\,\frac{\text{m}}{\text{s}}}{6\,\frac{\text{m}}{\text{s}^2}} \approx 3{,}2\,\text{s}.$$

Das Motorrad benötigt 3,2 s.

c) Nein. Die zurükgelegte Strecke hängt von der Anfangsgeschwindigkeit ab.

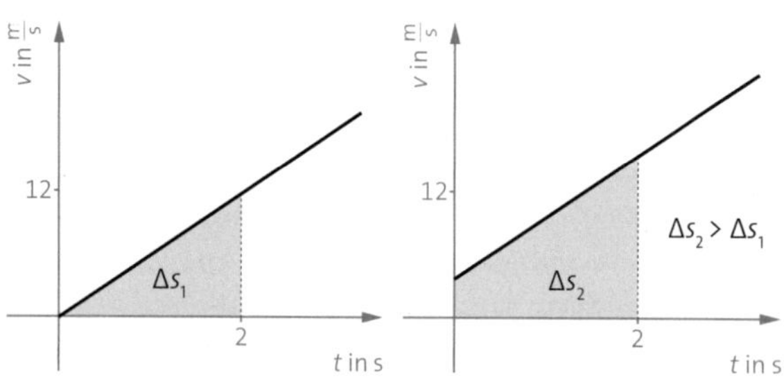

Cornelsen/Atelier tigercolor Tom Menzel, Scharbeutz/Klingenberg

B2 Eine Kugel rollt einen Hang hinunter (▹Bild 05). Wie ändern sich dabei die Geschwindigkeit und die Beschleunigung der Kugel?

Die Geschwindigkeit nimmt zu und die Beschleunigung nimmt ab.

Seite 189 (Blickpunkt)

1 Computergestützte Messwerterfassung kommt nicht nur bei sehr schnellen oder sehr langsamen Bewegungen zum Einsatz. Nenne andere Einsatzmöglichkeiten.

In lebensfeindlicher oder unzugänglicher Umgebung wie z. B. in der Tiefsee, in Vulkanen, in heißen Quellen, im ewigen Eis oder in Wetterballons, sowie bei sehr großen Datenmengen wie z. B. bei Experimenten mit Teilchenbeschleunigern.

2 a) Eine Hochgeschwindigkeitskamera liefert 360 Bilder pro Sekunde. Berechne den Zeitabstand zwischen zwei Einzelbildern.

b) Eine Gewehrkugel verlässt den Lauf mit einer Geschwindigkeit von 500 m/s. Ihre Bewegung auf den ersten fünf Zentimetern soll per Videoanalyse untersucht werden. Berechne, wie viele Bilder pro Sekunde die Kamera mindestens liefern muss.

a) 360 Bilder pro Sekunde bedeuten 1 Bild in (1/360) s = 2,8 ms. Der Zeitabstand zwischen zwei Einzelbildern beträgt also 2,8 ms.

b) Gegeben: $v = 500$ m/s, $\Delta s = 0{,}05$ m;
gesucht: Zahl der Fotos pro Sekunde

Die Kugel benötigt für die Strecke von 0,05 m eine Zeitspanne von

$$\Delta t = \frac{\Delta s}{v} = \frac{0{,}05\,\text{m}}{500\,\frac{\text{m}}{\text{s}}} = 0{,}1\,\text{ms}.$$

Zur Analyse müssen mindestens zwei Bilder gemacht werden. Also muss die Kamera mindestens zwei Bilder in 0,1 ms bzw. 20 000 Bilder pro Sekunde liefern.

Modellieren von Bewegungen

Seite 191

1 Berechne die Strecke, die der Radfahrer zu den Zeitpunkten 10 s und 35 s zurückgelegt hat. Kontrolliere deine Ergebnisse im Diagramm (▹Bild 04).

Der Inhalt der Fläche im v-t-Diagramm 03 zwischen Schaubild und der t-Achse gibt die zurückgelegte Strecke an. Er beträgt jeweils ungefähr:

Für $t = 10$ s:

$$\Delta s = \frac{1}{2} \cdot 10\,\text{s} \cdot 5\,\frac{\text{m}}{\text{s}} = 25\,\text{m}.$$

Für $t = 35$ s:

$$\Delta s = \frac{1}{2} \cdot 35\,\text{s} \cdot 17{,}5\,\frac{\text{m}}{\text{s}} = 306\,\text{m}.$$

Dies stimmt gut mit den Werten überein, die man aus dem zugehörigen s-t-Diagramm abliest.

2 Berechne allgemein die in der dreifachen Zeit zurückgelegte Strecke beim Beschleunigen aus der Ruhe.

Allgemein gilt für eine aus der Ruhe beschleunigte Bewegung:

$$\Delta s = \frac{1}{2} \cdot a \cdot t^2.$$

Für die in der dreifachen Zeit zurückgelegte Strecke gilt:

$$\Delta s = \frac{1}{2} \cdot a \cdot (3\,t)^2 = \frac{1}{2} \cdot a \cdot 9 \cdot t^2 = 9 \cdot \frac{1}{2} \cdot a \cdot t^2.$$

In der dreifachen Zeit wird die neunfache Strecke zurückgelegt.

3 Berechne die Länge der letzten Runde.

Die letzte Runde beginnt bei $t = 40\,s$ und dauert $\Delta t = 10\,s$. Bei einer Modellierung kann man die Geschwindigkeit als nahezu konstant annehmen. Sie beträgt ca. 18 m/s.

Die Länge der letzten Runde beträgt damit:

$$\Delta s = v \cdot \Delta t = 18\,\frac{m}{s} \cdot 10\,s = 180\,m.$$

Seite 192

1 Das Auto aus dem Text bremst auf nassem Asphalt. Berechne den Bremsweg.

$v = 13$ m/s und $|a| = 4{,}9\,m/s^2$ auf nassem Asphalt.

Der Bremsweg ist gegeben durch

$$\Delta s_B = \frac{1}{2} \cdot \frac{v^2}{|a|} = \frac{1}{2} \cdot \frac{\left(13\,\frac{m}{s}\right)^2}{\left|4{,}9\,\frac{m}{s^2}\right|} = 17{,}2\,m.$$

Der Bremsweg auf nasser Straße beträgt 17,2 m.

2 Ein Auto fährt mit $v = 26$ m/s auf trockenem Asphalt. Berechne den Bremsweg.

$v = 26$ m/s und $|a| = 8{,}8\,m/s^2$ auf trockenem Asphalt.

Der Bremsweg beträgt demnach

$$\Delta s_B = \frac{1}{2} \cdot \frac{v^2}{|a|} = \frac{1}{2} \cdot \frac{\left(26\,\frac{m}{s}\right)^2}{\left|8{,}8\,\frac{m}{s^2}\right|} = 38{,}4\,m.$$

Der Bremsweg beträgt 38,4 m.

Seite 193 (Material)

Material A – Beschleunigen

A1 a) Die Beschleunigung eines Motorrads beträgt $6{,}0\,\frac{m}{s^2}$. Es beschleunigt aus dem Stand 4,0 s lang und fährt danach mit konstanter Geschwindigkeit weiter. Berechne die zurückgelegte Strecke und die Geschwindigkeit 2,0 s; 4,0 s und 6,0 s nach dem Start.

b) Ein anderes Motorrad beschleunigt aus dem Stand und erreicht nach 30 m die Geschwindigkeit 65 km/h. Berechne die benötigte Zeitspanne und die Beschleunigung.

a) Gegeben: $a = 6{,}0\,m/s^2$, $t_B - 4\,s$;

gesucht: Δs, v nach $t = 2$ s, 4 s, 6 s nach dem Start.

Für $t = 2$ s:

$$\Delta s = \frac{1}{2} \cdot a \cdot t^2 = \frac{1}{2} \cdot 6\,\frac{m}{s^2} \cdot (2\,s)^2 = 12\,m,$$

$$v = a \cdot t = 6\,\frac{m}{s^2} \cdot 2\,s = 12\,\frac{m}{s}.$$

Für $t = 4$ s:

$$\Delta s = \Delta s = \frac{1}{2} \cdot a \cdot t^2 = \frac{1}{2} \cdot 6\,\frac{m}{s^2} \cdot (4\,s)^2 = 48\,m,$$

$$v = a \cdot t = 6\,\frac{m}{s^2} \cdot 4\,s = 24\,\frac{m}{s}.$$

Für $t = 6$ s:

Nach 4 s fährt das Motorrad mit konstanter Geschwindigkeit $v = 24$ m/s. Zu den ersten 48 m kommen also noch hinzu:

$\Delta s = v \cdot \Delta t = 24\,m/s \cdot 2\,s = 48\,m.$

Die insgesamt zurückgelegte Strecke beträgt somit 96 m.

b) Gegeben: $\Delta s = 30$ m, $v = 65\,km/h \approx 18\,m/s$;

gesucht: t, a.

Aus $\Delta s = 1/2 \cdot a \cdot t^2$ ergibt sich für a:

$$a = \frac{2 \cdot \Delta s}{t^2}.$$

Diese Gleichung setzen wir in $v = a \cdot t$ ein:

$$v = a \cdot t = \frac{2 \cdot \Delta s}{t^2} \cdot t = \frac{2 \cdot \Delta s}{t}.$$

Wir erhalten für t:

$$t = \frac{2 \cdot \Delta s}{v} = \frac{2 \cdot 30\,m}{18\,\frac{m}{s}} = 3{,}3\,s.$$

Die benötigte Zeitspanne beträgt also 3,3 s.

Die Beschleunigung beträgt:

$$a = \frac{v}{t} = 5{,}5\,\frac{m}{s^2}.$$

A2 „Der Rekordzug, ein umgerüsteter TGV, fuhr am 3.4.2007 um 13:00 Uhr bei km 264 in westlicher Richtung ab. 200 km/h wurden bei km 258 erreicht. Bei km 191,92 wurde um 13:13 Uhr mit 574,8 km/h der Weltrekord aufgestellt."

a) Modelliere die Beschleunigungsphase bis 200 km/h als Bewegung mit konstanter Beschleunigung. Berechne die Beschleunigung und die benötigte Zeit.

b) Zeige durch Rechnung, dass die Beschleunigung für die gesamte Beschleunigungsphase nicht konstant ist.

a) Gegeben:

$\Delta s = 264\,km - 258\,km = 6\,km = 6000\,m$,

$v = 200\,km/h \approx 55{,}6\,m/s$;

gesucht: t, a.

Die gesuchte Zeit t für die Beschleunigung auf 200 km/h berechnet sich nach der Gleichung:

$$t = \frac{2 \cdot \Delta s}{v} = \frac{2 \cdot 6000\,m}{55{,}6\,\frac{m}{s}} = 215{,}8\,s.$$

Der Zug benötigte 215,8 s, um auf 200 km/h zu beschleunigen.

Die Beschleunigung betrug dabei

$$a = \frac{v}{t} = \frac{55{,}6\,\frac{m}{s}}{215{,}8\,s} = 0{,}26\,\frac{m}{s^2}.$$

b) Modelliert man die gesamte Beschleunigungsphase als Bewegung mit konstanter Beschleunigung, dann ist $v = 574{,}8\,km/h \approx 160\,m/s$ und $t = 13\,min = 780\,s$.

Für die Beschleunigung erhält man dann:

$$a = \frac{v}{t} = \frac{160\,\frac{\text{m}}{\text{s}}}{780\ \text{s}} = 0{,}21\ \frac{\text{m}}{\text{s}^2}.$$

Da sich dieser Wert von dem Wert in Aufgabe a) unterscheidet, kann die Beschleunigung nicht konstant sein.

A3 100-m-Sprinter interessiert häufig ihre Geschwindigkeit an bestimmten Positionen und nicht zu bestimmten Zeitpunkten. In der ▹Tabelle 04 siehst du Originaldaten zu USAIN BOLTs Weltrekordlauf (9,58 s) aus dem Jahr 2009 in Berlin.
a) Stelle die Werte der Tabelle in einem *v*-*s*-Diagramm dar.
b) Nach welcher Strecke erreichte BOLT seine Höchstgeschwindigkeit? Gib diese Geschwindigkeit in km/h an.
c) Modelliere die ersten 50 Meter des Laufs als Bewegung mit konstanter Beschleunigung. Berechne die Beschleunigung und die benötigte Zeit. Beurteile die Modellierung.

a)

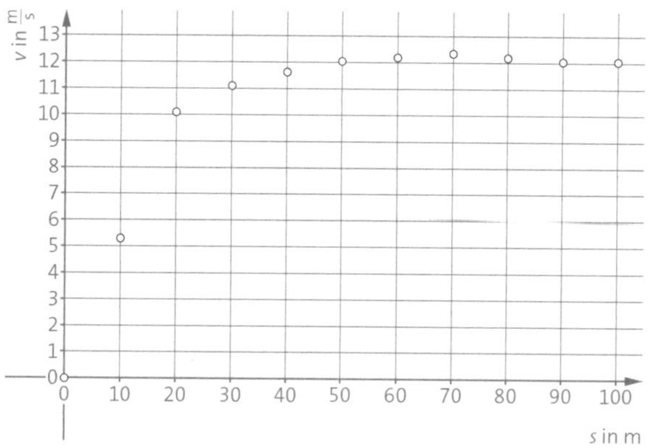

Cornelsen/Atelier tigercolor Tom Menzel, Scharbeutz/Klingenberg

b) Der ▹Tabelle 04 oder dem *v*-*s*-Diagramm entnimmt man, dass BOLT nach etwa 70 m seine Höchstgeschwindigkeit erreicht. Sie beträgt 12,36 m/s ≈ 44,46 km/h.
c) Gegeben: $\Delta s = 50$ m, $v = 12{,}05$ m/s;
gesucht: *t*, *a*.
Bei konstanter Beschleunigung ergibt sich *t* aus:

$$t = \frac{2 \cdot \Delta s}{v} = \frac{2 \cdot 50\ \text{m}}{12{,}05\ \frac{\text{m}}{\text{s}}} = 8{,}30\ \text{s}.$$

Die Beschleunigung *a* ist dann:

$$a = \frac{v}{t} = \frac{12{,}05\,\frac{\text{m}}{\text{s}}}{8{,}30\ \text{s}} = 1{,}45\ \frac{\text{m}}{\text{s}^2}.$$

Die Modellierung der ersten 50 Meter als Bewegung mit konstanter Beschleunigung ist nicht gut. Er bräuchte damit 8,3 s für die ersten 50 Meter. Da seine Weltrekordzeit über 100 m nur 9,58 s beträgt, hätte er für die zweiten 50 Meter nur 1,28 s gebraucht. Das entspräche einer Geschwindigkeit von ca. 140 km/h auf den zweiten 50 Metern!

Die Beschleunigung muss am Anfang sehr viel größer gewesen sein, dies sieht man auch im *v*-*s*-Diagramm.

Material B – Bremsen

B1 Die Maximalbeschleunigung eines ICE beim Bremsen beträgt $0{,}6\ \frac{\text{m}}{\text{s}^2}$.
a) Berechne den Bremsweg des ICE beim Bremsen aus 200 km/h.
b) Gib an, wie sich der Bremsweg bei einer Halbierung der Geschwindigkeit ändert.
a) Gegeben: $|a| = 0{,}6$ m/s², $v = 200$ km/h ≈ 55,6 m/s;
gesucht: Bremsweg Δs_B.

$$\Delta s_B = \frac{1}{2} \cdot \frac{v^2}{|a|} = \frac{1}{2} \cdot \frac{\left(55{,}6\ \frac{\text{m}}{\text{s}}\right)^2}{\left|0{,}6\ \frac{\text{m}}{\text{s}^2}\right|} = 2576\ \text{m}.$$

Der Bremsweg beträgt 2576 Meter.
b) Der Bremsweg bei der halben Geschwindigkeit ist nur noch ein Viertel so lang.

B2 Ein Auto bremst auf trockenem Asphalt von 50 km/h bis zum Stillstand ab. Modelliere dies als Bewegung mit konstanter Beschleunigung.
a) Berechne den Bremsweg.
b) Zeichne das *v*-*t*-Diagramm.
c) Nach der Hälfte der Bremszeit hat das Auto einen Teil des Bremswegs zurückgelegt. Bestimme diesen Anteil. Gilt das Ergebnis allgemein?
d) Nach der Hälfte des Bremswegs hat das Auto noch einen gewissen Teil der ursprünglichen Geschwindigkeit. Bestimme diesen Anteil. Gilt das Ergebnis allgemein?
a) Gegeben: $|a| = 8{,}8$ m/s², $v = 50$ km/h ≈ 13,9 m/s;
gesucht: Bremsweg Δs_B.

$$\Delta s_B = \frac{1}{2} \cdot \frac{v^2}{|a|} = \frac{1}{2} \cdot \frac{\left(13{,}9\ \frac{\text{m}}{\text{s}}\right)^2}{\left|8{,}8\ \frac{\text{m}}{\text{s}^2}\right|} = 11\ \text{m}.$$

Der Bremsweg beträgt 11 Meter.
b)

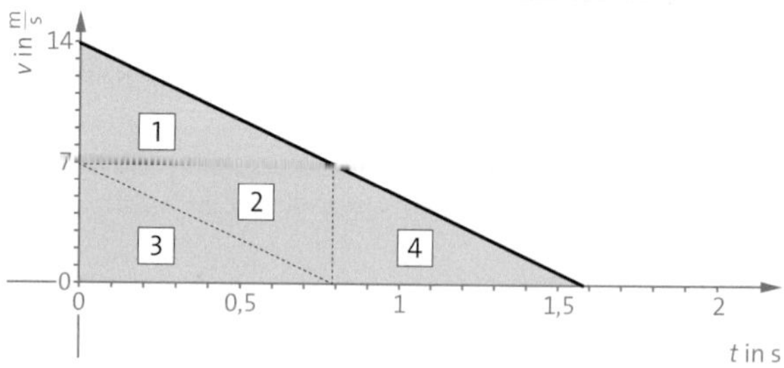

Cornelsen/Atelier tigercolor Tom Menzel, Scharbeutz/Klingenberg

c) Wegen $\Delta v = a \cdot \Delta t$ hat sich die Geschwindigkeit nach der halben Bremszeit halbiert. Der noch folgende Bremsweg beträgt

$$\Delta s_B = \frac{1}{2} \cdot \frac{\left(\frac{1}{2}v\right)^2}{|a|} = \frac{1}{2} \cdot \frac{\left(7\,\frac{m}{s}\right)^2}{\left|8{,}8\,\frac{m}{s^2}\right|} = 2{,}8\text{ m}.$$

Der Anteil am gesamten Bremsweg beträgt folglich 2,8 m/11 m = 0,25 = 1/4. Nach der Hälfte der Bremszeit hat das Auto 3/4 des Bremswegs zurückgelegt.
Dieses Ergebnis gilt allgemein, wie man an der Fläche unter dem Schaubild im *v*-*t*-Diagramm in b) oder in der Formel oben erkennt.

d) Die gesuchte Geschwindigkeit berechnen wir aus der Gleichung für Δs_B. Diese stellen wir nach v um:

Aus $\Delta s_B = \frac{1}{2} \cdot \frac{v^2}{|a|}$ folgt $v = \sqrt{2\Delta s_B \cdot |a|}$.

Zu Beginn der zweiten Hälfte des Bremswegs beträgt die Geschwindigkeit allgemein

$$v = \sqrt{2 \cdot \left(\frac{1}{2}\Delta s_B\right) \cdot |a|} = \sqrt{\frac{1}{2}} \cdot \sqrt{2\Delta s_B \cdot |a|}$$

$$v \approx 0{,}7 \cdot \sqrt{2\Delta s_B \cdot |a|}.$$

Die Geschwindigkeit nach der Hälfte des Bremswegs beträgt immer noch ca. 7/10 der ursprünglichen Geschwindigkeit! Dieses Ergebnis gilt allgemein.

B3 „Tachoanzeige (in km/h) durch 10 mal Tachoanzeige (in km/h) durch 10.“
In der Fahrschule lernt man diese Faustformel für den Bremsweg (in m) bis zum Stillstand.
a) Berechne den Bremsweg bei 60 km/h mit der Faustformel.
b) Berechne die Beschleunigung, die bei der Faustformel verwendet wird. Beurteile die Faustformel.

a) $\Delta s_B = \frac{60}{10} \cdot \frac{60}{10} = 36$

Nach der Faustformel beträgt der Bremsweg 36 m.

b) Die Beschleunigung ergibt sich aus der Gleichung

$$\Delta s_B = \frac{1}{2} \cdot \frac{v^2}{|a|}.$$

$$|a| = \frac{1}{2} \cdot \frac{v^2}{\Delta s_B} = \frac{1}{2} \cdot \frac{\left(17\,\frac{m}{s}\right)^2}{36\text{ m}} = 4{,}0\ \frac{m}{s^2}.$$

Die Faustformel geht nicht von der maximalen Beschleunigung beim Bremsen aus (vgl. ▹Tabelle 02, Seite 192). Das ist sinnvoll, denn selbst bei nassem Untergrund liefert die Faustformel einen zu großen Wert für den Bremsweg. Aber ein zu großer Sicherheitsabstand kann nicht schaden, ein zu kleiner hingegen schon.

Zusammengesetzte Bewegungen

Seite 195

1 Zeichne die Geschwindigkeitspfeile entsprechend ▹Bild 02 für einen Triathleten, der flussaufwärts schwimmt. Berechne die Zeitspanne, die er für die 1600 m lange Strecke benötigt.

Flussaufwärts:

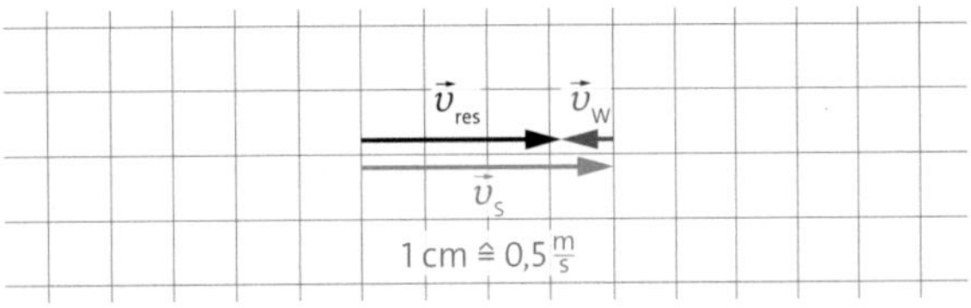

Cornelsen/newVISION! GmbH Bernhard A. Peter, Pattensen

Betrag der resultierenden Geschwindigkeit:

$v_{res} = v_S - v_W = 1{,}0\text{ m/s} - 0{,}2\text{ m/s} = 0{,}8\text{ m/s}$

Benötigte Zeitspanne:

$$v = \frac{\Delta s}{\Delta t} \Rightarrow \Delta t = \frac{\Delta s}{v} = \frac{1600\text{ m}}{0{,}8\,\frac{m}{s}} = 2000\text{ s} \approx 33\text{ min}$$

Seite 197 (Material)

Versuche – Eine zusammengesetzte Bewegung im Modellversuch

V1

a) + b) *Schüleraktivität*

c) Man erhält eine von links unten nach rechts oben ansteigende Linie. Die Linie ist näherungsweise geradlinig. Sie stellt die Bahnkurve der zusammengesetzten Bewegung des Boots über den Fluss dar. Sie kommt dadurch zustande, dass sich das Boot gleichzeitig orthogonal zur Strömung und mit der Strömung bewegt. Die resultierende Geschwindigkeit setzt sich aus der Eigengeschwindigkeit des Boots $\vec{v}_B$ und der Strömungsgeschwindigkeit des Wassers $\vec{v}_W$ zusammen. Die Länge der Pfeile muss so gewählt werden, dass der resultierende Geschwindigkeitspfeil auf der Bahnkurve liegt.

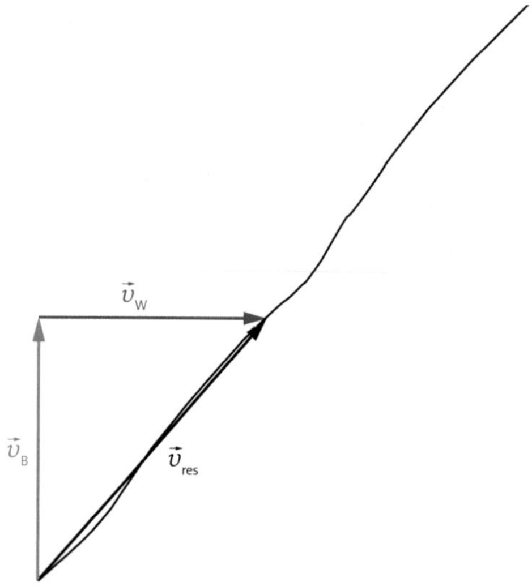

Cornelsen/newVISION! GmbH Bernhard A. Peter, Pattensen

V2

Je größer die Eigengeschwindigkeit des Boots ist (bei konstanter Strömungsgeschwindigkeit), desto steiler ist die Bahnkurve. Je größer die Strömungsgeschwindigkeit ist (bei konstanter Eigengeschwindigkeit des Boots), desto flacher ist die Bahnkurve.

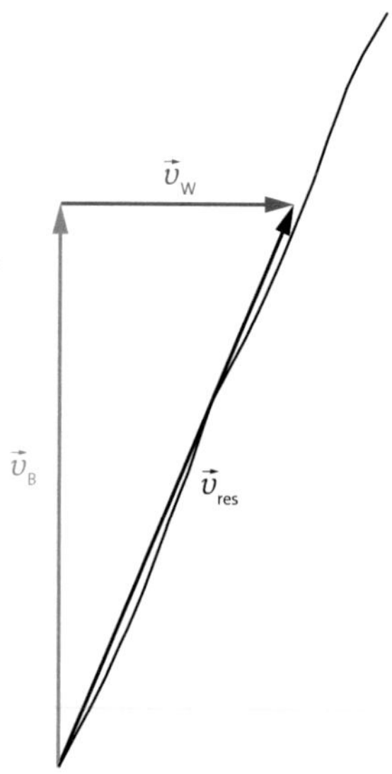

Cornelsen/newVISION! GmbH Bernhard A. Peter, Pattensen

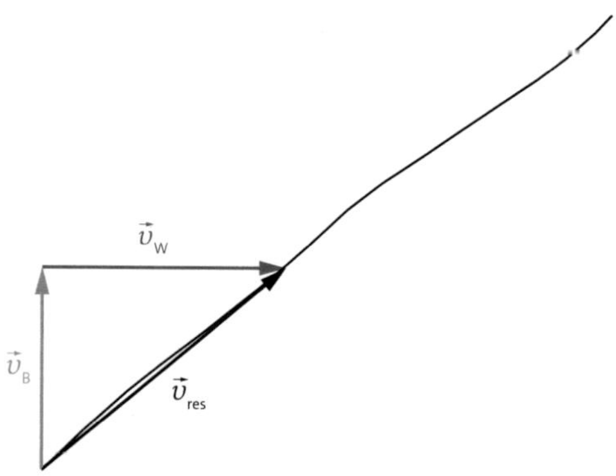

Cornelsen/newVISION! GmbH Bernhard A. Peter, Pattensen

Material A – Addition von Geschwindigkeitspfeilen

A1 a) Übertrage die Geschwindigkeitspfeile von ▹Bild 05 A–C in dein Heft. Konstruiere jeweils den resultierenden Pfeil $\vec{v}_{res}$ und bestimme seinen Betrag. Beachte die Geschwindigkeitsmaßstäbe!
b) Im ▹Bild 05 D–E ist der resultierende Pfeil $\vec{v}_{res}$ gegeben. Konstruiere den fehlenden Pfeil $\vec{v}_1$ bzw. $\vec{v}_2$ und bestimme seinen Betrag.

a) Den resultierenden Geschwindigkeitspfeil erhält man, indem man die beiden Geschwindigkeitspfeile aneinanderhängt. Dabei spielt die Reihenfolge keine Rolle. Dabei dürfen die Geschwindigkeitspfeile beliebig parallel verschoben werden.

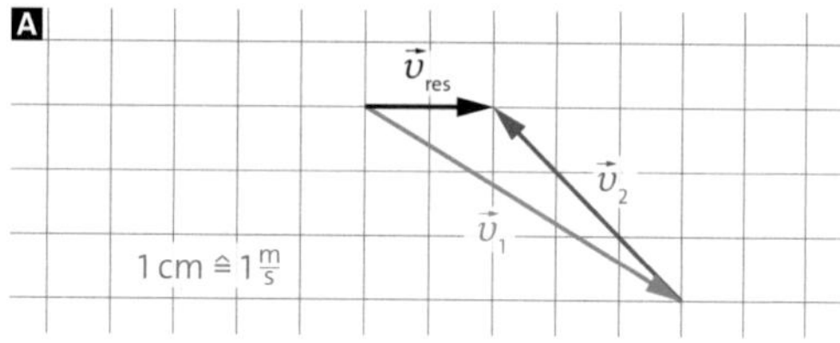

Cornelsen/newVISION! GmbH Bernhard A. Peter, Pattensen

$v_{res} = 1$ m/s

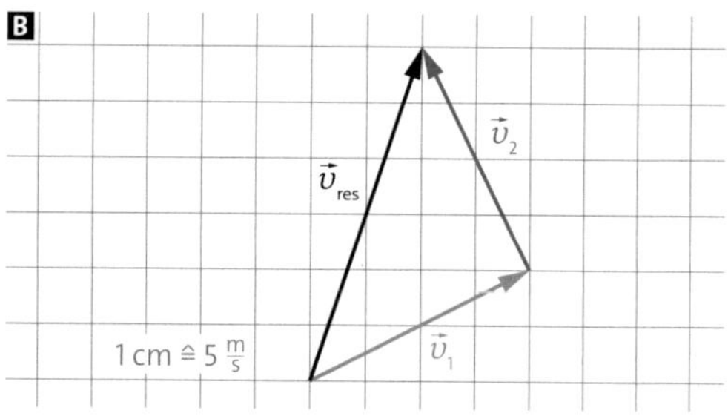

Cornelsen/newVISION! GmbH Bernhard A. Peter, Pattensen

$v_{res} = 3{,}2 \cdot 5$ m/s $= 16$ m/s

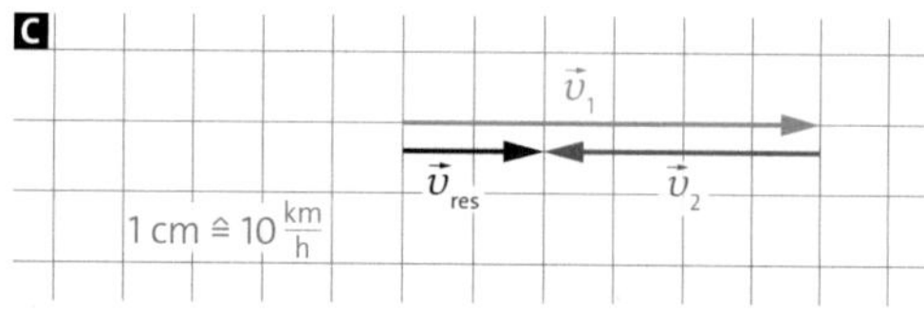

Cornelsen/newVISION! GmbH Bernhard A. Peter, Pattensen

$v_{res} = 10$ km/h

b) Den fehlenden Geschwindigkeitspfeil erhält man, indem man an den gegebenen Pfeil $\vec{v}_1$ einen zweiten Pfeil $\vec{v}_2$ so anhängt, dass die Spitze von $\vec{v}_2$ mit der Spitze von $\vec{v}_{res}$ zusammenfällt. Entsprechend verfährt man, wenn der Pfeil $\vec{v}_1$ fehlt. Auch hier dürfen die Geschwindigkeitspfeile parallel verschoben werden.

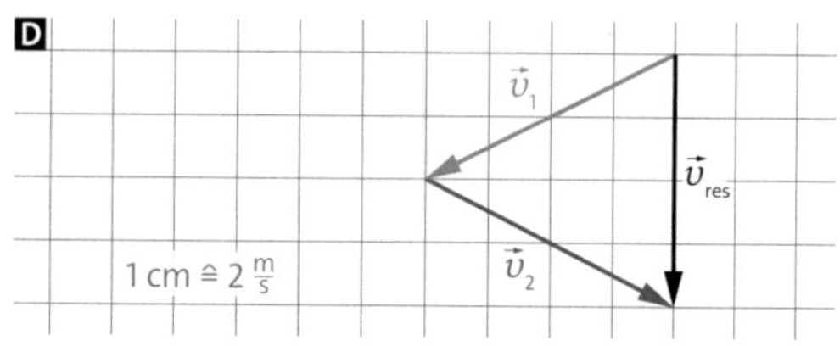

Cornelsen/newVISION! GmbH Bernhard A. Peter, Pattensen

$v_2 = 2{,}2 \cdot 2$ m/s $= 4{,}4$ m/s

E

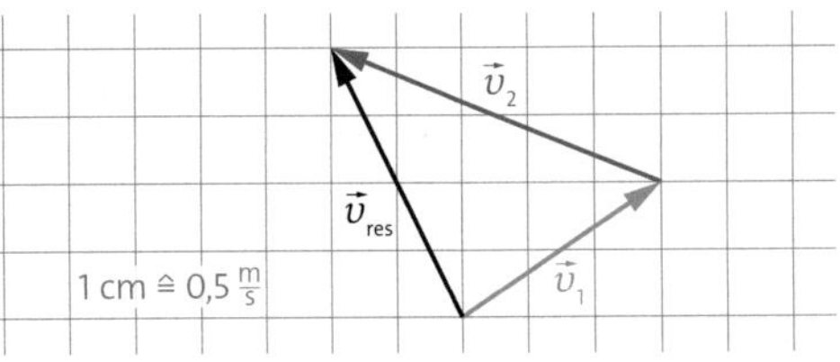

Cornelsen/newVISION! GmbH Bernhard A. Peter, Pattensen

$v_1 = 1{,}8 \cdot 0{,}5$ m/s = 0,9 m/s

A2 Wenn die Pfeile $\vec{v}_1$ und $\vec{v}_2$ orthogonal zueinander sind, dann kann man den Betrag von $\vec{v}_{res}$ mithilfe des Satzes von Pythagoras berechnen.
Es gilt: $(v_{res})^2 = (v_1)^2 + (v_2)^2$
a) Es ist $v_1 = 2{,}5$ m/s, $v_2 = 5{,}8$ m/s. Berechne v_{res}.
b) Es ist $v_1 = 1{,}9$ m/s, $v_{res} = 8{,}1$ m/s. Berechne v_2.

a) Gerundet auf zwei zuverlässige Ziffern ergibt sich:

$$v_{res} = \sqrt{(v_1)^2 + (v_2)^2} = \sqrt{\left(2{,}5\,\frac{m}{s}\right)^2 + \left(5{,}8\,\frac{m}{s}\right)^2}$$
$$= \sqrt{6{,}25\,\frac{m^2}{s^2} + 33{,}64\,\frac{m^2}{s^2}} = \sqrt{39{,}89\,\frac{m^2}{s^2}} \approx 6{,}3\,\frac{m}{s}$$

b) Stellt man die Gleichung nach v_2 um, so erhält man:

$$v_{res} = \sqrt{(v_1)^2 + (v_2)^2} \Leftrightarrow v_2 = \sqrt{(v_{res})^2 - (v_1)^2}$$
$$v_2 = \sqrt{(v_{res})^2 - (v_1)^2} = \sqrt{\left(8{,}1\,\frac{m}{s}\right)^2 - \left(1{,}9\,\frac{m}{s}\right)^2}$$
$$= \sqrt{65{,}61\,\frac{m^2}{s^2} - 3{,}61\,\frac{m^2}{s^2}} = \sqrt{62\,\frac{m^2}{s^2}} \approx 7{,}9\,\frac{m}{s}$$

A3 Eine Fähre überquert einen Fluss auf dem kürzesten Weg. Der Fluss ist 280 m breit und hat eine Strömungsgeschwindigkeit von 2 m/s. Die Geschwindigkeit der Fähre beträgt 5 m/s. Konstruiere v_{res}. Bestimme die Zeit für die Überfahrt.

Ein geeigneter Geschwindigkeitsmaßstab ist 1 cm für 1 m/s. Man zeichnet zuerst den Pfeil $\vec{v}_W$ und die Orthogonale dazu. Dann zeichnet man einen Kreis um die Spitze von $\vec{v}_W$. So erhält man $\vec{v}_B$ und $\vec{v}_{res}$.

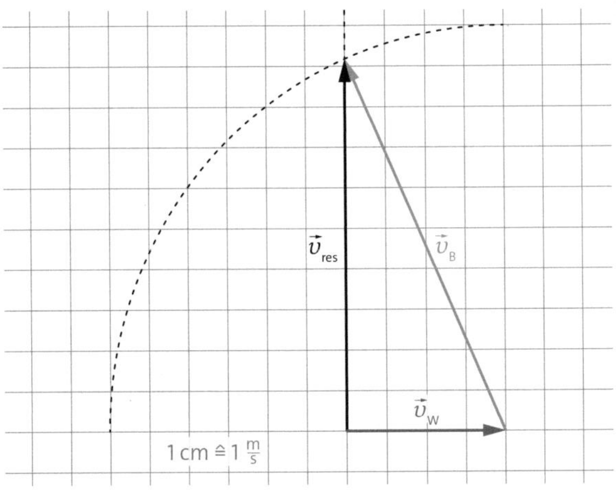

Cornelsen/newVISION! GmbH Bernhard A. Peter, Pattensen

Der Zeichnung entnimmt man $v_{res} = 4{,}6$ m/s. Damit folgt für die Zeit der Überfahrt:

$$v_{res} = \frac{\Delta s}{\Delta t} \Rightarrow \Delta t = \frac{\Delta s}{v_{res}} = \frac{280\text{ m}}{4{,}6\,\frac{m}{s}} = 61\text{ s}$$

Bemerkung: Man kann den Betrag von $\vec{v}_{res}$ auch berechnen:

$$v_{res} = \sqrt{(v_B)^2 - (v_W)^2} = \sqrt{\left(5\,\frac{m}{s}\right)^2 - \left(2\,\frac{m}{s}\right)^2}$$
$$= \sqrt{25\,\frac{m^2}{s^2} - 4\,\frac{m^2}{s^2}} = \sqrt{21\,\frac{m^2}{s^2}} = 4{,}6\,\frac{m}{s}$$

Material B – Zug und Bahnsteig

B1 Skizziere für die folgende Situation die Leuchtspur, die Ben beobachtet.
a) Ava bewegt den Leuchtball mit konstanter Geschwindigkeit auf und ab.
b) Ava wirft den Leuchtball senkrecht nach oben.
c) Der Leuchtball schwingt an einer Feder auf und ab.

Die Leuchtspur, die Ben beobachtet, ist eine ungestörte Überlagerung aus der Bewegung des Leuchtballs in senkrechter s_y-Richtung, wie Ava sie beobachtet, und der Bewegung des Zugs in waagrechter s_x-Richtung. Da der Zug sich mit konstanter Geschwindigkeit bewegt, kann man sich die Rechtsachse auch als Zeitachse vorstellen. Die Leuchtspur entspricht in dieser Vorstellung dem Graphen des s_y-t-Diagramms.

a) Auf- und Abbewegung mit konstanter Geschwindigkeit

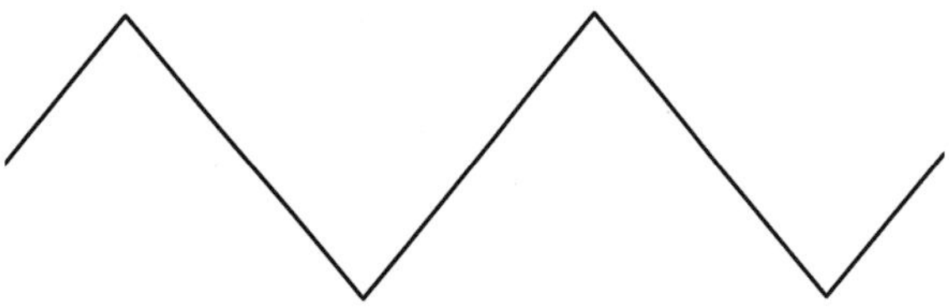
Cornelsen/newVISION! GmbH Bernhard A. Peter, Pattensen

b) Senkrechter Wurf nach oben

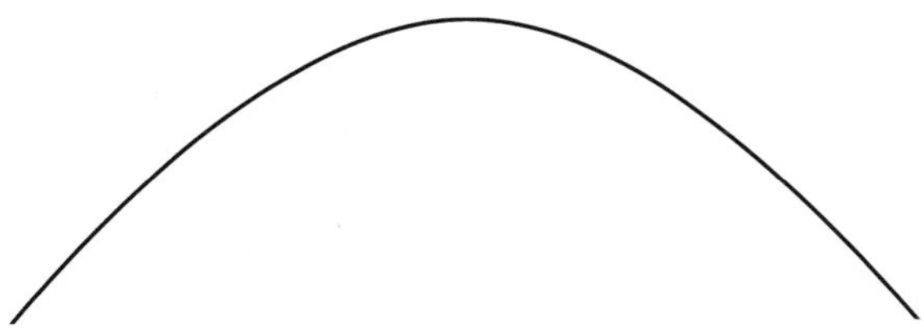
Cornelsen/newVISION! GmbH Bernhard A. Peter, Pattensen

c) Auf- und Abschwingung

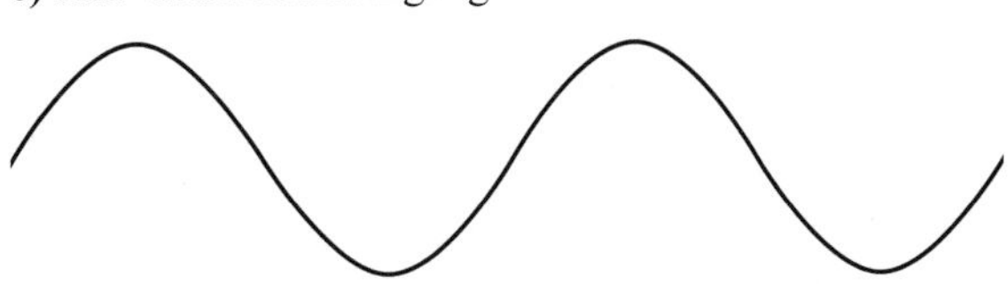
Cornelsen/newVISION! GmbH Bernhard A. Peter, Pattensen

2 Der Impuls

Impulse in einer Dimension

Seite 199

1 a) Berechne den Impuls eines Autos (1,5 t) und eines Lasters (40 t) im Stadtverkehr und auf der Autobahn.
b) Berechne deinen Impuls, wenn du zu Fuß oder mit dem Rad unterwegs bist. Schätze deine Geschwindigkeit dafür sinnvoll ab. Vergleiche mit a).

a) Im Stadtverkehr hat ein Fahrzeug häufig eine Geschwindigkeit von $50\,\frac{\text{km}}{\text{h}} = 14\,\frac{\text{m}}{\text{s}}$,
auf der Autobahn hat ein Auto eine Geschwindigkeit von etwa $120\,\frac{\text{km}}{\text{h}} = 33\,\frac{\text{m}}{\text{s}}$,
ein Lkw hat eine Geschwindigkeit von etwa $80\,\frac{\text{km}}{\text{h}} = 22\,\frac{\text{m}}{\text{s}}$.
Ein Auto hat eine Masse von ca. 1 t, ein Lkw von ca. 10 t.

$p_{\text{Auto,Stadt}} = m_{\text{Auto}} \cdot v_{\text{Stadt}} =$
$= 1{,}0 \cdot 10^3\ \text{kg} \cdot 14\ \frac{\text{m}}{\text{s}} = 1{,}4 \cdot 10^4\ \text{kg}\ \frac{\text{m}}{\text{s}}$.

$p_{\text{Lkw,Stadt}} = m_{\text{Lkw}} \cdot v_{\text{Stadt}} =$
$= 1{,}0 \cdot 10^4\text{kg} \cdot 14\ \frac{\text{m}}{\text{s}} = 1{,}4 \cdot 10^5\ \text{kg}\ \frac{\text{m}}{\text{s}}$.

$p_{\text{Auto,Land}} = m_{\text{Auto}} \cdot v_{\text{Auto,Land}} =$
$= 1{,}0 \cdot 10^3\ \text{kg} \cdot 33\ \frac{\text{m}}{\text{s}} = 3{,}3 \cdot 10^4\ \text{kg}\ \frac{\text{m}}{\text{s}}$.

$p_{\text{Lkw,Land}} = m_{\text{Lkw}} \cdot v_{\text{Lkw,Land}} =$
$= 1{,}0 \cdot 10^4\ \text{kg} \cdot 22\ \frac{\text{m}}{\text{s}} = 2{,}2 \cdot 10^5\ \text{kg}\ \frac{\text{m}}{\text{s}}$.

b) Die Geschwindigkeit eines Fußgängers beträgt etwa $5\,\frac{\text{km}}{\text{h}} = 1{,}4\,\frac{\text{m}}{\text{s}}$.
Die Masse eines Zehntklässlers beträgt etwa 60 kg. Damit ist

$p_{\text{Fußgänger}} = m_{\text{Fußgänger}} \cdot v_{\text{Fußgänger}} =$
$= 60\ \text{kg} \cdot 1{,}4\ \frac{\text{m}}{\text{s}} = 84\ \text{kg}\ \frac{\text{m}}{\text{s}}$.

Das liegt im Promillebereich der Werte für die Fahrzeuge in Aufgabe a).

Seite 201

1 Auf einem Güterbahnhof rollt ein beladener Waggon (10 t) auf gerader Strecke mit 3,6 km/h auf fünf gleichartige aneinandergekoppelte Waggons.
a) Berechne den Impuls vor dem Zusammenstoß.
b) Bestimme die Geschwindigkeit, mit der die Waggons weiterfahren, wenn der Waggon ankoppelt.

a) Gegeben: $m_{\text{waggon}} = 10\,000$ kg;
gesucht: Impuls vor dem Ankoppeln

$p_{\text{vorher}} = m_{\text{Waggon}} \cdot v_{\text{Waggon}}$

Der Waggon hat eine Geschwindigkeit von

$v_{\text{Waggon}} = 3{,}6\ \frac{\text{km}}{\text{h}} = 1{,}0\ \frac{\text{m}}{\text{s}}$

Damit ist der Impuls vorher:

$p_{\text{Waggon,vorher}} = m_{\text{Waggon}} \cdot v_{\text{Waggon}} =$
$= 1{,}0 \cdot 10^4\ \text{kg} \cdot 1{,}0\ \frac{\text{m}}{\text{s}} = 1{,}0 \cdot 10^4\ \text{kg}\ \frac{\text{m}}{\text{s}}$.

b) Gegeben: $m_{\text{waggon}} = 60\,000$ kg;
gesucht: Geschwindigkeit nach dem Ankoppeln
Der Impuls vor und nach dem Ankoppeln ist gleich. Der Impuls des Waggons verteilt sich gleichmäßig auf die 6 Waggons. Jeder Waggon hat also den Impuls

$p_{\text{Waggon,nachher}} = p_{\text{Waggon,vorher}} : 6 =$
$= 1{,}0 \cdot 10^4\ \text{kg}\ \frac{\text{m}}{\text{s}} : 6 \approx 1{,}7 \cdot 10^3\ \text{kg}\ \frac{\text{m}}{\text{s}}$.

Ein Waggon hat dann eine Geschwindigkeit von

$v_{\text{Waggon}} = \frac{p_{\text{Waggon,nachher}}}{m_{\text{Waggon}}} =$
$= \frac{1{,}7 \cdot 10^3\ \text{kg}\ \frac{\text{m}}{\text{s}}}{10\,000\ \text{kg}} = 0{,}17\ \frac{\text{m}}{\text{s}}$.

2 Eine Stahlkugel rollt i) über einen Teppich, ii) über einen Holztisch, iii) über eine polierte Glasplatte. Vergleiche die Bewegungen.
Beschreibe sie dazu mit dem Impuls.

Wenn die Stahlkugel über den Teppich rollt, wird sie stark gebremst, beim Holztisch wird sie deutlich weniger gebremst und bei der Glasplatte am wenigsten.
Die Kugel verliert Impuls an den Boden und zwar am schnellsten beim Teppich. Bei der Glasplatte ist der Impulsverlust in der gleichen Zeitspanne so klein, dass der Impuls und damit auch die Geschwindigkeit nur unmerklich abnehmen.

3) Ein Lkw und ein Pkw stoßen mit gleich großer, aber entgegengesetzt gerichteter Geschwindigkeit zusammen und verhaken sich. Skizziere entsprechende Impulspfeile.
Mache mithilfe des Impulserhaltungssatzes eine Aussage darüber, wie sich die Fahrzeuge nach dem Zusammenstoß weiterbewegen.

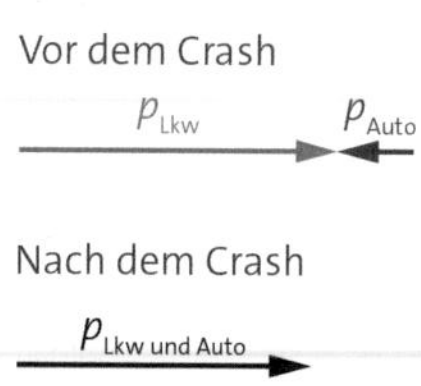

Cornelsen/newVISION! GmbH Bernhard A. Peter, Pattensen

Da der Impulsbetrag des Lkw aufgrund seiner größeren Masse viel größer als der des Pkw ist, ist der Gesamtimpuls fast so groß wie der Impuls des Lkw. Beide Fahrzeuge bewegen sich also nach dem Crash in die ursprüngliche Fahrtrichtung des Lkw, wobei die Geschwindigkeit etwas kleiner ist als die des Lkw vor dem Crash.

Seite 203 (Material)

Material A – Beschleunigen

A1 Erkläre, wie ein Propellerflugzeug (▹Bild 02 A) beschleunigt. Begründe, warum dieser Antrieb im Weltraum nicht genutzt werden kann.

Durch den Propeller wird die Luft beschleunigt, sodass das Flugzeug eine entsprechende Impulsänderung nach vorne erfährt.

Der Propeller funktioniert im Weltraum nicht, weil es dort weder Luft noch ein anderes Gas gibt, dass nach hinten gedrückt werden kann.

A2 Beim Biathlon (▹Bild 02 B) schießen die Sportler mit Kleinkalibergewehren. Das Geschoss hat eine Masse von 2,5 g und wird auf 300 m/s beschleunigt. Das Gewehr hat eine Masse von 3,5 kg.

a) Schätze mithilfe einer Impulsbilanz ab, mit welcher Geschwindigkeit das Gewehr beim Abschuss nach hinten gestoßen wird.

b) Erkläre, warum man das Gewehr an der Schulter anlegt.

a) Gegeben: $m_{Geschoss} = 0{,}0025$ kg; $v_{Geschoss} = 300$ m/s; $m_{GEwehr} = 3{,}5$ kg

gesucht: v_{Gewehr}

Impuls vorher: Geschoss und Gewehr sind in Ruhe, haben also beide Impuls 0.

Der Gesamtimpuls nachher muss also auch 0 sein.

Impuls nachher:

$0 = p_{Geschoss} + p_{Gewehr} =$

$m_{Geschoss} \cdot v_{Geschoss} + m_{Gewehr} \cdot v_{Gewehr}$

Nach v_{Gewehr} aufgelöst erhalten wir:

$$v_{Gewehr} = -\frac{m_{Geschoss} \cdot v_{Geschoss}}{m_{Gewehr}} =$$

$$= -\frac{2{,}5 \cdot 10^{-3}\ \text{kg} \cdot 300\ \frac{\text{m}}{\text{s}}}{3{,}5\ \text{kg}} = -0{,}21\ \frac{\text{m}}{\text{s}}.$$

Das Gewehr würde sich mit einer Geschwindigkeit von $0{,}21\ \frac{\text{m}}{\text{s}}$ nach hinten bewegen.

b) Wenn man das Gewehr an der Schulter anlegt, wird der Impuls des Geschosses von Gewehr und Körper zusammen ausgeglichen. Da die Masse dadurch viel größer ist als durch das Gewehr alleine, bewegt es sich deutlich weniger nach hinten. Der Schuss ist dadurch viel besser zu kontrollieren.

A3 Betrachte ▹Bild 02 C: Beim Laufen beschleunigt man mit dem hinteren Bein, während man mit dem vorderen Bein bremst.

a) Lies aus den Abständen des Oberkörpers jeweils ab, ob sich der Impuls des Läufers gerade vergrößert oder verkleinert. Vergleiche mit der momentanen Beinstellung.

b) Skizziere ein Impuls-Zeit-Diagramm und kennzeichne die verschiedenen Phasen.

a) Phase A: Zu Beginn nimmt der Impuls des Läufers zu (▹Bilder 1 bis 4). Tatsächlich stößt er sich mit dem hinteren Bein ab.

Phase B: Dann bleibt der Impuls etwa gleich (▹Bilder 3 bis 5), der Läufer befindet sich in der Luft.

Phase C: Anschließend verringert sich der Impuls ein wenig (▹Bilder 4 bis 6), der Läufer bremst ein wenig mit dem etwas nach vorne zeigenden Bein.

Nun geht der Zyklus von vorne los.

b)

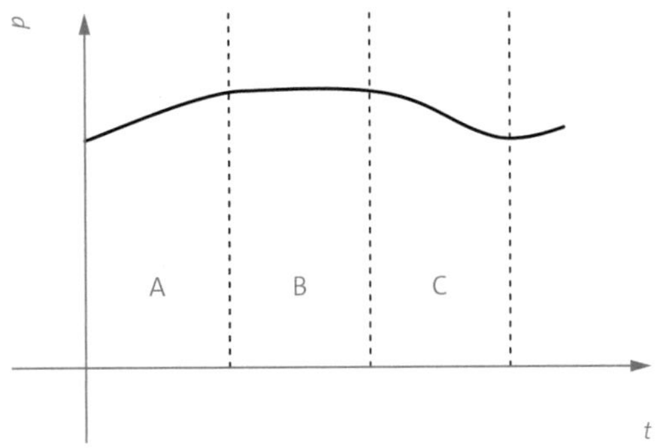

Cornelsen/newVISION! GmbH Bernhard A. Peter, Pattensen

Material B – Impuls im Straßenverkehr

B1 Am Ende eines Staus fährt ein Lkw mit 50 km/h auf ein stehendes Auto auf, die Fahrzeuge verhaken sich ineinander. Schätze ab, ob sich die Fahrzeuge nach dem Zusammenprall eher mit 5 km/h, mit 25 km/h oder mit 45 km/h weiterbewegen. Begründe.

Der Lkw hat deutlich mehr Masse als der Pkw. Die Masse nach dem Zusammenstoß nimmt daher nur relativ wenig zu. Da der Geamtimpuls erhalten bleibt, bedeutet dies, dass die Geschwindigkeit nur wenig abnimmt, sie beträgt also eher $45\ \frac{\text{km}}{\text{h}}$.

B2 Bei einem Crashtest stoßen ein Lkw mit 10 t und ein Pkw mit 1,5 t frontal zusammen. Der Lkw hat eine Geschwindigkeit von 30 km/h. Beide Fahrzeuge bewegen sich nach dem Stoß zusammen mit 10 km/h in die ursprüngliche Fahrtrichtung des Lkws weiter. Stelle die Impulsbilanz auf und berechne die Geschwindigkeit des Autos vor dem Aufprall.

Gegeben: $m_{Lkw} = 1{,}0 \cdot 10^4$ kg; $m_{Pkw} = 1{,}5 \cdot 10^3$ kg

Der Lkw soll in Richtung positiver x-Achse fahren, seine Geschwindigkeit und sein Impuls sind also positiv.

$v_{Lkw,vorher} = 30\ \frac{\text{km}}{\text{h}} = 8{,}3\ \frac{\text{m}}{\text{s}}$

$v_{Lkw,nachher} = v_{Pkw,nachher} = 10\ \frac{\text{km}}{\text{h}} = 2{,}8\ \frac{\text{m}}{\text{s}}$

Gesucht: $v_{Pkw,vorher}$

Impulsbilanz: Impuls vorher = Impuls nachher

Impuls nachher:

$p_{\text{gesamt,nachher}} = (m_{\text{Lkw}} + m_{\text{Pkw}}) \cdot v_{\text{nachher}}$
$= (1{,}0 \cdot 10^4\ \text{kg} + 1{,}5 \cdot 10^3\ \text{kg}) \cdot 2{,}8\ \frac{\text{m}}{\text{s}}$
$= 3{,}2 \cdot 10^4\ \text{kg}\ \frac{\text{m}}{\text{s}}.$

Impuls vorher:

$p_{\text{gesamt,vorher}}$
$= m_{\text{Lkw}} \cdot v_{\text{Lkw,vorher}} + m_{\text{Pkw}} \cdot v_{\text{Pkw,vorher}}$

Aufgelöst nach $v_{\text{Pkw,vorher}}$:

$v_{\text{Pkw,vorher}} = \frac{p_{\text{gesamt,nachher}} - m_{\text{Lkw}} \cdot v_{\text{Lkw,vorher}}}{m_{\text{Pkw}}}$

$= \frac{3{,}2 \cdot 10^4\ \text{kg}\ \frac{\text{m}}{\text{s}} - 1{,}0 \cdot 10^4\ \text{kg} \cdot 8{,}3\ \frac{\text{m}}{\text{s}}}{1{,}5 \cdot 10^3\ \text{kg}} = -34\ \frac{\text{m}}{\text{s}} = -122\ \frac{\text{km}}{\text{h}}.$

Der Pkw fuhr vor dem Crash mit 123 $\frac{\text{km}}{\text{h}}$ auf den Lkw zu.

Material C – Eine Geschichte von Baron Münchhausen

C1 a) Münchhausen war für seine Lügengeschichten bekannt. Zeige, dass er beim ersten Sprung und bei seiner „Rettung" gelogen hat. Begründe physikalisch.
b) Wie hätte Münchhausen aus dem Morast kommen können? Gib mehrere Möglichkeiten an und erkläre jeweils.

a) Das Umkehren mitten im Sprung in der Luft bedeutet eine Impulsänderung. Diese Impulsänderung kann aber nur dann erfolgen, wenn gleichzeitig ein anderer Körper seinen Impuls in entgegengesetzte Richtung ändert. Beim Absprung vom Boden war die Erde dieser andere Körper. In der Luft fehlt dieser andere Körper, deshalb kann die Geschichte so nicht stimmen.

Das Gleiche gilt auch für seine eigene Rettung: Auch da fehlt der zweite Körper, dessen Impuls sich in gleicher Weise entgegengesetzt gerichtet ändert.

b) Er hätte sich an einem starken Ast vom Pferd auf festen Boden retten können. Anschließend hätte er versuchen können, mit anderen Personen und einem Seil das Pferd aus dem Morast zu ziehen. Die Impulsänderung des eigenen Körpers sowie des Pferdes wären jeweils einhergegangen mit einer Impulsänderung der Erde.

Vielleicht hätte er sich auch schwimmend auf festen Boden retten können. Dabei hätte er den Morast mit Händen und Füßen nach hinten gedrückt, während sich sein Körper nach vorn bewegt.

Impulse in mehreren Richtungen

Seite 205

1 Beim Billard trifft die weiße Kugel auf zwei nahe beieinander liegende Kugeln. Alle drei Kugeln bewegen sich anschließend in verschiedene Richtungen. Die Impulspfeile sind im ▹Bild 04 eingezeichnet.
a) Bestimme die Impulsbeträge der drei Kugeln.
b) Bestimme den Gesamtimpuls durch Aneinanderhängen der Impulspfeile.
c) Zeichne den Impulspfeil an die weiße Kugel im Diagramm vor dem Stoß.

a) $p_{\text{weiß}} = \sqrt{(1 \cdot 0{,}2)^2 + (1{,}5 \cdot 0{,}2)^2}\,\text{kg} \cdot \frac{\text{m}}{\text{s}}$
$\approx 0{,}36\ \text{kg} \cdot \frac{\text{m}}{\text{s}}$

$p_{\text{grün}} = \sqrt{(2{,}5 \cdot 0{,}2)^2 + (2{,}5 \cdot 0{,}2)^2}\,\text{kg} \cdot \frac{\text{m}}{\text{s}}$
$\approx 0{,}71\ \text{kg} \cdot \frac{\text{m}}{\text{s}}$

$p_{\text{blau}} = \sqrt{(3 \cdot 0{,}2)^2 + (1{,}5 \cdot 0{,}2)^2}\,\text{kg} \cdot \frac{\text{m}}{\text{s}}$
$\approx 0{,}67\ \text{kg} \cdot \frac{\text{m}}{\text{s}}$

b)

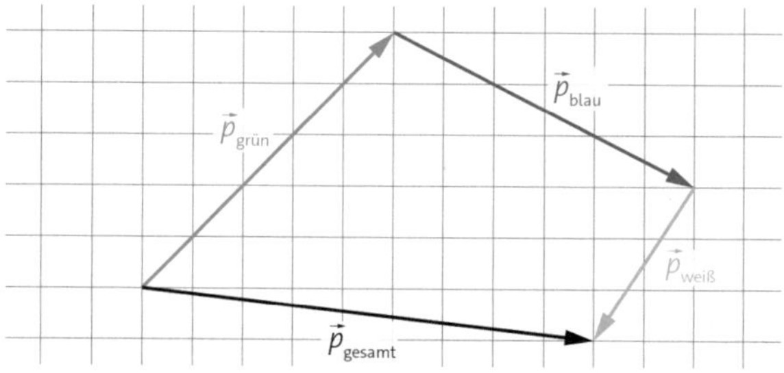

Cornelsen/newVISION! GmbH Bernhard A. Peter, Pattensen

c)

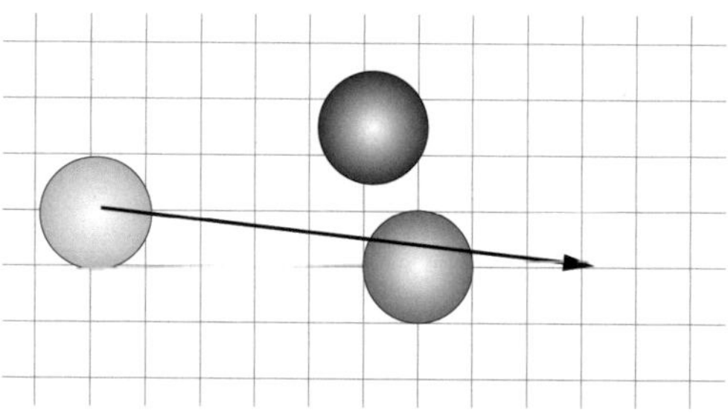

Cornelsen/newVISION! GmbH Bernhard A. Peter, Pattensen

2 Ein ruhender Körper zerbirst bei einer Explosion in vier Teile, drei Impulse sind im ▹Bild 05 eingezeichnet. Bestimme zeichnerisch den fehlenden Impulspfeil.

Man bestimmt den fehlenden Pfeil, indem man die anderen drei addiert – aneinanderlegt – und den letzten Pfeil so zufügt, dass er beim Ausgangspunkt des ersten Pfeils endet. Denn dann ist der Gesamtimpuls wieder null.

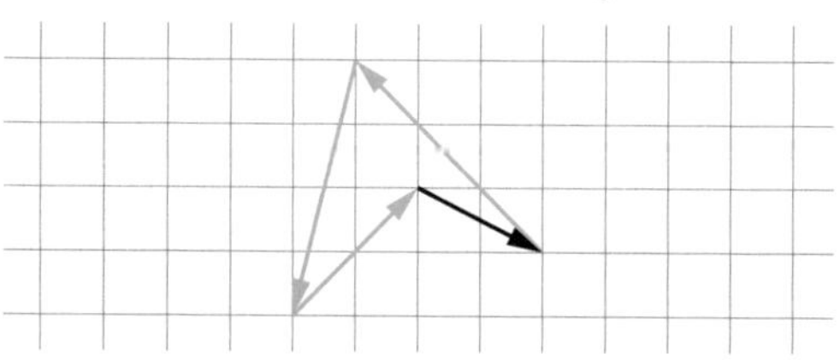

Cornelsen/newVISION! GmbH Bernhard A. Peter, Pattensen

Seite 207 (Material)

Material A – Impulserhaltung beim Curling

A1 Konstruiere den Impulspfeil des roten Steins nach dem Stoß.

Wir zeichnen links die Impulspfeile vorher und rechts die Impulspfeile nachher. Der fehlende Impulspfeil (schwarz) muss so ergänzt werden, dass der Summenpfeil gleich dem Impulspfeil vorher ist:

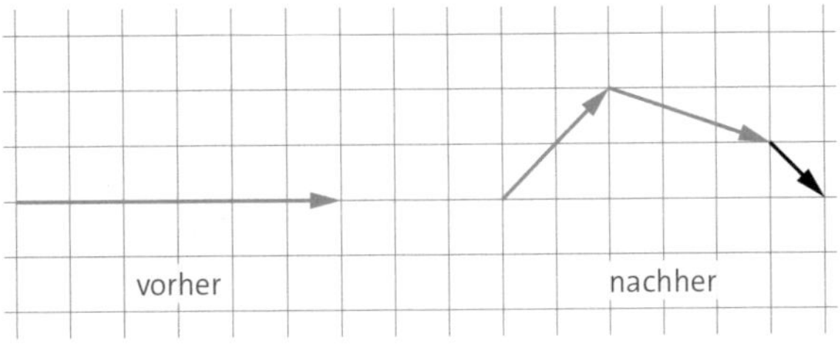

Cornelsen/newVISION! GmbH Bernhard A. Peter, Pattensen

A2 Berechne, um wie viel Prozent der Geschwindigkeitsbetrag des roten Steins abnimmt.

Betrag des Impulses vorher: 6 Einheiten

Betrag des Impulses nachher: $\sqrt{2}$ Einheiten.

Prozentsatz: $\frac{6-\sqrt{2}}{6} = 0{,}76 = 76\ \%$

Material B – Asteroidenalarm

B1 Angenommen, im Weltall stoßen zwei Asteroiden in der Nähe der Erde zusammen und fliegen als ein Asteroid weiter. Die Geschwindigkeitsvektoren dieser Asteroiden sind im ▹Bild 05 eingezeichnet.

a) Zeige mithilfe der Geschwindigkeitsvektoren, dass die Asteroiden tatsächlich zusammenstoßen.

b) Asteroid A1 hat die doppelte Masse wie Asteroid A2. Konstruiere den Impulspfeil des Gesamt-Asteroiden und entscheide, ob dieser eine Gefahr für die Erde darstellt.

c) Zeige, dass es nicht sinnvoll ist, für Aufgabe b) die Geschwindigkeitsvektoren zu addieren.

a) Die Länge der Geschwindigkeitsvektoren ist ein Maß für die Strecke, die pro Zeitspanne zurückgelegt wird. Wenn Asteroid 1 die Zeitspanne Δt braucht, um eine Strecke der Pfeillänge (in ▹Bild 05 auf der Lehrbuchseite 207) zurückzulegen, dann braucht Asteroid 2 genauso lange für die Strecke, die dem zu ihm gehörenden Geschwindigkeitspfeil entspricht. Wenn man nun noch die Anfangsorte der Asteroiden und ihre Bewegungsrichtungen berücksichtigt, erhält man folgendes Bild der Bewegung:

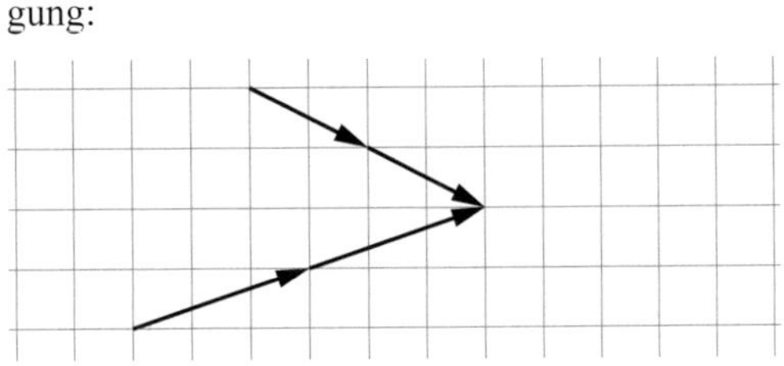

Cornelsen/newVISION! GmbH Bernhard A. Peter, Pattensen

Man sieht, dass sich die Asteroiden nach der Zeitspanne 2 Δt treffen.

b) Vom Ort des Zusammenpralls aus bewegt sich der Gesamt-Asteroid in Richtung des Gesamtimpulses (grau) weiter. Er scheint haarscharf an der Erde vorbei zu fliegen, allerdings wird er möglicherweise aufgrund der Gravitation doch auf der Erdoberfläche einschlagen.

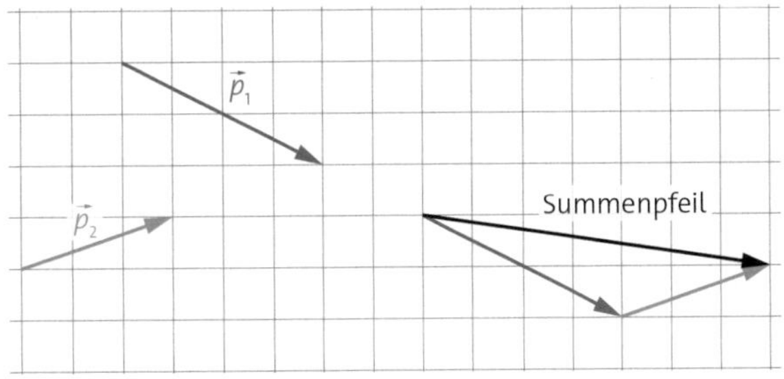

Cornelsen/newVISION! GmbH Bernhard A. Peter, Pattensen

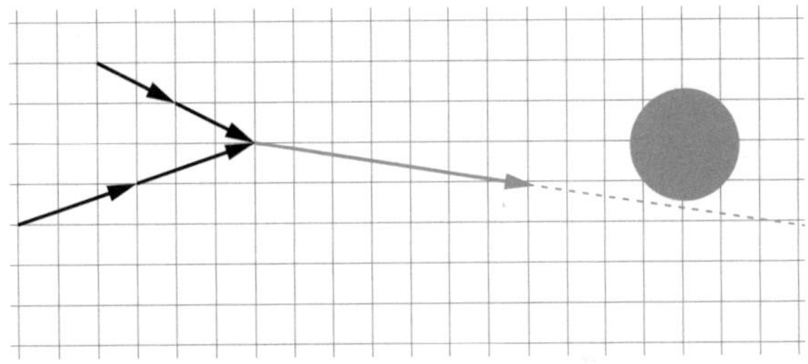

Cornelsen/newVISION! GmbH Bernhard A. Peter, Pattensen

c) Wenn man die Geschwindigkeiten addiert, erhält man einen Summenpfeil (grau), dessen Richtung von der Richtung des Gesamtimpulses für den Impuls (s. Teilaufgabe b) deutlich abweicht:

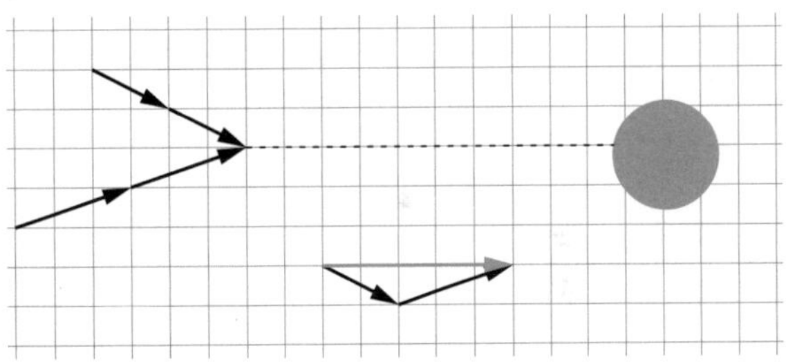

Cornelsen/newVISION! GmbH Bernhard A. Peter, Pattensen

Es ist also nicht sinnvoll, die Geschwindigkeitsvektoren zu addieren, um eine Vorhersage für die Bewegung des Gesamt-Asteroiden zu erhalten.

Material C – Suchtrupp im All

C1 Bestimme die Richtung, in der die Retter die Steuereinheit mit der Besatzung suchen müssen.

Der Impuls des Antriebsteils beträgt:

$p_A = m_A \cdot v_A =$

$= 5{,}0 \cdot 10^4\ \text{kg} \cdot 20\ \frac{\text{m}}{\text{s}} = 1{,}0 \cdot 10^6\ \text{kg}\ \frac{\text{m}}{\text{s}}.$

$p_F = m_F \cdot v_F =$

$= 2{,}0 \cdot 10^4\ \text{kg} \cdot 15\ \frac{\text{m}}{\text{s}} = 3{,}0 \cdot 10^5\ \text{kg}\ \frac{\text{m}}{\text{s}}.$

Da die Impulsrichtungen senkrecht aufeinander stehen, zeichnen wir die Impulspfeile:

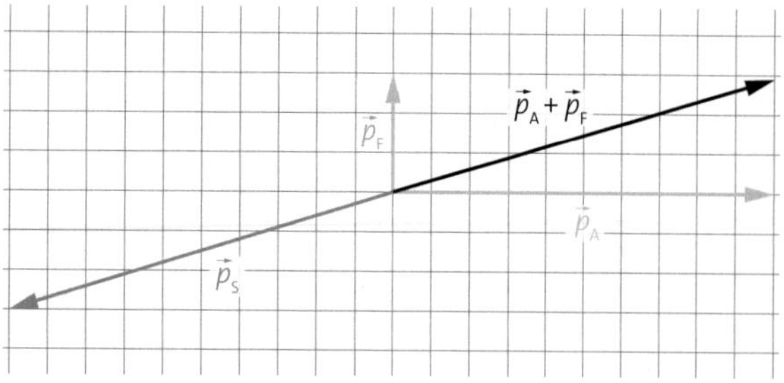

Cornelsen/newVISION! GmbH Bernhard A. Peter, Pattensen

Impulserhaltung: Das ruhende Raumschiff hat vor der Explosion den Impuls $0\,\mathrm{kg}\,\frac{\mathrm{m}}{\mathrm{s}}$. Auch nach der Explosion muss die Summe der Impulspfeile den Nullvektor ergeben. Die Summe der Impulspfeile $\vec{p}_A + \vec{p}_F$ ist also entgegengesetzt gleich groß wie der Impuls $\vec{p}_S$.
Die Retter müssen also in Richtung des roten Vektors $\vec{p}_S$ suchen.

NEWTONs Mechanik

Didaktische Hinweise

Aufbau des Kapitels
„Impulsänderung und Kraft“ führt die quantitativen Grundlagen der NEWTON’schen Mechanik (NEWTON’sche Grundgleichung, Wechselwirkungsgesetz) ein und behandelt Fall- und Wurfbewegungen. „NEWTONs Prinzipien anwenden“ wendet das Erlernte mit der Kräfteaddition in verschiedenen Situationen an (u. a. schiefe Ebene, Kreisbewegung).

Fehlvorstellungen in der Dynamik (vgl. Hinweise zu „Bewegungen“)
In der Dynamik sind folgende Fehlvorstellungen besonders schwerwiegend:
- Es wird nicht zwischen dem Alltagsbegriff und dem Fachbegriff „Kraft“ unterschieden, obwohl diese sehr unterschiedlich sind.
- Vermeintlich können nur aktive Körper (wie ein Mensch oder ein Automotor) Kräfte ausüben, passive (wie der Boden oder die Luft) nicht.
- Es wird oft angenommen, ein Körper könne sich nur bewegen, solange eine Kraft auf ihn ausgeübt wird, insbesondere seien Kraft- und Bewegungsrichtung immer gleich.
- Kräftegleichgewicht sei gleichbedeutend mit Ruhe.
- Es ist häufig unklar, an welchem Körper eine Kraft angreift. Das zeigt sich deutlich bei Wechselwirkungskräften (mangelnde Abgrenzung zum Kräftegleichgewicht) und bei der Kreisbewegung (Argumentation mit der Zentrifugalkraft alleine).
- Es wird nicht zwischen einer von einem anderen Körper ausgeübten Kraft und der resultierenden Kraft (als Summe der angreifenden Kräfte) unterschieden. Letztere wird häufig als weitere angreifende Kraft aufgefasst.

Folgerungen für das Vorgehen
Schon in Klasse 7/8 haben wir Rücksicht auf die Fehlvorstellungen genommen, aber diese sind in der Mechanik so tiefgreifend, dass man sich immer wieder mit ihnen auseinandersetzen muss. Durch die Sachstruktur und entsprechende Materialien und Aufgaben wird dies weiterhin ermöglicht. Insbesondere auf drei Aspekte legen wir hierbei Wert:
- Unterscheidung zwischen ausgeübten Kräften und resultierender Kraft: Welche Kraft auf einen Körper ausgeübt wird, ist relativ anschaulich, da es immer einen Körper gibt, der die Kraft ausübt. Diese Kräfte müssen für die Lernenden in jeder Situation deutlich sein. Die resultierende Kraft ist aus Schülersicht abstrakter: Bspw. zieht beim Kettenkarussell kein Körper waagrecht nach innen.
- Betonung des dynamischen Kraftbegriffs und konsequenter Bezug zur NEWTON’schen Grundgleichung: Statische Situationen sind nicht geeignet, den Aspekt der Einwirkdauer einer Kraft zu verdeutlichen und generieren so Fehlvorstellungen. Häufig wird hier auch nicht deutlich, dass es sich immer um Kräftegleichgewichte handelt. Wir verzichten folgerichtig (wie der Bildungsplan) auf die Kräftezerlegung, da sie die resultierende Kraft nicht auf die ausgeübten Kräfte zurückführt. Alle behandelten Beispiele sind mit der Addition schlüssig zu erklären und festigen so das Erlernte.
- Konsequente Weiterentwicklung des Vektorkalküls

Impulsänderung und Kraft
Impuls und Kraft: Aufbauend auf den Vorkenntnissen aus Klasse 7/8 wird die NEWTON’sche Grundgleichung für den Fall einer einzigen Kraft eingeführt. Da es sich hierbei um eine Definitionsgleichung handelt, wird nur ihre Sinnhaftigkeit anhand des Modell-Kopfballs plausibel gemacht und durch die Verbindung zur Gewichtskraft mit dem Vorwissen verknüpft. Hierbei wird konsequent mit der Impulsänderung und vektoriell argumentiert, da hierdurch das qualitative Verständnis „Eine Kraft ändert die Bewegung“ abgebildet wird. Darauf aufbauend wird der Zusammenhang $F = m \cdot a$ hergeleitet, welcher wiederum für quantitative Rechnungen geeigneter ist. (Das Kräftegleichgewicht zwischen Gewichtskraft und Normalkraft wird hier noch nicht thematisiert.)

Die NEWTON’sche Grundgleichung: Die Funktion der resultierenden Kraft in der Grundgleichung wird für Kräfte in bzw. gegen die Bewegungsrichtung erläutert. Dabei wird der Zusammenhang zwischen vektorieller Addition und der Addition bzw. Subtraktion der Kraftbeträge hergestellt.

Fall- und Wurfbewegungen: Eine rein kinematische Beschreibung des freien Falls ist aus Schülerperspektive kaum möglich. Daher wird er erst nach Einführung der resultierenden Kraft behandelt. Die Idealisierung der Fallbewegung erlaubt die Neuinterpretation des Ortsfaktors als Fallbeschleunigung. Erst durch die Betrachtung realer Fallbewegungen können die Schülerinnen und Schüler die Alltagserfahrung „schwerer gleich schneller“ erklären und einordnen. Die Erkenntnisse aus „Zusammengesetzte Bewegungen“ und „Impuls und Kraft“ werden beim waagrechten Wurf ausgenutzt.

Das Wechselwirkungsgesetz: Das Wechselwirkungsprinzip ist aus Klasse 7/8 bekannt. Neu ist für die Schülerinnen und Schüler, dass die beiden Kräfte betragsgleich sind. Dies wird aus der Impulserhaltung beim Stoß hergeleitet. Die Beschäftigung mit Fehlvorstellungen (s. o.) und die Abgrenzung vom Kräftegleichgewicht ist beim Wechselwirkungsgesetz wesentlich (s. S. 234 f).

NEWTONs Prinzipien anwenden

Kräftegleichgewicht: Die Kräfteaddition wird zunächst im Fall des Kräftegleichgewichts betrachtet, da man sich hier keine weiteren Gedanken zum Wirken der resultierenden Kraft machen muss. Neben den klassischen statischen Beispielen wird auch der dynamische Auftrieb beim Fliegen behandelt.

Die resultierende Kraft als Vektor: Bei der schiefen Ebene ändert die resultierende Kraft (also im reibungslosen Fall die Hangabtriebskraft) nur den Impulsbetrag; allerdings zeigen bei diesem Beispiel erstmals die ausgeübten Kräfte nicht in bzw. gegen die Bewegungsrichtung. Hier werden auch die Gleitreibungskraft und die maximale Haftkraft quantitativ behandelt.

Die Kreisbewegung: Die erste Doppelseite beschäftigt sich mit der Zentripetalkraft als resultierender Kraft. Alltagserklärungen kommen mit der „Zentrifugalkraft" als einziger Kraft aus und beschreiben sie meist als Folge (!) der Kreisbewegung. Diese Aspekte unterscheiden die Verwendung der Zentrifugalkraft wesentlich von der physikalisch korrekten als Scheinkraft ohne Wechselwirkungspartner. Daher sprechen wir vom „Zentrifugaleffekt" und führen ihn auf die Trägheit zurück.
Auf der dritten Seite wird die Kinematik der Kreisbewegung mit der Winkelgeschwindigkeit beschrieben, da man damit Alltagsphänomene gut beschreiben kann und die Schülerinnen und Schüler hier kaum zwischen Kreis- und Drehbewegung unterscheiden.
Anhand des üblichen Experiments wird der Zusammenhang $F_Z = m \cdot \omega^2 \cdot r$ bestätigt, während $F_Z = m \cdot v^2/r$ theoretisch hergeleitet wird. Hier haben die Schülerinnen und Schüler immer wieder Schwierigkeiten mit dem scheinbaren Widerspruch $F_z \sim r$ (ω konstant) und $F_z \sim 1/r$ (v konstant).

Methoden

S. 230 f erläutert die Grundlagen der „Methode der kleinen Schritte", wie sie in Simulationen (sei es bei spezifischer Simulationssoftware oder Tabellenkalkulationen) benutzt wird.
S. 234 stellt den Unterschied zwischen induktivem und deduktivem Vorgehen direkt bezogen auf den Text dar.
S. 237 gibt eine Struktur für das Vorgehen bei der Kräfteaddition mit Kräfteplan.

Blickpunkte

S. 222 erläutert den Aufbau und die Funktion eines kapazitiven Beschleunigungssensors, wie man ihn in Smartphones findet.
S. 254 f fasst die Entwicklung des physikalischen Weltbildes von der Antike bis zur Gegenwart mit einem Schwerpunkt auf dem mechanistischen Weltbild zusammen.

Vertiefung

Das Gravitationsgesetz wird über die NEWTON'sche Mondrechnung eingeführt. Es ist ein zentraler Punkt in der Entwicklung des physikalischen Weltbildes und vervollständigt die NEWTON'sche Mechanik zu einem (scheinbar) schlüssigen System.

Experimentelle Hinweise (vgl. Hinweise zu „Bewegungen")
S. 214: Der Stoßversuch lässt sich auf ebenem (!) Untergrund mit Billardkugeln durchführen und variieren. Mit zwei kurzen Schienen als Startrampe (Justieren!) gewährleistet man, dass die beiden Kugeln mit gleicher Geschwindigkeit parallel laufen. Damit die Stoßrichtung eindeutig ist, sollte man eine Führung für den Holzklotz benutzen.
S. 217: Das Umladen der angehängten Massestücke, um die beschleunigte Masse konstant zu halten, ist für die Schülerinnen und Schüler im traditionellen Aufbau schwer nachvollziehbar. Wir arbeiten daher mit einem Kraftsensor auf dem Wagen.
S. 220: Die Rollreibungskraft wird hier als konstante Kraft ausgenutzt und sollte daher ebenso wie die Masse des Wagens nicht zu klein sein, da sonst die Kraftbeträge zu klein werden. Entsprechende Schülerexperimente mit von Hand gezogenen Wagen, Federkraftmessern und z. B. Schwefelstaubbahnen sind möglich. Alternativ kann man Modellautos (mit Zusatzmasse) oder eine/n auf einen auf einem Skateboard sitzenden Schüler/in (GBU!) ziehen. (Das Schülerexperiment S. 218 bereitet die Argumentation gut vor.)
S. 233: Wir verwenden Federkraftmesser, die durch eine Stange auf Druck belastbar sind. Damit wird zum einen die jeweilige Kraft messbar, zum anderen der Stoßprozess so weit verzögert, dass die Impulsänderung beobachtbar wird. Eine quantitative Auswertung ist z. B. über eine Videoanalyse möglich. Wichtiger ist aber, dass die Schülerinnen und Schüler bei verschiedenen Variationen beobachten können, dass die beiden Kräfte tatsächlich immer betragsgleich sind.

Seite 213 (Kannst du es noch?)

1 In den folgenden Situationen werden Kräfte ausgeübt:

1. Ein Torwart faustet einen scharf geschossenen Ball über das Tor.

2. Ein Kugelstoßer stößt eine Kugel.

3. Eine Rallye-Fahrerin bremst ihr Auto vor einer Kurve ab.

4. Eine Volleyballspielerin schmettert den Ball an der Abwehr vorbei.

a) Benenne für jede Situation den Körper, der eine Kraft ausübt, und denjenigen, auf den sie ausgeübt wird.

b) Beschreibe für jede Situation, woran man erkennt, dass eine Kraft ausgeübt wird.

c) Stelle jede Situation mit Geschwindigkeits- und Kraftpfeilen dar.

a)

1. Die Faust des Torhüters übt eine Kraft auf den Ball aus.
2. Die Hand des Kugelstoßers übt eine Kraft auf die Kugel aus.
3. Die Bremsbeläge üben – ausgelöst durch das Bremspedal – eine Kraft auf die Bremsscheiben aus.
4. Die Hand der Volleyballspielerin übt eine Kraft auf den Ball aus.

b)

1. Die Bewegungsrichtung des Balles ändert sich.
2. Die Kugel wird beschleunigt.
3. Die Bremsscheiben und damit die Räder drehen sich langsamer.
4. Die Bewegungsrichtung des Balles ändert sich und der Ball wird beschleunigt.

c)

1.

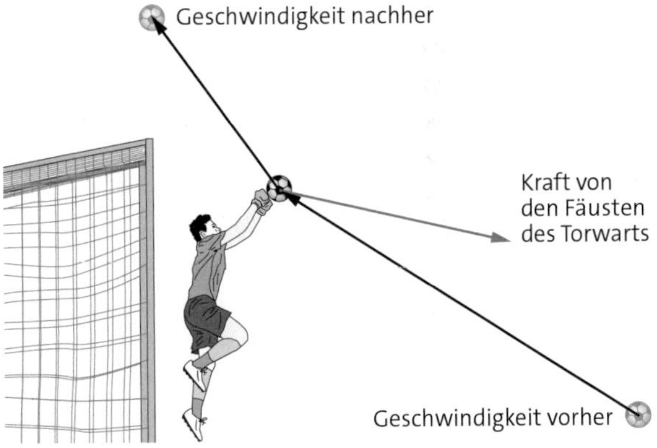

Cornelsen/newVISION! GmbH Bernhard A. Peter, Pattensen

2.

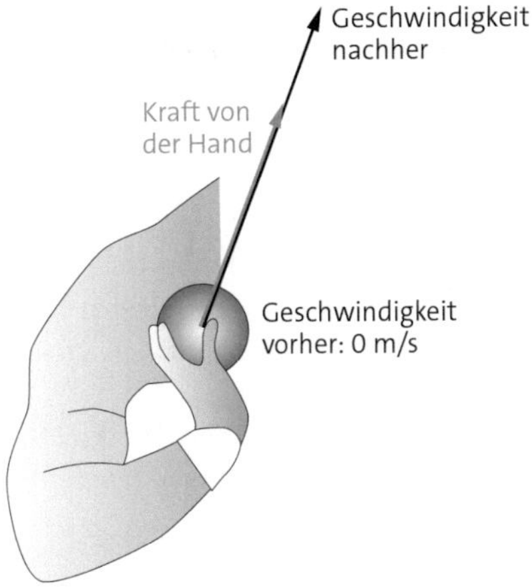

Cornelsen/newVISION! GmbH Bernhard A. Peter, Pattensen

3.

Cornelsen/newVISION! GmbH Bernhard A. Peter, Pattensen

4.

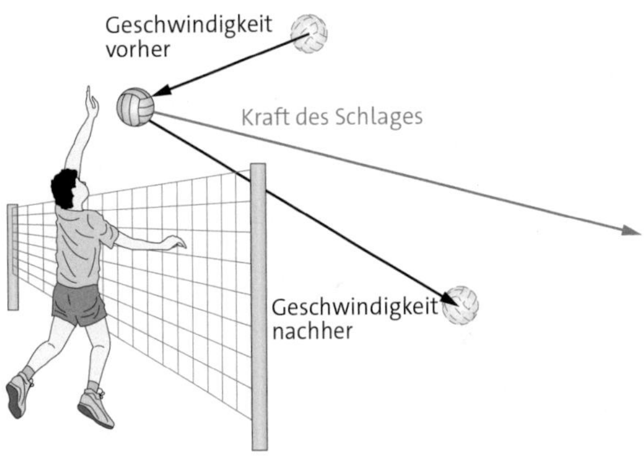

Cornelsen/newVISION! GmbH Bernhard A. Peter, Pattensen

2 Luca, Marie, Lisa und Alex verwenden jeweils das Wort „Kraft“.
Im Alltag kann man alle Sätze so sagen, aber nur bei zweien wird „Kraft“ so verwendet, wie es in der Physik sinnvoll ist. Überlege dir, wer das Wort „Kraft“ physikalisch korrekt verwendet. Begründe.

Luca und Lisa verwenden das Wort „Kraft“ physikalisch korrekt. Kraft wird stets von einem Körper auf einen anderen Körper ausgeübt. Ein Körper kann im physikalischen Sinn keine Kraft haben.

3 Tim meint: „Sicherheitsgurte sind überflüssig. Wenn ich mit dem Auto mit 50 km/h gegen die Wand fahre, steht das Auto am Ende immer. Die Geschwin-

digkeitsänderung ist also immer die gleiche, egal, ob mit oder ohne Gurt.“ Stimmt das? Erkläre.

Das stimmt so nicht: Sicherheitsgurte sind nicht überflüssig. Sie sorgen dafür, dass die Kraft, mit der ein Autoinsasse abgebremst wird, möglichst klein wird, sodass die Verletzungen möglichst gering sind. Ein Gurt kann die Geschwindigkeitsänderung zwar nicht kleiner machen, aber er kann die Zeitspanne, in der der Insasse abgebremst wird, vergrößern. Je größer die Zeitspanne beim Bremsen ist, desto kleiner ist die Bremskraft.

4 Im Alltag befindest du dich häufiger im Kräftegleichgewicht. Entscheide, ob das in folgenden Situationen der Fall ist. Begründe:

- **Du sitzt auf einer still stehenden Schaukel.**
- **Du schaukelst.**
- **Du fährst mit dem Fahrrad gleichmäßig im Kreis.**
- **Du fährst mit dem Fahrrad gleichmäßig geradeaus.**
- **Du wirst von zwei Freunden hochgehoben.**

Sitzen auf einer still stehenden Schaukel: Kräftegleichgewicht, da die Geschwindigkeit sich nicht ändert.

Schaukeln: kein Kräftegleichgewicht, da sich die Geschwindigkeit ständig ändert.

Mit dem Fahrrad gleichmäßig im Kreis fahren: kein Kräftegleichgewicht, da sich die Geschwindigkeit ändert. Hier bleibt der Geschwindigkeitsbetrag gleich, aber die Bewegungsrichtung ändert sich ständig.

Mit dem Fahrrad gleichmäßig geradeaus fahren: Kräftegleichgewicht, da die Geschwindigkeit gleich bleibt.

Von Freunden hochgehoben: Nicht eindeutig. Wenn sich während des Hochhebens die Geschwindigkeit nicht ändert oder du oben angelangt bist, dann herrscht zu diesen Zeitpunkten Kräftegleichgewicht. Wenn die Freunde beim Hochheben beschleunigen, abbremsen oder die Richtung ändern, dann besteht kein Kräftegleichgewicht.

5 Die Bewegung eines Fallschirmspringers wird durch die Luftwiderstandskraft und die Gewichtskraft beeinflusst. Erkläre, welche Rolle die resultierende Kraft für die Bewegung des Springers hat.

Die beiden Kräfte sind entgegengesetzt gerichtet.

Wenn sie gleich groß sind, ist der Springer im Kräftegleichgewicht, d. h., die resultierende Kraft beträgt 0 N. Die Geschwindigkeit des Springers bei seiner Bewegung nach unten ändert sich daher nicht.

Wenn die Gewichtskraft größer ist als die Luftwiderstandskraft, zeigt die resultierende Kraft nach unten. Die Geschwindigkeit des Springers bei seiner Bewegung nach unten nimmt daher zu.

Wenn die Gewichtskraft kleiner ist als die Luftwiderstandskraft, zeigt die resultierende Kraft nach oben. Die Geschwindigkeit des Springers bei seiner Bewegung nach unten nimmt daher ab.

6 Leon zieht mit 5 N an einem Wagen nach rechts, Mira gleichzeitig mit 8 N nach links.

a) Gib die resultierende Kraft an. Beschreibe dein Vorgehen.

b) Nora meint: „Man kann nicht entscheiden, in welche Richtung sich der Wagen bewegt. Vielleicht steht er sogar.“ Stimmt das? Erkläre.

a) Die resultierende Kraft beträgt 3 N und zeigt nach links. Man erhält sie, indem man die Kraftpfeile aneinanderhängt.

b) Es ist richtig, dass man nicht entscheiden kann, in welche Richtung der Wagen sich bewegt: Wenn er sich nach rechts bewegt, wird er durch die resultierende Kraft abgebremst. Wenn er sich nach links bewegt, wird er durch die resultierende Kraft schneller. Wenn er sich in eine andere Richtung bewegt, wird er durch die resultierende Kraft abgelenkt.

Auf keinen Fall kann der Wagen stehen: Dafür müsste er im Kräftegleichgewicht sein und daher die resultierende Kraft 0 N betragen – was nicht der Fall ist.

7 a) Gib die Gleichung für die Gewichtskraft an. Erläutere den Unterschied zwischen Masse und Gewichtskraft.

b) Berechne die Gewichtskraft auf dich auf der Erdoberfläche.

c) Auf dem Mond wird auf einen Astronauten (80 kg) eine Gewichtskraft von 130 N ausgeübt. Bestimme den Ortsfaktor.

a) $F_G = m \cdot g$

Die Gewichtskraft ist abhängig von der Masse eines Körpers und vom Ort, an dem er sich befindet. Wenn man sich an einem anderen Ort befindet, ändert sich die Richtung und mit dem Ortsfaktor auch der Betrag der Gewichtskraft. Die Masse bleibt aber immer gleich. Sie hat auch keine Richtung.

Zudem kann man die Bewegung eines Körpers mit großer Masse nicht so leicht verändern wie die eines Körpers mit kleiner Masse. Die Gewichtskraft spielt dabei keine Rolle. Es ist z. B. nie eine gute Idee, mit einem Medizinball einen Kopfball zu machen, egal, wo man sich befindet.

b) Individuelle Körpermasse, etwa $m = 48$ kg

Gegeben: Ortsfaktor auf der Erde: $g = 9{,}8$ N/kg

Gesucht: Gewichtskraft F_G auf der Erde

$F_G = m \cdot g = 48 \text{ kg} \cdot 9{,}8 \text{ N/kg} = 470 \text{ N}$

c) Gegeben: $m = 80$ kg; $F_G = 130$ N

Gesucht: g_M

$F_G = m \cdot g_M \Rightarrow g_M = \frac{F_G}{m} = \frac{130 \text{ N}}{80 \text{ kg}} = 1{,}625 \frac{\text{N}}{\text{kg}}$

8 ▹Bild 01 zeigt, wie sich der Ortsfaktor mit der Entfernung zum Erdmittelpunkt ändert. Als Einheit für die Entfernung dient der Erdradius ($R = 6370$ km).

a) Auf welchen Anteil nimmt der Ortsfaktor ab, wenn diese Entfernung verdoppelt wird? Belege an Beispielen aus dem Diagramm.
b) Die ISS schwebt etwa 350 km über der Erde. Paul sagt: „Die ISS schwebt so weit über dem Erdboden, dass der Ortsfaktor praktisch 0 N/kg ist. Deswegen ist man schwerelos.“ Nimm Stellung.

a) Der Ortsfaktor nimmt auf ein Viertel ab, wenn man den Abstand verdoppelt.

Abstand	$R \rightarrow 2\,R$	$1{,}5\,R \rightarrow 3\,R$	$2{,}5\,\mathrm{R} \rightarrow 5\,R$
***g* in N/kg**	$10 \rightarrow 2{,}5$	$4{,}4 \rightarrow 1{,}1$	$1{,}6 \rightarrow 0{,}4$

b) Die ISS umkreist die Erde in einer Höhe von 350 km über dem Erdboden. Das ist nur etwa 1/20 mehr als der Erdradius. Der Ortsfaktor ist daher kaum kleiner als am Erdboden (8,8 N/kg). In der ISS ist man schwerelos, weil nur die Schwerkraft auf einen Körper ausgeübt wird und man sich praktisch im freien Fall befindet.

1 Impulsänderung und Kraft

Impuls und Kraft

Seite 215

1 Weise durch Rechnung nach, dass die Kraft im ▹Bild 03 tatsächlich 5,0 N beträgt.

In jeder Sekunde ändert sich der Impuls um:
$\Delta p = 5\ \text{kg} \cdot \frac{\text{m}}{\text{s}}$.

Daher gilt für die Kraft: $F = \frac{\Delta p}{\Delta t} = \frac{5\ \text{kg} \cdot \frac{\text{m}}{\text{s}}}{1\ \text{s}} = 5\ \text{N}$

2 Im ▹Bild 02 A hat die Kugel nun vor dem Stoß einen größeren Impuls und wird mit der gleichen Kraft gestoßen. Beschreibe, wie sich das Versuchsergebnis dadurch ändert. Gib auch eine Erklärung.

Die blaue Kugel wird weniger stark abgelenkt, aber trifft (wenn der Platz ausreicht) immer noch auf die rote Kugel.

Wenn man die Impulspfeile zeichnet, behält $\overrightarrow{\Delta p}$ seine Länge, während $\vec{p}_{\text{vor}}$ länger ist. Dadurch ist im Dreieck aus $\vec{p}_{\text{vor}}$, $\vec{p}_{\text{nach}}$ und $\overrightarrow{\Delta p}$ der Winkel zwischen $\vec{p}_{\text{vor}}$ und $\vec{p}_{\text{nach}}$ kleiner.

3 Im ▹Bild 02 A stößt man nun nicht mehr senkrecht zur Bewegungsrichtung, sondern etwas weiter nach links oder rechts.
a) Beschreibe die weitere Bewegung der beiden Kugeln.
b) Erkläre den Unterschied zum Ergebnis des ursprünglichen Versuchs. Erstelle dazu auch eine Skizze wie im ▹Bild 02 B.

a) In beiden Fällen wird die blaue Kugel auch abgelenkt. Wenn man etwas nach links stößt, wird sie im Vergleich zur Bewegung der roten Kugel so abgebremst, dass sie die rote Kugel nicht mehr treffen kann, sondern die Bahn der roten Kugel an einer Stelle kreuzt, an der diese schon vorbeigerollt ist.

Wenn man etwas nach rechts stößt, überholt die blaue Kugel die rote sozusagen und kreuzt ihre Bahn vorher.

b) Durch den Stoß nach links zeigt der Impulspfeil der blauen Kugel nicht mehr so weit nach rechts wie der Impulspfeil der roten Kugel, die weiterhin den Impuls $\vec{p}_{\text{vor}}$ hat (▹Bild A). Dadurch bleibt die blaue Kugel hinter der roten zurück.

Durch den Stoß nach rechts zeigt der Impulspfeil der blauen Kugel weiter nach rechts als der Impulspfeil der roten Kugel (▹Bild B). Dadurch überholt die blaue Kugel die rote.

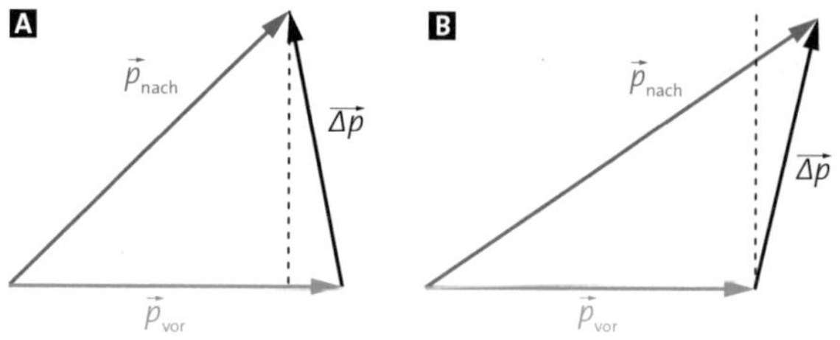

Cornelsen/newVISION! GmbH Bernhard A. Peter, Pattensen

Seite 217

1 a) Beim Flug des Basketballs kann man den Impuls nicht dadurch bestimmen, dass man die Beträge der Impulsänderungen addiert. Erkläre.
b) Bestimme im ▹Bild 01 A für drei weitere Zeitpunkte den Impulsbetrag. Zeichne die entsprechenden Impulspfeile.
c) Erläutere, wie man hier aus den Impulspfeilen die Kraft bestimmt.

a) Der Impuls ist ein Vektor. Daher muss man neben dem Betrag auch die Richtung berücksichtigen. Da der Basketball sich nicht geradlinig bewegt, muss man den Impuls durch Vektoraddition (Aneinanderhängen der Pfeile) bestimmen und dabei die verschiedenen Richtungen berücksichtigen. Daher ergibt sich ein ganz anderes Ergebnis als beim Addieren der Beträge.

b) *Individuelle Lösung.* Du misst die Entfernung zwischen zwei Ballpositionen im ▹Bild 01 und rechnest mithilfe des Maßstabes die tatsächliche Entfernung aus. Die Zeit, die der Ball von einer Position zur nächsten braucht, ist im Text gegeben mit 0,10 s. Damit kannst du nun die Geschwindigkeit des Balles berechnen. Ebenfalls im Text gegeben ist die Masse des Balles; der Impuls ergibt sich dann zu $p = m \cdot v$. Der Impulsbetrag liefert dir die Länge des Impulspfeils, seine Richtung entspricht der Tangente an die Kurve. Du kannst sie bspw. über den Winkel zur Horizontale angeben.

c) Wenn man die resultierende Kraft während der Zeitspanne Δt auf einen Körper bestimmen möchte, zeichnet man den Impulsvektor zu Beginn und den Impulsvektor am Ende von Δt maßstabsgerecht von einem Punkt ausgehend. Wenn man die Spitze von $\vec{p}_{\text{vor}}$ mit der von $\vec{p}_{\text{nach}}$ verbindet, erhält man $\overrightarrow{\Delta p}$. Der Kraftvektor $\vec{F}_{\text{res}}$ zeigt in Richtung von $\overrightarrow{\Delta p}$. Nun misst man die Länge des gezeichneten Impulsänderungsvektors $\overrightarrow{\Delta p}$, berechnet daraus den Betrag von $\overrightarrow{\Delta p}$ und bestimmt den Betrag von $\vec{F}_{\text{res}}$ mit: $F_{\text{res}} = \frac{\Delta p}{\Delta t}$.

2 Ein Körper der Masse 1,0 kg (0,25 kg) wird aus der Ruhe 4,0 s lang mit einer Kraft von 0,10 N beschleunigt.
a) Berechne die Beschleunigung.

b) Berechne den Impuls nach 2,0 s (8,0 s).

c) Erstelle ein *v-t*-Diagramm und vergleiche mit ▹Bild 03.

d) Erstelle ein *p-t*-Diagramm. Erkläre Gemeinsamkeiten und Unterschiede zum *v-t*-Diagramm.

e) Bestimme die nach 4,0 s (6,0 s) zurückgelegte Strecke.

a) gegeben: $m = 1{,}0$ kg; $F = 0{,}10$ N

gesucht: Beschleunigung a

$a = \frac{F}{m} = \frac{0{,}10\ \mathrm{N}}{1{,}0\ \mathrm{kg}} = 0{,}10\ \frac{\mathrm{m}}{\mathrm{s}^2}$ (bei 0,25 kg: $0{,}40\ \frac{\mathrm{m}}{\mathrm{s}^2}$)

b) gegeben: $F = 0{,}10$ N; $\Delta t = 2{,}0$ s; Start aus der Ruhe

gesucht: Impuls p

Da der Körper aus der Ruhe startet, gilt: $p = \Delta p$

$p = \Delta p = F \cdot \Delta t = 0{,}10\ \mathrm{N} \cdot 2{,}0\ \mathrm{s} = 0{,}20\ \mathrm{N} \cdot \mathrm{s}$

(bei 8,0 s: Da der Körper nur 4,0 s lang beschleunigt, ändert sich der Impuls zwischen 4,0 s und 8,0 s nicht und beträgt dann 0,40 N · s.)

c)

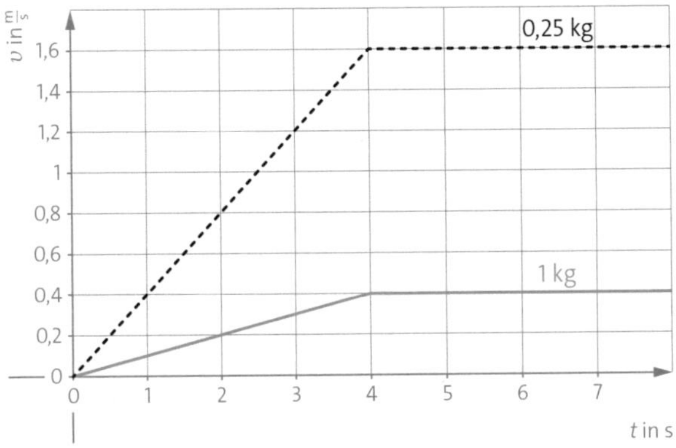

Cornelsen/newVISION! GmbH Bernhard A. Peter, Pattensen

Da die Beschleunigung nur halb (doppelt) so groß ist wie im Versuch zu ▹Bild 03, ist auch die Steigung nur halb (doppelt) so groß. Ab 4,0 s steigt die Geschwindigkeit nicht mehr, sondern bleibt konstant.

d)

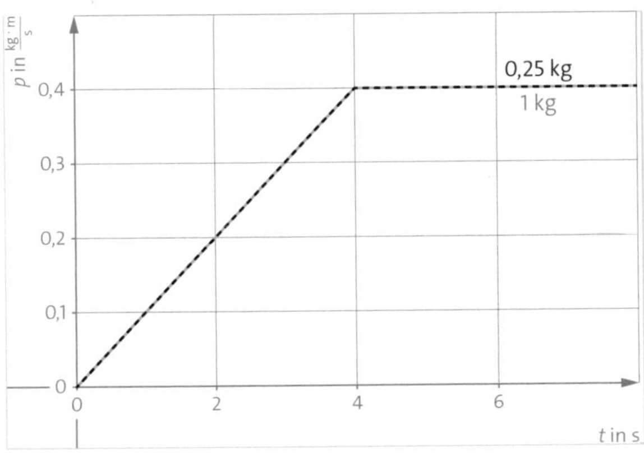

Cornelsen/newVISION! GmbH Bernhard A. Peter, Pattensen

Es gilt $p = m \cdot v$. Daher entspricht der prinzipielle Verlauf des *p-t*-Diagramms dem *v-t*-Diagramm. Es ist vertikal nur um den Faktor m gestaucht. Da die Masse 1,0 kg beträgt, ändert sich hier von den reinen Zahlenwerten nichts. Die Steigung entspricht im *p-t*-Diagramm wegen $F = \frac{\Delta p}{\Delta t}$ der Kraft, während sie im *v-t*-Diagramm wegen $a = \frac{\Delta v}{\Delta t}$ der Beschleunigung entspricht. (Bei 0,25 kg sorgt die kleinere Masse dafür, dass die beiden *p-t*-Diagramme gleich aussehen. Aufgrund der gleichen Kraft muss das auch so sein.)

e) gegeben: $a = 0{,}10\ \frac{\mathrm{m}}{\mathrm{s}^2}$ (s. Aufgabe a); $t = 4{,}0$ s

gesucht: zurückgelegte Strecke s

Da die Beschleunigung konstant ist, gilt:

$s = \frac{1}{2} a \cdot t^2 = \frac{1}{2} \cdot 0{,}10\ \frac{\mathrm{m}}{\mathrm{s}^2} \cdot (4{,}0\ \mathrm{s})^2 = 0{,}80\ \mathrm{m}$

(Bei 6,0 s bewegt sich der Körper noch 2,0 s mit konstanter Geschwindigkeit weiter und legt dabei $\Delta s = v \cdot \Delta t = 0{,}40\ \frac{\mathrm{m}}{\mathrm{s}} \cdot 2{,}0\ \mathrm{s} = 0{,}80\ \mathrm{m}$ zurück, d. h., insgesamt sind es 1,60 m.)

(Bei 0,25 kg: 3,2 m bzw. 6,4 m)

Seite 218 (Material)

Versuche – Kräfte bestimmen ohne Kraftmesser

V1

a) *Individuelle Lösung* (meist im Bereich weniger Sekunden)

b) Berechnen der Geschwindigkeit mit $v = \frac{\Delta s}{\Delta t}$

Individuelle Lösung (meist im Bereich von weniger als $1\ \frac{\mathrm{m}}{\mathrm{s}}$)

c) Die Masse der Kugel muss hierfür bestimmt werden.

Individuelle Lösung (meist im Bereich von weniger als 10 mN)

d) Die bei b) bestimmte Geschwindigkeit wird bei c) als Anfangsgeschwindigkeit eingesetzt, ist aber kleiner, da die Kugel auch auf der glatten Oberfläche durch die Reibung etwas abgebremst wird.

e) Für den Betrag der Beschleunigung beim Bremsen bis zum Stillstand gilt: $|a| = \frac{v}{\Delta t}$.

Eingesetzt in die Bremsweg-Formel ergibt sich:

$\Delta s = \frac{1}{2} \cdot \frac{v^2}{|a|} = \frac{1}{2} \cdot \frac{v^2 \cdot \Delta t}{v} = \frac{1}{2} \cdot v \cdot \Delta t$

v und Δt wurden bei a) und b) bestimmt. Mit dem Aufbau bei a) kann man auch Δs bestimmen. (Werte individuell verschieden)

Material A – Im Falle eines Unfalls

A1 a) Berechne die Zeitspanne vom Beginn des Aufpralls bis zum Stillstand des Autos.

b) Berechne die Kraft des Gurts auf den Fahrer-Dummy (Masse: 75 kg) und vergleiche mit der Gewichtskraft auf ihn.

a) Gegeben: $v = 30$ km/h $\approx 8{,}3$ m/s, $\Delta s = 0{,}6$ m

gesucht: t vom Aufprall bis zum Stillstand.

Wir setzen die Gleichung $v = a \cdot t$ für a in die Gleichung $\Delta s = 1/2\ a \cdot t \cdot t$ ein und lösen nach t auf:

$v = \frac{2 \cdot \Delta s}{t}$, also $t = \frac{2 \cdot \Delta s}{v} = \frac{2 \cdot 0{,}6\text{ m}}{8{,}3\ \frac{\text{m}}{\text{s}}} = 0{,}14\text{ s}$.

Das Auto stoppt nach 0,14 s.

b) Gegeben: $\Delta p = m \cdot v$, Δt

gesucht: F_{res}.

$$F_{\text{res}} = \frac{\Delta p}{\Delta t} = \frac{m \cdot \Delta v}{\Delta t} = \frac{75\text{ kg} \cdot 8{,}3\frac{\text{m}}{\text{s}}}{0{,}14\text{ s}} = 4446\text{ N}.$$

Die Kraft auf den Dummy beträgt 4446 N, das ist das 6-Fache der auf ihn wirkenden Schwerkraft.

A2 a) Luca meint: „Den Gurt brauche ich nur anzulegen, wenn wir schneller als 50 km/h fahren. Wenn wir langsamer sind, kann ich mich einfach mit meinen Armen vorne abstützen und so meinen Körper bremsen.“
Stimmt das? Begründe deine Antwort.
b) Für Kleinkinder sind Kindersitze vorgeschrieben. Einfacher wäre es, das Kind (Masse: 15 kg) auf den Schoß zu nehmen. Dann könnte man entweder sich selbst anschnallen und das Kind festhalten oder den Gurt über das Kind und sich selbst legen. Begründe, dass beides keine gute Idee ist.

a) Das stimmt nicht. Die Kraft, mit der sich Luca abstützen müsste, ist wesentlich größer als die Gewichtskraft auf ihn. Das zeigt folgende Abschätzung:
Luca kann sich auf einer Armlänge abbremsen. Der Bremsweg wäre damit etwas kürzer als 1 m.

gegeben: $v = 50\frac{\text{km}}{\text{h}} \approx 14\frac{\text{m}}{\text{s}}$; $\Delta s_{\text{B}} \approx 1\text{ m}$

gesucht: $|a|$

$$\Delta s_{\text{B}} = \frac{1}{2} \cdot \frac{v^2}{|a|} \Leftrightarrow |a| = \frac{1}{2} \cdot \frac{v^2}{\Delta s_{\text{B}}} \approx \frac{1}{2} \cdot \frac{\left(14\frac{\text{m}}{\text{s}}\right)^2}{1\text{ m}} = 98\frac{\text{m}}{\text{s}^2}$$

Die Kraft, mit der seine Arme seinen Körper abbremsen müssten, entspricht wegen $F = m \cdot a$ und $F_{\text{G}} = m \cdot g$ also etwa dem Zehnfachen der Gewichtskraft auf ihn. Das halten nicht einmal die Arme von Gewichthebern aus.

b) Bei einem Unfall wie im ersten Aufgabenteil beschrieben müsste man das Sechsfache der auf das Kind ausgeübten Schwerkraft aufbringen, um es festzuhalten. Das wären fast 900 N.

Legt man den Gurt über das Kind und sich selbst, dann müsste das Kind das Sechsfache der auf den Erwachsenen und sich selbst wirkenden Schwerkraft aushalten. Dies wären über 5000 N!

A3 Bei einem Unfall sind sowohl die verformbare Knautschzone als auch die starre Fahrgastzelle wichtig, um die Insassen bei einem Unfall zu schützen. Erläutere.

Die Knautschzone verformt sich beim Unfall und verlängert so die Zeitspanne, bis das Auto zum Stillstand kommt. Damit sind die Beschleunigung und auch die Kraft auf die Insassen geringer.

Die starre Fahrgastzelle verhindert, dass die Insassen beim Unfall zerquetscht werden.

Seite 219 (Material)

Material B – Impulsänderung beim Stoß

B1 ▹Bild 03 A–C zeigt jeweils, wie eine Kugel (Masse: 500 g) durch einen Hammerstoß abgelenkt wird. Dabei fehlt immer einer der drei Vektoren $\vec{p}_{\text{vor}}$, $\vec{p}_{\text{nach}}$ und $\overrightarrow{\Delta p}$.
a) Übertrage die Zeichnung in dein Heft und konstruiere jeweils den fehlenden Vektor.
b) Bestimme jeweils den Betrag von $\vec{p}_{\text{vor}}$, $\vec{p}_{\text{nach}}$ und $\overrightarrow{\Delta p}$.
c) Bestimme jeweils für $\vec{p}_{\text{vor}}$ vor die Geschwindigkeit der Kugel.
d) Im ▹Bild 03 A dauert der Stoß 0,0050 s. Berechne die Kraft auf die Kugel.
e) Im ▹Bild 03 C wird vom Hammer eine Kraft von 600 N auf die Kugel ausgeübt. Berechne die Stoßdauer.

a)

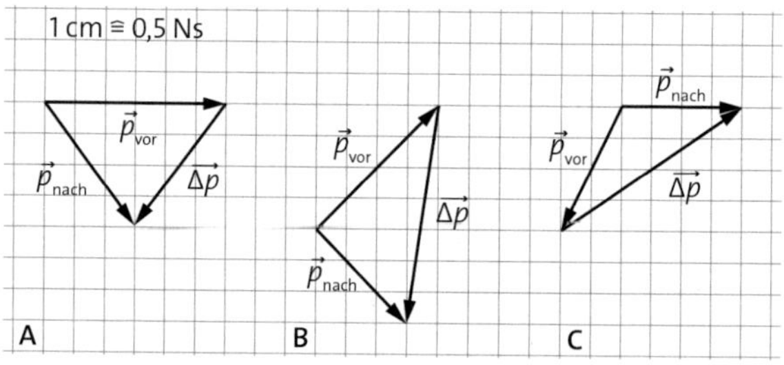

Cornelsen/Atelier tigercolor Tom Menzel, Scharbeutz/Klingenberg

b) Die Beträge lassen sich durch Abmessen der Vektoren in der Zeichnung bestimmen oder mit dem Satz des PYTHAGORAS berechnen.

A: $p_{\text{vor}} = 1{,}5$ Ns, $\Delta p = 1{,}25$ Ns, $p_{\text{nach}} = 1{,}25$ Ns;
B: $p_{\text{vor}} \approx 1{,}4$ Ns, $\Delta p \approx 1{,}1$ Ns, $p_{\text{nach}} \approx 1{,}8$ Ns;
C: $p_{\text{vor}} \approx 1{,}1$ Ns, $\Delta p \approx 1{,}8$ Ns, $p_{\text{nach}} = 1{,}0$ Ns.

c) Mit $m = 0{,}500$ kg ergibt sich:

A: $v = \frac{p_{\text{vor}}}{m} = 3{,}0\frac{\text{m}}{\text{s}}$

B: $v = \frac{p_{\text{vor}}}{m} = 2{,}8\frac{\text{m}}{\text{s}}$

C: $v = \frac{p_{\text{vor}}}{m} = 2{,}2\frac{\text{m}}{\text{s}}$

d) $F = \frac{\Delta p}{\Delta t} = \frac{1{,}5\text{ Ns}}{0{,}0050\text{ s}} = 300\text{ N}$.

e) $\Delta t = \frac{\Delta p}{F} = \frac{1{,}8\text{ Ns}}{600\text{ N}} = 0{,}0030\text{ s}$.

Material C – Zusammenstöße

C1 Eine Knetkugel und ein Gummiball haben beide die gleiche Geschwindigkeit und Masse. Sie werden gegen einen Holzklotz geworfen. Während die Knetkugel an dem Klotz kleben bleibt, prallt der Gummi-

ball zurück. Erläutere, welche der beiden Kugeln den Holzklotz eher umwirft.

Der Gummiball wird den Holzklotz eher umwerfen. Beim Aufprall üben beide Körper die gleiche Kraft auf den Holzklotz aus, da ihr Impuls gleich ist. Beim Gummiball ist die Impulsänderung allerdings doppelt so groß wie bei der Knetkugel, da der Gummiball wieder zurück prallt. Nach $F_{res} = \Delta p / \Delta t$ ist beim Gummiball die Kraft doppelt so groß.

C2 Ein schwerer Lastwagen und ein leichtes Auto fahren mit gleichem Geschwindigkeitsbetrag aufeinander zu. Begründe, in welchem der beiden Fahrzeuge du auf keinen Fall sitzen wolltest, wenn es zu einem Frontalunfall kommt.

Man will nicht im leichten Auto sitzen. Beim Zusammenstoß sind die Impulsänderungen des Autos und des Lastwagens zwar vom Betrag her gleich groß, weil sich der Gesamtimpuls nicht ändert (Wechselwirkungsgesetz). Das Auto erfährt aber aufgrund seiner geringeren Masse in der gleichen Zeitspanne eine viel größere Geschwindigkeitsänderung. Die Beschleunigung auch für die Insassen ist also viel größer. Eine große Beschleunigung bedeutet aber eine große Kraft auf die Insassen.

Material D – Bälle

D1 Der Schmetterball der Volleyballerin trifft auf den Block der gegnerischen Mannschaft. Von den Armen und Händen einer Blockspielerin kann er in verschiedene Richtungen abgelenkt werden. In welche Richtung der Ball abprallt, hängt stark davon ab, wo genau sie getroffen wird.

a) Wohin kann der Ball beim Blocken abgelenkt werden? Überlege dir mindestens drei verschiedene Varianten. Welche Folgen hat das für den Spielverlauf?

b) Ein Volleyball hat eine Masse von 270 g. Der Schmetterball trifft mit 33 m/s auf den Block.

Erstelle für die Varianten aus a) jeweils eine möglichst realistische Konstruktion der drei Vektoren $\vec{p}_{vor}$, $\vec{p}_{nach}$ und $\overrightarrow{\Delta p}$.

a) Folgende Varianten führen zu einem Punkt für den Angreifer: vom Block ins Netz, auf den Boden des Feldes der blockenden Mannschaft oder ins Aus.

Wenn der Ball zurück übers Netz kommt und dort im Feld den Boden berührt, gibt es einen Punkt für die blockende Mannschaft.

Wird der Ball anschließend erfolgreich von einer der Mannschaften angenommen, geht das Spiel weiter.

b) Für den Impuls vorher gilt:

$p_{vor} = m \cdot v = 0{,}270 \text{ kg} \cdot 33 \text{ m/s} = 8{,}91 \text{ Ns}.$

Beim Blocken wird der Betrag des Impulses meist nur ein wenig kleiner, d. h., es ändert sich nur die Richtung.

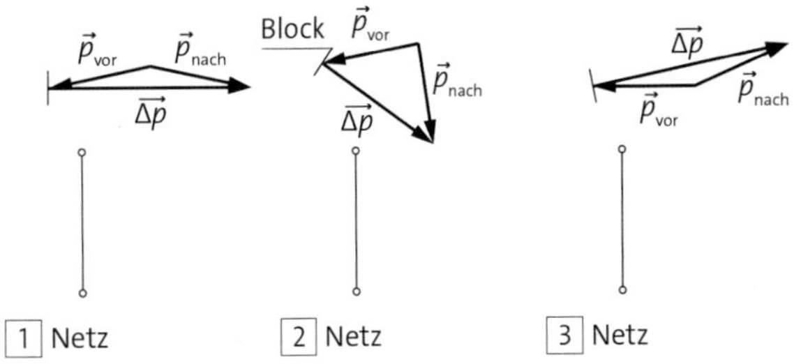

Cornelsen/Atelier tigercolor Tom Menzel, Scharbeutz/Klingenberg

D2 Luca, Marie, Alex und Lisa diskutieren über den Flug eines Tennisballs (▹Bild 05). Schreibe zu jeder der folgenden Aussagen einen kurzen Kommentar. Korrigiere die Aussagen, falls nötig.

Luca: Der Impuls ist im Punkt A tatsächlich am größten, weil die Gewichtskraft den Ball bis zum Punkt B abbremst und danach bis zum Punkt C zwar wieder beschleunigt, aber die gleiche Geschwindigkeit wie im Punkt A erst weiter unten erreicht wird. Die Größe der Kraft hat aber nichts mit der Größe des Impulses zu tun, vielmehr gilt: Je größer die Kraft auf einen Körper, desto größer ist die Impulsänderung. Beim Ball ist die resultierende Kraft überall fast gleich groß, denn es handelt sich um die Gewichtskraft. Berücksichtigt man die Luftwiderstandskraft, so ist die resultierende Kraft auf den Ball im Punkt A minimal größer.

Marie: Der Impuls des Balls ändert sich im Punkt B ebenso wie in jedem anderen Punkt der Flugbahn. Marie meint, bis zum Punkt B hat der Impulsvektor eine Komponente nach oben, danach eine nach unten. Würde sich der Impuls tatsächlich nur im Punkt B ändern, wäre die Kraft dort am größten, da sie sonst 0 N betrüge. Die Gewichtskraft wird aber während des gesamten Fluges auf den Ball ausgeübt und die Luftwiderstandskraft bleibt immer kleiner als sie.

Alex: Im Punkt C fällt der Ball nicht senkrecht nach unten, d. h., Impuls und Gewichtskraft zeigen nur fast in dieselbe Richtung. Berücksichtigt man nur die Gewichtskraft, ist die resultierende Kraft überall gleich, berücksichtigt man auch die Luftwiderstandskraft, so ist die resultierende Kraft hier sogar am kleinsten, da die Luftwiderstandskraft entgegengesetzt zur Bewegungsrichtung zeigt.

Lisa: Berücksichtigt man nur die Gewichtskraft, ist die Kraft tatsächlich überall gleich groß. Allerdings ist sie immer nach unten gerichtet, nur die Richtung des Impulses ändert sich.

Die NEWTON'sche Grundgleichung

Seite 221

1 Ein Wagen der Masse 1 kg wird 10 s lang mit einer resultierenden Kraft von 10 N beschleunigt. Berechne seine Impuls- und Geschwindigkeitsänderung.
Gegeben: $m = 1$ kg, $\Delta t = 10$ s, $F_{res} = 10$ N;
gesucht: Δp, Δv.
Impulsänderung:

$$\Delta p = F_{res} \cdot \Delta t = 10\ \text{N} \cdot 10\ \text{s} = 100\ \text{kg} \cdot \frac{\text{m}}{\text{s}}.$$

Geschwindigkeitsänderung:

$$\Delta v = \frac{\Delta p}{m} = \frac{100\ \frac{\text{kg}\cdot\text{m}}{\text{s}}}{1\ \text{kg}} = 100\ \frac{\text{m}}{\text{s}}.$$

2 „Wenn die resultierende Kraft auf einen Körper null ist, dann bewegt er sich nicht." Nimm Stellung zu dieser Aussage.
Das stimmt so nicht. Die Aussage müsste so lauten: „Wenn die resultierende Kraft auf einen Körper null ist, dann ändert er seinen Impuls nicht". Insbesondere verändert er seine Geschwindigkeit nicht, diese muss aber nicht null sein.

3 Im Modellversuch wird
a) die Reibungskraft verdoppelt,
b) die Masse des Wagens halbiert,
c) der Wagen mit 0,15 N gezogen.
Beschreibe, welchen Einfluss das hat.
a) (I) Die resultierende Kraft beträgt nur noch:
0,5 N – 0,4 N = 0,1 N
statt 0,3 N. Der Impuls des Wagens ändert sich langsamer, d. h., er braucht dreimal so lang wie zuvor, um auf denselben Wert zu kommen.
(II) Um den Wagen mit gleichbleibenden Impuls zu ziehen, muss er im Kräftegleichgewicht sein, d. h., man muss ihn mit 0,4 N ziehen.
(III) Der Impuls des Wagens nimmt doppelt so schnell ab, d. h., er bleibt schon nach 2 s stehen.
b) *Hinweis:* Die Reibungskraft ändert sich proportional zur Masse des Wagens. Es kann sein, dass die Schülerinnen und Schüler dies nicht berücksichtigen.
(I) Die resultierende Kraft beträgt 0,5 N – 0,1 N = 0,4 N. Die Impulsänderung nimmt daher um den Faktor 4/3 zu. Da die Masse halb so groß ist, nimmt die Geschwindigkeit entsprechend schneller zu, insgesamt um den Faktor 8/3, d. h. mehr als doppelt so schnell.
(II) Da die Reibungskraft halb so groß ist, muss man auch nur noch mit 0,1 N ziehen, um den Wagen im Kräftegleichgewicht zu bewegen.
(III) Bei gleicher Anfangsgeschwindigkeit ist der Impuls des Wagens wegen der kleineren Masse nur halb so groß. Die Reibungskraft ist aber auch nur halb so groß, sodass sich an der Bewegung nichts ändert, d. h., der Wagen bleibt nach 4 s stehen.
c) Wenn der Wagen zuvor steht, ist die Reibungskraft zu groß, sodass er gar nicht anfängt, sich zu bewegen.
Wenn er sich anfangs schon nach rechts bewegt, wird Wagen langsamer, da die resultierende Kraft nach links zeigt. Die resultierende Kraft beträgt:
0,2 N – 0,15 N = 0,05 N,
d. h., die Impulsänderung ist viermal langsamer als beim Ausrollen und der Wagen bleibt erst nach 16 s stehen.

Seite 222 (Blickpunkt)

1 Gib ein Verfahren an, mit dem das Sensormodell aus ▹Bild 02 so kalibriert werden kann, dass es zur Messung von Beschleunigungen genutzt werden kann.
Man kann zur Kalibrierung bspw. die Gewichtskraft nutzen, indem man Massestücke bekannter Masse einsetzt und den Kraftsensor vertikal hält. Es wird die Gewichtskraft auf das Massestück angezeigt. Eine doppelt große Kraft kann entweder durch doppelte Erdbeschleunigung oder durch doppelte Masse erzeugt werden. Eine Verdopplung der Masse entspricht daher der Verdopplung der Erdbeschleunigung. Auf die Weise simuliert man Anzeigen für unterschiedliche bekannte Beschleunigungen.

2 Beschleunigungssensoren zur Steuerung von Pkw-Airbags haben einen Messbereich bis „120 *g*" (120-fache Erdbeschleunigung). Beschreibe, wie sich diese Angabe anschaulich machen lässt.
120 *g* entspricht der 120-fachen irdischen Gewichtskraft – eine 50 kg wiegende Person bekäme eine gefühlte Masse von etwa 6 t.

Seite 223 (Material)

Versuche – Die ATWOOD'sche Fallmaschine

Hinweise: Der freie Fall und damit g als Fallbeschleunigung werden erst danach behandelt.
d) und insbesondere e) sind anspruchsvoller und können zur Differenzierung oder Vertiefung genutzt werden. Wenn man die Massenverhältnisse variiert, ergeben sich hierfür weitere Möglichkeiten: etwas leichter durch Wiederholen des Vorgehens a) bis c), etwas anspruchsvoller z. B. durch Untersuchung der Reibung, Fragestellungen zu Masseverhältnissen u. ä.
Material B bietet eine Ergänzung zum Versuch.

V1
a) Typischer Messwert: etwas länger als 2 s (je nach individuellem Versuchsaufbau)
gegeben: $s = 0{,}50$ m, $t = 2{,}2$ s (Beispiel)
gesucht: a

$$s = \frac{1}{2} a \cdot t^2 \Leftrightarrow a = \frac{2s}{t^2} = \frac{2 \cdot 0{,}50\ \text{m}}{(2{,}2\ \text{s})^2} \approx 0{,}21 \frac{\text{m}}{\text{s}^2}$$

b) Auf beide Körper wird von der Erde eine Gewichtskraft nach unten ausgeübt. Durch den Faden und die feste Rolle zieht der rechte Körper den linken nach oben, während der linke so den freien Fall des rechten abbremst, d. h., die beiden Kräfte wirken entgegengesetzt.

$F_{res} = F_{G2} - F_{G1} = m_2 \cdot g - m_1 \cdot g \approx 0{,}049\ \text{N}$

Da sich die resultierende Kraft und die Masse nicht ändern, bleibt wegen $a = \frac{F_{res}}{m}$ auch die Beschleunigung konstant.

c) $a = \frac{m_2 - m_1}{m_2 + m_1} \cdot g = \frac{0{,}005\ \text{kg}}{0{,}205\ \text{kg}} \cdot 9{,}81\,\frac{\text{N}}{\text{kg}} \approx 0{,}24\,\frac{\text{m}}{\text{s}^2}$

Die gemessene Beschleunigung ist kleiner als die berechnete Beschleunigung.

d) Mögliche Ursachen:

- Reibungskräfte (vor allem an der Radachse) wurden nicht berücksichtigt. Da sie gegen die Bewegungsrichtung ausgeübt werden, wird dadurch die resultierende Kraft und damit die Beschleunigung kleiner.
- Die Rolle beginnt, sich auch zu drehen, d. h., auch sie wird beschleunigt. Daher ist die gesamte Masse, die durch die resultierende Kraft beschleunigt wird, größer, sodass die Beschleunigung kleiner wird.

e) Die Gesamtmasse beträgt $m_{ges} = m_1 + m_2$

Für die resultierende Masse gilt:

$F_{res} = m_2 \cdot g - m_1 \cdot g = (m_2 - m_1) \cdot g$

Daher gilt für die Beschleunigung: $a = \frac{F_{res}}{m_{ges}} = \frac{m_2 - m_1}{m_2 + m_1} \cdot g$

Material A – Raketen

A1 Das US-Raumschiff Dragon wird mit der Trägerrakete Falcon 9 ins All gebracht. Beim Start (▹Bild 05) besitzen sie zusammen eine Masse von 333 Tonnen. Die Rakete stößt heißes Gas nach hinten aus, um vorwärts zu kommen.

a) Beim Start beträgt die resultierende Kraft $1{,}67 \cdot 10^6$ N. Berechne die Beschleunigung.

b) Ein Astronaut (85 kg) sitzt in der Rakete. Berechne die Kraft vom Sitz auf den Astronauten beim Start. Gib sie in Vielfachen der Gewichtskraft an.

a) gegeben: $F_{res} = 1{,}67 \cdot 10^6$ N; $m = 333\ \text{t} = 3{,}33 \cdot 10^5$ kg

gesucht: a

$a = \frac{F_{res}}{m} = \frac{1{,}67 \cdot 10^6\text{N}}{3{,}33 \cdot 10^5\text{kg}} \approx 5{,}02\,\frac{\text{m}}{\text{s}^2}$

b) Es gilt: $F_{res} = F_{Sitz} - F_G$

gegeben: $a = \frac{F_{res}}{m} = \frac{1{,}67 \cdot 10^6\text{N}}{3{,}33 \cdot 10^5\text{kg}} \approx 5{,}02\,\frac{\text{m}}{\text{s}^2}$

gesucht: F_{Sitz}

$F_{Sitz} = F_{res} + F_G = m \cdot a + m \cdot g =$
$85\ \text{kg} \cdot 5{,}02\,\frac{\text{m}}{\text{s}^2} + 85\ \text{kg} \cdot 9{,}81\,\frac{\text{N}}{\text{kg}} \approx 1260\ \text{N}$

Es gilt: $\frac{F_{Sitz}}{F_G} = \frac{1260\ \text{N}}{834\ \text{N}} \approx 1{,}5$, d. h., die Kraft vom Sitz entspricht dem Anderthalbfachen der Gewichtskraft.

A2 Eine Spielzeugrakete (200 g) stößt in 0,8 s 10 g Gas mit einer Geschwindigkeit von 400 m/s aus.

a) Berechne die Kraft vom Gas auf die Rakete.

b) Die Rakete startet senkrecht nach oben. Berechne die Beschleunigung zu Beginn.

c) Bei der Rakete strömt das Gas gleichmäßig aus. Dennoch nimmt die Beschleunigung zu. Erläutere.

a) Da der Impuls des Gases sich ändert, ändert sich der Impuls der Rakete um den gleichen Betrag.

gegeben: $m_{Gas} = 10$ g; $v_{Gas} = 400\,\frac{\text{m}}{\text{s}}$; $\Delta t = 0{,}80$ s

gesucht: F_{Gas}

$F_{Gas} = \frac{\Delta p_{Rakete}}{\Delta t} = \frac{\Delta p_{Gas}}{\Delta t} = \frac{m_{Gas} \cdot v_{Gas}}{\Delta t} = \frac{0{,}010\ \text{kg} \cdot 400\frac{\text{m}}{\text{s}}}{0{,}80\ \text{s}} =$
$5{,}0\ \text{N}$

b) Es gilt: $F_{res} = F_{Gas} - F_G$

gegeben: $F_{Gas} = 5{,}0$ N; $m_{Rakete} = 200$ g

gesucht: a

$a = \frac{F_{res}}{m_{Rakete}} = \frac{F_{Gas} - F_G}{m_{Rakete}} = \frac{5{,}0\ \text{N} - 0{,}200\ \text{kg} \cdot 9{,}81\frac{\text{N}}{\text{kg}}}{0{,}200\ \text{kg}} \approx 15\,\frac{\text{m}}{\text{s}^2}$

c) Wenn das Gas gleichmäßig ausströmt, ändert sich die Impulsänderung und damit die Kraft vom Gas auf die Rakete nicht. Durch das Ausströmen des Gases wird die Gesamtmasse der Rakete kleiner. Das hat zwei Folgen:

- Wenn die Rakete senkrecht startet, wird F_{res} größer, da ja F_G kleiner wird und F_{Gas} konstant bleibt. Wenn F_{res} größer ist, wird auch die Beschleunigung größer.
- Selbst wenn F_{res} konstant bleibt (z. B. bei waagrechtem Start an einer Schnur), nimmt die Beschleunigung durch die abnehmende Masse wegen $a = \frac{F_{res}}{m_{Rakete}}$ zu.

Material B – Auf der Fahrbahn

B1 m ▹Bild 06 wird der rechte Körper losgelassen.

a) Bestimme die Beschleunigung.

b) Berechne die Zeitspanne, bis der rechte Körper am Boden ankommt. Bestimme auch seine Geschwindigkeit.

c) Beschreibe, wie sich der Fahrbahnwagen bewegt, nachdem der rechte Körper am Boden angekommen ist.

a) Entscheidend sind die Gewichtskräfte von der Erde auf die Körper mit den Massen m_1 und m_3. Durch die Umlenkrollen wirken sie entgegengesetzt und beschleunigen die drei Körper zusammen.

$F_{res} = F_{G3} - F_{G1} = m_3 \cdot g - m_1 \cdot g \approx 0{,}49\ \text{N}$

$m_{ges} = m_1 + m_2 + m_3 = 900\ \text{g}$

$a = \frac{F_{res}}{m_{ges}} = \frac{0{,}49\ \text{N}}{0{,}900\ \text{kg}} \approx 0{,}55\,\frac{\text{m}}{\text{s}^2}$

b) gegeben: $s = 1{,}00$ m; $a = 0{,}55\,\frac{\text{m}}{\text{s}^2}$

gesucht: t, v

$s = \frac{1}{2} a \cdot t^2 \Leftrightarrow t = \sqrt{\frac{2s}{a}} = \sqrt{\frac{2 \cdot 1{,}00\ \text{m}}{0{,}55\frac{\text{m}}{\text{s}^2}}} \approx 1{,}9\ \text{s}$

$v = a \cdot t = a \cdot \sqrt{\frac{2s}{a}} = \sqrt{2as} = \sqrt{2 \cdot 0{,}55\,\frac{\text{m}}{\text{s}^2} \cdot 1{,}00\ \text{m}}$
$\approx 1{,}0\,\frac{\text{m}}{\text{s}}$

c) Wenn der rechte Körper angekommen ist, werden der Wagen und der linke Körper durch die Gewichtskraft auf den linken Körper abgebremst. Wenn $v = 0$ m/s ist (und

Fahrbahn und Faden lang genug sind), läuft die Bewegung quasi rückwärts, d. h., der Wagen wird durch die Gewichtskraft auf den linken Körper nach links beschleunigt, bis der rechte Körper wieder angehoben wird. Dann wird der Wagen durch die resultierende Kraft nach rechts wieder abgebremst. Wenn er $v = 0$ m/s erreicht hat, beginnt der Vorgang von vorn.
Die Rechnung hierzu:
Nach dem Aufsetzen des rechten Körpers:
Resultierende Kraft nach links:
$F_{\text{res}} = F_{\text{G1}} = m_1 \cdot g = 0{,}15\ \text{kg} \cdot 9{,}81\,\frac{\text{m}}{\text{s}^2} \approx 1{,}47\ \text{N}$
Beschleunigung: $a = \frac{F_{\text{res}}}{m_1 + m_2} = \frac{1{,}47\ \text{N}}{0{,}70\ \text{kg}} \approx 2{,}10\,\frac{\text{m}}{\text{s}^2}$
Bremsweg: $\Delta s_{\text{B}} = \frac{1}{2} \cdot \frac{v^2}{|a|} = \frac{1}{2} \cdot \frac{\left(1{,}0\,\frac{\text{m}}{\text{s}}\right)^2}{2{,}10\,\frac{\text{m}}{\text{s}^2}} \approx 0{,}26\ \text{m}$
Bremszeit: $\Delta t = \frac{\Delta v}{a} = \frac{1{,}0\,\frac{\text{m}}{\text{s}}}{2{,}10\,\frac{\text{m}}{\text{s}^2}} \approx 0{,}50\ \text{s}$

Fall- und Wurfbewegungen

Seite 225

1 Berechne die Geschwindigkeit und die zurückgelegte Strecke beim freien Fall 1 s, 2 s und 3 s nach dem Start aus der Ruhe.
Mit $v(t) = g \cdot t$ und $s(t) = 0{,}5 \cdot g \cdot t^2$ erhält man:

$v(1\ \text{s}) = 9{,}8\ \frac{\text{m}}{\text{s}^2} \cdot 1\ \text{s} = 9{,}8\ \frac{\text{m}}{\text{s}}$,

$v(2\ \text{s}) = 9{,}8\ \frac{\text{m}}{\text{s}^2} \cdot 2\ \text{s} = 19{,}6\ \frac{\text{m}}{\text{s}}$,

$v(3\ \text{s}) = 9{,}8\ \frac{\text{m}}{\text{s}^2} \cdot 3\ \text{s} = 29{,}4\ \frac{\text{m}}{\text{s}}$.

Und

$s(1\ \text{s}) = \frac{1}{2} \cdot 9{,}8\ \frac{\text{m}}{\text{s}^2} \cdot (1\ \text{s})^2 = 4{,}9\ \text{m}$,

$s(2\ \text{s}) = \frac{1}{2} \cdot 9{,}8\ \frac{\text{m}}{\text{s}^2} \cdot (2\ \text{s})^2 = 19{,}6\ \text{m}$,

$s(3\ \text{s}) = \frac{1}{2} \cdot 9{,}8\ \frac{\text{m}}{\text{s}^2} \cdot (3\ \text{s})^2 = 44{,}1\ \text{m}$.

2 Tom behauptet: „Auf einen doppelt so schweren Körper wirkt eine doppelt so große Gewichtskraft. Also wird der Körper auch doppelt so stark beschleunigt.“ Nimm Stellung zu dieser Aussage.
Tom hat unrecht. Nicht nur die resultierende Kraft ist doppelt so groß, sondern auch die Masse des beschleunigten Körpers. Deswegen ergibt sich unabhängig von der Masse die gleiche Beschleunigung g.

$$a = \frac{2\,F_{\text{res}}}{2\,m} = \frac{F_{\text{res}}}{m} = \frac{m \cdot g}{m} = g.$$

Seite 226

1 In Videos sieht es so aus, als ob der Springer beim Öffnen des Schirms nach oben gezogen wird. Nimm Stellung.
Das liegt daran, dass der Kameramann selbst weiter fällt. Der gefilmte Springer wird durch das Öffnen des Schirms langsamer und bleibt daher aus Sicht des Kameramanns zurück.

2 Zeige, dass für die Endgeschwindigkeit beim Fall die folgende Gleichung gilt:
$v_{\text{End}} = \sqrt{\frac{2 \cdot m \cdot g}{c_{\text{W}} \cdot \rho \cdot A}}$.
Die Endgeschwindigkeit wird bei Kräftegleichgewicht zwischen der Gewichtskraft F_{G} und der Luftwiderstandskraft F_{L} erreicht. Mit $F_{\text{L}} = F_{\text{G}}$ erhält man:
$\frac{1}{2} \cdot c_{\text{w}} \cdot \rho \cdot A \cdot v_{\text{End}}^2 = m \cdot g$
und daraus durch Auflösen nach v_{End} die behauptete Gleichung.

Seite 227

1 Bestätige die Gleichung $s_{\text{y}} = \frac{1}{2} \cdot g \cdot t^2$ an zwei Beispielen aus ▹Bild 03.
Zum Zeitpunkt $\Delta t = 0{,}1$ s ergibt die Gleichung
$s_{\text{y}} = \frac{1}{2} \cdot g \cdot (0{,}1\ \text{s})^2 = 4{,}9\ \text{cm}$
und zum Zeitpunkt $\Delta t = 0{,}5$ s erhält man
$s_{\text{y}} = \frac{1}{2} \cdot g \cdot (0{,}3\ \text{s})^2 = 44{,}1\ \text{cm}$
in guter Übereinstimmung mit den Werten, die man im Schaubild abliest.

2 a) Bestimme v_{x} aus ▹Bild 03.
b) Berechne die Gesamtgeschwindigkeit der Kugel nach 0,4 s.
a) Durch Ablesen erhält man z. B.
$s_{\text{x}}(0{,}05\ \text{s}) = 5\ \text{cm} = 0{,}05\ \text{m}$ und damit
$v_{\text{x}} = \frac{s_{\text{x}}}{t} = \frac{0{,}05\ \text{m}}{0{,}05\ \text{s}} = 1\ \frac{\text{m}}{\text{s}}$.
b) $v_{\text{res}} = \sqrt{\left((v_{\text{x}})^2 + \left(v_{\text{y}}\right)^2\right)} = \sqrt{((v_{\text{x}})^2 + (g \cdot t)^2)} = \sqrt{\left(\left(1\,\frac{\text{m}}{\text{s}}\right)^2 + \left(9{,}8\,\frac{\text{m}}{\text{s}^2} \cdot 0{,}4\ \text{s}\right)^2\right)} = 4{,}0\,\frac{\text{m}}{\text{s}}$

Seite 228/229 (Material)

Versuche – Fall- und Wurfbewegungen

V1 Freier Fall?
Hinweis: Sicherheit beachten, insbesondere bei b)!
a) Das Blatt fällt langsamer, weil es den größeren Luftwiderstand hat. Man kann die Fallgeschwindigkeit erhöhen, indem man es zu einer Kugel knüllt.
b) –

c) Der freie Fall ist dann eine gute Näherung, wenn man die Luftreibung vernachlässigen kann. Das ist der Fall, wenn der Luftwiderstand aufgrund der Form des Körpers klein ist und/oder die Fallzeit und damit Zeispanne, in der die Luftwiderstandskraft ausgeübt wird, kurz ist.

V2 Reaktionstest

a) *Individuelle Lösung*

b) markierte Stellen: 1,2 cm; 4,9 cm; 11,0 cm; 19,6 cm; 30,6 cm

V3 Waagerechter Wurf

a), b) *Schüleraktivität*

c) Die Punkte der Punktspur sollten auf einer Parabel wie auf S. 227, ▹Bild 03 liegen, wobei die Geschwindigkeitspfeile immer länger werden und von der Waagerechten immer weiter nach unten zeigen sollten. Das s_x-t-Diagramm sollte eine Ursprungsgerade sein; das s_y-t-Diagramm eine Parabel. In x-Richtung bleibt die Geschwindigkeit konstant, in y-Richtung nimmt sie gleichmäßig zu mit g als Beschleunigung. Der Geschwindigkeitspfeil ist die Summe der Geschwindigkeitspfeile für v_x und v_y.

d) –

V4 Gleichzeitig am Boden?

a) Münze A fällt senkrecht nach unten. Münze B wird waagerecht abgeworfen. Man hört, dass beide Münzen gleichzeitig den Boden erreichen.

b) Münze B erreicht den Boden in einer größeren Entfernung vom Tisch. Beide Münzen treffen immer noch gleichzeitig auf.

c) Aus der Fallhöhe s_y berechnet man die Fallzeit $t = \sqrt{\frac{2s_y}{g}}$ und mit der Wurfweite s_x dann die Abwurfgeschwindigkeit $v_x = \frac{s_x}{t}$.

Material A – Der freie Fall

A1 a) Manche Autofahrer halten das Anlegen des Gurtes in der Stadt für überflüssig. Berechne die Fallzeit und die Fallstrecke, um im freien Fall eine Geschwindigkeit von 36 km/h zu erreichen. Würdest du dich anschnallen?

b) Ein Körper soll beim Fallen Schallgeschwindigkeit erreichen. Berechne die Fallstrecke. Beurteile das Ergebnis.

c) Löse Aufgabe a) für den Fall eines Körpers auf dem Mond.

a) Aus $v = g \cdot t$ folgt für die Fallzeit t:

$$t = \frac{v}{g} = \frac{36\,\frac{\text{km}}{\text{h}}}{9{,}8\,\frac{\text{m}}{\text{s}^2}} \approx \frac{10\,\frac{\text{m}}{\text{s}}}{9{,}8\,\frac{\text{m}}{\text{s}^2}} = 1{,}0\text{ s}.$$

Damit erhält man für die Fallstrecke s:

$$s = \frac{1}{2} \cdot g \cdot t^2 = 4{,}9\text{ m}.$$

Anschnallen ist ratsam und auch gesetzlich vorgeschrieben.

b) Die Schallgeschwindigkeit in Luft beträgt etwa 340 m/s.

Aus $v = g \cdot t$ folgt $t = v/g$. Einsetzen in die Gleichung für Fallstrecke s liefert:

$$s = \frac{1}{2} \cdot g \cdot t^2 = \frac{1}{2} \cdot g \cdot \left(\frac{v}{g}\right)^2 = \frac{v^2}{2g}$$

$$= \frac{\left(340\,\frac{\text{m}}{\text{s}}\right)^2}{2 \cdot 9{,}8\,\frac{\text{m}}{\text{s}^2}} = 5900\text{ m}.$$

Bei so einer großen Fallstrecke ist der freie Fall sicher keine gute Näherung der Bewegung.

c) Der Tabelle auf Seite 286 entnimmt man $g_{\text{Mond}} = 1{,}62\text{ m/s}^2$.

Mit den Gleichungen aus Teil a) erhält man die Fallzeit $t = 6{,}2$ s und für die Fallstrecke $s = 31{,}1$ m.

A2 a) Berechne die Fallzeit und die Auftreffgeschwindigkeit beim Sprung vom 10-Meter-Turm (▹Bild 03).

b) Berechne die Position und die Geschwindigkeit nach der Hälfte der Fallzeit.

c) Berechne die Position beim Erreichen der halben Auftreffgeschwindigkeit.

a) Wir lösen $s = 1/2 \cdot g \cdot t^2$ nach t auf und erhalten:

$$t = \sqrt{\frac{2s}{g}} = \sqrt{\frac{2 \cdot 10\text{ m}}{9{,}8\,\frac{\text{m}}{\text{s}^2}}} \approx 1{,}4\text{ s}.$$

Und damit

$$v = g \cdot t = 9{,}8\,\frac{\text{m}}{\text{s}^2} \cdot 1{,}4\text{ s} = 13{,}7\,\frac{\text{m}}{\text{s}}.$$

b) Die Fallhöhe s ist proportional zu t^2 und die Geschwindigkeit ist proportional zu t. Der Springer befindet sich also 2,5 m unterhalb der Absprunghöhe mit einer Geschwindigkeit von 7 m/s.

c) Berechnung wie in a) mit $s = 5$ m. Wir erhalten $t = 1$ s und $v = 9{,}8$ m/s.

A3 a) Ein Kind lässt einen Stein von einem 60 m hohen Turm fallen. Nach einiger Zeit hört es den Stein auf den Boden treffen. Berechne diese Zeitspanne.

b) Ein anderes Kind lässt einen Stein in eine dunkle Felsspalte fallen und hört nach sechs Sekunden den Aufprall. Berechne die Tiefe der Spalte.

a) Die gesuchte Zeitspanne Δt setzt sich zusammen aus der Fallzeit Δt_{Fall} und der Zeitspanne Δt_{Schall}, die der Schall für die 60 m benötigt.

$$\Delta t = \sqrt{\frac{2s}{g}} + \frac{s}{v_{\text{Schall}}} = \sqrt{\frac{2 \cdot 60\text{ m}}{9{,}8\,\frac{\text{m}}{\text{s}^2}}} + \frac{60\text{ m}}{331\,\frac{\text{m}}{\text{s}}}$$

$\Delta t = 3{,}50\text{ s} + 0{,}18\text{ s} = 3{,}68\text{ s}.$

b) Der Ansatz

$$\frac{1}{2} \cdot g \cdot (\Delta t_{\text{Fall}})^2 = v_{\text{Schall}} \cdot \Delta t_{\text{Schall}}$$

mit

$\Delta t_{\text{Schall}} = \Delta t - \Delta t_{\text{Fall}} = 6\text{ s} - \Delta t_{\text{Fall}}$

führt auf die quadratische Gleichung

$$4{,}9\ \frac{\text{m}}{\text{s}^2} \cdot (\Delta t_{\text{Fall}})^2 + 340\ \frac{\text{m}}{\text{s}} \cdot \Delta t_{\text{Fall}} - 2040\text{ m} = 0$$

mit den Lösungen $\Delta t_{\text{Fall; 1}} = -75\text{ s}$ und $\Delta t_{\text{Fall; 2}} = 5{,}6\text{ s}$. Nur die positive Lösung $\Delta t_{\text{Fall; 2}} = 5{,}6\text{ s}$ ist hier physikalisch sinnvoll. Einsetzen liefert die Tiefe der Spalte zu

$$s = \frac{1}{2} \cdot 9{,}8\ \frac{\text{m}}{\text{s}^2} \cdot (5{,}6\text{ s})^2 = 150\text{ m}.$$

Material B – Der waagerechte Wurf

B1 Ein Parkour-Läufer (▹Bild 04) möchte einen 2 m breiten Graben überspringen und auf der 1,50 m tiefer liegenden Seite landen. Modelliere diese Bewegung als waagerechten Wurf.
a) Berechne die Zeitspanne, während der der Sportler in der Luft ist.
b) Berechne die minimale Absprunggeschwindigkeit.
c) Berechne die minimale Auftreffgeschwindigkeit.

a) Für die Zeitspanne ist nur die Fallhöhe $s_y = 1{,}50\text{ m}$ relevant:

$$t = \sqrt{\frac{2 \cdot s_y}{g}} = \sqrt{\frac{2 \cdot 1{,}50\text{ m}}{9{,}8\frac{\text{m}}{\text{s}^2}}} = 0{,}55\text{ s}.$$

b) In der Zeitspanne aus a) muss der Läufer mindestens die Strecke $s_x = 2{,}0\text{ m}$ in x-Richtung zurücklegen:

$$v_x = \frac{s_x}{t} = \frac{2\text{ m}}{0{,}55\text{ s}} = 3{,}6\ \frac{\text{m}}{\text{s}}.$$

c) Mit den Werten aus a) und b) ergibt sich:.

$$v_{\text{res}} = \sqrt{\left((v_x)^2 + (v_y)^2\right)} = \sqrt{((v_x)^2 + (g \cdot t)^2)}$$
$$= \sqrt{\left(\left(3{,}6\frac{\text{m}}{\text{s}}\right)^2 + \left(9{,}8\frac{\text{m}}{\text{s}^2} \cdot 0{,}55\text{ s}\right)^2\right)} = 6{,}5\frac{\text{m}}{\text{s}}$$

B2 Beschreibe den waagerechten Wurf aus der Sicht eines Beobachters, der …
a) … sich auf Absprunghöhe gleichzeitig mit dem Parkour-Läufer waagerecht nach rechts bewegt.
b) … vom Absprungsort gleichzeitig mit dem Parkour-Läufer frei fällt.

a) Der Beobachter beschreibt ihn als freien Fall.
b) Der Beobachter beschreibt ihn als waagerechte Bewegung mit konstanter Geschwindigkeit.

B3 Eine Röhre hängt auf Tischhöhe an einem Elektromagneten. Wenn ein Aufziehauto vom Tisch fährt, öffnet sich ein Schalter und die Röhre beginnt zu fallen (▹Bild 05).
a) Das Auto „fliegt" bei geeigneten Anfangsbedingungen durch die fallende Röhre. Erkläre.
b) Die Röhre wird nun weiter entfernt vom Tisch befestigt. Erläutere, worauf man achten muss, damit das Auto immer noch durch die Röhre „fliegt".

a) Dose und Auto befinden sich zu jedem Zeitpunkt auf gleicher Höhe, da beide gleichzeitig zu fallen beginnen. Das Auto bewegt sich dabei noch in waagerechter Richtung. Der Luftwiderstand spielt bei dieser geringen Geschwindigkeit keine Rolle.
b) Die Dose erreicht den Boden nach einer bestimmten Zeitspanne, die nur von der Tischhöhe abhängt. In dieser Zeitspanne muss das Auto in waagerechter Richtung zur Dose und durch sie hindurch kommen. Bei konstanter Tischhöhe muss die Abwurfgeschwindigkeit des Autos eventuell erhöht werden, damit das Auto die Dose erreicht, bevor diese auf dem Boden aufkommt.

Seite 231 (Methode)

1 a) Bestimme mithilfe von ▹Bild 04 den Zeitpunkt, an dem der Tischtennisball die halbe Endgeschwindigkeit erreicht hat.
b) Untersuche, wie sich dieser Zeitpunkt verändert, wenn du die Masse und die Querschnittsfläche änderst.

a) Die Endgeschwindigkeit beträgt ca. 8,5 m/s. Die halbe Endgeschwindigkeit von ca. 4,3 m/s wird nach etwas weniger als 0,5 Sekunden erreicht.
b) Wenn man die Masse vergrößert, dann wird die halbe Endgeschwindigkeit später erreicht.
Wenn man die Querschnittsfläche vergößert, dann wird die halbe Endgeschwindigkeit früher erreicht.

Das Wechselwirkungsgesetz

Seite 233

1 Der Karateka schlägt nun auf harten Beton (auf einen Schaumstoffquader). Vergleiche die Kraft auf die Hand mit der Kraft auf den Beton (Schaumstoff).

Die Kraft auf die Hand hat wegen des Wechselwirkungsgesetzes immer den gleichen Betrag und die entgegengesetzte Richtung wie die Kraft auf den Beton (Schaumstoff). Unabhängig davon sind beim Schlag auf den Beton die beiden Kraftbeträge größer als beim Schlag auf die Steine, weil die Zeitspanne, in der sich der Impuls ändert, kleiner ist. Beim Schaumstoff sind beide Kräfte entsprechend kleiner.

Seite 234

1 Erkläre entsprechend den Unterschied zwischen Wechselwirkungsgesetz und Kräftegleichgewicht bei
a) einem Apfel, der noch am Ast hängt,
b) einem Pferdeschlitten.

a) Wechselwirkungsgesetz:
Der Apfel wird durch die Gewichtkraft von der Erde nach unten gezogen. Die Erde wird vom Apfel mit dem gleichen Kraftbetrag „nach oben" gezogen.

Kräftegleichgewicht:
Der Apfel ist in Ruhe, ändert seinen Impuls also nicht und ist daher im Kräftegleichgewicht: Die Kraft, mit der der Ast den Apfel hält, ist genau so groß und entgegengesetzt gerichtet wie die Gewichtskraft, mit der die Erde am Apfel zieht.

b) Wechselwirkungsgesetz:
Der Schlitten wird vom Pferd nach vorne gezogen. Der Schlitten zieht am Pferd mit dem gleichen Kraftbetrag nach hinten.
Kräftegleichgewicht:
Wenn der Schlitten seine Geschwindigkeit beibehält, ändert sich sein Impuls nicht und er befindet sich im Kräftegleichgewicht. Die Reibungskräfte gleichen die Kraft vom Pferd aus.

Seite 235 (Material)

Material A – Auf dem Skateboard

A1 Mia und Tom stehen jeweils auf einem Skateboard.
a) Überlege für folgende Situationen, wer anfängt, sich zu bewegen und wer eine größere Kraft ausübt.
- **Mia und Tom ziehen beide am Seil (▹Bild 04 A).**
- **Tom zieht Mia mit dem Seil (▹Bild 04 B).**
- **Mia stößt sich an Tom ab (▹Bild 04 C).**

b) Plane ein Experiment, mit dem du deine Vermutungen überprüfen kannst.
c) Führe das Experiment durch und bewerte die Ergebnisse.

a) Wegen des Wechselwirkungsgesetzes sind die Kräfte, die Mia und Tom ausüben, gleich groß. Entsprechend werden beide anfangen, sich zu bewegen. Wenn die Massen der beiden sich unterscheiden, nimmt die Geschwindigkeit des/der Schwereren rascher zu.
b) Man könnte bei A und B an den beiden Enden des Seils jeweils einen Federkraftmesser befestigen. Bei C braucht man hierfür einen Druckkraftmesser.
c) Die Ergebnisse bestätigen das Wechselwirkungsgesetz, können aber durch die Reibung verfälscht werden.

Material B – Wechselwirkungsgesetz und Kräftegleichgewicht

B1 a) In ▹Bild 05 und ▹Bild 06 treten mehrere Kräftepaare auf. Entscheide jeweils, ob es sich bei den Kräftepaaren um ein Wechselwirkungs- oder ein Gleichgewichts-Kräftepaar handelt.
- **Gewichtskraft auf den Ball / Auftriebskraft vom Wasser,**
- **Kraft vom Pferd auf den Schlitten / Kraft vom Schlitten auf das Pferd,**
- **Reibungskraft auf den Schlitten / Kraft vom Pferd auf den Schlitten,**
- **Kraft vom Ball auf das Wasser / Auftriebskraft vom Wasser.**

b) Finde in ▹Bild 05 und ▹Bild 06 weitere Wechselwirkungspaare bzw. Gleichgewichtspaare.

a) Wechselwirkungspaare:
Kraft vom Pferd auf den Schlitten / Kraft vom Schlitten auf das Pferd;
Kraft vom Ball auf das Wasser / Auftriebskraft vom Wasser;
Gleichgewichtspaare:
Gewichtskraft auf den Ball / Auftriebskraft vom Wasser;
Reibungskraft auf den Schlitten / Kraft vom Pferd auf den Schlitten.
b) Beispiele:
Wechselwirkungspaare:
Gewichtskraft von der Erde auf den Schlitten / Gewichtskraftvom Schlitten auf die Erde;
Kraft von der Luft im Ball auf die Hülle des Balls / Kraft von der Ballhülle auf die eingeschlossene Luft;
Wenn der Ball vom Wind über das Wasser getrieben wird: Kraft von der Luft auf den Ball / Kraft vom Ball auf die Luft;
Gleichgewichtspaare:
Kraft vom Schlitten auf das Pferd / Haftkraft vom Boden auf das Pferd (über die Hufe);
Gewichtskraft von der Erde auf den Schlitten / Kraft vom Boden auf den Schlitten.

B2 Luca, Marie und Alex diskutieren über die Kräfte, die das Pferd und der Schlitten aufeinander ausüben (▹Bild 06). Schreibe zu jeder Aussage einen kurzen Kommentar.

Luca: Seine Aussage ist falsch, da beide Kräfte aufgrund des Wechselwirkungsgesetzes gleich groß sind. Ob sich der Schlitten anfängt zu bewegen, hängt davon ab, ob die Kraft, mit der das Pferd am Schlitten zieht, größer als die Haftkraft ist. Wenn sich der Schlitten schon bewegt, entscheidet die resultierende Kraft nur darüber, wie sich der Impuls des Schlittens ändert, nicht darüber, ob er sich bewegt oder nicht.
Marie: Die beiden Kräfte sind tatsächlich gleich groß – und zwar zu jedem Zeitpunkt. Es ist also nicht so, dass die Kraft vom Schlitten auf das Pferd verzögert auftreten würde.
Alex: Die beiden Kräfte sind nicht nur etwa, sondern immer exakt gleich groß. Es geht voran, weil die Haftkraft genügend groß ist und sich daher das Pferd vom Boden abstoßen kann. Ob sich der Schlitten abstoßen kann oder nicht, ist hierfür nicht entscheidend.

Material C – Im freien Fall

C1 Wenn du von einem Tisch springst, dann „fällt“ dir die Erde ein kleines Stück entgegen.
a) Begründe diese Aussage.

b) Du springst von einem 1 m hohen Tisch. Berechne die Strecke, die die Erde (Masse: $6{,}0 \cdot 10^{24}$ kg) dir entgegen „fällt". Bewerte dein Ergebnis.

a) Die Erde zieht dich durch die Gravitationskraft an. Daher ziehst du die Erde auch an. Da sich dein Impuls „nach unten" ändert, ändert sich der Impuls der Erde entsprechend „nach oben", d. h., die Erde „fällt" dir entgegen. Da die Masse der Erde viel größer ist, bewegt sie sich nur ein winziges Stückchen.

b) Im freien Fall brauchst du für den Sprung:

$$\Delta s_{\text{Du}} = \frac{1}{2} g \cdot (\Delta t)^2, \text{ also}$$

$$\Delta t = \sqrt{\frac{2 \cdot \Delta s_{\text{Du}}}{g}} = \sqrt{\frac{2 \cdot 1\,\text{m}}{9{,}8\,\frac{\text{m}}{\text{s}^2}}} \approx 0{,}452\text{ s.}$$

Angenommenen, du wiegst $m_{\text{Du}} = 60$ kg. Dann zieht die Erde an dir mit der Kraft

$F_G = m_{\text{Du}} \cdot g = 60\text{ kg} \cdot 9{,}8\text{ m/s}^2 = 588\text{ N}$.

Aufgrund des Wechselwirkungsgesetzes ziehst du mit der gleichen Kraft an der Erde. Die Beschleunigung beim „Fall" der Erde beträgt daher:

$$a = \frac{F}{m_E} = \frac{588\text{ N}}{6{,}0 \cdot 10^{24}\text{ kg}} = 9{,}8 \cdot 10^{-23}\,\frac{\text{m}}{\text{s}^2}.$$

Damit ergibt sich für ihre Fallstrecke:

$\Delta s_E = 1/2 \cdot a \cdot (\Delta t)^2 = 1 \cdot 10^{-23}$ m.

Die Erde bewegt sich also während des Sprungs etwa um das Milliardstel eines Atomkerndurchmessers – was sicherlich vernachlässigbar ist.

Hinweis: Wenn man mit den Formelzeichen rechnet und die Gleichungen ineinander einsetzt, ergibt sich ein einfacher Zusammenhang:

$$\Delta s_E = \frac{1}{2}\,\frac{m_{\text{Du}} \cdot g}{m_E} \cdot \frac{2 \cdot \Delta s_{\text{Du}}}{g} = \frac{m_{\text{Du}}}{m_E} \cdot \Delta s_{\text{Du}}.$$

Nur das Massenverhältnis entscheidet also!

C2 Im Internet wird regelmäßig zu einem „world jump day" aufgerufen: Möglichst viele Personen sollen zuhause exakt zum selben Zeitpunkt von einem Stuhl springen. Durch den Stoß, den die Erde beim Aufprall erfährt, soll die Erdumlaufbahn gestört werden.

a) Die bisherigen „world jump days"waren diesbezüglich erfolglos. Beurteile die Erfolgsaussichten für die Zukunft aus physikalischer Sicht.

b) Welche weiteren Folgen könnte ein „world jump day" haben?

c) Wenn sehr viele Züge gleichzeitig nach Osten fahren, müsste sich die Tageslänge verändern. Stimmt das?

a) Bei idealen Bedingungen müsste die gesamte Weltbevölkerung (ca. 7 Mrd. Menschen) von der gleichen Seite auf die Erde springen. Auch dann würde die Erde sich während des Sprungs nur um einige Atomkerndurchmesser „nach oben" bewegen (vgl. C1b)).

Selbst bei einem günstigeren Massenverhältnis wäre der Sprung auf jeden Fall erfolglos: Während des Sprungs bewegt sich die Erde zwar „nach oben", aber durch den Aufprall wird sie wieder in gleichem Maße „nach unten" gedrückt. Beides gleicht sich aus, da der Gesamtimpuls von Erde und Springenden vor und nach dem Sprung aufgrund der Impulserhaltung gleich bleibt.

b) Er könnte wie ein kleines Erdbeben wirken, obwohl selbst hierfür das Massenverhältnis „ungünstig" ist. Natürlich gibt es auch eher soziale Folgen.

c) Wenn der Impuls der Züge sich ändert, ändert sich auch der Impuls der Erdoberfläche und damit die Drehbewegung der Erde. Die Erde dreht sich nach Osten. Wenn die Züge nach Osten starten und beschleunigen, dann wird die Drehbewegung der Erde abgebremst und die Tageslänge wird größer. Da die Züge nicht beliebig schneller werden können, fahren sie irgendwann mit konstanter Geschwindigkeit und die Drehbewegung ändert sich nicht. Irgendwann müssen die Züge auch wieder abbremsen und geben so den Impuls zurück an die Erdoberfläche, sodass die Erde sich wieder langsamer dreht. Aufgrund der Impulserhaltung ändert sich die Tageslänge durch die gesamte Aktion nicht. Selbst die Verlängerung des Tages während der Beschleunigungsphase ist wegen des Massenverhältnisses vernachlässigbar.

2 NEWTONs Prinzipien anwenden

Kräftegleichgewicht

Seite 237

1 a) Tom sagt: „Die Kräfte in der Slackline können unmöglich größer sein als die Gewichtskraft beim Mädchen!" Erkläre Tom, wie das möglich ist.
b) Wird die Slackline stärker gespannt, ändern sich die auftretenden Kräfte. Erläutere.

a) Damit das Mädchen im Kräftegleichgewicht ist, muss die Gewichtskraft von den beiden Kräften $\vec{F}_{\text{links}}$ und $\vec{F}_{\text{rechts}}$ in der Slackline ausgeglichen werden. Diese Kräfte können nur entlang der Slackline gerichtet sein und ziehen deswegen vor allem nach außen und nur wenig nach oben. Deswegen müssen sie wesentlich größer sein als die Schwerkraft auf das Mädchen.

b) Wenn die Slackline stärker gespannt ist, sind die beiden Kräfte $\vec{F}_{\text{links}}$ und $\vec{F}_{\text{rechts}}$ noch größer. Wenn jemand auf der Slackline steht, wird die Schwerkraft daher schon ausgeglichen, wenn die Slackline weniger durchhängt. Die beiden Kräfte $\vec{F}_{\text{links}}$ und $\vec{F}_{\text{rechts}}$ haben daher einen größeren Betrag und sind noch mehr nach außen gerichtet und noch weniger nach oben. Die Schwerkraft ändert sich nicht.

2 Im ▹Bild 05 wiegt die Getränkekiste 15 kg. Bestimme zeichnerisch (rechnerisch) die Kräfte, mit denen die Arme an der Kiste ziehen.

Die Schwerkraft auf die Kiste beträgt

$$F_G = m \cdot g = 15\ \text{kg} \cdot 9{,}8\ \frac{\text{m}}{\text{s}^2} = 147\ \text{N}.$$

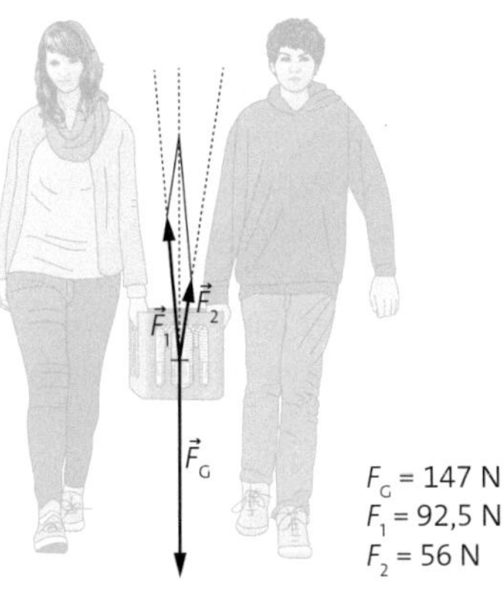

Cornelsen/Atelier tigercolor Tom Menzel, Scharbeutz/Klingenberg

Der Arm des Mädchens zieht mit einer Kraft von 92,5 N, der des Jungen mit einer Kraft von 56 N an der Kiste.

3 a) Berechne F_2 im ▹Bild 04 B mit einer trigonometrischen Funktion.
b) Berechne F_1 und F_2, wenn $\beta = 40°$ ist.

a) $\cos(\alpha) = \frac{F_G}{F_2} \Leftrightarrow F_2 = \frac{F_G}{\cos(\alpha)} = \frac{0{,}20\ \text{N}}{\cos(38{,}5°)} \approx 0{,}26\ \text{N}$

b) $\tan(\beta) = \frac{F_G}{F_1} \Leftrightarrow F_1 = \frac{F_G}{\tan(\beta)} = \frac{0{,}20\ \text{N}}{\tan(40°)} \approx 0{,}24\ \text{N}$

$\sin(\alpha) = \frac{F_G}{F_2} \Leftrightarrow F_2 = \frac{F_G}{\sin(\alpha)} = \frac{0{,}20\ \text{N}}{\sin(40°)} \approx 0{,}31\ \text{N}$

4 Vergleiche das zeichnerische und das rechnerische Verfahren zur Kräfteaddition.

Zeichnerisch kann man Kräfte bei jeder Situation addieren. Allerdings ist das Verfahren relativ aufwendig und ungenau, insbesondere bei spitzen Winkeln im Kräfteplan. Wenn man eine Größe (z. B. einen Winkel) ändert, muss man neu beginnen

Rechnerisch kann man Kräfte exakt bestimmen. Allerdings ist das nur bei Spezialfällen einfach, z. B. eindimensional oder bei rechten Winkeln. (Allgemein benötigt man den Kosinussatz.) Eine Skizze des Kräfteplans benötigt man auch hier. Die für eine Situation gewonnene Formel kann man leicht an Änderungen anpassen.

Seite 238

1 Erkläre, warum folgende Gegenstände fliegen:
a) Düsenflugzeug, b) Hubschrauber, c) Drachen (▹Bild 02).

a) Beim Düsenflugzeug funktioniert das Fliegen ähnlich wie beim Propellerflugzeug: Durch das Verbrennen von Treibstoff in der Düse wird die Luft stark nach hinten beschleunigt, sodass aufgrund des Wechselwirkungsgesetzes eine Kraft von der Luft auf das Flugzeug nach vorn ausgeübt wird. Diese Kraft steht mit der Gewichtskraft und mit der Kraft von der Luft auf die Flügel im Kräftegleichgewicht.

b) Beim Hubschrauber beschleunigt der Rotor die Luft nach unten, sodass es eine Kraft auf den Rotor nach oben gibt. Diese steht (bei konstantem Impuls) im Kräftegleichgewicht mit der Gewichtskraft.

c) Wenn die Luft von der Seite auf den Drachen trifft, wird sie nach schräg unten abgelenkt. Somit erfährt der Drachen durch die Luft eine Kraft nach links oben (▹Bild 02 auf Seite 238). Damit der Drachen nicht weggeweht wird, zieht man ihn an einer Leine. Bei konstantem Impuls sind diese beiden Kräfte mit der Gewichtskraft im Kräftegleichgewicht:

2 Ein Ingenieur sagt: „Ein Flugzeug fliegt, weil es sich beim Fliegen bewegt."
Erläutere diese Aussage.

Ohne die Bewegung des Flugzeuges gäbe es keine Kraft von der Luft auf die Flügel, die für den dynamischen Auftrieb sorgt.

Seite 239 (Material)

Versuche – Kräfteaddition im Kräftegleichgewicht

V1

a) Kräfteplan (siehe ▷Bild links)

b) Wenn die Winkel zwischen den Kräften jeweils 120° betragen, sind alle drei Kräfte gleich groß (▷Bild Mitte).

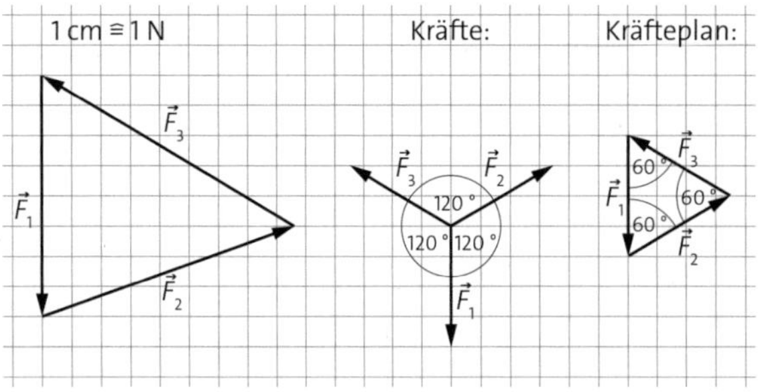

Cornelsen/Atelier tigercolor Tom Menzel, Scharbeutz/Klingenberg

c) Da alle drei Innenwinkel jeweils 60° betragen, müssen alle drei Seiten gleich lang sein (▷Bild rechts). Es handelt sich also um ein gleichseitiges Dreieck. Natürlich kann solch ein Dreieck verschieden groß sein.

V2

a) Kräfte und Kräfteplan (Bsp.):

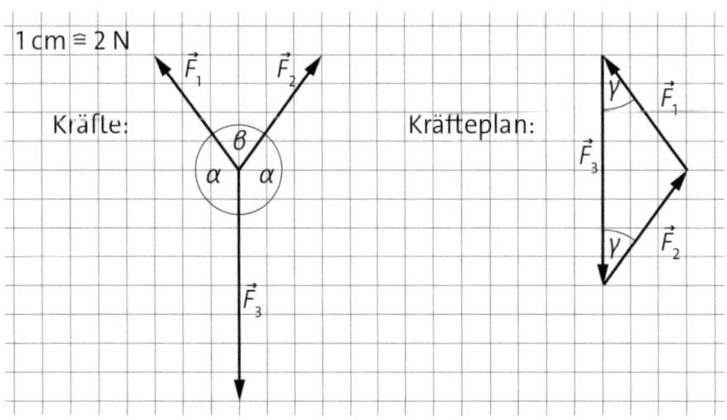

Cornelsen/Atelier tigercolor Tom Menzel, Scharbeutz/Klingenberg

Zwei der drei Winkel müssen gleich groß sein.

b) Beim Kräfteplan sind zwei der drei Innenwinkel des Dreiecks gleich groß. Daher muss es sich um ein gleichschenkliges Dreieck handeln (Umkehrung des Basiswinkelsatzes).

V3

a) Kräfte und Kräfteplan:

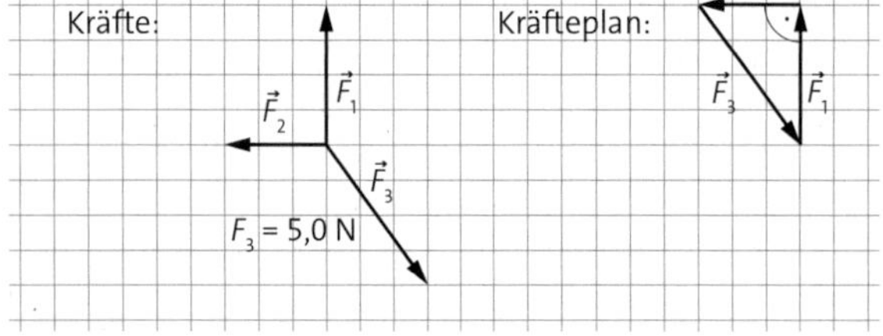

Cornelsen/Atelier tigercolor Tom Menzel, Scharbeutz/Klingenberg

b) Da die beiden gegebenen Kräfte senkrecht zueinander stehen, ergibt sich beim Kräfteplan ein rechtwinkliges Dreieck, das diese beiden Kraftvektoren als Katheten und den gesuchten Kraftvektor als Hypothenuse hat. Mit dem Satz des PYTHAGORAS gilt also:

$$F_3 = \sqrt{F_1^2 + F_2^2} = \sqrt{(4{,}0\ \text{N})^2 + (3{,}0\ \text{N})^2} = 5{,}0\ \text{N}.$$

c) Kräfte und Kräfteplan (Bsp.):

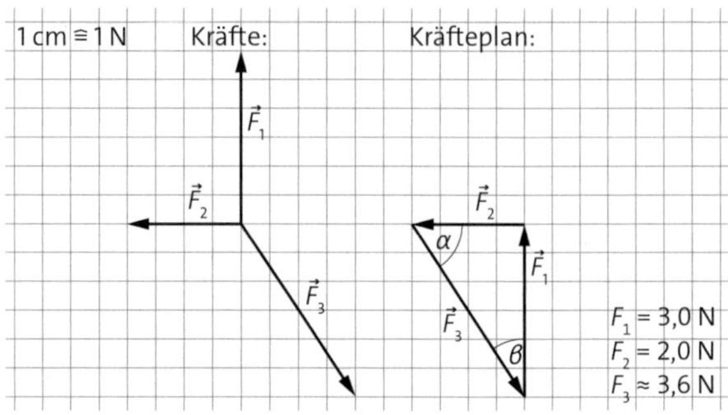

Cornelsen/Atelier tigercolor Tom Menzel, Scharbeutz/Klingenberg

Es gibt unendlich viele Beispiele, da die spitzen Winkel frei gewählt werden können.

d) Es gilt:

$$\tan \alpha = \frac{F_1}{F_2} \text{ und } \beta = 90° - \alpha.$$

Im Beispiel:

$$\tan \alpha = \frac{3{,}0\ \text{N}}{2{,}0\ \text{N}}, \text{ also } \alpha = 56°, \beta = 34°.$$

Damit ergibt sich für die Winkel zwischen den Kräften:

Winkel $(\vec{F}_1; \vec{F}_2) = 90°$;

Winkel $(\vec{F}_2; \vec{F}_3) = 124°$;

Winkel $(\vec{F}_3; \vec{F}_1) = 146°$.

Material A – Beim Sport

A1 Im ▷Bild 06 stützt sich der Turner (60 kg) mit ausgestreckten Armen an den Ringen ab.

a) Erstelle den Kräfteplan. Vergleiche die Kraft auf einen Arm mit der Gewichtskraft.

b) Die Stellung kann der Turner nur einnehmen, wenn er von oben aus dem Stütz kommend den Körper absenkt. Von unten kommend ist das praktisch unmöglich. Erkläre.

a) $F_G = m \cdot g = 60\ \text{kg} \cdot 9{,}8\ \text{m/s}^2 = 588\ \text{N}$.

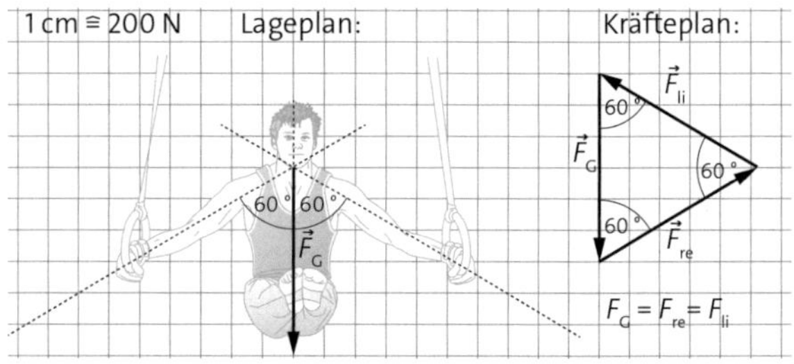

Cornelsen/Atelier tigercolor Tom Menzel, Scharbeutz/Klingenberg

Die Kraft in jedem Arm beträgt 588 N. Sie ist jeweils genau so groß wie die Gewichtskraft.

Man kann die Kraft auch allgemein berechnen:

$F_m = \frac{F_G}{2} \cdot \frac{1}{\sin \alpha}$.

b) Wenn der Turner anfangs im Stütz die Arme senkrecht hält, gleicht jeder Arm die Hälfte der Gewichtskraft aus. Je weiter er sich sinken lässt, desto größer wird die Kraft der Arme, weil der Winkel zwischen Rumpf und Armen immer größer wird. Mit waagrechten Armen ($\alpha = 90°$) kann er sich nicht abstützen, da die Kraft hierfür unendlich groß sein müsste. Deswegen kann er von unten kommend sich in der Waagrechten nicht weiter nach oben drücken. Wenn von unten kommend sein Impuls genügend groß ist, wäre es theoretisch möglich, nach oben zu kommen, praktisch ist dies nicht der Fall.

Hinweis: Hier wird näherungsweise davon ausgegangen, dass die Arme nur Kräfte längs ausüben können.

A2 Im Liegestütz stützt du deinen Körper mit gestreckten Armen ab. Die Hände berühren den Boden dabei normalerweise auf Höhe des Brustkorbs.

a) Wenn du dich weiter außen abstützt, wird es anstrengender, in dieser Stellung zu bleiben. Erkläre anhand eines Kräfteplans.

b) Erläutere, was sich ändert, wenn du die Hände eher auf Kopfhöhe abstützt.

a)

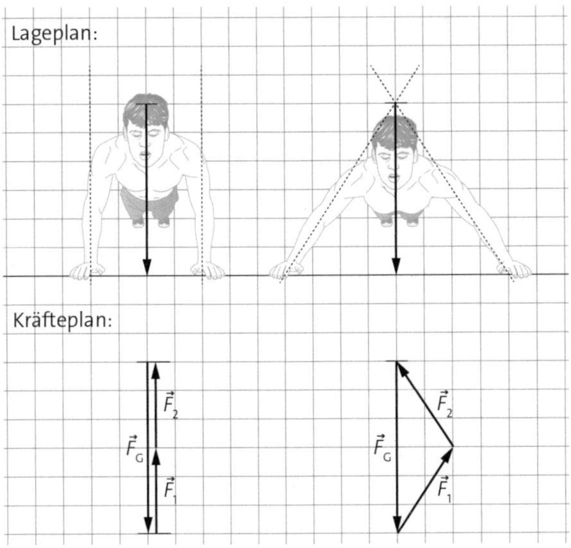

Cornelsen/Atelier tigercolor Tom Menzel, Scharbeutz/Klingenberg

Die Gewichtskraft wird von der Kraft von Beinen und Armen ausgeglichen. Bei normaler Stellung sind die Kräfte der Arme so gerichtet, dass sie der Gewichtskraft direkt entgegengesetzt gerichtet sind. Wenn man sich weiter außen abstützt, wird durch den Winkel zwischen Armen und Senkrechte bei der Kräfteaddition eine größere Kraft benötigt, um das Gleichgewicht zu halten, was mit größerer Anstrengung verbunden ist. Zudem kann man bei zu kleiner Haftkraft leichter nach außen abrutschen.

b) Die Gewichtskraft wird von der Kraft von Beinen und Armen ausgeglichen. Hier ist es ähnlich wie bei a): Wenn man sich eher auf Kopfhöhe abstützt, wird durch den Winkel zwischen Armen und Beinen und Senkrechte bei der Kräfteaddition eine größere Kraft benötigt, allerdings ist die Situation hier nicht symmetrisch.

Material B – Seilkräfte

B1 Das ▹Bild links zeigt den Hinweis zur Reißfestigkeit eines Seils (1 daN = 10 N).

a) Die Angabe „270 daN (ca. kg)" ist fachlich eigentlich falsch. Trotzdem ist sie hier praktisch. Erkläre.

b) Die erlaubte Kraft beim horizontalen Spannen ist größer als die beim Anhängen eines Massestücks in der Mitte. Begründe.

c) Bestimme, wie weit das komplette Seil mit den 35 kg mindestens durchhängen muss, damit keine Gefahr besteht, dass es reißt.

a) Da „daN" eine Krafteinheit ist und „kg" eine Masseneinheit, kann man sie nicht gleichsetzen. Daher ist die Angabe fachlich falsch. Allerdings entsprechen sich der Zahlenwert der Gewichtskraft auf einen Körper in daN und die Masse in kg näherungsweise:

$$m = \frac{F_G}{g} = \frac{270 \text{ daN}}{9{,}8 \frac{\text{m}}{\text{s}^2}} = \frac{2700 \text{ N}}{9{,}8 \frac{\text{m}}{\text{s}^2}} = 276 \text{ kg}.$$

Im Alltag hat man eher eine Vorstellung davon, wie groß die Gewichtskraft auf 270 kg ist, da Massenangaben weit verbreitet sind, nicht aber Kraftangaben. Zudem werden häufig Massestücke an solche Seile gehängt, d. h., die Angabe der Kraft wäre nur eine zusätzliche Umrechnung.

b) Beim Anhängen eines Massestücks halten die Kräfte in den beiden Seilstücken der Gewichtskraft das Gleichgewicht. Da das Seil dabei meist nur wenig durchhängt, sind die beiden Seilkräfte wesentlich größer als die Gewichtskraft.

c) Wenn man die beiden Seilkräfte zu je $F_S = 2700$ N und die Gewichtskraft ($F_G = 343$ N) addiert, ergibt sich beim Kräfteplan ein gleichschenkliges Dreieck (siehe Bild, nicht maßstabsgerecht). Entsprechend sieht der Lageplan aus:

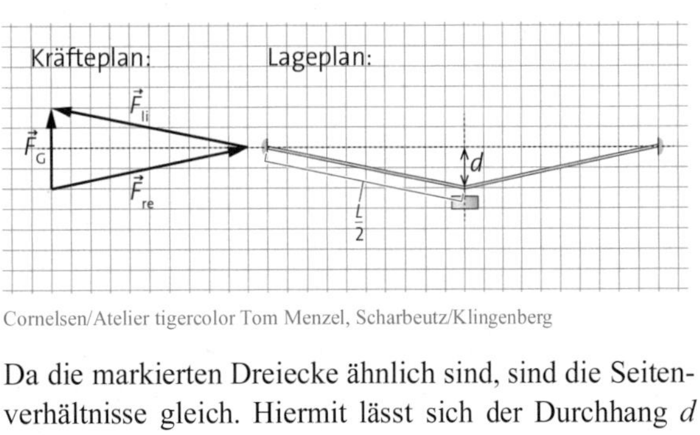

Cornelsen/Atelier tigercolor Tom Menzel, Scharbeutz/Klingenberg

Da die markierten Dreiecke ähnlich sind, sind die Seitenverhältnisse gleich. Hiermit lässt sich der Durchhang d berechnen:

$$\frac{\frac{F_G}{2}}{F_S} = \frac{d}{\frac{L}{2}}, \text{ also } d = \frac{F_G}{4 \cdot F_S} \cdot L = 0{,}64 \text{ m}.$$

Das Seil muss also mindestens 64 cm durchhängen. Die Dehnung des Seils wird bei der Rechnung nicht berücksichtigt.

Die resultierende Kraft als Vektor

Seite 241

1 a) Berechne Hangabtriebs- und Normalkraft für die Situationen in ▹Bild 03, 04.
b) Im ▹Bild 04 beträgt die Reibungskraft 76 N. Bestimme die resultierende Kraft auf den Jungen und seine Beschleunigung.

a) Zu ▹Bild 03:
$\alpha = 25°$, $m_W = 102$ g = 0,102 kg,
$F_H = F_G \cdot \sin\alpha = m \cdot g \cdot \sin\alpha = 0{,}42$ N,
$F_N = F_G \cdot \cos\alpha = m \cdot g \cdot \cos\alpha = 0{,}91$ N.
Zu ▹Bild 04:
$\alpha = 20°$, $m_{Junge} = 41$ kg,
$F_H = F_G \cdot \sin\alpha = m \cdot g \cdot \sin\alpha = 137$ N,
$F_N = F_G \cdot \cos\alpha = m \cdot g \cdot \cos\alpha = 378$ N.

b) Die Reibungskraft ist entgegengesetzt zur Hangabtriebskraft gerichtet. Es gilt also:
$F_{res} = F_H - F_{gl} = F_G \cdot \sin\alpha - F_{gl} = 137 \text{ N} - 76 \text{ N} = 61 \text{ N}$.
Damit ergibt sich für die Beschleunigung:

$$a = \frac{F_{res}}{m_{Junge}} = \frac{F_G \cdot \sin(\alpha) - F_{gl}}{m_{Junge}} = \frac{61 \text{ N}}{41 \text{ kg}} = 1{,}5 \frac{\text{m}}{\text{s}^2}.$$

Seite 243 (Material)

Versuche – Kräfte auf der schiefen Ebene

V1

a), b) *Beispiel:* $m = 100$ g = 0,1 kg; $F_H = 0{,}5$ N

c) In beiden Fällen ändert sich der Impuls des Wagens nicht und er befindet sich folglich im Kräftegleichgewicht. Da die Gewichtskraft und die Normalkraft bei a) und bei b) gleich sind, muss die Zugkraft auch gleich groß sein.

d) *Beispiel:* $m = 100$ g = 0,1 kg; $F_H = 0{,}49$ N

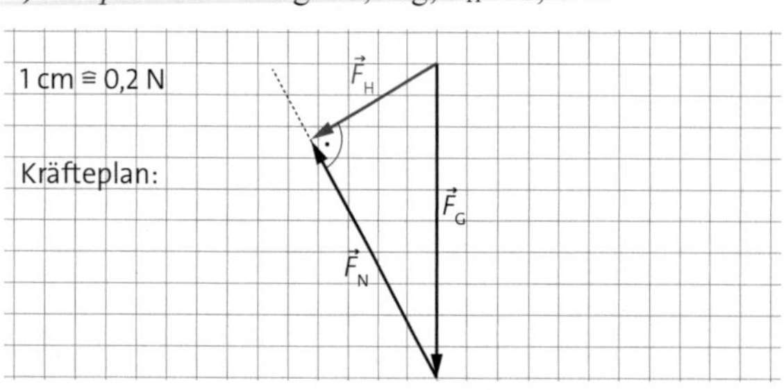

Cornelsen/Atelier tigercolor Tom Menzel, Scharbeutz/Klingenberg

V2

Beispiel:

m in kg	0,10	0,15	0,20	0,25	0,30
F_H in N	0,5	0,75	1,0	1,25	1,5

V3

a) *Beispiel:* $m = 100$ g

α	15°	30°	45°	60°	80°
FH in N	0,25	0,5	0,7	0,85	0,95

b), c)

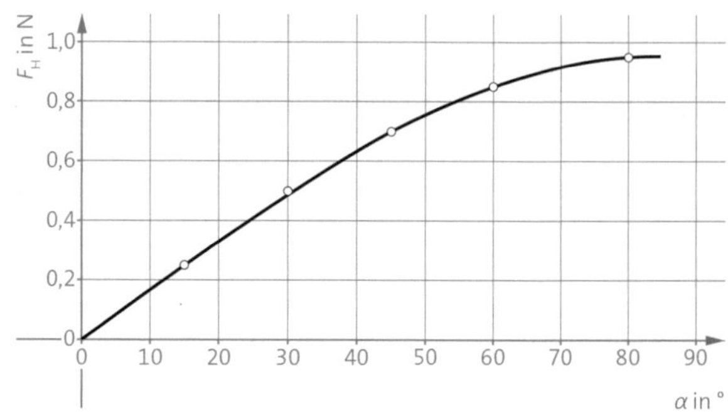

Cornelsen/Atelier tigercolor Tom Menzel, Scharbeutz/Klingenberg

Material A – Speed-Ski

A1 Speed-Skifahrer wie im ▹Bild 05 fahren auf Strecken mit einem Gefälle von bis zu 48°. Nach einer Strecke von 400 m wird dabei die Geschwindigkeit gemessen.
a) Berechne die Hangabtriebskraft F_H bei einem Fahrer mit einer Masse von 80 kg.
b) Berechne die sich aus F_H ergebende Beschleunigung und die Geschwindigkeit am Ende der Beschleunigungsstrecke.
c) Der Weltrekord liegt derzeit bei 251,4 km/h. Beurteile dein Ergebnis aus b).

a) Gegeben: $m = 80$ kg, $\alpha = 48°$;
gesucht: F_H.
$F_H = F_G \cdot \sin\alpha = m \cdot g \cdot \sin\alpha = 583$ N.

b) Gegeben: m, F_H;
gesucht: a und v.
$a = \frac{F_H}{m} = \frac{F_G \cdot \sin\alpha}{m} = g \cdot \sin\alpha \approx 7{,}3 \frac{\text{m}}{\text{s}^2}$.
Bei konstanter Beschleunigung kann man die Geschwindigkeit mithilfe der Gleichungen $v = a \cdot t$ und $\Delta s = 1/2 \cdot a \cdot t^2$ berechnen aus:

$$v = \sqrt{2 \cdot a \cdot \Delta s} = \sqrt{2 \cdot 7{,}3 \frac{\text{m}}{\text{s}^2} \cdot 400 \text{ m}} \approx 76 \frac{\text{m}}{\text{s}} = 274 \frac{\text{km}}{\text{h}}.$$

c) Das Ergebnis aus b) berücksichtigt Reibungskräfte nicht. Durch diese ist die tatsächliche resultierende Kraft kleiner als die Hangabtriebskraft. Folglich ist die Beschleunigung kleiner und damit auch die gemessene Geschwindigkeit. Daher scheint das Ergebnis sinnvoll. Folgende genauere Betrachtung ist möglich:

Um die gemessene Geschwindigkeit von 251,4 km/h zu erreichen, wäre eine Beschleunigung von

$$\frac{v^2}{2 \cdot \Delta s} \approx 6{,}1\,\frac{\text{m}}{\text{s}^2}$$

notwendig. Die resultierende Kraft beträgt daher 488 N. Somit ergibt sich für die Reibungskräfte im Mittel ein Betrag von 92 N. Die Gleitreibungszahl von Gummi auf Eis liegt bei 0,1; die eines Skis auf Schnee ist sicher wesentlich kleiner. Daran sieht man, dass Speed-Skifahrer vor allem durch den Luftwiderstand gebremst werden.

A2 Anne sagt: „Mit einer längeren Beschleunigungsstrecke müsste es auch einen neuen Weltrekord geben!“ Stimmt das? Informiere dich.

Anders als bei Fallschirmspringern befinden sich Speed-Skifahrer nicht im Kräftegleichgewicht, d. h., sie könnten bei längeren Beschleunigungsstrecken oder steileren Hängen tatsächlich noch schneller werden. Solche Hänge zu finden bzw. zu präparieren ist schwierig, vor allem aber wird es wegen der hohen Geschwindigkeit zu gefährlich.

Material B – Reibungszahlen

B1 Ein Auto ($m = 1{,}5$ t) mit blockierenden Reifen bremst mithilfe der Gleitreibungskraft F_{gl}.

a) Berechne F_{gl} für nassen Asphalt, für trockenen Asphalt und für Glatteis.

b) Berechne jeweils den damit verbundenen Bremsweg bei einer Bremsung aus 54 km/h.

c) Durch das Antiblockiersystem (ABS) rutschen die Reifen nicht mehr. Der Bremsweg ändert sich dadurch kaum. Trotzdem ist das ABS sinnvoll. Erläutere.

a) Nasser Asphalt:

Auf gerader Straße ist $F_N = F_G$.

$F_{gl} = f_{gl} \cdot F_G = 0{,}5 \cdot 14{,}7\text{ kN} \approx 7\text{ kN}$.

Trockener Asphalt:

$F_{gl} = f_{gl} \cdot F_G = 0{,}8 \cdot 14{,}7\text{ kN} \approx 12\text{ kN}$.

Glatteis:

$F_{gl} = f_{gl} \cdot F_G = 0{,}1 \cdot 14{,}7\text{ kN} \approx 1{,}5\text{ kN}$.

b) Für den Bremsweg aus $v = 54$ km/h ≈ 15 m/s gilt:

$\Delta s_B = \frac{v^2}{2 \cdot a} = \frac{v^2}{2 \cdot f_{gl} \cdot g}$.

Nasser Asphalt: $\Delta s_B = 23$ m.

Trockener Asphalt: $\Delta s_B = 14$ m.

Glatteis: $\Delta s_B = 115$ m.

c) Wenn die Reifen nicht blockieren, wird das Auto durch die Haftkraft und nicht durch die Gleitreibungskraft gebremst. Zwar ist die Haftzahl größer als die Gleitreibungszahl, aber in der Regel wird nicht mit der maximalen Haftkraft gebremst. Daher ist die Bremskraft mit und ohne ABS etwa gleich groß. Der Vorteil besteht darin, dass das Auto mit ABS steuerbar bleibt und man so Hindernissen ausweichen kann, was nur durch die Haftkraft möglich ist.

B2 Damit ein Auto beschleunigen kann, müssen die Reifen auf dem Asphalt haften.

In einem Werbeprospekt für einen Sportwagen steht: „Von 0 auf 100 km/h in 3 s!“

Ist das überhaupt möglich? Begründe mit einer Rechnung.

Die Haftkraft ist für die Beschleunigung verantwortlich. Die resultierende Kraft kann also höchstens so groß sein wie die maximale Haftkraft, im Idealfall auf trockenem Asphalt. Für die Beschleunigung gilt daher:

$$a = \frac{F_{res}}{m} = \frac{F_h}{m} = f_h \cdot g = 8{,}8\,\frac{\text{m}}{\text{s}^2}.$$

Wenn der Wagen die angegebenen Werte erbringen soll, ergibt sich für die Beschleunigung:

$a = \frac{\Delta v}{\Delta t} \approx 9{,}3\,\frac{\text{m}}{\text{s}^2}$.

Die benötigte Beschleunigung ist also größer als die aufgrund der Haftkraft mögliche Beschleunigung, sodass es in 3,0 s unmöglich ist, auf 100 km/h zu beschleunigen. Allerdings ist es bei 3,15 s schon möglich, d. h., es wurde nur „werbefreundlich“ gerundet.

Die Kreisbewegung

Seite 245

1 Der Hammerwerfer lässt den Hammer mitten in der Kreisbewegung los. Auf welcher Bahn bewegt sich der Hammer dann? ▹Bild 04 B zeigt mehrere Möglichkeiten. Triff eine begründete Entscheidung.

Nachdem der Hammerwerfer den Hammer losgelassen hat, werden auf ihn nur noch die Gewichtskraft und die Luftwiderstandskraft ausgeübt. Die Gewichtskraft zieht den Hammer nach unten, sodass er auf einer Parabelbahn fliegt. Die Luftwiderstandskraft bremst den Hammer auf seiner Bahn ab, ist aber relativ klein, da der Hammer eine relativ kleine Querschnittsfläche und eine relativ hohe Masse hat. ▹Bild 04 B zeigt die Bahn des Hammers von oben. Die Parabelbahn durch die Gewichtskraft ist daher nicht zu sehen, das Abbremsen durch die Luftwiderstandskraft auch nicht. Aufgrund der Impulserhaltung fliegt der Hammer daher geradeaus auf der mittleren Bahn weiter.

2 Erläutere, wie die Zentripetalkraft bei folgenden Situationen zustande kommt:

a) Ein Kind steht auf der Drehscheibe.

b) Ein Auto fährt um eine Kurve.

c) In einer Waschmaschine wird Wäsche geschleudert.

d) Du machst an deinem Wohnort die Rotation der Erde um sich selbst mit.

a) Das Kind wird durch die Gewichtskraft nach unten gezogen. Die Normalkraft von der Drehscheibe gleicht dies aus. Die Haftkraft von der Scheibe auf das Kind sorgt für die Zentripetalkraft (vgl. ▹Bild 05).

b) Das Auto wird durch die Gewichtskraft nach unten gezogen. Die Normalkraft von der Straße gleicht dies aus. Die Räder des Autos müssen in Kurvenrichtung eingeschlagen sein. Dadurch übt die Straße eine Haftkraft auf das Auto zur Kurvenmitte hin aus, d. h., es gibt die benötigte Zentripetalkraft.

c) Die Trommel der Waschmaschine beschleunigt die Wäsche durch die Rippen in der Trommel und durch die Haftkraft. Bei ausreichender Geschwindigkeit drückt die Trommel die Wäsche um die Kurve und sorgt so für die Zentripetalkraft. Wenn die Wäsche sich zu langsam bewegt, fällt die Wäsche im oberen Teil der Trommel durch die Gewichtskraft herunter, bevor sie von der Trommel um die Kurve gedrückt werden kann.

d) Wenn eine Person auf dem Erdboden steht, werden zwei Kräfte auf sie ausgeübt (siehe Bild, nicht maßstabsgerecht):

1. die Gravitationskraft $\vec{F}_G$ zum Erdmittelpunkt,
2. die Normalkraft $\vec{F}_N$ vom Boden auf die Person.

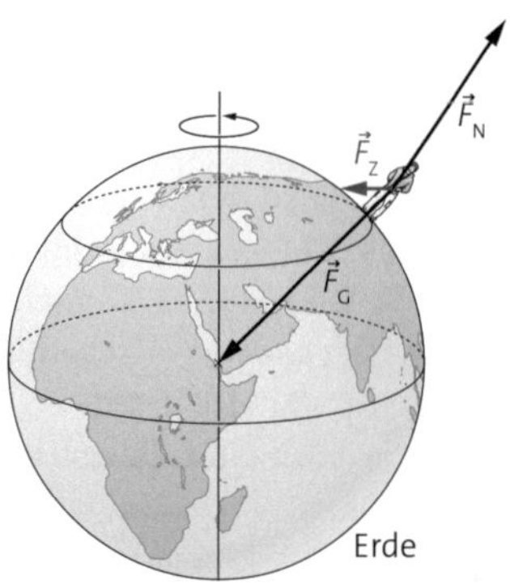

Cornelsen/Atelier tigercolor Tom Menzel, Scharbeutz/Klingenberg

Damit sich die Person auf einer Kreisbahn bewegt, muss die resultierende Kraft zum Kreismittelpunkt zeigen (und nicht zum Erdmittelpunkt). Die Zentripetalkraft kommt zustande, weil die Gravitation und die Normalkraft nicht exakt einander entgegengesetzt sind. Dadurch kommt die Abplattung der Erde zustande.

Hinweis: Die Näherung, Gravitationskraft und Normalkraft als entgegengesetzt zu betrachten, ist allerdings sehr gut. Beide weichen beim 49. Breitengrad um weniger als 0,1° voneinander ab und unterscheiden sich im Betrag um 0,15 %.

Hinweis: Gravitation und Schwerkraft sind streng genommen nicht exakt dasselbe – in der Schwerkraft sind noch Trägheitskräfte berücksichtigt, wie sie bspw. durch eine Rotation entstehen. Vgl. auch Lösung zu A2 c) von Seite 253.

Seite 247

1 ▹Bild 01 A zeigt die Uhr in Originalgröße.
a) Berechne die Winkelgeschwindigkeiten für die drei Uhrzeiger.
b) Berechne die Geschwindigkeiten der Zeigerspitzen.

a) Berechnung der Winkelgeschwindigkeit ω:
Sekundenzeiger: $T = 60$ s
$\omega = 2\,\pi/T = \pi/30\text{ s} \approx 0{,}1\text{ s}^{-1}$.
Minutenzeiger: $T = 60 \cdot 60\text{ s} = 3600$ s
$\omega = 2\,\pi/T = \pi/1800\text{ s} \approx 0{,}0017\text{ s}^{-1}$.
Stundenzeiger: $T = 12 \cdot 3600\text{ s} = 43\,200$ s
$\omega = 2\,\pi/T = \pi/21\,600\text{ s} \approx 0{,}00015\text{ s}^{-1}$.

b) Berechnung der Geschwindigkeit v der Zeigerspitze:
Sekundenzeiger: Länge $r = 16$ mm
$v = 2\,\pi \cdot r/T = 1{,}7$ mm/s.
Minutenzeiger: Länge $r = 15$ mm
$v = 2\,\pi \cdot r/T = 0{,}026$ mm/s.
Stundenzeiger: Länge $r = 9$ mm
$v = 2\,\pi \cdot r/T = 0{,}001$ mm/s.

2 Zeige, dass für die Werte aus ▹Tabelle 04 $F_Z = m \cdot \omega \cdot r$ gilt.

Zu ▹Tabelle 04A:
$T = 1{,}0$ s; $r = 0{,}20$ m

***m* in kg**	0,050	0,100	0,150
F_z in N	0,40	0,80	1,2
$m \cdot \omega^2 \cdot r$ in N	0,39	0,79	1,2

Zu ▹Tabelle 04B:
$T = 1{,}0$ s; $m = 0{,}150$ kg

***r* in m**	0,10	0,20	0,30
F_z in N	0,60	1,2	1,8
$m \cdot \omega^2 \cdot r$ in N	0,59	1,2	1,8

Zu ▹Tabelle 04C:
$r = 0{,}20$ m; $m = 0{,}150$ kg

***t* in s**	2,0	1,4	1,0
ω in 1/s	3,14	4,49	6,28
F_z in N	0,30	0,60	1,2
$m \cdot \omega^2 \cdot r$ in N	0,30	0,60	1,2

Seite 248

1 Ein Auto (1,0 t) fährt in einer Kurve mit einem Radius von 100 m mit 72 km/h. Berechne die benötigte Zentripetalkraft.

Gegeben: $m = 1{,}0$ t, $r = 100$ m, $v = 72$ km/h;
gesucht: Zentripetalkraft F_Z.

$$F_Z = \frac{m \cdot v^2}{r} = \frac{1000\text{ kg} \cdot \left(20\,\frac{\text{m}}{\text{s}}\right)^2}{100\text{ m}} = 4000\text{ N}.$$

Seite 249 (Material)

Versuche – Wovon hängt die Zentripetalkraft ab?

V1

Auf den Stopfen wird die Gewichtskraft $\vec{F}_G$ nach unten ausgeübt und der Faden zieht an ihm mit der Fadenkraft $\vec{F}_{Faden}$ nach schräg oben. Wie groß die Fadenkraft ist, hängt davon ab, wie groß die Masse des angehängten Massestücks ist. Die Zentripetalkraft ergibt sich als resultierende Kraft aus Schwerkraft und Fadenkraft.

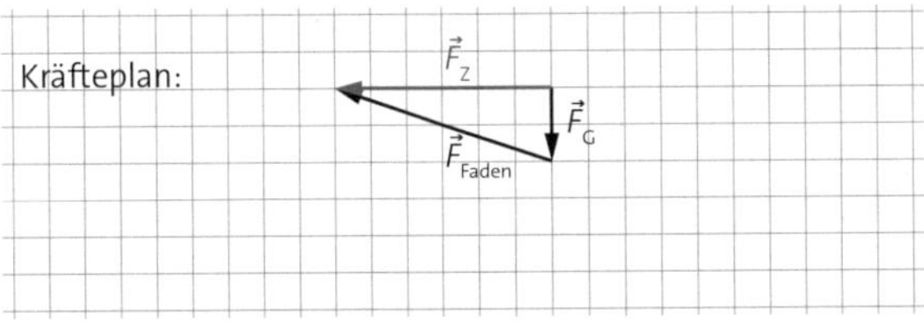

Cornelsen/Atelier tigercolor Tom Menzel, Scharbeutz/Klingenberg

V2

a) Je größer der Radius ist, desto größer ist die Periodendauer.
b) Der Zusammenhang gilt hier auch. Allerdings ist die Periodendauer bei gleichem Radius wie bei a) kleiner bzw. ist der Radius bei gleicher Periodendauer wie bei a) größer.

V3

a), c) *Schüleraktivität*
Beispiel:
$m = 0{,}100$ kg, $m_{Stopfen} = 0{,}040$ kg

r in m	0,30	0,60	0,90
T in s	0,7	1,0	1,2
F_Z in N	0,97	0,95	0,99

b), c) *Schüleraktivität*
Beispiel:
$m = 0{,}150$ kg, $m_{Stopfen} = 0{,}040$ kg

r in m	0,30	0,60	0,90
T in s	0,6	0,8	1,0
F_Z in N	1,3	1,5	1,4

d) Wenn die Masse des Stopfens deutlich kleiner ist als die Masse der angehängten Massestücke, ist die resultierende Kraft nicht viel kleiner als die Fadenkraft auf den Stopfen (siehe Kräfteplan bei V1). Wenn man die Reibung zwischen Rohr und Faden vernachlässigt, entspricht dies der Kraft, mit der die Massestücke am Faden ziehen. Die Messwerte im Beispiel bestätigen dies.

Material A – Die Waschmaschine schleudert

A1 Beim Schleudern dreht sich die Trommel einer Waschmaschine mit 1200 Umdrehungen pro Minute (▹Bild 03). Die Trommel hat einen Durchmesser von 50 cm. Ein Wassertropfen (Masse: 1,0 g) hängt an der Trommelwand und dreht sich mit.
a) Berechne Periodendauer, Frequenz, Winkel- und Bahngeschwindigkeit des Tropfens.
b) Berechne die Zentripetalkraft auf den Tropfen, solange er die Bewegung der Trommel mitmacht.
c) Niklas sagt: „Das Wasser wird von der Zentrifugalkraft durch die Löcher nach außen geschleudert und so die Wäsche getrocknet.“
Nimm zu dieser Aussage Stellung.

a) Gegeben: T = 1/1200 Umdrehungen pro Minute = 1/20 s = 0,050 s, $d = 0{,}50$ m,
$m = 0{,}0010$ kg;
gesucht: T, f, ω und v des Tropfens.

$$\omega = \frac{2\pi}{T} = 40\pi\,\frac{1}{\text{s}} \approx 126\,\frac{1}{\text{s}}.$$

$r = 0{,}5 \cdot 0{,}50$ m $= 0{,}25$ m, also gilt für v:

$$v = \frac{2\pi \cdot r}{T} \approx 31\,\frac{\text{m}}{\text{s}}.$$

b) Gesucht: F_Z

$$F_Z = m \cdot \omega^2 \cdot r = m \cdot \left(\frac{2\pi}{T}\right)^2 \cdot r = 3{,}9\ \text{N}$$

Das ist mehr etwa das 400-Fache der Gewichtskraft!
c) Unabhängig von den Begriffen geschieht Folgendes: Die Wäsche wird durch die Trommel um die Kurve gedrückt. Durch die Löcher kann das Wasser nach außen gelangen und fliegt fast geradlinig weiter (Gewichtskraft und Luftwiderstandskraft sind hier nicht berücksichtigt). Dadurch wird die Wäsche getrocknet.
Es wird also eine Kraft von der Trommel auf die Wäsche ausgeübt; diese Kraft ist eine Zentripetalkraft. Auf das Wasser wird keine Kraft ausgeübt – es ist kein Körper da, der an ihm zieht, drückt o. ä. Deshalb bewegt das Wasser sich mit konstantem Impuls weiter.
Da der Wassertropfen sich dabei von der Trommel wegbewegt, scheint er vom Mittelpunkt der Kreisbewegung zu „fliehen“. Deswegen spricht man von der Flieh- oder Zentrifugalkraft, obwohl eigentlich keine Kraft ausgeübt wird.

Material B – Kurven

B1 a) Tara meint: „Enge Kurven haben einen kleinen Kurvenradius. Wegen $F_Z = m \cdot \omega^2 \cdot r$ braucht man bei einem kleinen Radius nur eine kleine Zentripetalkraft. Warum rutscht dann ein Motorrad in einer engen Kurve viel leichter weg als in einer weiten Kurve?“ Finde den Fehler in Taras Argumentation. Schreibe eine Erklärung für sie.
b) Skizziere einen Kräfteplan für den Motorradfahrer im ▹Bild 04 und zeichne die Zentripetalkraft ein.

a) „Du hast zwei Situationen verglichen: Das Motorrad in einer Kurve mit einem kleinen Kurvenradius und einmal in einer Kurve mit einem großen Kurvenradius.

Aus der Formel $F_Z = m \cdot \omega^2 \cdot r$ hast du dann geschlossen, dass $F_Z \sim r$ ist. Das ist aber nur richtig, wenn die Winkelgeschwindigkeit in beiden Situationen gleich ist. Das ist aber beim Motorradfahren nicht der interessante Fall. Hier vergleicht man eher die beiden Situationen unter der Voraussetzung, dass das Motorrad in beiden Fällen die gleiche Bahngeschwindigkeit (z. B. 70 km/h) hat. Dann ist die Winkelgeschwindigkeit bei unterschiedlichen Radien notwendigerweise unterschiedlich und es ist sinnvoll, mit der Formel $F_Z = m \cdot v^2/r$ zu arbeiten: Wenn Masse und Bahngeschwindigkeit konstant sind, dann ist $F_Z \sim 1/r$, was genau der Alltagserfahrung entspricht, dass das Motorrad eher in engen Kurven wegrutscht."

b)

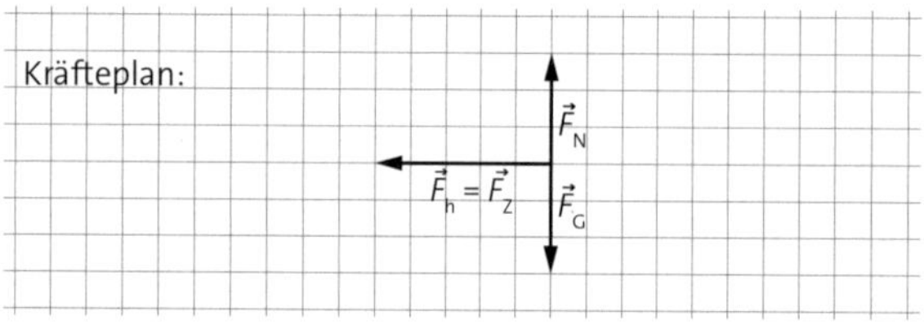

Cornelsen/Atelier tigercolor Tom Menzel, Scharbeutz/Klingenberg

B2 Die Kurve einer Landstraße hat einen Radius von 65 m. Entscheide, ob hier eine Geschwindigkeitsbegrenzung nötig ist. Wie ändert sich die Situation bei Regen? Entwirf eine sinnvolle Beschilderung für die Kurve.

Die Haftkraft von der Straße auf den Reifen wirkt in der Kurve als Zentripetalkraft. Diese kann also höchstens so groß sein wie die maximale Haftkraft F_h. Es gilt:

$F_Z \leq F_h$, also

$$\frac{m \cdot v^2}{r} \leq f_h \cdot m \cdot g \quad | : m \quad | \cdot r \quad | \sqrt{}$$

$$v \leq \sqrt{f_h \cdot g \cdot r}\,.$$

Bei trockenem Asphalt ergibt sich (vgl. Seite 217, ▹Tabelle 06):

$$v \leq \sqrt{0{,}9 \cdot 9{,}8\,\frac{\text{m}}{\text{s}^2} \cdot 65\,\text{m}} \approx 24\,\frac{\text{m}}{\text{s}} \approx 86\,\frac{\text{km}}{\text{h}}\,.$$

Offensichtlich ist hier eine Geschwindigkeitsbegrenzung nötig, da auf Landstraßen sonst bis zu 100 km/h erlaubt sind.

Bei nasser Straße gilt:

$$v \leq \sqrt{0{,}7 \cdot 9{,}8\,\frac{\text{m}}{\text{s}^2} \cdot 65\,\text{m}} \approx 21\,\frac{\text{m}}{\text{s}} \approx 76\,\frac{\text{km}}{\text{h}}\,.$$

Bei Regen ist die maximal mögliche Geschwindigkeit um 10 km/h kleiner.

Da damit zu rechnen ist, dass Geschwindigkeitsbegrenzungen leicht überschritten werden, sollte eine generelle Geschwindigkeitsbegrenzung auf 60 km/h eingeführt werden und zusätzlich ein Schild aufgestellt werden, das auf die gefährliche Kurve hinweist. Eine unterschiedliche Begrenzung je nach Wetter wäre zwar prinzipiell auch möglich, würde aber die Beschilderung insgesamt zu umfangreich und unübersichtlich machen (mindestens 3 Schilder, evtl. noch Kurvenhinweis).

Das Gravitationsgesetz

Seite 251

1 a) Berechne die Gravitationskraft, die du auf deinen Sitznachbarn ausübst.
b) Im Alltag spürt man die Gravitationskraft der meisten Körper nicht. Erkläre.

a) *Beispiel:* $m_1 = 60$ kg, $m_2 = 70$ kg, $r = 1{,}0$ m

Die Gravitationskraft berechnet sich nach

$$F_G = \gamma \cdot \frac{m_1 \cdot m_2}{r^2} \text{ zu}$$

$$F_G = 6{,}67 \cdot 10^{-11}\,\frac{\text{N m}^2}{\text{kg}^2} \cdot \frac{60\,\text{kg} \cdot 70\,\text{kg}}{(1\,\text{m})^2} \approx 2{,}8 \cdot 10^{-7}\,\text{N}.$$

b) Da die Gravitationskonstante so klein ist, ist die Gravitationskraft nur bei Körpern mit einer sehr großen Masse größer als die Kräfte, die sonst im Alltag auftreten. Deswegen spürt man von diesen Gravitationskräften meistens nichts.

2 Mia sagt: „Wenn die Erde mich anzieht, dann müsste ich die Erde genauso stark anziehen. Warum bekomme ich davon nichts mit?" Erkläre.

Mia zieht wegen des Wechselwirkungsgesetzes genau so stark an der Erde wie die Erde an ihr. Da die Erde aber eine etwa 10^{23}-mal größere Masse hat als Mia, ist die Auswirkung dieser Kraft auf die Erde entsprechend kleiner, sodass sie nicht wahrnehmbar ist.

3 ▹Bild 04 ist nicht maßstabsgerecht. Wie groß müsste der Radius der Mondbahn in einer maßstabsgerechten Zeichnung sein?

In ▹Bild 04 ist die Erde mit einem Radius von 8,0 mm gezeichnet. Entsprechend gilt für den zu zeichnenden Radius r_Z:

$$r_Z = \frac{8\,\text{mm}}{6370\,\text{km}} \cdot 384\,000\,\text{km} \approx 48\,\text{cm}.$$

Seite 252

1 Ein Superheld möchte die Masse der Erde bestimmen. Dafür nimmt er eine Waage und fliegt in den Weltraum. Dann holt er die Erde und legt sie auf die Waage (▹Bild 02). Was würde die Waage anzeigen? Begründe deine Antwort.

Der Superheld kann die Erde so nicht „auf" die Waage legen, da es dafür ein „oben" und „unten" geben muss. Da sich Tisch und Erde aufgrund ihrer Massen gegenseitig anziehen, würde die Waage etwas anzeigen, was der

Gravitationskraft von der Erde auf den Tisch (und umgekehrt) entspricht. Da es sich im Prinzip um eine Federwaage handelt, misst sie eine Kraft F, zeigt aber die Masse m an, die sich aus dem Ortsfaktor g (auf der Erdoberfläche) mit $m = F/g$ ergeben würde.

Wenn man von einem Tisch normaler Größe ausgeht, entspricht das Vorhaben des Superhelden folgender Situation: Der Superheld legt die Waage falsch herum auf den Erdboden und stellt den Tisch mit den Beinen nach oben (!) auf die Waage. Wenn die Waage dann noch richtig funktioniert, zeigt sie die Masse des Tischs an.

Seite 253 (Material)

Material A – Sonne, Mond und Erde

A1 Die Erde bewegt sich näherungsweise auf einer Kreisbahn mit einem Radius von 150 Millionen Kilometern um die Sonne.
a) Für einen Umlauf benötigt die Erde ein Jahr. Berechne ihre Bahn- und ihre Winkelgeschwindigkeit.
b) Bestimme die Masse der Sonne.
(Druckfehler im 1. Druck: Bahnradius der Erde: 149,6 Millionen Kilometer)

a) Die Periodendauer beträgt ein Jahr, also 365,25 Tage. Die Bahngeschwindigkeit der Erde auf ihrer Umlaufbahn ergibt sich zu:

$$v = \frac{2\,\pi \cdot r_E}{T} = \frac{2\,\pi \cdot 1{,}496 \cdot 10^{11}\ \text{m}}{365{,}25 \cdot 24 \cdot 3600\ \text{s}} \approx 29{,}8\ \frac{\text{km}}{\text{s}}.$$

b) Die Gravitationskraft von der Sonne wirkt als Zentripetalkraft, d. h. $F_G = F_Z$:

$$\gamma \cdot \frac{m_S \cdot m_E}{r_E^2} = m_E \cdot \omega^2 \cdot r_E \ \ | : m_E \ | \cdot r_E^2 \ | : \gamma$$

$$m_S = \left(\frac{2\,\pi}{T}\right)^2 \cdot \frac{r_E^3}{\gamma} \approx 1{,}99 \cdot 10^{30}\ \text{kg}.$$

A2 Die Erde dreht sich an einem Tag um sich selbst.
a) Berechne die damit verbundene Geschwindigkeit einer Milchpackung (Masse: 1,0 kg) auf dem Äquator. Vergleiche mit A1 a).
b) Bestimme die Zentripetalkraft auf die Milchpackung.
c) Aufgrund der Erddrehung ist der Ortsfaktor am Äquator kleiner als in Europa oder am Nordpol. Erläutere.
d) Berechne deine Geschwindigkeit in deinem Wohnort aufgrund der Erdrotation.

a) Die Periodendauer der Milchpackung beträgt 24 h.

$$v = \frac{2\,\pi \cdot R_E}{T} = \frac{2\,\pi \cdot 6{,}371 \cdot 10^6\ \text{m}}{24 \cdot 3600\ \text{s}} \approx 463\ \frac{\text{m}}{\text{s}}.$$

Die Bahngeschwindigkeit aufgrund der Erddrehung beträgt nur 1,6 % der Bahngeschwindigkeit aufgrund der Bewegung der Erde um die Sonne.

b) Die Zentripetalkraft ergibt sich zu

$$F_Z = m \cdot \left(\frac{2\,\pi}{T}\right)^2 \cdot R_E \approx 34\ \text{mN}.$$

c) Da man sich am Nordpol nicht auf einer Kreisbahn um die Erdachse bewegt, wird keine Zentripetalkraft benötigt und die gesamte Gravitationskraft zieht einen Körper im freien Fall nach unten. Am Äquator wird ein kleiner Teil der Gravitationskraft als Zentripetalkraft benötigt (siehe b)), sodass zur Beschleunigung nach unten nur ein kleinerer Teil übrig bleibt.

Aufgrund dieser Tatsache kommt es zur Erdabflachung, d. h., der Äquator ist vom Erdmittelpunkt weiter entfernt (6378 km) als die Pole (6357 km). Dies trägt noch mehr zum Unterschied bei den Ortsfaktoren bei.

d) Wenn man sich auf dem Breitengrad α aufhält, gilt:

$$v = \frac{2\,\pi}{T} \cdot r = \frac{2\,\pi}{T} \cdot R_E \cdot \cos\,\alpha.$$

Auf dem 49. Breitengrad sind das 300 m/s.

A3 Ebbe und Flut entstehen durch die Gravitationskraft, die der Mond auf die Erde ausübt (▷Bild 03).
a) Berechne die Gravitationskraft, die der Mond auf 1,0 kg Wasser auf der mondzugewandten Seite der Erde ausübt.
b) Vergleiche das Ergebnis aus a) mit der Gravitationskraft, die die Erde auf das Wasser ausübt.
c) Wiederhole a) für die mondabgewandte Seite der Erde. Erkläre damit, warum es zwei sogenannte Flutberge gibt (▷Bild 04).

a) Der Radius der Mondbahn R_M wird von Mondmittelpunkt zu Erdmittelpunkt gerechnet. Für den Abstand zur mondzugewandten Erdoberfläche muss demnach der Erdradius r_E abgezogen werden:

$$F_G = \gamma \cdot \frac{m_M \cdot 1\ \text{kg}}{(R_M - r_E)^2} \approx 34\ \mu\text{N}.$$

b) Verglichen mit den 9,8 N aufgrund der Erdanziehung sind dies nicht einmal 0,0004 %. Daher ist der Tidenhub verglichen mit dem Erdradius auch sehr klein.

c) $F_G = \gamma \cdot \frac{m_M \cdot 1\ \text{kg}}{(R_M + r_E)^2} \approx 32\ \mu\text{N}$

Die Bewegung von Mond und Erde kommt durch die Gravitationskraft zustande, mit der sich die beiden gegenseitig anziehen. Die Gravitationskraft des Mondes wirkt auf die Erde als Ganzes so, als ob sie am Erdmittelpunkt E ansetzen würde. Auf der mondzugewandten Seite ist die Gravitationskraft etwas zu groß, sodass das Wasser zum Mond hingezogen wird. Auf der mondabgewandten Seite ist die Gravitationskraft etwas zu klein, sodass das Wasser sich etwas weiter entfernen kann.

Material B – ISS und Schwerelosigkeit

B1 Die internationale Raumstation ISS befindet sich ca. 400 km über der Erdoberfläche und bewegt sich auf einer Kreisbahn um die Erde (▷Bild 05).

a) Zeige: Auf der Umlaufbahn der ISS beträgt der Ortsfaktor durch die Gravitationskraft von der Erde $8{,}8\,\frac{\text{m}}{\text{s}^2}$.

b) Berechne die Umlaufdauer und die Geschwindigkeit der ISS.

a) Die Graviationskraft, die die Erde auf die ISS ausübt, ist gegeben durch:

$$F_G = m_{ISS} \cdot g = \gamma \cdot \frac{m_E \cdot m_{ISS}}{(R_E + 400\text{ km})^2}$$

$$g = \gamma \cdot \frac{m_E}{(R_E + 400\text{ km})^2}$$

$$= 6{,}67 \cdot 10^{-11}\,\frac{\text{N m}^2}{\text{kg}^2} \cdot \frac{5{,}97 \cdot 10^{24}\text{ kg}}{(6{,}77 \cdot 10^6\text{ km})^2} \approx 8{,}7\,\frac{\text{m}}{\text{s}^2}$$

b) Berechnung der Periodendauer:

Aus $F_G = F_Z$ folgt

$$m_{ISS} \cdot \omega^2 \cdot r_{ISS} = \gamma \cdot \frac{m_E \cdot m_{ISS}}{r_{ISS}^2} \quad |: m_{ISS} \quad | \cdot r_{ISS}$$

$$\left(\frac{2\pi}{T}\right)^2 = \frac{\gamma \cdot m_E}{r_{ISS}^3}$$

$$\left(\frac{T}{2\pi}\right)^2 = \frac{r_{ISS}^3 \cdot}{\gamma \cdot m_E} \quad | \sqrt{\ } \quad | \cdot 2\pi$$

$$T = 2\pi \cdot \sqrt{\frac{(R_E + 400\text{ km})^3}{\gamma \cdot m_E}} \approx 5549\text{ s} \approx 92{,}5\text{ min}$$

Berechnung der Bahngeschwindigkeit:

Aus $F_Z = F_G$ folgt

$$\frac{m_{ISS} \cdot v^2}{r_{ISS}} = \gamma \cdot \frac{m_E \cdot m_{ISS}}{r_{ISS}^2} \quad |: m_{ISS} \quad | \cdot r_{ISS}$$

$$v^2 = \frac{\gamma \cdot m_E}{r_{ISS}} \quad | \sqrt{\ }$$

$$v = \sqrt{\frac{\gamma \cdot m_E}{r_{ISS}}} \approx 7{,}6\,\frac{\text{km}}{\text{s}}$$

Hinweis: T lässt sich rechnerisch leichter über v bestimmen.

B2 Timo sagt: „In der ISS ist der Ortsfaktor fast so groß wie auf der Erdoberfläche. Wie kann es da sein, dass die Astronauten schwerelos sind?"

a) Erkläre Timo, wann Gravitation und Schwerelosigkeit gleichzeitig auftreten können.

b) Was würde geschehen, wenn du dich in der ISS auf einen Stuhl setzt? Vergleiche mit der Situation auf der Erde. Überlege, wann du selbst die Gravitationskraft „spürst".

a) „Es klingt paradox, aber wenn nur die Gravitationskraft auf einen Körper ausgeübt wird, ist er schwerelos. Das ist unabhängig vom Ortsfaktor. Folgende Situation hilft dir vielleicht, dies zu verstehen:

Wenn du auf einem Stuhl sitzt, hast du normalerweise das Gefühl, die Gravitationskraft zu spüren. Aber eigentlich spürst du sie nur, weil die Kraft vom Stuhl dich im Kräftegleichgewicht hält, was du deutlich an der Verformung der Unterseite deiner Oberschenkel siehst.

Stell dir nun vor, du befindest dich mit dem Stuhl im freien Fall, ähnlich wie bei einem „Free-Fall-Tower". Im freien Fall (ohne Luftwiderstand!) wird nur die Gravitationskraft auf dich ausgeübt. Nun werden aber alle Körper im freien Fall mit der Fallbeschleunigung g beschleunigt. Da der Stuhl gleichzeitig mit dir losgefallen ist, fliegt ihr mit immer derselben Geschwindigkeit direkt hintereinander her, ohne dass du auf den Stuhl drückst und folglich der Stuhl deine Oberschenkel nicht verformt – du bist dann schwerelos.

Die ISS „fällt" frei um die Erde herum, wie der Apfel bei NEWTONs „Wurf um die Erde". Alle Körper, die mit der ISS mitfliegen, bewegen sich dabei gleich schnell: Das kannst du auch daran sehen, dass der Ausdruck für die Bahngeschwindigkeit der ISS, wie er in B1 b) hergeleitet wurde, unabhängig von der Masse der ISS ist, d. h., er gilt genau so für die mitfliegenden Astronauten, die deswegen schwerelos sind."

b) Wenn man sich auf der Erde auf einen Stuhl setzt, hat man das Gefühl, die Gravitationskraft zu spüren. Aber man spürt sie nur, weil man durch die Kraft vom Stuhl im Kräftegleichgewicht gehalten wird, was man an der Verformung der Unterseite seiner Oberschenkel sieht. Da man in der ISS schwerelos ist, kann man sich praktisch nicht auf einen Stuhl setzen, da man neben dem Stuhl schwebt, ohne das der Stuhl eine Kraft auf die Oberschenkel ausübt. Schon kleinste andere Kräfte reichen, um einen vom Stuhl zu reißen.

Die Gravitationskraft spürt eine Person i. Allg. nur, wenn noch eine weitere Kraft auf sie ausgeübt wird.

B3 Wenn man in eine Wasserflasche unten ein Loch bohrt, fließt das Wasser heraus (▹Bild 06 A). Lässt man die Flasche fallen, so fließt während des Fluges nichts heraus (▹Bild 06 B). Tina sagt: „Im Flug ist die Flasche schwerelos." Erläutere, was sie damit meint.

Im ▹Bild 06 A hält die Hand die Flasche im Kräftegleichgewicht. Das Wasser läuft aus dem Loch, weil die oberen Wasserschichten auf die darunter liegenden drücken. Im ▹Bild 06 B befindet sich die Flasche im freien Fall. Da alle Körper gleich schnell fallen, drücken die oberen Wasserschichten nicht mehr auf die unteren. Deswegen wird das Wasser auch nicht mehr aus dem Loch gedrückt. Daran sieht man, dass die Flasche im Flug schwerelos ist.

Erhaltungsgrößen

Didaktische Hinweise

Das kurze, aber wichtige Kapitel „Erhaltungsgrößen" gliedert sich in die beiden Unterkapitel „Energie in der Mechanik" und „Energie- und Impulserhaltung".

Energie in der Mechanik

Mechanische Energieübertragung: Als Grundlage zur Berechnung von energetischen Vorgängen lernen die Schülerinnen und Schüler eine Gleichung zur Berechnung der mechanisch übertragenen Energie ΔE kennen; fachwissenschaftlich handelt es sich hierbei um die mechanische Arbeit. Am Beispiel von Flaschenzügen erkennen die Lernenden, dass das Produkt aus Kraft F und Zugstrecke Δs konstant ist. Das Produkt $F \cdot \Delta s$ verhält sich genauso wie die übertragene Energie, es ist daher naheliegend, ΔE und $F \cdot \Delta s$ gleichzusetzen.

Mechanische Energieformen: Der oben erarbeitete Zusammenhang $\Delta E = F \cdot \Delta s$ wird nun konsequent eingesetzt, um die Gleichungen für die Bewegungsenergie, Lageenergie und Spannenergie einer elastischen Feder herzuleiten. Dabei ist es wichtig zu betonen, dass die Energie eines bestimmten Zustands nur von den diesen Zustand bestimmenden Größen abhängt, nicht aber von Größen, die den Vorgang zum Erreichen dieses Zustands beschreiben. Die Bewegungsenergie hängt z. B. nur von der Masse und der Geschwindigkeit des Körpers ab, nicht aber von der Kraft, der Beschleunigung und der Zeit.

Energie- und Impulserhaltung

Energieerhaltungssatz: Am Beispiel des Bungee-Springens wird modellhaft die Mächtigkeit des mechanischen Energieerhaltungssatzes zur Berechnung von Größen gezeigt. Der Kalkül spielt in der Physik eine wichtige Rolle, ist aber für Schülerinnen und Schüler schwierig zu verstehen. Zur Vereinfachung wird anhand konkreter Werte die Gesamtenergie berechnet und anschließend mit der Gesamtenergie die gesuchte Größe bestimmt. Die Vorgehensweise wird anschließend zur Methode der Bilanzierung verallgemeinert.

Erhaltungssätze in der Mechanik: Das Klick-Klack-Spiel (auch als NEWTON-Pendel oder Kugelstoßpendel bekannt) zeigt auf anschauliche Weise, dass Energie- und Impulserhaltungssatz immer gleichzeitig erfüllt sein müssen. Zusammen erlauben die beiden Sätze nur bestimmte Ausgänge eines Stoßversuchs. Eine wichtige Anwendung ist das Swing-By-Manöver.
Der „Kugelbeschleuniger" zum Beschleunigen von Stahlkugeln mit Magneten scheint dem Energieerhaltungssatz zu widersprechen. Die Erklärung dieses beeindruckenden Versuchs führt auf die im Magnetfeld gespeicherte Energie. In einem mechanischen Modell wird diese Energie mit der Lageenergie verglichen.
Im Blickpunkt wird der Impulserhaltungssatz auf die Raketenphysik angewendet. Interessierte Schülerinnen und Schüler lernen, warum Weltraumraketen in der Regel mehrere Raketenstufen haben und wie sich die Endgeschwindigkeit berechnet.

Energie und Impuls in der Astronomie: In einem Blick „über den Tellerrand" hinaus erfahren die Schülerinnen und Schüler, wie man mithilfe einer Energiebetrachtung aus der Tiefe und dem Durchmesser eines Meteoritenkraters die Größe und Geschwindigkeit des eingeschlagenen Meteoriten abschätzen kann. Auch zur Erklärung der Vorgänge bei einer Supernova sind Energie- und Impulserhaltung unabdingbar.

Seite 261 (Kannst du es noch?)

1 Die Stockwerkshöhe bei einem Parkhaus beträgt 3,0 m. Berechne die Lageenergie eines Autos (Masse 1,6 t); im ersten, zweiten und dritten Stock eines Parkhauses.

$E_{Lage} = m \cdot g \cdot h$

1. Stock: $h = 3{,}0$ m

$E_{Lage} = 1600 \text{ kg} \cdot 9{,}8 \frac{\text{m}}{\text{s}^2} \cdot 3{,}0 \text{ m} \approx 47 \text{ kJ}$

2. Stock: $h = 6{,}0$ m

$E_{Lage} = 1600 \text{ kg} \cdot 9{,}8 \frac{\text{m}}{\text{s}^2} \cdot 6{,}0 \text{ m} \approx 94 \text{ kJ}$

3. Stock: $h = 9{,}0$ m

$E_{Lage} = 1600 \text{ kg} \cdot 9{,}8 \frac{\text{m}}{\text{s}^2} \cdot 9{,}0 \text{ m} \approx 141 \text{ kJ}$

2 Kängurus bewegen sich mit großen Sprüngen fort (▹Bild 03). Dabei nutzen sie die Energieumwandlung. Die Sehnen und Muskeln ihrer Hinterbeine wirken wie Stahlfedern.

a) Beschreibe die Energieumwandlungen beim Kängurusprung.

b) Erkläre, warum diese Art der Fortbewegung energiesparend ist.

a) Kurz vor dem Absprung sind die Sehnen und Muskeln der Hinterbeine gespannt. Sie besitzen Spannenergie. Beim Absprung wird die Spannenergie in Bewegungs- und Lageenergie umgewandelt. Das Känguru gewinnt an Geschwindigkeit und Höhe. Bei der Landung werden die Muskeln und Sehnen der Hinterbeine wieder gespannt und das Känguru wird abgebremst. Die Energie, die das Känguru beim Flug hatte, wird größtenteils wieder in Spannenergie umgewandelt.

b) Die Sehnen und Muskeln der Hinterbeine dienen dem Känguru als Zwischenspeicher für Energie. Diese Energie nutzt das Känguru für den nächsten Sprung. Das ist energiesparender, als wenn das Känguru für jeden Sprung Energie aus dem Körper aufbringen müsste.

Bemerkung: Kängurus haben unter allen Landsäugetieren die energiesparendste Art sich fortzubewegen.

3 a) Beschreibe die Energieumwandlungen beim Fadenpendel (▹Bild 04 A). Notiere dazu die Energieformen, die das Pendel in den Zuständen 1 bis 4 hat. Erkläre, dass das Pendel ohne Reibung und Luftwiderstand in den Zuständen 1 und 4 dieselbe Höhe hat.

b) Nun wird ein sogenannter Hemmungsstab so befestigt, dass nur der untere Teil des Pendels weiter schwingen kann. Erkläre, welche Höhe das Pendel ohne Reibung auf der rechten Seite erreicht.

c) Ist es möglich, dass das Pendel zum Überschlag kommt? Auf welcher Höhe muss dazu der Hemmungsstab angebracht werden? Erstelle eine maßstabsgetreue Skizze.

a) An den höchsten Punkten 1 und 4 hat das Pendel nur Lageenergie im Schwerefeld der Erde, denn an diesen Punkten, die zugleich die Umkehrpunkte sind, ist die Geschwindigkeit und damit die kinetische Energie des Pendels null. Schwingt das Pendel von dort aus nach unten, nimmt die Lageenergie ab. Gleichzeitig wird es immer schneller, seine kinetische Energie nimmt zu. Im tiefsten Punkt schließlich ist die Lageenergie auf ihr Minimum gesunken, das Pendel hat hier seine größte Geschwindigkeit und somit auch die maximale kinetische Energie. Legt man das Nullniveau durch den tiefsten Punkt, dann hat das Pendel im Zustand 3 keine Lageenergie. Schwingt es nun weiter, kommt es wieder nach oben, die Lageenergie nimmt zu, Geschwindigkeit und kinetische Energie nehmen wieder ab, bis im nächsten Umkehrpunkt die kinetische Energie wieder null ist und die gesamte Energie des Pendels Lageenergie ist.

Wird während des Vorgangs keine Energie durch Reibung in thermische Energie umgewandelt, muss daher wegen des Energieerhaltungssatzes die Lageenergie in Punkt 4 dieselbe sein wie in Punkt 1.

b) Wenn die Gesamtenergie des Pendels nicht verändert wird, muss es weiterhin den Umkehrpunkt bei der vorherigen Höhe erreichen, auf beiden Seiten liegt der Umkehrpunkt also gleich hoch.

c) Das Pendel schlägt über, wenn der Umkehrpunkt weit genug oberhalb des Hemmungsstabes liegt. Der Stab darf höchstens auf der halben Höhe wie der Umkehrpunkt liegen – anders ausgedrückt muss der Startpunkt (bei 1) mindestens so hoch liegen wie der höchste Punkt beim Überschlag.

4 Erkläre den Unterschied zwischen den Größen Energie und Leistung.

Energie und Leistung sind nicht dasselbe. Die Leistung ist ein Maß für die Energieübertragung. Bei der Energieübertragung kommt es erstens darauf an, wie viel Energie übertragen wird, und zweitens, wie schnell die Übertragung stattfindet. Es kommt also auf zwei Größen an: Energie und Zeitspanne. Der Quotient aus diesen beiden Größen, $\Delta E/\Delta t$, heißt Leistung. Je größer die übertragene Energie ist, desto größer ist die Leistung. Je kleiner die Zeitspanne ist, in der die Energie übertragen wird, desto größer ist die Leistung.

5 Gib die Energie an, die eine Lampe bei einer Leistung von 23 W in 1 s, 2 s, 5 s, 10 s abgibt.

Gegeben die Leistung: $P = 25 \text{ W} = 25 \ \frac{\text{J}}{\text{s}}$

Gesucht die abgegebene Energie in

1 s: $\Delta E = 25 \ \frac{\text{J}}{\text{s}} \cdot 1 \text{ s} = 25 \text{ J}$,

2 s: $\Delta E = 25 \ \frac{\text{J}}{\text{s}} \cdot 2 \text{ s} = 50 \text{ J}$,

$5\,\text{s}: \Delta E = 25\ \frac{\text{J}}{\text{s}} \cdot 5\,\text{s} = 125\,\text{J},$

$10\,\text{s}: \Delta E = 25\ \frac{\text{J}}{\text{s}} \cdot 10\,\text{s} = 250\,\text{J}.$

6 Der mittlere Energiebedarf eines Erwachsenen beträgt etwa 10 000 kJ pro Tag. Fast die gesamte zugeführte Energie gelangt als thermische Energie in die Umgebung. Der Mensch wirkt also wie eine Heizung. Berechne die Heizleistung eines menschlichen Körpers.

Gegeben mittlerer Energiebedarf pro Tag:
$\Delta E = 10\,000\ \text{kJ} = 10\,000\,000\ \text{J}$;
$\Delta t = 1\ \text{d} = 24\ \text{h} = 24 \cdot 60 \cdot 60\ \text{s} = 86\,400\ \text{s}$
Gesucht: Heizleistung des menschlichen Körpers P:

$$P = \frac{\Delta E}{\Delta t} = \frac{10000000\ \text{J}}{86400\ \text{s}} \approx 115\,\text{W}.$$

7 Vor der Erfindung von Motoren wurden Pferde als Arbeitstiere eingesetzt. Die durchschnittliche Dauerleistung eines Pferdes beträgt 750 W. Dies entspricht der veralteten Leistungseinheit 1 PS („Pferdestärke"). Berechne die Energie, die ein Pferd an einem Arbeitstag (8 h) abgeben kann.

Gegeben: Dauerleistung eines Pferdes: $P = 750$ W;
Zeitspanne: $\Delta t = 8\ \text{h} = 8 \cdot 60 \cdot 60\ \text{s} = 28\,800\ \text{s}$
Gesucht: abgegebene Energiemenge ΔE in 8 h

$$\Delta E = P \cdot \Delta t = 750\ \frac{\text{J}}{\text{s}} \cdot 28\,800\ \text{s} = 21{,}6\ \text{MJ}.$$

8 Bei einem Fahrbahnversuch stößt ein Wagen A (100 g) mit 0,90 m/s auf einen ruhenden Wagen B (200 g). Knetmasse sorgt dafür, dass die Wagen nach dem Stoß gemeinsam weiterfahren.

a) Erstelle eine Skizze der Wagen vor und nach dem Stoß. Berechne die Geschwindigkeit der Wagen nach dem Stoß.

b) In einem weiteren Versuch befinden sich Stahlfedern zwischen den Wagen. Mit einem Messwerterfassungssystem werden die Geschwindigkeiten der Wagen aufgezeichnet (▹Bild 05). Beschreibe, wie sich die Wagen bewegen.
Berechne den Gesamtimpuls vor und nach dem Stoß und zeige, dass der Impuls erhalten bleibt.

a) Beide Autos bewegen sich in Richtung der Geschwindigkeit von Wagen A weiter, aber mit einer kleineren Geschwindigkeit v_{gesamt}, als Wagen A sie hatte.
Es gilt der Impulserhaltungssatz:
$m_A \cdot v_A + m_B \cdot v_B = m_{\text{gesamt}} \cdot v_{\text{gesamt}}$
$100\ \text{g} \cdot 0{,}9\ \text{m/s} + 200\ \text{g} \cdot 0\ \text{m/s} = (100\ \text{g} + 200\ \text{g}) \cdot v_{\text{gesamt}}$

$$v_{\text{gesamt}} = \frac{90\ \text{g} \cdot \frac{\text{m}}{\text{s}}}{300\ \text{g}} = 0{,}3\ \frac{\text{m}}{\text{s}}$$

b) Wagen A stößt mit einer Geschwindigkeit von 0,9 m/s auf den ruhenden Wagen B ($v_B = 0$ m/s). Durch den Stoß überträgt sich kinetische Energie von Wagen A auf Wagen B, dieser bewegt sich nach dem Stoß mit 0,6 m/s in die ursprüngliche Richtung von Wagen A. Wagen A dagegen prallt durch den Stoß zurück und bewegt sich nun mit 0,3 m/s in die Gegenrichtung – erkennbar daran, dass seine Geschwindigkeitskurve nun im negativen Bereich liegt.
$m_{A1} \cdot v_{A1} + m_{B1} \cdot v_{B1} = m_{A2} \cdot v_{A2} + m_{B2} \cdot v_{B2}$
$100\ \text{g} \cdot 0{,}9\ \text{m/s} + 200\ \text{g} \cdot 0\ \text{m/s}$
$= -100\ \text{g} \cdot 0{,}3\ \text{m/s} + 200\ \text{g} \cdot 0{,}6\ \text{m/s}$
$90\ \text{g} \cdot \text{m/s} = -30\ \text{g} \cdot \text{m/s} + 120\ \text{g} \cdot \text{m/s}$
$90\ \text{g} \cdot \text{m/s} = 90\ \text{g} \cdot \text{m/s}$

1 Energie in der Mechanik

Mechanische Energieübertragung

Seite 263

1 Ein Kran mit einem Flaschenzug soll einen Eisenträger (m = 1,0 t) um 5,0 m anheben. Am Zugseil wird dabei um eine Strecke von 20 m gezogen. Bestimme die übertragene Energie. Berechne die dafür notwendige Kraft.

Gegeben sind die Masse des Eisenträgers $m = 1\ \text{t} = 1000\ \text{kg}$, und die Höhe $\Delta s = 5\ \text{m}$, um die der Träger angehoben werden muss. Wird der Träger angehoben, dann wird auf ihn die Energie

$$\Delta E = F \cdot \Delta s = 1000\ \text{kg} \cdot 9{,}8\ \frac{\text{m}}{\text{s}^2} \cdot 5\ \text{m} = 49\,000\ \text{Nm}$$

übertragen. Beim Anheben mit dem Flaschenzug ist die Zugstrecke $\Delta s = 20\ \text{m}$. Für die dafür notwendige Kraft ergibt sich somit:

$$F = \frac{\Delta E}{\Delta s} = \frac{49\,000\ \text{Nm}}{20\ \text{m}} = 2450\ \text{N}.$$

Seite 264

1 Bestimme mithilfe von ▹Bild 02 die Leistung eines Rennradfahrers, der eine 50 km lange Strecke mit einer Geschwindigkeit von 25 km/h zurücklegt.

Aus dem Diagramm im ▹Bild 02 kann die Energie für die Geschwindigkeit von $v = 25\ \text{km/h}$ abgelesen werden: $\Delta E = 600\ \text{kJ}$.

Da der Radfahrer die 50 km mit einer Geschwindigkeit von 25 km/h zurücklegt, benötigt er für diese Strecke 2 Stunden: $\Delta t = 7200\ \text{s}$.

Für die Leistung erhält man damit:

$$P = \frac{\Delta E}{\Delta t} = \frac{600\,000\ \text{J}}{7200\ \text{s}} = 83\ \frac{\text{J}}{\text{s}} = 83\ \text{W}.$$

2 Ein Pkw mit einem Luftwiderstandsbeiwert von 0,38 und einer Querschnittsfläche von 2,0 m² fährt mit einer Geschwindigkeit von 120 km/h von Stuttgart nach Rottweil (Entfernung 80 km).
In einem Liter Benzin sind 32,4 MJ Energie enthalten.
Schätze den Benzinverbrauch für diese Fahrt ab. Diskutiere dein Ergebnis kritisch.

Gegeben ist der Luftwiderstandsbeiwert $c_\text{w} = 0{,}38$, die Querschnittsfläche $A = 2{,}0\ \text{m}^2$, die Geschwindigkeit $v = 120\ \text{km/h} = 33\ \text{m/s}$ und die Dichte von Luft $\varrho_\text{Luft} = 1{,}29\ \text{kg/m}^3$. Damit ergibt sich für die Luftwiderstandskraft:

$$F_\text{L} = \frac{1}{2} \cdot \varrho_\text{Luft} \cdot c_\text{w} \cdot A \cdot v^2$$

$$= \frac{1}{2} \cdot 1{,}29\,\frac{\text{kg}}{\text{m}^3} \cdot 0{,}38 \cdot 2{,}0\ \text{m}^2 \cdot \left(33\,\frac{\text{m}}{\text{s}}\right)^2$$

$= 533{,}8\ \text{N}$.

Die auf der Strecke $\Delta s = 80\ \text{km}$ übertragene Energie beträgt:

$\Delta E = F_\text{L} \cdot \Delta s = 533{,}8\ \text{N} \cdot 80\,000\ \text{m} = 42\,704\,000\ \text{J}$.

Da in einem Liter Benzin 32,4 MJ enthalten sind, schätzt man den Benzinverbrauch ab mit:

$$\frac{\Delta E}{32{,}4\ \frac{\text{MJ}}{\text{l}}} = \frac{42\,704\,000\ \text{J}}{32\,400\,000\ \frac{\text{J}}{\text{l}}} = 1{,}3\ \text{l}.$$

Der abgeschätzte Wert für den Benzinverbrauch ist viel zu niedrig, da durch die Rollreibung und die Erwärmung des Motors nur ein Teil der Energie aus dem Benzin in Bewegungsenergie umgewandelt werden kann.

Seite 265 (Material)

Material A – Energieübertragung

A1 Mit dem Flaschenzug im ▹Bild 03 A können Lasten bis zu 5 m angehoben werden. Er funktioniert nach dem Prinzip des Flaschenzugs im ▹Bild 03 B.
a) Schätze die notwendige Gesamtlänge des Seils ab.
b) Mit dem Seilzug soll ein Sack mit Zement (m = 25 kg) um vier Meter angehoben werden. Gib die Kraft an, mit der am Seil gezogen werden muss.

a) Da jedes der fünf tragenden Seile um 5 m verkürzt werden muss, wird mindestens die 5-fache Seillänge benötigt, also 25 m. Berücksichtigt man zusätzlich das Zugseil und die Wicklungen um die Rollen, dann sollte das Seil 30 m bis 32 m lang sein.

b) Gegeben sind die Masse $m = 25\ \text{kg}$ und die Höhe $\Delta s = 4\ \text{m}$. Die Gewichtskraft beträgt:

$$F_\text{G} = 25\ \text{kg} \cdot 9{,}8\ \frac{\text{m}}{\text{s}^2} = 245\ \text{N}.$$

Die Zugkraft entspricht bei diesem Flaschenzug einem Fünftel der Gewichtskraft:

$$F_\text{Z} = \frac{1}{5} \cdot 245\ \text{N} = 49\ \text{N}.$$

A2 In einem Jachthafen werden die Boote auf einem Wagen mit einer Seilwinde über eine 15 Meter lange Rampe aus dem Wasser gezogen. Dabei überwinden sie eine Höhe von drei Metern. Die Seilwinde hat eine maximale Zugkraft von 3000 N.
a) Das Boot von Herrn Maier wiegt 1,2 t. Finde heraus, ob die Seilwinde dafür geeignet ist.
b) Setze einen Grenzwert für Boote fest, die mit dieser Seilwinde aus dem Wasser gezogen werden können.

a) Gegeben sind die Zugstrecke $\Delta s = 15\ \text{m}$, die Höhe $h = 3\ \text{m}$ und die Masse des Bootes $m = 1{,}2\ \text{t} = 1200\ \text{kg}$.

Berechnung der zugeführten Energie:

$\Delta E = F \cdot h = 1200\ \text{kg} \cdot 9{,}8\ \frac{\text{m}}{\text{s}^2} \cdot 3\ \text{m} = 35\,280\ \text{Nm}.$

Damit ergibt sich für die Zugkraft:

$F_Z = \frac{\Delta E}{\Delta s} = \frac{35\,280\ \text{Nm}}{15\ \text{m}} = 2352\ \text{N}.$

Da nur eine Zugkraft von 2352 N benötigt wird, ist die Seilwinde mit der maximalen Zugkraft von 3000 N ausreichend.

b) Als Grenzwert eignet sich die Angabe einer Masse. Die maximale Energie, die übertragen werden kann, beträgt:

$\Delta E = 3000\ \text{N} \cdot 15\ \text{m} = 45\,000\ \text{Nm}$

$\Delta E = F_G \cdot h$, also $m = \frac{\Delta E}{h \cdot g} = \frac{45\,000\ \text{Nm}}{3\ \text{m} \cdot 9{,}8\ \frac{\text{m}}{\text{s}^2}} = 1531\ \text{kg}.$

Aus Sicherheitsgründen würde man als Grenzwert für die Masse 1500 kg angeben.

Material B – Flugzeug

B1 Berechne, wie viel Liter Kerosin das Flugzeug für diese Strecke benötigt.

Gegeben sind die Flugstrecke Δs = 6200 km, die Antriebskraft der Triebwerke F = 500 kN und die in 1 Liter Kerosin gespeicherte Energie E = 34 MJ.

Berechnung der übertragenen Energie:

$\Delta E = F \cdot \Delta s = 500\,000\ \text{N} \cdot 6\,200\,000\ \text{m}$
$= 3{,}1 \cdot 10^{12}\ \text{Nm} = 3{,}1 \cdot 10^{12}\ \text{J}.$

Berechnung des Kerosinverbrauchs:

$\frac{\Delta E}{E} = \frac{3{,}1 \cdot 10^{12}\ \text{J}}{34 \cdot 10^{6}\ \text{J}} = 91\,177.$

Es werden also etwa 91 177 Liter Kerosin benötigt.

B2 Bestimme die erbrachte Leistung.

Für die Strecke von 6200 km braucht das Flugzeug die Zeit t = 8 h 40 min = 31 200 s.

Für die Leistung gilt:

$P = F \cdot \frac{\Delta s}{\Delta t} = 500\,000\ \text{N} \cdot \frac{6\,200\,000\ \text{m}}{31\,200\ \text{s}}$
$= 99\,400\,000\ \text{W} = 99{,}4\ \text{MW}.$

B3 Tatsächlich benötigt das Flugzeug für diese Reise 95 000 Liter Kerosin. Diskutiere, warum deine Berechnungen nicht ausreichen, um den tatsächlichen Kerosinverbrauch zu ermitteln.

Der tatsächliche Kerosinverbrauch ist höher, da beim Start und bei der Landung die Motoren eine deutlich höhere Leistung erbringen müssen, um das Flugzeug entsprechend zu beschleunigen. Außerdem erwärmen sich die Motoren, wodurch ein Teil der Energie an die Umgebung abgegeben wird.

Material C – Energie und Leistung beim Schlittenziehen

C1 a) Stelle die Daten in einem geeigneten Diagramm dar. Interpretiere das Diagramm.

b) Bestimme näherungsweise die auf der Strecke von zehn Metern zugeführte Energie.

a)

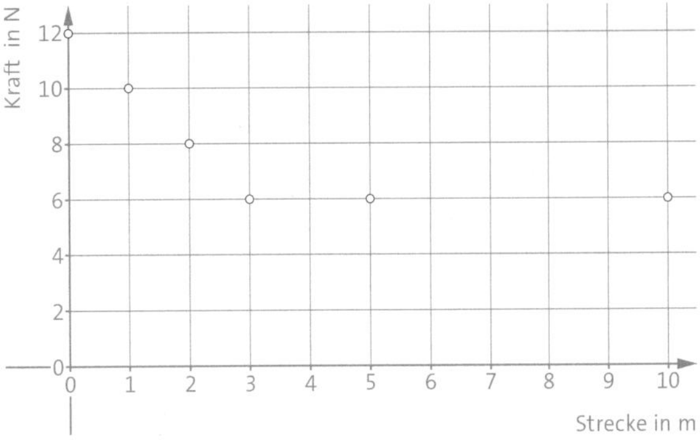

Cornelsen/Atelier tigercolor Tom Menzel, Scharbeutz/Klingenberg

Beim Anfahren braucht Phillip die doppelte Kraft wie anschließend beim Ziehen. Er beschleunigt den Schlitten auf einer Strecke von 3 m. Danach gleitet der Schlitten gleichmäßig und Phillip zieht mit der konstanten Kraft von 6 N.

b) Die zugeführte Energie kann man entweder näherungsweise als Fläche unter der Kurve bestimmen, oder indem man für die ersten drei Meter eine mittlere Kraft von 9 N annimmt:

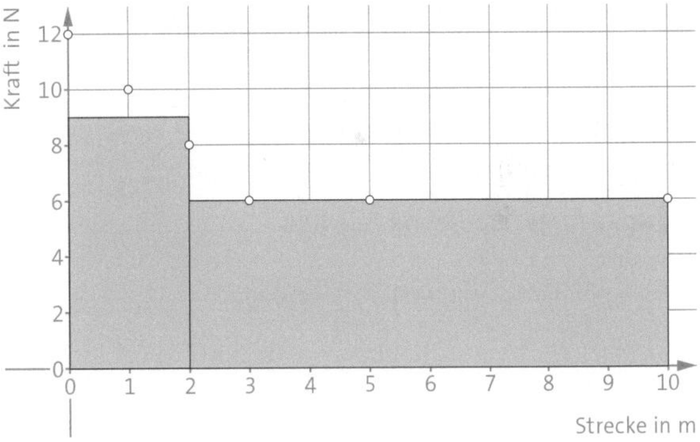

Cornelsen/Atelier tigercolor Tom Menzel, Scharbeutz/Klingenberg

$\Delta E = F \cdot \Delta s = 9\ \text{N} \cdot 3\ \text{m} + 6\ \text{N} \cdot 7\ \text{m} = 69\ \text{Nm}.$

C2 Anschließend zieht Phillip seinen Bruder mit konstanter Kraft von 6 N auf dem Schlitten weitere 1000 Meter bis zum Rodelberg. Für diese Strecke benötigt er zehn Minuten. Berechne seine erbrachte Leistung.

Gegeben sind die konstante Kraft F = 6 N, die Strecke Δs = 1000 m und die Zeit t = 10 min = 600 s.

$\Delta E = F \cdot \Delta s = 6\ \text{N} \cdot 1000\ \text{m} = 6000\ \text{Nm}.$

$P = \frac{\Delta E}{\Delta t} = \frac{6000\ \text{Nm}}{600\ \text{s}} = 10\ \text{W}$

Mechanische Energieformen

Seite 267

1 Bei der Bobbahn in Altenberg überwindet ein Viererbob mit einer Masse von 630 kg eine Höhe von 122 Metern. Bei der Zieleinfahrt wird eine Geschwindigkeit von 130 km/h gemessen. Bestimme die Lageenergie beim Start. Berechne die maximale Bewegungsenergie des Bobs bei der Zieleinfahrt. Diskutiere dein Ergebnis.

Gegeben sind die Masse $m = 630$ kg, die Höhe $h = 122$ m und die Geschwindigkeit bei der Zieleinfahrt $v = 130$ km/h $= 36$ m/s. Die Lageenergie beim Start beträgt:

$$E_{\text{Lage}} = m \cdot g \cdot h = 630\ \text{kg} \cdot 9{,}8\ \frac{\text{m}}{\text{s}^2} \cdot 122\ \text{m}$$
$$= 753\ 228\ \text{Nm} \approx 750\ \text{kJ}.$$

Die Bewegungsenergie im Ziel beträgt:

$$E_{\text{Bew}} = \frac{1}{2} m \cdot v^2 = \frac{1}{2} \cdot 630\ \text{kg} \cdot \left(36\ \frac{\text{m}}{\text{s}}\right)^2$$
$$= 408\ 240\ \text{Nm}.$$

Offensichtlich wird nur ein Teil der Lageenergie in Bewegungsenergie des Bobs umgewandelt. Der andere Teil wird durch Luftreibung und Reibung auf dem Eis an die Umgebung abgegeben.

Seite 268

1 Eine Feder hat die Federkonstante 100 N/m. Die Feder wird um 5,0 cm gedehnt. Bestimme die maximale Kraft, die dabei ausgeübt wird. Berechne die gespeicherte Spannenergie.

Gegeben sind die Federkonstante $D = 100$ N/m und die Strecke $s = 5{,}0$ cm. Die maximale Kraft ist:

$$F = D \cdot s = 100\ \frac{\text{N}}{\text{m}} \cdot 0{,}05\ \text{m} = 5\ \text{N}.$$

Die gespeicherte Spannenergie ist dann:

$$E_{\text{Spann}} = \frac{1}{2} D \cdot s^2 = \frac{1}{2} \cdot 100\ \frac{\text{N}}{\text{m}} \cdot (0{,}05\ \text{m})^2 = 0{,}125\ \text{Nm}.$$

Seite 269 (Material)

Versuch – Wir messen Energie

V1 Lageenergie im Treppenhaus

a) *Individuelle Lösung. Hinweis:* Um die Ergebnisse der Schülerinnen und Schüler vergleichen zu können, sollte man für alle ein gemeinsames Bezugsniveau festlegen.

b) *Individuelle Lösung. Hinweis:* Die Höhe des Bezugsniveaus über dem Meeresspiegel können die Schülerinnen und Schüler aus einer Landkarte mit Höhenlinien ablesen oder im Internet recherchieren.

V2 Bewegungsenergie beim Fadenpendel

Hinweise: Für diesen Versuch kann eine Lichtschranke mit einem Digitalzähler oder einem Messwerterfassungssystem eingesetzt werden. Für die Geschwindigkeitsbestimmung muss der Durchmesser des Pendelkörpers bestimmt werden. Beim Aufbau muss darauf geachtet werden, dass der Pendelkörper im tiefsten Punkt die Lichtschranke passiert. Die Starthöhe wird mit einem Lineal gemessen. Die Starthöhe sollte in gleichmäßigen Schritten variiert werden.

a) *Individuelle Lösung.* Die Werte für die Lageenergie und die Bewegungsenergie werden etwas voneinander abweichen. Als Ursache kommen Messfehler beim Ablesen der Starthöhe und beim Durchmesser des Pendelkörpers, sowie die Reibung an der Aufhängung des Pendelkörpers in Frage.

b) Das Pendel erreicht wieder nahezu die Starthöhe, weil die Gesamtenergie erhalten bleiben muss.

V3 Spannenergie

a) *Individuelle Lösung. Hinweis:* Die Ergebnisse hängen von der Art des Gummibands ab. Es sollte darauf geachtet werden, dass geeignete Ausdehnungen gewählt werden, damit eine ausreichende Anzahl von Messwerten aufgenommen wird.

b) *Individuelle Lösung*

c) *Individuelle Lösung.* Die Ausdehnung kann abgeschätzt werden, indem die Kurve durch eine Gerade oder einzelne Kurvenabschnitte durch Geraden angenähert werden. Die Fläche unter der Kurve kann in geeignete Teilflächen zerlegt werden.

Material A – Energieformen beim Sport

A1 Ein Sportler (Masse 85 kg) überspringt beim Stabhochsprung eine Höhe von 6 m (▷Bild 06).
a) Benenne die auftretenden Energieformen.
b) Berechne die maximale Lageenergie des Springers.
c) Schätze ab, welche Geschwindigkeit der Stabhochspringer beim Anlauf ungefähr erreichen kann. Bestimme seine Bewegungsenergie. Vergleiche deine berechneten Werte und diskutiere sie.

a) Beim Anlauf hat der Sportler Bewegungsenergie, nach dem Absprung hat er Bewegungsenergie und Lageenergie und im Stab wird Spannenergie gespeichert. Sobald der Stab seine stärkste Krümmung erreicht hat, beginnt der Sportler, seine Beine anzuheben. Es wird Spannenergie vom Stab und Energie von den Muskeln in Lageenergie und Bewegungsenergie umgewandelt. Ist der Stab wieder ganz entspannt, stößt sich der Sportler von der Stange ab. Dann hat er Bewegungs- und Lageenergie. Im höchsten Punkt hat er fast nur noch Lageenergie.

b) Gegeben sind die übersprungene Höhe $h = 6$ m und die Masse des Springers $m = 85$ kg.

Der Schwerpunkt des Springers muss eine noch größere Höhe als 6 m erreichen. Für eine vereinfachte Berechnung soll für die übersprungene Höhe die Höhe 6 m angenommen werden.

$E_{Lage} = m \cdot g \cdot h = 85\ \text{kg} \cdot 9{,}8\ \frac{\text{m}}{\text{s}^2} \cdot 6\ \text{m} \approx 5000\ \text{Nm}.$

c) Für 100 m braucht ein Hochleistungssportler etwa 10 s. Man kann deshalb annehmen, dass der Hochspringer beim Anlauf ungefähr eine Geschwindigkeit $v = 10$ m/s erreichen kann. Seine Bewegungsenergie ist dann:

$E_{Bew} = \frac{1}{2} m \cdot v^2 = \frac{1}{2} \cdot 85\ \text{kg} \cdot \left(10\ \frac{\text{m}}{\text{s}}\right)^2 = 4250\ \text{Nm}.$

Die Bewegungsenergie ist kleiner, als die maximale Lageenergie. Dieser Energieunterschied hat mehrere Gründe:

- Der Schwerpunkt des Sportlers ist beim Start schon etwa auf halber Körperhöhe. Beim Sprung über die Latte bewegt sich der Schwerpunkt durch die Körperkrümmung unter der Latte durch. Der Sportler muss also seinen Schwerpunkt um deutlich weniger als 6 m anheben.
- Der Sportler fügt an zwei Stellen Energie aus den Muskeln zu. Erstens beim Absprung vom Boden, zweitens beim Abstoßen von der Stange.

A2 Ein Fußball (Masse 450 g) wird mit einer Geschwindigkeit von 120 km/h geschossen. Ein Spieler nimmt den Ball mit dem Kopf an und erzielt ein Tor. Berechne die Energie, die dabei für die Verformung des Balls umgewandelt wird.

Beim Kopfball wird die Bewegungsenergie des Balls für die Verformung umgewandelt.

$E_{Bew} = \frac{1}{2} m \cdot v^2 = \frac{1}{2} \cdot 0{,}45\ \text{kg} \cdot \left(33\ \frac{\text{m}}{\text{s}}\right)^2 = 245\ \text{Nm}.$

2 Energie- und Impulserhaltung

Der Energieerhaltungssatz

Seite 271

1 Ein 1,8 m großer Mann (m = 80 kg) möchte von einer 120 m hohen Brücke einen Bungeesprung wagen. Zur Sicherheit soll er 10 m über dem Boden den tiefsten Punkt erreichen. Das Seil hat eine Federkonstante von 40 N/m. Bestimme die notwendige Seillänge.

Gegeben sind die Fallhöhe h = 110 m, die Federkonstante D = 40 N/m, die Masse des Springers m = 80 kg und seine Körpergröße l_K = 1,8 m.

Legt man das Bezugsniveau auf den tiefsten Punkt, dann folgt aus dem Energieerhaltungssatz:

$$E_{ges} = m \cdot g \cdot h = 80 \text{ kg} \cdot 9{,}8 \ \frac{\text{m}}{\text{s}^2} \cdot 110 \text{ m} = 86\,240 \text{ Nm}.$$

Im tiefsten Punkt ist die gesamte Energie in Spannenergie umgewandelt. Es gilt:

$E_{ges} = 1/2 \cdot D \cdot s^2$.

Wir lösen nach s auf und erhalten:

$$s = \sqrt{\frac{2\,E_{ges}}{D}} = \sqrt{\frac{2 \cdot 86\,240 \text{ Nm}}{40 \frac{\text{N}}{\text{m}}}} = 65{,}7 \text{ m}.$$

Die Höhe h setzt sich zusammen aus der gesuchten Seillänge l, der Ausdehnung s und der Körpergröße l_k:

$h - s + l + l_k$,

auflösen nach l ergibt:

$l = h - s - l_k = 110 \text{ m} - 65{,}7 \text{ m} - 1{,}8 \text{ m} = 42{,}5 \text{ m}$.

Die notwendige Seillänge beträgt also 42,5 m.

Seite 272

1 Ein Ball wird mit einer Geschwindigkeit von 10 m/s senkrecht nach oben geworfen. Stelle eine Energiebilanz auf. Bestimme die Höhe, die der Ball maximal erreichen kann. Begründe, warum das Ergebnis unabhängig von der Masse des Balls ist.

Energiebilanz: $E_{ges} = E_{Lage} + E_{Bew}$.

Das Bezugsniveau wird auf die Position gelegt, in der der Ball die Hand verlässt. Beim Abwurf hat der Ball die Geschwindigkeit v = 10 m/s und damit die Gesamtenergie $E_{ges} = E_{Bew} = 1/2 \cdot m \cdot v^2$.

Im höchsten Punkt ist die gesamte Bewegungsenergie in Lageenergie umgewandelt: $E_{ges} = E_{Lage} = m \cdot g \cdot h$.

Daraus folgt:

$$\frac{1}{2} \cdot m \cdot v^2 = m \cdot g \cdot h.$$

Nach h aufgelöst, ergibt:

$$h = \frac{1}{2} \cdot \frac{v^2}{g} = \frac{1}{2} \cdot \frac{\left(10 \ \frac{\text{m}}{\text{s}}\right)^2}{9{,}8 \ \frac{\text{m}}{\text{s}^2}} = 5{,}1 \text{ m}.$$

Da sowohl die Lageenergie als auch die Bewegungsenergie proportional zur Masse m sind, kürzt sich die Masse heraus.

Seite 273 (Material)

Versuch – Energieerhaltung

V1

Individuelle Lösung. Wird zur Messwerterfassung eine Videokamera eingesetzt, dann erfolgt die Auswertung mit einem Videoanalyseprogramm. Wird ein Ultraschallbewegungssensor eingesetzt, kann die Auswertung direkt mit der Software des Systems erfolgen. Bei allen Auswertungen wird die maximale Höhe nach jedem Aufprall bestimmt. Daraus wird die Lageenergie berechnet. Die Differenz zur Lageenergie in 1,5 m Höhe entspricht der Energie, die in innere Energie umgewandelt wurde.

V2

Beim Tischtennisball wird deutlich weniger Energie in innere Energie umgewandelt als beim Tennisball. Die Umwandlung beim Fußball und Basketball hängt sehr stark davon ab, wie gut der Ball jeweils aufgepumpt wurde.

Material A – Energieerhaltung beim Federpendel

A1 a) Skizziere die Zustände eines Federpendels, die jeweils zu den Auslenkungen A bis E gehören.
b) Gib die Anteile der Energieformen für die jeweiligen Auslenkungen A, B, D und E an.

a)

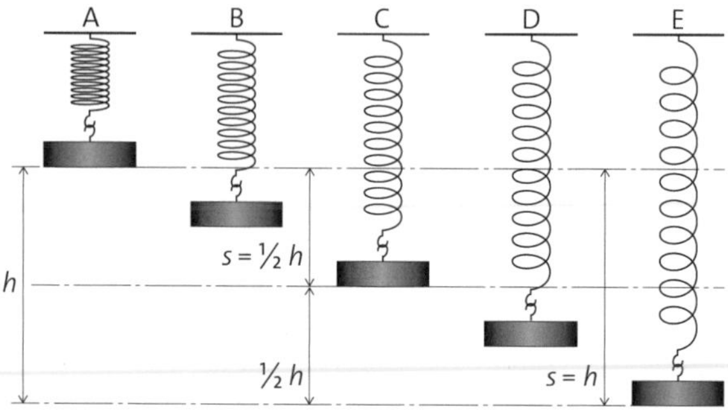

Cornelsen/newVISION! GmbH Bernhard A. Peter, Pattensen

b)

Auslenkung	A	B	D	E
E_{Lage}	100 %	75 %	25 %	0 %
E_{Spann}	0 %	5 %	55 %	100 %
E_{Bew}	0 %	20 %	20 %	0 %

A2 Erstelle ein entsprechendes Diagramm für die Bewegung eines Federpendels, dessen Feder im oberen Umkehrpunkt nicht vollständig entspannt ist.

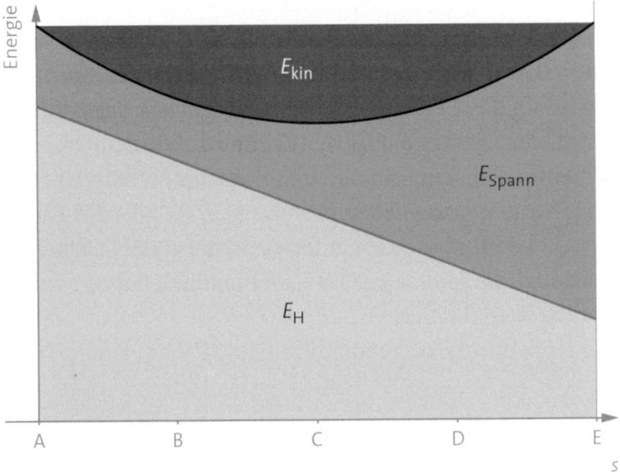

Cornelsen/newVISION! GmbH Bernhard A. Peter, Pattensen

Da die Feder im oberen Umkehrpunkt nicht vollständig entspannt ist, ist in diesem Zustand neben der Lageenergie (= Höhenenergie E_H) auch noch Spannenergie im System. Die Bewegungsenergie E_{kin} ist dann null. Beim Durchgang durch die Gleichgewichtslage ist die Bewegungsenergie maximal. Im tiefsten Punkt ist die Spannenergie maximal, aber es ist auch noch Lageenergie im System. Die Gesamtenergie ist geringer als in A1.

Material B – Auf dem Jahrmarkt

B1 Auf dem Jahrmarkt gibt es eine Achterbahn mit einem Looping, der einen Durchmesser von 10 m hat (▹Bild 03). Der Wagen wird bis zum Punkt A hochgezogen und setzt sich dort von selbst in Bewegung.
a) Stelle für den Punkt B eine Energiebilanz auf.
b) Berechne, in welcher Höhe der Wagen mindestens starten muss, damit er sicher durch den Looping kommt. *Hinweis:* Im Punkt B muss die Zentripetalkraft mindestens so groß wie die Gewichtskraft auf den Wagen sein.
c) Die in b) berechnete Mindesthöhe reicht in der Realität nicht aus. Begründe.

a) $E_{ges} = E_{Lage} + E_{Bew}$

b) Gegeben ist die Höhe des Loopings h_B = 10 m. Für den Radius des Loopings erhält man somit r = 5 m. Im Punkt B soll gelten $F_Z = F_G$.

$\frac{m \cdot v^2}{r} = m \cdot g$, also ist $v^2 = g \cdot r$.

Im Punkt A beträgt die Gesamtenergie
$E_{ges} = m \cdot g \cdot h_A$.
Setzt man dies in die Energiebilanz ein, so erhält man:

$$m \cdot g \cdot h_A = m \cdot g \cdot h_B + \frac{1}{2} \cdot m \cdot g \cdot r, \text{ also}$$

$$h_A = h_B + \frac{1}{2} \cdot r = 10 \text{ m} + \frac{1}{2} \cdot 5 \text{ m} = 12{,}5 \text{ m}.$$

c) Bei der Energiebilanz wurden nur die mechanischen Energieformen berücksichtigt. In der Realität wird ein Teil der Energie durch Reibung an die Umgebung abgegeben. Aus diesem Grunde müssen die Wagen aus einer größeren Höhe starten.

Erhaltungssätze in der Mechanik

Seite 276

1 Begründe mithilfe von ▹Bild 02, warum der Kugelbeschleuniger auch mit zwei Kugeln rechts vom Magneten funktioniert.

Die Kugel C in ▹Bild 02 liegt höher als Kugel B. Sie benötigt nur einen Teil der auf sie übertragenen Energie, um die Ausgangshöhe der stoßenden Kugel zu erreichen. Der Rest der Energie steht ihr als kinetische Energie zur Verfügung. Ähnlich ist es beim Kugelbeschleuniger. Wenn nur zwei Kugeln rechts vom Magneten liegen, wird nur ein Teil der Energie an das Magnetfeld übertragen und der Rest steht der Kugel als kinetische Energie zur Verfügung.

2 Entwirf eine Anordnung aus maximal 9 Stahlkugeln und 4 Magneten, mit der du möglichst große Geschwindigkeiten erzielen kannst. Begründe deine Überlegungen.

Da maximal 9 Stahlkugeln und 4 Magnete verwendet werden sollen, wären verschiedene Anordnungen von Magnet und Stahlkugeln mit einem gewissen Abstand hintereinander auf der Schiene denkbar. Jede Kombination aus Magnet und dahinter liegenden Stahlkugeln wird hier als Stufe bezeichnet:

- vier Stufen in gleichen Abständen voneinander mit jeweils einem Magneten und rechts davon zwei Stahlkugeln
- drei Stufen in gleichen Abständen, wobei bei der ersten Stufe rechts vom Magneten zwei Kugeln liegen, bei den weiteren Stufen liegen jeweils drei Kugeln rechts vom Magneten.
- zwei Stufen in gleichen Abständen mit jeweils vier Kugeln rechts vom Magneten.

Die Schüler könnten ihre Vorschläge testen und vergleichen.

Seite 277 (Material)

Versuch – Doppelball

V1

a) Nach dem Aufprall auf dem Boden wird der Tennisball eine Sprunghöhe erreichen, die deutlich höher ist als die Fallhöhe, während der Basketball am Boden bleibt.

b) Der Basketball hat eine deutlich größere Masse als der Tennisball. Nach dem Aufprall hat der Basketball seinen gesamten Impuls an den Tennisball abgegeben. Die Impulserhaltung bedingt, dass der Tennisball nun eine deutlich höhere Geschwindigkeit als vor dem Aufprall hat. Nach dem Energieerhaltungssatz erreicht der Tennisball dadurch eine entsprechend größere Höhe.

Material A – Erhaltungssätze beim Zusammenstoß

A1 a) Erläutere, inwiefern in den beiden Situationen der Energieerhaltungssatz und der Impulserhaltungssatz gelten.
b) Diskutiere, welches Fahrzeug mehr Schaden anrichtet.

a) Nach dem Zusammenstoß bewegen sich beide Fahrzeuge noch etwas vorwärts. Der Gesamtimpuls muss dabei erhalten bleiben. Die Bewegungsenergie des auffahrenden Fahrzeugs wird zum Teil in Bewegungsenergie des Kleinwagens umgewandelt. Ein weiterer Teil der Energie wird durch die Deformation der Fahrzeuge in innere Energie umgewandelt.

b) Gegeben sind die Geschwindigkeit und die Masse des Lieferwagens ($v = 50$ km/h $\approx 13{,}9$ m/s, $m = 3200$ kg) und des Mittelklassewagens ($v = 70$ km/h $\approx 19{,}4$ m/s, $m = 1200$ kg). Der Schaden hängt von der Gesamtenergie ab. Diese entspricht der Bewegungsenergie
$E_{\text{Bew}} = 1/2 \cdot m \cdot v^2$.

Für den Lieferwagen ist

$$E_{\text{Bew}} = \frac{1}{2} \cdot 3200\,\text{kg} \cdot \left(13{,}9\,\frac{\text{m}}{\text{s}}\right)^2 \approx 309\,\text{kJ}.$$

Für den Mittelklassewagen ist

$$E_{\text{Bew}} = \frac{1}{2} \cdot 1200\,\text{kg} \cdot \left(19{,}4\,\frac{\text{m}}{\text{s}}\right)^2 \approx 226\,\text{kJ}.$$

Der Lieferwagen wird mehr Schaden anrichten, obwohl er langsamer fährt, weil seine Masse größer ist.

Material B – Erhaltungssätze beim ballistischen Pendel

B1 a) Überlege, welche Erhaltungssätze gelten.
b) Erläutere anhand von ▹Bild 05 B, welche Größen man bestimmen muss, um die Geschwindigkeit der Kugel berechnen zu können.
c) Stelle entsprechende Gleichungen auf und berechne die Kugelgeschwindigkeit für eine Pendellänge von 1 m und einen Auslenkwinkel $\varphi = 2°$.

a) Beim unelastischen Stoß der Kugel mit dem Holzklotz gilt der Impulserhaltungssatz. Der Energieerhaltungssatz ist hier nicht anwendbar, da beim Eindringen der Kugel in den Holzklotz ein Teil der Bewegungsenergie der Kugel in thermische Energie umgewandelt wird und die mechanische Energie somit nicht erhalten bleibt. Bei der anschließenden Pendelauslenkung gilt der Energieerhaltungssatz. Der Impulserhaltungssatz ist hier nicht anwendbar, da auf den Holzklotz Kräfte ausgeübt werden (vom Faden und der Gewichtskraft) und der Impuls somit nicht erhalten bleibt.

b) Man muss den Auslenkungswinkel und die Fadenlänge messen. Mit der gegebenen Gesamtmasse kann man daraus die Lageenergie des ausgelenkten Pendels berechnen. Durch Anwendung des Energieerhaltungssatzes kann man die Geschwindigkeit von Holzklotz und Kugel unmittelbar nach dem Stoß berechnen. Mit dem Impulserhaltungssatz kann man daraus die Geschwindigkeit der Kugel vor dem Stoß berechnen.

c) Gegeben sind die Gesamtmasse des Pendels nach dem unelastischen Stoß $m = 5{,}005$ kg, die Pendellänge $l = 1$ m und der Auslenkungswinkel $\varphi = 2°$.

Die Höhe h wird berechnet mit:

$$\cos\varphi = \frac{l-h}{l}, \text{ also}$$

$l - h = l \cdot \cos\varphi$, folglich

$h = l \cdot (1 - \cos\varphi) = 1\,\text{m} \cdot (1 - \cos(2°)) = 0{,}00061$ m.

Für die Lageenergie bei maximaler Auslenkung gilt:

$E_{\text{Lage}} = m_{\text{ges}} \cdot g \cdot h$

Für die Bewegungsenergie unmittelbar nach dem Stoß gilt:

$E_{\text{Bew}} = \frac{1}{2} \cdot m_{\text{ges}} \cdot v_{\text{ges}}^2$

Mit dem Energieerhaltungssatz folgt für die Geschwindigkeit von Holzklotz und Kugel v_{ges} unmittelbar nach dem Stoß:

$\frac{1}{2} \cdot m_{\text{ges}} \cdot v_{\text{ges}}^2 = m_{\text{ges}} \cdot g \cdot h$

$v_{\text{ges}} = \sqrt{2 \cdot g \cdot h} \approx 0{,}11\,\frac{\text{m}}{\text{s}}.$

Für den unelastischen Stoß der Kugel mit dem Holzklotz gilt der Impulserhaltungssatz:

$p_{\text{Kugel,vor}} = p_{\text{ges,nach}}$

$m_{\text{Kugel}} \cdot v_{\text{Kugel}} = m_{\text{ges}} \cdot v_{\text{ges}}$

$$v_{\text{Kugel}} = \frac{m_{\text{ges}}}{m_{\text{Kugel}}} \cdot v_{\text{ges}} = \frac{5{,}005\,\text{kg}}{0{,}005\,\text{kg}} \cdot 0{,}11\,\frac{\text{m}}{\text{s}} = 110\,\frac{\text{m}}{\text{s}}$$

Material C – Weitere Erhaltungssätze

C1 Für die Mechanik hast du die Erhaltungssätze für die Energie und den Impuls kennengelernt. Die elektrische Ladung ist eine weitere Erhaltungsgröße. Erläutere, welche Erhaltungssätze bei der Kernspaltung zu berücksichtigen sind.

Bei der Kernspaltung wird Energie freigesetzt, die zum Teil in Bewegungsenergie der Spaltprodukte umgewandelt wird. Diese bewegen sich in viele verschiedene Richtungen voneinander weg, sodass der Gesamtimpuls erhalten bleibt. Die Gesamtladung bleibt ebenso erhalten. Da bei der Kernspaltung ein Massendefekt auftritt, kann man nur von der Erhaltung der Energie sprechen, wenn man die Äquivalenz von Masse und Energie berücksichtigt.

Seite 279 (Blickpunkt)

1 Eine einstufige Rakete mit der Startmasse 550 t soll eine Nutzlast von 15 t auf eine Erdumlaufbahn bringen. Die Masse der leeren Rakete ohne Nutzlast betrage 36 t. Die Ausströmgeschwindigkeit sei 2,9 km/s. Überprüfe rechnerisch, ob der Plan machbar ist. Begründe deine Antwort.

Die Startmasse m_0 beträgt 550 t. Die Endmasse setzt sich aus der Masse der leeren Rakete und der Nutzlast zusammen: $m_{\text{End}} = 36\ \text{t} + 15\ \text{t} = 51\ \text{t}$

Für das Verhältnis der Startmasse zur Endmasse ergibt sich: $\frac{m_0}{m_{\text{End}}} = \frac{550\ \text{t}}{51\ \text{t}} = 10{,}78$

Für die Endgeschwindigkeit folgt somit:

$$v_{\text{End}} = v_{\text{Gas}} \cdot 2{,}3 \cdot \log\left(\frac{m_0}{m_{\text{End}}}\right) = 2900\,\frac{\text{m}}{\text{s}} \cdot 2{,}3 \cdot \log(10{,}8)$$
$$= 6887{,}6\,\frac{\text{m}}{\text{s}} \approx 6{,}9\,\frac{\text{km}}{\text{s}}$$

Die Endgeschwindigkeit beträgt etwa $6{,}9\,\frac{\text{km}}{\text{s}}$ und ist somit kleiner als die erste kosmische Geschwindigkeit von $7{,}9\,\frac{\text{km}}{\text{s}}$, die mindestens erreicht werden muss, damit sich der Satellit auf einer Umlaufbahn um die Erde bewegen kann. Der Plan ist deshalb nicht machbar.

2 Erläutere, welche Vorteile eine mehrstufige Rakete gegenüber einer einstufigen Rakete hat.

Die Antworten sind im Text auf Seite 279 zu finden:
Die Masse der Treibstofftanks und der Triebwerke kann nicht beliebig klein gemacht werden. Deshalb gibt es für das Massenverhältnis von Startmasse zur Endmasse eine obere Grenze. Auch die Ausströmgeschwindigkeit des Gases kann nicht beliebig erhöht werden. Da bei einer mehrstufigen Rakete die leeren Treibstofftanks und nicht mehr benötigte Triebwerke abgeworfen werden, wird die zu beschleunigende Masse reduziert. Die Geschwindigkeiten, die bei den einzelnen Stufen erreicht werden können, addieren sich zur Endgeschwindigkeit. Man kann somit größere Nutzlasten in die Umlaufbahn transportieren.

Energie und Impuls in der Astronomie

Seite 281

1 Welche Möglichkeiten zur Abwehr eines Asteroideneinschlags gibt es? Recherchiere.

Eine seriöse Einschätzung findet man auf der Internetseite der ESA.
Demnach gibt es folgende Möglichkeiten: Wichtig ist die Beobachtung der Flugbahn von Objekten, die sich der Erde nähern. Sollte ein Objekt auf Kollisionskurs sein, dann gäbe es die Möglichkeit, dieses von seiner Bahn abzulenken oder es zu zerstören. Allerdings gibt es noch keine erprobten Verfahren für ein solches Vorgehen. Damit eine Ablenkung aus der Flugbahn oder die Zerstörung gelingen könnte, müsste die Kollisionsbahn rechtzeitig und mit großer Genauigkeit bestimmt werden.
Es gibt aber keine Technologie, um größere Objekte zerstören zu können. Für die Entwicklung von Strategien zur gezielten Ablenkung der Flugbahn soll im Rahmen der Erkundungsmission „Don Quijote“ getestet werden, inwiefern der Einschlag eines Impactors auf einem Asteroiden dessen Umlaufbahn beeinflussen kann.

Seite 283 (Material)

Versuche – Wie wird ein Einschlagkrater geformt?

Hinweis: Es sollte darauf hingewiesen werden, dass sich die Bedingungen bei einem Aufprall eines Asteroiden oder Meteoriten von denen im Experiment unterscheiden (siehe Hinweis). Die dünne Kakaoschicht ermöglicht es, strahlenförmige Spuren des Auswurfmaterials sichtbar zu machen. Auch die Begrenzung der Krater ist besser sichtbar. Als Sand kann man feinen Spielsand verwenden. Die Erdkruste besteht auch aus unterschiedlichen Materialien, deren Dichte mit der Tiefe zunimmt, so dass diese Eigenschaft durch die Schichtung von Sand und Mehl nachgebildet wird.

V1

a) Je dicker die Mehlschicht ist, desto tiefer sind die Krater, da das fallende Objekt im feinen Mehl nicht so stark abgebremst wird, wie im Sand. Wichtig ist, dass die Dicke der Schichten überall in der Box gleich groß ist.
b) Für diesen ersten Versuch eignet sich eine Stahlkugel von ca. 2–3 cm Durchmesser. Es bildet sich ein Krater, der von hellen strahlenförmigen Spuren umgeben ist.
c) Die Stahlkugel kann mit einem Magneten aus dem Krater gehoben werden, ohne ihn zu beschädigen. Die Form des Kraters sollte der im oberen Bild ähneln. Dort sind ebenfalls strahlenförmige Ablagerungen um den Krater zu sehen. Am Rand des Kraters sind kleine Abstufungen zu erkennen, ähnlich wie auf den Fotos. Eine zentrale Erhebung, wie im unteren Bild, ist nicht zu sehen. Eine solche zentrale Erhebung entsteht durch die starke Zunahme des Drucks beim Einschlag und die anschließende rasante Druckabnahme. Solche zentralen Erhebungen sind bei Mondkratern zu finden, deren Durchmesser größer als 40 km ist.

V2

Hinweis: Bei der Planung des Versuches können die Schüler ihre Erfahrungen aus dem bisherigen Mechanikunterricht und ihre Methodenkenntnisse beim Experimentieren einsetzen. Sie wissen, dass immer nur ein Parameter variiert werden darf. Sie wissen, dass sie über die Lageenergie die maximale Geschwindigkeit berechnen können. Somit können sie die Abhängigkeit der Kratergröße von der Geschwindigkeit durch Variation der Fallhöhe untersuchen. Sie können die Abhängigkeit der Kratergröße von der Objektgröße untersuchen, indem sie Kugeln gleichen Materials und verschiedener Größe aus der gleichen Höhe fallen lassen. Dafür eignen sich Stahlkugeln oder Knetkugeln. Sie können auch die Abhängigkeit von der Masse untersuchen, indem sie Kugeln gleicher Größe aus unterschiedlichem Material aus der gleichen Höhe fallen lassen.

a) *Individuelle Lösung.* Aus der Kratertiefe und dem Durchmesser kann das Kratervolumen näherungsweise als Kugelschale oder Zylinder berechnet werden. Alternativ kann nur die Abhängigkeit des Durchmessers bzw. der Tiefe vom Parameter untersucht werden.

b) *Individuelle Lösung. Hinweis:* Hier könnte man auch die Ergebnisse von mehreren Teams, die den gleichen Parameter variiert haben, zusammentragen.

c) *Individuelle Lösung.*

Hinweise: Um eine Proportionalität erkennen zu können, sollten mindestens 5 Messwerte aufgenommen werden. Ein linearer Zusammenhang ist nicht zu erwarten. Für die Masse ergibt sich z. B. eine logarithmische Abhängigkeit. Hier ist das Ziel, dass die Schüler lernen, wie man mit Hilfe der Tabellenkalkulation Messwerte durch eine passende Funktion annähern kann. In der Wissenschaft geht man bei empirisch gefundenen Zusammenhängen ähnlich vor.

Material A – Der Chicxulub-Krater auf der Erde

A1 Ein Asteroideneinschlag bildete vor 66 Millionen Jahren den Chicxulub-Krater im Golf von Mexiko. Dieser Einschlag wird heute unter anderem als Ursache für das Aussterben der Dinosaurier angenommen. Recherchiere im Internet, was auf der Erde durch diesen Einschlag verändert wurde.

Als unmittelbare Folgen des Einschlags werden Tsunamis, Erdbeben, Druck- und Hitzewellen aufgetreten sein. In Folge dessen traten weltweit Flächenbrände auf. Durch Ruß- und Staubpartikel, die sich in der Atmosphäre verteilt haben, wurde das Sonnenlicht über mehrere Monate hinweg absorbiert. Dadurch trat ein globaler Kälteeinbruch auf und die Photosynthese der Pflanzen an Land und im Meer war kaum mehr möglich. Die globale Durchschnittstemperatur sank für mehrere Jahre unter den Gefrierpunkt. Es starben sehr viele Tierarten aus, unter anderem die Dinosaurier.

A2 Berechne, wie groß der Asteroid gewesen sein kann, der den Chicxulub-Krater erzeugt hat, wenn seine Geschwindigkeit 20 km/s bis 40 km/s betrug. Nimm als …

- **Kratertiefe 35 m,**
- **Dichte des Asteroiden 2300 $\frac{\text{kg}}{\text{m}^3}$,**
- **Kraterdurchmesser 200 km,**
- **Gesteinsdichte 3000 $\frac{\text{kg}}{\text{m}^3}$**

an.

Vergleiche deinen berechneten Wert mit Angaben im Internet. Diskutiere die Abweichung der Werte.

Hinweis: Für die Lösung dieser Aufgabe benötigt man die auf Seite 281 hergeleiteten Formeln für die Abschätzung der Energie und der Meteoritengröße.

Gegeben ist die Kratertiefe $h = 35$ m,
der Kraterdurchmesser $d = 200$ km $= 2 \cdot R$,
die Dichte des Asteroiden $\rho_{\text{Asteroid}} = 2300$ kg/m³ und
die Dichte des Gesteins $\rho_{\text{Gestein}} = 3000$ kg/m³.

Man berechnet zuerst die Energie, die zum Auswurf des Gesteins benötigt wurde:

$$E_{\text{Aus}} = m_{\text{Gestein}} \cdot g \cdot h = \rho_{Gestein} \cdot \pi \cdot R^2 \cdot h^2 \cdot g$$
$$= 3000 \text{ kg/m}^3 \cdot \pi \cdot (100\,000 \text{ m})^2 \cdot (35 \text{ m})^2 \cdot 9{,}81 \text{ m/s}^2$$
$$= 1{,}13 \cdot 10^{18} \text{ J}$$

Diesen Wert kann man in die Formel für die Berechnung des Asteroidenradius einsetzen:

$$r = \sqrt[3]{\frac{3 \cdot E_{\text{Aus}}}{2 \cdot \pi \cdot \rho_{\text{Asteroid}} \cdot v^2}}.$$

Man berechnet den Radius einmal bei einer Einschlagsgeschwindigkeit von 20 km/s und einmal bei 40 km/s:

$$r_1 = \sqrt[3]{\frac{3 \cdot 1{,}13 \cdot 10^{18}\,\text{J}}{2 \cdot \pi \cdot 2300 \frac{\text{kg}}{\text{m}^3} \cdot \left(20\,000 \frac{\text{m}}{\text{s}}\right)^2}} \approx 83{,}8 \text{ m}$$

$$r_2 = \sqrt[3]{\frac{3 \cdot 1{,}13 \cdot 10^{18}\,\text{J}}{2 \cdot \pi \cdot 2300 \frac{\text{kg}}{\text{m}^3} \cdot \left(40\,000 \frac{\text{m}}{\text{s}}\right)^2}} \approx 52{,}7 \text{ m}$$

Der Durchmesser des Asteroiden kann nach unserer Abschätzung somit zwischen 100 und 170 Metern gelegen haben.

Im Internet werden Werte von 10 km für den Durchmesser angegeben. Bei der einfachen Abschätzung wurde angenommen, dass die Auswurfhöhe der Kratertiefe entsprochen hat. Tatsächlich wurde das Material über weite Strecken und zum Teil sogar bis in die Stratosphäre geschleudert. Auch andere Energieumwandlungsprozesse wurden vernachlässigt. Für so große Einschlagskörper ist diese einfache Abschätzung demnach nicht gut geeignet.

Bildquellenverzeichnis

Titelbild: Science Photo Library/Gustoimages